Rubro Veio

Rubro Veio
O imaginário da restauração pernambucana

Evaldo Cabral de Mello

3ª edição, revista

À memória de José Antônio Gonsalves de Mello

Coração do Brasil, em teu seio,
corre o sangue de heróis, rubro veio.

Hino Estadual de Pernambuco

Terra crescida, plantada
de muita recordação.

Joaquim Cardozo

Um grupo social, uma sociedade política, uma civilização definem-se em primeiro lugar pela sua memória, isto é, por sua história, não a história que realmente tiveram, mas a que os historiadores escreveram.

Bernard Guenée

copyright © 2008 Evaldo Cabral de Mello

Edição: Joana Monteleone
Assistente Editorial e capa: Guilherme Kroll Domingues
Projeto gráfico, diagramação: Clarissa Boraschi Maria
Revisão: Neusa Monteferrante
Imagem da capa: *Batalha de Guararapes, Peça votiva a Nossa Senhora dos Prazeres do Monte dos Guararapes*, século XVII, Anônimo

Dados Internacionais de Catalogação na Publicação (CIP)
Sindicato Nacional dos Editores de Livros, RJ

M477r	
3.ed.	
	Mello, Evaldo Cabral de, 1936-
	Rubro veio : o imaginário da restauração pernambucana / Evaldo Cabral de Mello . - 3.ed. rev. - São Paulo : Alameda, 2008.
	Bibliografia
	ISBN 978 - 85- 98325-60-6
	1. Brasil – História – Domínio holandês, 1624–1654
	I. Título.
07-4190.	CDD - 981.03
	CDU - 94(81) "1624/1654"

[2008]
Todos os direitos reservados à

ALAMEDA CASA EDITORIAL
Rua Ministro Ferreira Alves, 108   Perdizes
05009-060   São Paulo – SP
Tel/Fax (11) 3862-0850
www.alamedaeditorial.com.br

Índice

PREFÁCIO   11

Abreviaturas   21

CAPÍTULO I   23
Inventário da memória

CAPÍTULO II   61
A cultura histórica do nativismo

CAPÍTULO III   89
À custa de nosso sangue, vidas e fazendas

CAPÍTULO IV   125
Os alecrins no canavial (1)

CAPÍTULO V   155
A metamorfose da açucarocracia (2)

CAPÍTULO VI   181
No panteão restaurador

CAPÍTULO VII   217
Olinda conquistada

CAPÍTULO VIII   251
A terrena obra e a celeste empresa

CAPÍTULO IX   289
Nostalgia nassoviana

CAPÍTULO X   319
Olinda ou Holanda

Bibliografia   355

Índice onomástico   375

Prefácio

O TEMA DESTE LIVRO é a restauração pernambucana no imaginário nativista, as conexões entre ocupação holandesa e nativismo ao nível das representações mentais vigentes na capitania e depois província de Pernambuco entre o período batavo e os últimos decênios do século XIX. Trata-se, em certo sentido, do desdobramento de obra anterior, sob o título de *Olinda restaurada. Guerra e açúcar no Nordeste, 1630-1654*, na qual visei submeter à crítica histórica as alegações regionais de que a expulsão dos invasores havia sido alcançada 'à custa de nosso sangue, vidas e fazendas', isto é, mediante a mobilização exclusiva ou predominante dos recursos da sociedade açucareira e escravocrata do Nordeste. Ali, procurei também estudar as estratégias adotadas no decorrer da luta e como elas condicionaram ou foram condicionadas pelas relações comerciais com Portugal, pela fiscalidade, pelo recrutamento e pelo abastecimento das tropas, pela utilização das técnicas de guerrilha etc.

A noção segundo a qual a restauração fora empreendida e sustentada pela gente da terra representou o tópico fundador da percepção local do domínio holandês. Ao longo de dois séculos e meio, ela teria de sofrer, por sua vez, as repercussões das conjunturas políticas, econômicas e sociais por que Pernambuco passou. O nativismo inspirou sua historiografia até o penúltimo decênio do século XIX, só começando a ser suplantado a partir da missão de José Higino Duarte Pereira aos Países Baixos (1885-1886) e do aparecimento de uma nova geração de historiadores informados dos métodos do positivismo histórico (Oliveira Lima, Alfredo de Carvalho, Pedro Souto Maior), resultando no progresso da produção historiográfica e, sobretudo, na publicação das fontes neerlandesas referentes ao Brasil durante a segunda fase (1886-1910) da *Revista do Instituto Arqueológico e Geográfico Pernambucano*. Os anos oitenta do século xix constituem assim os limites cronológicos da nossa investigação, muito embora, aqui e ali, ela se tenha permitido excedê-los.

A expressão 'imaginário' será empregada ao longo destas páginas não num sentido vago ou na acepção da moda conferida pela psicanálise lacaniana, mas na de 'imaginário social' formulada por C. Castoriadis no seu livro *L' institution imaginaire de la société* (Paris, 1975), para quem o imaginário não é uma superestrutura ideológica mas uma dimensão constitutiva e reprodutiva das próprias relações sociais, é o processo pelo qual os grupos sociais se instituem como tais. Este conceito engloba uma faixa ampla de conteúdos ideológicos, desde a invenção pura e simples e a falsificação histórica, até os meros deslocamentos de significado, através dos quais o simbólico, linguagem do imaginário, gera uma série de conotações. O imaginário social coloca questões de cultura histórica, isto é, de grau de conhecimento científico da história. A velha historiografia positivista, apegada à lição de Ranke (saber como os acontecimentos realmente se passaram) preocupou-se sobretudo com a mentira histórica *stricto sensu*, munindo-se dos métodos críticos destinados a detectá-la. Na historiografia pernambucana mesmo, há um excelente exemplo deste tipo de investigação, o estudo de Alfredo de Carvalho sobre a morte do almirante Pater. Pelo contrário, a 'história das mentalidades', designação, aliás, modesta para suas ambições, privilegiou as formas menos deliberadas e até inconscientes do imaginário, muitas vezes mais reveladoras da ideologia de uma classe ou das representações de uma sociedade.

Rubro veio propõe-se explorar as deformações que, dentro do espectro que vai da mistificação histórica à derrapagem de significado, o nativismo impôs à visão da experiência holandesa. Desta maneira, teremos de fazer uma constante ponte aérea entre as questões, monotonamente eruditas, de cultura histórica, e os temas, mais vivos e atraentes, de imaginário social, sempre em busca da reciprocidade de perspectiva entre as concepções do cronista ou do historiador e as representações coletivas. Só assim se poderão superar as limitações da abordagem dicotômica em termos de cultura erudita e de cultura popular, restituindo a circularidade entre ambas, aquelas "fecundas trocas subterrâneas" a que aludiu Carlo Ginzburg. Os dois capítulos iniciais são de natureza introdutória, na medida em que procuram recensear as fontes do imaginário e da cultura histórica nativista no tocante ao período holandês, as fontes não historiográficas (capítulo 1) e as historiográficas (capítulo 2). Os capítulos 3 a 10 ambicionam reconstruir os grandes *topoi* e suas mutações.

O nativismo pernambucano considerou-se sempre o herdeiro da restauração. Em 1864, na sua crítica do sistema político do Império, Afonso de Albuquerque Melo, após constatar que "o sentimento da liberdade" germinara em Pernambuco mais cedo do que no resto do Brasil, indagava as razões desta precocidade. "Será – perguntava – porque provimos de melhor sangue ou por causa do clima ou dos alimentos que nos produz o solo, que se tem tanto distinguido o nosso gênio e o nosso sentimento pela causa da liberdade?" E o publicista respondia pela negativa. Para ele, o esclarecimento da questão encontrava-se antes nos "fatos da história de um povo, nos acontecimentos que se dão sobre ele, circunstâncias poderosas de sua vida que, concorrendo para formar ou formando sua educação, formam assim o seu caráter e o seu gênio". No caso de Pernambuco, este fato ou acontecimento foram as guerras batavas, "a defesa dos pernambucanos contra os holandeses, a expulsão destes, de poderosa nação, por um punhado de homens desprovidos de todo os recursos e tudo contra a vontade da metrópole, de quem estávamos abandonados". Não fora assim o contacto da gente da terra com um país que se achava na vanguarda da civilização européia, mas a guerra, especialmente a da restauração, que constituíra "a escola que nos educou, o berço em que se embalou nosso patriotismo", "uma escola em que, aprendizes, fomos grandes", na medida em que "aprendemos a sentir pela liberdade, a amá-la; aprendemos a derramar o nosso sangue, aprendemos a abnegação, o sacrifício, a esquecer a vida em amor da dignidade e do direito do homem". Da experiência da ocupação estrangeira, derivara, por conseguinte, a singularidade da história pernambucana no conjunto da história brasileira, inclusive o mal-entendido entre Pernambuco e o Império.

As guerras holandesas foram a matriz ideológica do nativismo, da segunda metade do século XVII até os meados do XIX, quando "o maligno vapor pernambucano", a que aludira o autor anônimo das 'Revoluções do Brasil', agonizou como força política, à raiz do malogro da revolução praieira, que encerrou o ciclo dos movimentos anti-lusitanos. Ao longo destes duzentos anos, o nativismo teria de assumir diferentes figuras, ao amoldar-se às transformações da economia colonial, às relações de poder entre os grupos locais e entre estes e a metrópole, primeiro Lisboa, depois o Rio de Janeiro, e finalmente às formações ideológicas dominantes. Leitor das crônicas luso-brasileiras que haviam versado o domínio neerlandês, o imaginário nativista tendeu naturalmente a interpretar a história do período a partir das conjunturas que atravessava.

No percurso do nativismo como fenômeno político e ideológico, distinguem-se três fases, correspondendo a dois períodos alternados de radicalização anti-lusitana, a montante e a jusante de uma fase de transação: a primeira, da capitulação holandesa (1654) à derrota da 'nobreza da terra' na guerra dos mascates e suas seqüelas (*circa* 1715); a segunda, que se prolongou até os primeiros anos do século XIX, com o aparecimento dos sintomas (por exemplo, a conspiração dos Suassunas, 1801) que anunciam as 'revoluções libertárias' do verso de Manuel Bandeira; a terceira, que se estendeu até 1850, englobando a revolução de 1817, o movimento de Goiana e as juntas provisórias (1821-1823), a Confederação do Equador (1824) e a rebelião praieira (1848-1849), para além de cujo horizonte divisa-se a definitiva integração da província na ordem imperial e o esgotamento do nativismo como força política, reduzido doravante a seu significado histórico, como indica a fundação do Instituto Arqueológico e Geográfico Pernambucano (1862).

A definição de nativismo dos nossos dicionários é, aliás, deficiente, pois se limita a seu conteúdo negativo, anti-português ou anti-estrangeiro, quando, na realidade, ele comportou, como no caso do nativismo pernambucano, formas de sentimento local que lhe conferiram cunho positivo. Caracterizá-lo requer as operações preliminares destinadas a separá-lo, por um lado, do protonativismo quinhentista e, por outro, do nacionalismo, que se forjou a partir da criação do Estado nacional, buscando superar os nativismos do período colonial. O protonativismo do primeiro século consistiu ironicamente na reiterada e orgulhosa asserção da lusitanidade que já vincaria a existência da América portuguesa, bem como na louvação da terra e dos seus recursos naturais, comparados em pé de igualdade aos do Reino ou mesmo reputados superiores. Daí que ele exibisse o tom otimista que cabia esperar de reinóis transplantados para um mundo novo, como Gabriel Soares de Souza ou Ambrósio Fernandes Brandão. Otimismo que não partilhará o nativismo propriamente dito, como indica a crônica de frei Vicente do Salvador, cuja redação foi concluída em 1627, na esteira da expulsão dos holandeses da Bahia. Lida contra o pano-de-fundo dos textos que a precederam, a 'História do Brasil' já respira o ressentimento e a amargura do mazombo.

Ao longo de dois séculos, o nativismo pernambucano aprofundou suas bases sociais. Na segunda metade de Seiscentos, ele fora nobiliárquico. Havendo repelido a ocupação neerlandesa durante um quarto de século, a açucarocracia considerava-se no direito de governar a seu talante a terra que restaurara para a Coroa portuguesa. A esta aspiração política, nascida das frustrações com o exercício do poder local através das Câmaras municipais, posto em cheque pelos representantes da Coroa e pelo comércio reinol do Recife, somava-se vivo sentimento de classe, difuso, é certo, mas por isso mesmo mais impregnante do que a aspiração estritamente emancipacionista. Submetido pela repressão da Coroa à raiz do movimento de 1710, o primeiro nativismo passará a contentar-se, por intermédio de seus porta-vozes, com o culto de sentimentos localistas de orgulho cívico sem conotações anti-coloniais ostensivas, podendo, portanto, ser tolerados e até incentivados pela metrópole. Moderação que lhe conquistou aquele setor do comércio português, já nacionalizado pela residência e pelos laços de família, o qual, confiando os negócios a parentes trazidos de Portugal, destinava os filhos às carreiras reputadas honrosas da burocracia, das armas, do clero e das letras. A essa elite de funcionários, oficiais, padres e letrados era essencial consolidar posições em face das restrições criadas em benefício de concorrentes reinóis.

O nativismo pernambucano foi assim ao longo de Setecentos um nativismo razoável, de transação, expurgado das feições mais virulentas que assumira ao tempo da guerra dos mascates. Na idade madura, um revolucionário de 1817 e de 1824 olhava nostalgicamente para nosso século XVIII como a idade de ouro da capitania, época de "paz e amizade" em que "os ódios políticos não dividiam e atormentavam os homens". Mas foi Alfredo de Carvalho quem sentiu o ar deste tempo, na sua análise da obra que exprime melhor que qualquer outra este nativismo de transação, os *Desagravos do Brasil e glórias de Pernambuco*, de Loreto Couto.

Num prazo de largos anos, Pernambuco e quase todo o Brasil tiveram a ventura de ser destes povos felizes que "não têm história" para os que só a estimam quando pontuadas de façanhas bélicas e ardendo no flagício rubro das lutas homicidas. Sazonado neste meio calmo, trabalhador e sensato, em que os ecos longínquos de passados heroísmos influíam apenas na manutenção da ingênita bravura individual, o nosso beneditino teve o critério de adaptar-se às exigências da sua época [...] Não tendo novas proezas guerreiras a solenizar em verbo sublimado, desdenhando dissertar esterilmente sobre o cansado tema das antigas, deliberou consignar nas páginas de seu livro as outras manifestações da atividade pacífica dos seus concidadãos no terreno da religião, das letras e das artes.

Coincidentemente ou não, o nativismo de transação prevaleceu *grosso modo* ao longo de Setecentos, ou, ao menos, da depressão secular do preço do açúcar, só superada nos dois decênios finais do século pela chamada 'euforia do fim do período colonial', que recuperou o produto brasileiro no mercado internacional mas, por outro lado, subverteu seu domínio da economia regional mediante a expansão da cultura algodoeira destinada a satisfazer a demanda da Revolução Industrial. A crise dos impérios coloniais nas Américas deu a luz verde para o ressurgimento da exigência emancipadora, a qual reemergiu com redobrado vigor numa conjuntura internacional favorável. Curiosamente já não são os velhos interesses agrários que lideram a agitação da Independência, mas as camadas urbanas do Recife e das vilas populosas. Uma das características do ciclo revolucionário de Dezessete a Vinte e Quatro consistiu precisamente na transformação do que fora, cem anos antes, uma paixão elitista em paixão popular.

Destarte, o nativismo adquiriu aquele feitio democrático que o caracterizará até finais de Oitocentos, muito tempo depois de haver sido abandonado pelas camadas superiores, na esteira da integração de Pernambuco à ordem imperial. Ao assumir o cariz correspondente ao ingresso dos estratos subalternos na agitação política, o nativismo da primeira metade do século XIX reatou com a virulência do seu ancestral seiscentista. Ao vestir-se um santo, desvestiu-se outro. A adesão destes estratos provocou no decorrer do nosso ciclo insurrecional um movimento instintivo de recuo, a princípio apenas perceptível, da parte da açucarocracia e da grande propriedade, que abandonou a frente anti-lusitana para aproximar-se do comércio português e até aliar-se a ele. Viragem que se esboçou ao tempo do 'governo dos matutos' e da Pedrosada (1822-1823) e que se tornou nítida na Confederação do Equador, para consolidar-se nos anos trinta e quarenta que, com o fracasso da Praia (1848), garantiu a entrada definitiva de Pernambuco no aprisco imperial, liquidadas as derradeiras veleidades republicanas e federalistas no Nordeste.

A leitura de *Rubro veio* pode criar a falsa impressão de que o autor buscou contribuir para a literatura sociológica e antropológica que se afana em perseguir e descrever identidades regionais e locais. Não foi essa a intenção. A reconstrução do imaginário da restauração pernambucana pressupôs apenas que as representações, verdadeiras ou falsas, de um grupo social acerca do seu passado podem ser tão relevantes para explicar seu comportamento quanto seus interesses materiais. As representações mentais surgidas outrora em Pernambuco em torno da guerra holandesa são indispensáveis para entender a contestação do poder colonial que ali teve lugar até às revoluções liberais do século XIX, mas deixaram de ser a partir de então socialmente atuantes.

Abreviaturas

ABNRJ: Anais da Biblioteca Nacional do Rio de Janeiro

AHU: Arquivo Histórico Ultramarino, Lisboa

ANTT: Arquivo Nacional da Torre do Tombo, Lisboa

APMR: Arquivos da Prefeitura Municipal do Recife

APP: Arquivo Público do Estado de Pernambuco

ARA: Algemeen Rijksarchief, Haia; OWIC, Oude West-Indische Compagnie

AUC: Arquivo da Universidade de Coimbra; CA: coleção Conde dos Arcos

BA: Biblioteca da Ajuda, Lisboa

BNL: Biblioteca Nacional de Lisboa

BNRJ: Biblioteca Nacional do Rio de Janeiro

DH: *Documentos históricos da Biblioteca Nacional do Rio de Janeiro*

HAHR: Hispanic American Historical Review

IHGB: Instituto Histórico e Geográfico Brasileiro, Rio de Janeiro

MAE: Ministère des Affaires Etrangères, Paris

RAPP: Revista do Arquivo Público do Estado do Pernambuco

RIAP: Revista do Instituto Arqueológico e Geográfico de Pernambucano

RIAGA: Revista do Instituto Arqueológico, Histórico e Geográfico Alagoano

RIHGB: Revista do Instituto Histórico e Geográfico Brasileiro

RSPHAN: Revista do Serviço do Patrimônio Histórico e Artístico Nacional.

Capítulo I

Inventário da memória

O EXAME DO PAPEL DA RESTAURAÇÃO PERNAMBUCANA no imaginário nativista requer preliminarmente o inventário das fontes das representações mentais relativas à ocupação holandesa, da segunda metade do século XVII aos fins do XIX. Num julgamento precipitado, Oliveira Lima pretenderia que a dominação neerlandesa não deixara marcas no norte do Brasil. Salvo "a glorificação literária", nada teria ficado dela: "até mesmo a recordação desta raça estrangeira se apagou inteiramente".[1] Esta amnésia coletiva é insustentável, quer em termos de cultura histórica *stricto sensu*, isto é, da erudição local, quer em termos da tradição oral que se alimentou nos monumentos e vestígios da época, nas festividades que celebravam a restauração, no culto que cercou a recordação dos seus heróis, na iconografia que comemorou as vitórias sobre os invasores, nos troféus militares, na toponímia, sobretudo recifense etc.

A todos estes sinais da presença batava e da resistência a ela, pode-se aplicar o que o conde das Galveias, governador-geral do Brasil, afirmava no século XVIII a propósito dos monumentos históricos, justamente ao sair em defesa da preservação do palácio chamado das Torres, construído por Nassau no Recife e então sob a ameaça de ser transformado em quartel: que eles "são livros que falam, sem

---

[1] M. de Oliveira Lima, *Pernambuco, seu desenvolvimento histórico*, Leipzig, 1895, p. 183; e *Formation historique de la nationalité brésilienne*, Paris, 1911, p. 64.

que seja necessário o lê-los".[2] Quanto à "glorificação literária", ela teve, sobretudo, cunho historiográfico. O nativismo não precisará empreendê-la, pois herdou do século XVII as crônicas luso-brasileiras que versaram as guerras holandesas. Os escritores locais de Setecentos e de Oitocentos limitaram-se a utilizá-las na investigação dos temas que lhes interessavam precipuamente, pois somente Fernandes Gama tentaria a narrativa de todo o período como parte da sua história da província. No capítulo seguinte, examinar-se-á a recepção destes textos pelo nativismo pernambucano.

Ao longo do século XVIII, empobrecera-se a tradição oral, ainda quente nos decênios seguintes à restauração, quando ainda viviam os que a haviam feito ou assistido aos acontecimentos e também os que haviam escutado sua narração da boca de uns e de outros. Para redigir sua história dos franciscanos no Brasil, Jaboatão declarava haver-se baseado não só em documentos do acervo da Ordem mas também no que recolhera da tradição, que não hesitava em proclamar "outro modo de arquivo a que se deve a mesma fé e crédito".[3] Pela mesma época, Loreto Couto dizia haver-se apoiado inclusive no depoimento de pessoas idôneas.[4] Se os escritores de Setecentos não mostraram interesse em versar o período holandês, deveu-se a que as obras de frei Rafael de Jesus e de Brito Freyre haviam supostamente esgotado a matéria; e também porque, atraídos pelas investigações de história eclesiástica e genealógica, só se ocuparam do tema na medida em que tinha relevância para elas. Apenas Loreto Couto tratou da guerra holandesa, a que dedicou a segunda parte do seu cartapácio, mas de maneira superficial e retórica, transcrevendo parágrafos inteiros do *Castrioto lusitano*. Devido à inexistência de livro que no Pernambuco setecentista tivesse narrado a gesta restauradora, perdeu-se boa parte da tradição oral que ainda se conservava àquela altura.

---

[2] Conde das Galveias a Henrique Luís Pereira Freire, Bahia, 5.IV.1742, [Serviço do Patrimônio Histórico e Artístico Nacional], *Proteção e revitalização do patrimônio cultural no Brasil: uma trajetória*, Brasília, 1980, p. 61.

[3] Antônio de Santa Maria Jaboatão, *Novo orbe seráfico brasílico*, 3ª ed., 3 vols., Recife, 1979-1980, II, p. 342.

[4] Domingos do Loreto Couto, *Desagravos do Brasil e glórias de Pernambuco*, 2ª ed., Recife, 1981, p. 7.

Em começos do século XIX, Koster observou que a gente do campo dos arredores do Recife já não se lembrava das peripécias bélicas; apenas uns poucos conheciam algo.[5] Mas nas vizinhanças de Marston Moor e de Naseby, locais das batalhas decisivas da guerra civil entre Carlos I e o Parlamento, coevas da ocupação neerlandesa no Brasil, quantos camponeses as conheceriam? Que as coisas não eram como Koster pretendia, indica o fato de que, trinta anos depois, Abreu e Castro, a passeio nos Prazeres, ainda encontraria viva a lenda da aparição de Nossa Senhora durante a primeira batalha dos Guararapes.[6] Já se verá ao longo deste livro a vivacidade da tradição oral, tanto da que se manteve fiel à realidade histórica quanto da que foi deliberada ou inconscientemente deformada. É certo que, ao visitar Pernambuco em 1859, D. Pedro II queixar-se-ia da "ignorância que encontro em geral nos pernambucanos, da história gloriosa de sua província nessa época".[7] Mas o que interessava o segundo Imperador era exclusivamente o saber do erudito no seu positivismo oitocentista (onde se verificou tal batalha, onde residiu tal herói, onde está sepultado), conhecimento cuja pobreza pode coexistir com um imaginário igualmente digno da atenção do historiador.

É impossível avaliar a memória do período batavo em termos do conjunto da população, mas caberia assinalar que certos grupos sociais mantinham acesa a recordação, quando mais não fosse por interesse corporativo ou de classe. É digno de nota que o cargo de cronista-mor do Brasil tenha sido criado pela Coroa (1658) a pedido dos procuradores da colônia na Corte.[8] Entre a 'nobreza da terra', a gesta restauradora fora preservada graças à simbiose com as pretensões nobiliárquicas e de acesso às ordens militares do Reino; nas instituições religiosas, ao desejo de fazer valer junto às autoridades régias os serviços materiais e espirituais prestados na luta contra o invasor. Os beneditinos de Olinda difundiram o culto de Nossa Senhora dos Prazeres, cuja ermida lhes fora confiada pelo general Francisco Barreto de Menezes, não hesitando em propagandear seus poderes milagrosos. Tam-

---

[5] Henry Koster, *Travels in Brazil*, Londres, 1816, p. 27.

[6] B. F. de F. Abreu e Castro, *Nossa Senhora dos Guararapes*, 2ª ed., Recife, 1980, I, pp. 63-4.

[7] D. Pedro II, 'Viagem a Pernambuco em 1859', RAPP, 7-8 (1950-1951), p. 382.

[8] J. A. Gonsalves de Mello, 'O cronista do Estado do Brasil e Pernambuco', RIAP, 58 (1993), p. 13.

bém os contingentes de soldados negros e índios, os 'henriques' e os 'camarões', possuíam um *vested interest* na memória de uma época a que deviam sua criação. Também o tinham a Câmara de Olinda e o cabido da Sé, que promoviam anualmente a festa da restauração (27 de janeiro), institucionalizando o culto nativista mediante os recursos de grande impacto da prédica religiosa. Infelizmente, numa série mais que centenária de sermões, dispõe-se apenas do texto da pregação de 1731, feita por Jaboatão, pois as demais não conheceram a fortuna da palavra escrita, muito menos as chamadas 'honras do prelo', reservadas às homilias especialmente eloqüentes e edificantes proferidas nas igrejas do Recife e impressas em Lisboa, graças ao patrocínio de negociantes ricos e de suas opulentas irmandades. É provável, aliás, que várias das páginas dedicadas à guerra holandesa nos *Desagravos do Brasil e glórias de Pernambuco* correspondam a sermões pronunciados por Loreto Couto por motivo da festa da restauração. O diário do governador Correia de Sá (1746-1756) permite vislumbrar o êxito que, como orador sacro, conheceu no Pernambuco setecentista este franciscano 'transitado' para a Ordem beneditina.[9]

Ao passo que a memória corporativa celebrava a restauração como a gesta dos estratos privilegiados, a imaginação popular representou o período holandês com as cores do maravilhoso e do sobrenatural. Alfredo de Carvalho, que contrariamente a Oliveira Lima julgava que o domínio batavo deixara "profundos sulcos, perceptíveis ao mais negligente exame", observaria que, "na inteligência inculta das nossas classes iletradas", ele ficara associado à "idéia duma raça antiqüíssima, fabulosamente rica, dotada de prodigioso engenho e capaz de realizar obras colossais".[10] Donde a sugestão de Gilberto Freyre de que o domínio batavo constituiria nosso equivalente funcional do 'tempo dos mouros' em Portugal.[11] É notável a freqüência com que se atribuíam aos holandeses as obras de engenharia que provocavam a admiração local, mesmo quando de origem portuguesa, assim como a difusão de lendas relativas a tesouros enterrados. Em Granada, em meados do

---

[9] J. A. Gonsalves de Mello [ed.], 'Diário do governador Correia de Sá', RIAP, 56 (1983).

[10] Alfredo de Carvalho, *Frases e palavras*, Recife, 1906, pp. 54 e 57.

[11] Gilberto Freyre, prefácio a J. A. Gonsalves de Mello, *Tempo dos flamengos*, Rio de Janeiro, 1947, p. 14.

século XIX, Théophile Gautier escutou estórias de riquezas fabulosas escondidas pelos árabes, registrando que "a menor ruína mourisca está sempre dotada de cinco ou seis léguas de subterrâneos e de um tesouro escondido, guardado por um encantamento qualquer",[12] exatamente como os que, segundo a tradição popular, teriam sido edificados em Olinda, ora pelos próprios invasores, ora pelos frades desejosos de salvarem da cobiça herética a riqueza de seus conventos.

Outras lembranças transparecem na lenda do 'cajueiro da cigana', recolhida em Fernando de Noronha, ou na da 'donzela da mangueira', atinente à origem da manga-jasmim de Itamaracá, tema aproveitado por Soares de Azevedo, por Franklin Távora e até numa ópera de Simoni, levada à cena carioca em meados do século XIX.[13] Também na história sobrenatural, algo ficou da guerra holandesa. Entre as estórias de assombração, acham-se as de ruídos bélicos que se faziam ouvir na pacatez das noites olindenses; e as luzes misteriosas avistadas pelos moradores do Arraial (Recife), que corresponderiam às almas dos soldados mortos nas refregas pela posse da fortificação.[14] Acreditava Pereira da Costa que a lenda da alamoa, a mulher loura e misteriosa, utopia erótica dos habitantes de Fernando de Noronha, fosse "reminiscência holandesa", do que discordou Câmara Cascudo, para quem ela representava apenas a fusão de elementos míticos ligados ao fogo e à mulher.[15] Ambos tinham talvez razão, pois, em princípio, a perspectiva etnográfica não necessita excluir a histórica, nem se deve descartar a possibilidade de a lenda haver efetivamente surgido ao tempo da ocupação holandesa ou na sua esteira. O argumento de Cascudo acerca da inexistência da alamoa no folclore batavo reforçaria a hipótese.

---

[12] Théophile Gautier, *Voyage en Espagne*, Paris, 1981, p. 283.

[13] Alfredo de Carvalho, *Frases e palavras*, p. 8; F. A. Pereira da Costa, *Anais pernambucanos*, 2ª ed., 10 vols., Recife, 1983-1985, II, p. 281.

[14] Gilberto Freyre, *Olinda. 2º guia prático, histórico e sentimental de cidade brasileira*, 3ª ed., Rio de Janeiro, 1960, p. 114; e *Assombrações do Recife velho*, 2ª ed., Rio de Janeiro, 1970, p. 37.

[15] F. A. Pereira da Costa, *Folclore pernambucano*, Rio de Janeiro, 1908, p. 9; Luís da Câmara Cascudo, *Dicionário do folclore brasileiro*, 2 vols., Rio de Janeiro, 1972, A-I, p. 28, e *Geografia do Brasil holandês*, Rio de Janeiro, 1956, pp. 68-72.

O período holandês também chegava ao pernambucano de outrora através dos seus monumentos e construções, que, porém, não eram exclusivamente urbanos, pois segundo Ferdinand Denis, ainda se topavam em vilas do interior de começos de Oitocentos com edificações que, no seu "aspecto um pouco pesado [...] quase fariam lembrar nossas casas do norte da França se a vegetação luxuriante das regiões equinociais não as cercasse completamente e se já não se identificasse o influxo dos lugares e do clima".[16] No Recife, tais vestígios persistiram por muito tempo, em meio ao acanhamento da urbe relusitanizada, a começar por um bairro inteiro, o portuário, de construção maciçamente batava e que ainda era descrito em 1690 como "uma formosa cidade bem na pancada do mar, com ruas e casaria de três e quatro sobrados [i.e., andares], com torres e capitéis".[17] Em 1881, o engenheiro Emile Béringer surpreendia-se com que "as ruas da antiga cidade correspondiam exatamente às vias públicas atuais, o que permite dizer que a disposição desse bairro é hoje, ainda, a mesma do século XVII".[18]

O bairro portuário do Recife foi criação batava, embora os portugueses o tivessem adaptado às preferências da sua cultura urbana. Basta ter em mente a estabilidade da área edificada entre a restauração e os meados do século XIX, quando se dá início à sua modernização. Durante toda esta fase, a única adição de espaço verificou-se na extremidade meridional do istmo, com o surgimento, em fins do XVII, do quarteirão situado entre a Madre de Deus e a rua dona Maria César, meia dúzia de ruas em direção leste-oeste fazendo ângulo reto com duas outras dispostas no rumo norte-sul, "um dos primeiros exemplos de planejamento renascentista de alinhamento perpendicular na América Latina".[19] Não houve

---

[16] Ferdinand Denis, *Le Brésil*, Paris, 1837, p. 48.

[17] J. A. Gonsalves de Mello [ed.], 'Breve compêndio do que vai obrando neste governo de Pernambuco o senhor Antônio Luís Gonçalves da Câmara Coutinho', RIAP, 51 (1979), p. 282.

[18] Emile Béringer, 'O porto de Pernambuco e a cidade do Recife no século XVII', APMR, 2 (1942), p. 200. O estudo do engenheiro Béringer, chefe do serviço topográfico da repartição das Obras Públicas da província de Pernambuco (1875-1877), resultara de uma missão de pesquisa nos Países Baixos, de que o encarregara o diretor da mesma repartição, o engenheiro francês, Victor Fournié: J.A. Gonsalves de Mello (ed.), *Diário de Pernambuco. Economia e sociedade no 2º Reinado*, Recife, 1996, pp. 269-71.

[19] Robert C. Smith, *Igrejas, casas e móveis. Aspectos da arte colonial brasileira*, Recife, 1979, p. 193; José Luiz Mota Menezes [ed.], *Atlas histórico-cartográfico do Recife*, Recife, 1988.

crescimento a oeste da espinha dorsal do bairro, o eixo da rua da Cruz–rua da Cadeia, o qual, já entrada a era de Oitocentos, continuava a correr, como duzentos anos antes, nas proximidades da maré, que alcançava a atual rua da Guia. O desenvolvimento teve lugar, sobretudo, a norte, isto é, em Fora de Portas, nascido como um *faubourg* de artesãos, pescadores, soldados e gente do serviço do porto que a carestia dos aluguéis expulsava do centro mas cujos serviços este queria manter comodamente a seu alcance.

Muita tinta já correu por conta da origem neerlandesa do sobrado recifense, idéia originalmente aventada por Gilberto Freyre. É óbvio que, como salientaram críticos idôneos da teoria, prevaleceram fatores ecológicos e econômicos comuns às cidades portuárias da Europa atlântica, inclusive de Portugal. É inegável também que pela sua estrutura e fins a que se destinavam, "a casa esguia do Porto e o sobrado magro do Recife mostram um estreito parentesco", tanto mais que, enquanto nas edificações batavas, o telhado em duas águas é lateral, nos do Porto e do Recife ele toma a direção frente-fundo.[20] Mas a abordagem etnográfica é insuficiente, não se podendo reduzir o debate à opção pela origem neerlandesa ou pela origem portuense. Da construção maciçamente neerlandesa do bairro portuário, como existiu anteriormente ao 'bota abaixo' a que o submeteram as obras de melhoramento do porto no começo do século xx, não é possível duvidar à luz de documento português coevo, o 'Inventário dos prédios'.[21] E o aspecto misto do seu casario foi notado por um viajante europeu do século xix, Moritz Lambert, que distinguiu duas orientações na cidade, "o moderno estilo" cosmopolita, triunfante na Europa oitocentista e burguesa, e, lado a lado, "o velho estilo português e holandês".[22]

Outros observadores estrangeiros costumavam assinalar a feição batava do bairro portuário. Herbert H. Smith, por exemplo, acentuava que "muitos des-

---

[20] Para uma análise da controvérsia, vd. Ernesto Veiga de Oliveira e Fernando Galhano, *Casas esguias do Porto e sobrados do Recife*, Recife, 1986, e a bibliografia aí citada.

[21] *Inventário das armas e petrechos bélicos que os holandeses deixaram em Pernambuco e dos prédios edificados ou reparados até 1654*, 2ª ed., Recife, 1940.

[22] Moritz Lambert, *Brasilien, land und leute*, Leipzig, 1899, p. 9.

tes prédios são quase tão velhos quanto a própria cidade, datando do período da ocupação holandesa", apontando "traços da arquitetura neerlandesa ou flamenga". E aduzia que "um aspecto de algum modo mais moderno caracteriza a ocupação portuguesa e, a partir de então, uma série de modificações podem ser detectadas até que as formas antigas desaparecem completamente em favor de uma não-arquitetura, moderna e afrancesada".[23] Emílio Goeldi se mostraria "singularmente impressionado pelos múltiplos vestígios, dificilmente a desconhecer, do estilo arquitetônico germânico – certas ruas e certos edifícios traem logo a origem holandesa".[24] E a princesa da Baviera teria a impressão de "um pedaço da Holanda deslocado para o Brasil", impressão que fora também, alguns decênios antes, a do conde de Suzannet.[25]

É significativo o exemplo da chamada, no período holandês, de rua dos Judeus e, após a restauração, de rua da Cruz. Joaquim Cardozo comparou o desenho de Zacharias Wagener e a gravura, posterior de quase dois séculos, de E. Finden, concluindo que entre aquela época e o tempo da Independência, ela não mudara praticamente de feição, a maioria das casas conservando suas fachadas seiscentistas.[26] O engenheiro Vauthier já sugerira, aliás, que os "numerosos edifícios" de construção neerlandesa que encontrara nos anos quarenta do século xix se identificariam pela utilização da pedra local, que tinha "a cor acinzentada dos granitos e dos grés", ao contrário dos prédios portugueses, que se teriam mantido fiéis à pedra do Reino, de onde chegava já cortada e que era objeto da preferência geral no norte do Império.[27] Na realidade, não foi só a pedra dos arrecifes a distinguir as edificações neerlandesas, pois os luso-brasileiros a utilizaram maciçamente;

---

[23] Herbert H. Smith, *Brazil, the Amazons and the Coast*, New York, s/d., p. 440.

[24] Apud Pereira da Costa, *Anais pernambucanos*, IX, p. 351.

[25] Thérèse, princesa da Baviera, *Meine reise in den Brasilianische tropen*, Berlim, 1897, p. 211; conde de Suzannet, *Souvenirs de voyages*, Paris, 1846, p. 407.

[26] Joaquim Cardozo, "Observações em torno da história da cidade do Recife no período holandês", RSPHAN, 4 (1940), p. 396.

[27] L. L. Vauthier, 'Casas de residência no Brasil', Gilberto Freyre, *Um engenheiro francês no Brasil*, 2ª ed., 2 vols., Rio de Janeiro, 1960, II, p. 835.

Rubro Veio: o imaginário da restauração pernambucana

também o emprego do tijolo cozido, cujo uso vulgarizaram na terra, malgrado a desconfiança lusitana quanto à sua confiabilidade. Quando após a restauração, procedeu-se à reintegração da posse dos primitivos proprietários dos terrenos, os prédios de origem holandesa foram identificados graças ao tijolo, não à pedra do arrecife. [28]

Nos bairros de Santo Antônio e de São José, construídos principalmente no período *post bellum* mas cuja edificação fora encetada por Nassau, era a sobrevivência de monumentos que servia para denotar a ocupação batava, embora a observadores mais atentos não escapasse a influência do urbanismo holandês, a que aludia Antônio Pedro de Figueiredo em 1857, louvando "o sistema então seguido na divisão das ruas [...] mais perfeito do que o atual, [pois] todas as ruas eram muito largas, retas e paralelas à costa, cortadas por outras num sentido perpendicular e, de distância em distância, tinha uma praça". E aduzia: "a rua do Colégio, a das Cruzes, a larga do Rosário e a do Crespo, que cortam as três primeiras em ângulos retos, foram traçadas naquele tempo, segundo indica a planta de Barléu".[29] O edifício mais conspícuo era Vrijburg, rebatizado de palácio das Torres pelos luso-brasileiros. Erguido por Nassau, que fizera introduzir numa estrutura de estilo paladiano modificações destinadas a adaptá-lo ao clima tropical,[30] servira, após a restauração, como residência recifense dos governadores, ruindo em finais do século XVIII, a despeito dos sucessivos reparos, não sem que o andar térreo e o porão fossem remodelados e transformados na sede do Erário régio, demolido por volta de 1840.[31] A esta altura, o presidente da província, Francisco do Rego Barros, levantava o novo palácio do governo (até então instalado no antigo Colégio dos jesuítas), a noroeste do local onde estivera o paço nassoviano,

---

[28] Gonsalves de Mello, *Diário de Pernambuco. Economia e sociedade no 2º Reinado*, p. 18.

[29] J. A. Gonsalves de Mello (ed.), *O Diário de Pernambuco e a história social do Nordeste*, 2 vols., Recife, 1975, II, pp. 829-30.

[30] J. J. Terwen, 'The buildings of Johan Maurits van Nassau', E. van den Boogaart [ed.], *Johan Maurits van Nassau-Siegen (1604-1679). A humanist prince in Europe and Brazil*, Haia, 1979, pp. 89-98.

[31] J. A. Gonsalves de Mello, 'Alguns aditamentos e correções', Pereira da Costa, *Anais pernambucanos*, IV, pp. DXXXVII-DXXXVIII; Joaquim de Sousa-Leão, 'Palácio das Torres', RSPHAN, 10 (1946), pp. 13-67.

cuja fachada principal era voltada para leste, sobre o rio, e a posterior dava para o espaço da atual praça da República, onde o conde plantara seus jardins, enquanto o prédio oitocentista, que é, reformado, o presente palácio do governo, abre sobre o logradouro, então designado Campo das Princesas, fitando o sul e tendo ao norte a confluência do Capibaribe e do Beberibe. No século XIX, contudo, confundiam-se os locais de Vrijburg e do edifício mandado fazer por Rego Barros.[32]

Outros marcos holandeses em Santo Antônio e São José eram a ponte de pedra e madeira, construída para ligá-los ao bairro do Recife, reputada por Brito Freyre "uma das coisas mais notáveis que tem o Estado do Brasil",[33] reformada em 1742-1743 mediante a adição de uma dupla fileira de lojas e que existiu até 1862; a ponte de madeira, igualmente nassoviana, entre Santo Antônio e a Boa Vista, substituída em meados do século XVIII; o dique que comunicava Santo Antônio e os Afogados, fechando o braço principal do Capibaribe e que, antes de transformar-se, meados de Oitocentos, na rua Imperial, permanecia um simples aterro, a saída sul da cidade, um caminho de areia, sombreado de coqueiros e palmeiras, que percorreu Tollenare;[34] o templo levantado pelos calvinistas franceses, anexado depois ao Colégio dos jesuítas como igreja de Nossa Senhora do Ó. Quanto ao outro paço nassoviano, a Boa Vista, já se achava arruinado em fins de Seiscentos, altura em que os carmelitas, a quem fora cedido, o abandonaram pelo convento erguido nas cercanias, a menos que se aceite a hipótese de Pereira da Costa segundo a qual os frades teriam incorporado o pavilhão central do antigo edifício, motivo pelo qual o torreão ainda existente seria o da primitiva construção.[35] Às obras realizadas na sua administração, Nassau tivera, aliás, o cuidado de

---

[32] *Memórias da viagem de SS. Majestades Imperiais às províncias da Bahia, Pernambuco, Alagoas, Sergipe e Espírito Santo*, 2 vols., Rio de Janeiro, 1861-1862, II, pp. 14-5.

[33] Apud J. A. Gonsalves de Mello, 'Brito Freyre, a sua *História* e Pernambuco', Francisco de Brito Freyre, *Nova Lusitânia ou história da guerra brasílica*, 2ª ed., Recife, 1977.

[34] L. F. de Tollenare, *Notas dominicais tomadas durante uma residência em Portugal e no Brasil nos anos de 1816, 1817 e 1818 (parte relativa a Pernambuco)*, Recife, 1905, pp. 41-3.

[35] J. A. Gonsalves de Mello, *Um mascate e o Recife*, 2ª ed., Recife, 1981, p. 32, e 'Alguns aditamentos e correções', Pereira da Costa, *Anais pernambucanos*, IV, pp. DXXIV-DXXV; F. A. Pereira da Costa, *A Ordem Carmelitana em Pernambuco*, Recife, 1976, p. 129.

apor as inscrições epigráficas de praxe,[36] que provavelmente não terão chegado aos fins do século xvii, destruídas pela negligência ou, mais provavelmente, pelo propósito de apagar os vestígios do invasor herético.

Quer no bairro portuário, quer em Santo Antônio e São José, foram as fortalezas outros tantos marcos da presença holandesa: as do Buraco, do Brum, das Cinco Pontas, dos Afogados, que no conjunto fariam da cidade a praça mais bem defendida do Brasil e "uma das mais fortes do mundo", segundo afiançava Pierre Moreau.[37] A fortificação do Recife produzia, aliás, a incontida admiração dos portugueses. Diogo Lopes de Santiago extasiava-se diante das "grandiosas e inexpugnáveis fortalezas"; e um verdadeiro entendido, D. Francisco Manuel de Melo, que militara nas guerras européias, não demonstrava menor entusiasmo pela "notável fortificação dos holandeses (...) pela força de suas muralhas, fossos, meias-luas e baluartes, tudo regular, perfeito e grande", que conheceu nos anos cinqüenta do século xvii.[38] Após a restauração e ao longo do xviii, a administração lusitana substituirá a taipa pela pedra onde necessário, mas manterá a concepção original do sistema defensivo criado pela engenharia militar dos batavos. Fora da cidade, o forte de Orange (Itamaracá) seria preservado mas o Ghijselin (Suape) estava em ruínas no início do século xix.[39]

Nada restou dos inúmeros estandartes e troféus ganhos aos invasores, especialmente na primeira batalha dos Guararapes.[40] Guardaram-se, contudo, muitas peças de artilharia holandesa. Pelo acordo de capitulação do Recife (1654), a quase

---

[36] Gonsalves de Mello, 'Brito Freyre, a sua *História* e Pernambuco', cit.

[37] Pierre Moreau, *História das últimas lutas no Brasil entre holandeses e portugueses*, Rio de Janeiro, 1979, p. 85.

[38] Diogo Lopes de Santiago, *História da guerra de Pernambuco*, 2ª ed., Recife, 1984, p.16; D. Francisco Manuel de Melo, *Epanáforas de vária história portuguesa*, Coimbra, 1931, p. 380. A reputação do Recife explica que, havendo D. João IV deixado a recomendação de que a família real se refugiasse no Brasil em caso de invasão castelhana, a regente D. Luísa tivesse cogitado de Pernambuco e não da Bahia: João Lúcio d'Azevedo [ed.], *Cartas do padre Antônio Vieira*, 3 vols., Coimbra, 1925-1928, iii, p. 610.

[39] Ulysses Pernambucano de Mello Neto, *O forte das Cinco Pontas*, Recife, 1983, p. 46, e 'O cabo de Santo Agostinho e a baía de Suape: arqueologia e história', RIAP, 53 (1981), p. 82.

[40] Pereira da Costa, *Anais pernambucanos*, viii, pp. 335-6.

totalidade deste material havia sido atribuída aos luso-brasileiros, que permitiram ao inimigo levar apenas os canhões indispensáveis a armarem os navios em que partiam. Embora o tratado de paz entre Portugal e os Países Baixos (1661) houvesse estipulado sua restituição, ela não teve lugar, pois já então uma parte das peças fora despachada para o Reino para utilização na guerra contra a Espanha; outra, fundida clandestinamente por governadores corruptos.[41] Ainda em 1859 D. Pedro II veria cerca de quinze delas nas fortalezas de Tamandaré, do Brum e do Buraco, algumas das quais descreveu com minúcia. Exame abrangente do assunto concluiu que, ao tempo da Primeira Guerra Mundial, ainda se conservava em Pernambuco vários canhões, vendidos então para a Europa.[42]

Os marcos luso-brasileiros da guerra contra o invasor tinham menos visibilidade e, em todo o caso, exceção dos religiosos, não foram conservados, de vez que, situando-se no interior, caíram no abandono e no esquecimento, ao contrário das fortificações holandesas no Recife e no litoral. Do Arraial do Bom Jesus, centro da resistência (1630-1635), manteve-se apenas o nome do atual subúrbio. Em meados do século XIX, já não se lhe viam os vestígios, posteriormente escavados. O Arraial Novo, que datava de 1645, era de localização incerta. Fernandes Gama apontava uma elevação no antigo engenho Tegipió, onde se enxergavam "alicerces de grossos paredões", mas Antônio Joaquim de Melo não o pudera identificar com segurança.[43] D. Pedro II visitou o local, onde lhe asseguraram tratar-se de restos de antiga senzala, o que envenenou sua veia de antiquário, irritado por não poder "afirmar uma opinião sobre os conhecimentos arqueológicos desta gente".[44] Mas em 1872 o Instituto Arqueológico e Geográfico Pernambucano concluiu que o Arraial Novo erguera-se no 'sítio do Forte', no engenho do Meio, onde

---

[41] Evaldo Cabral de Mello, *O negócio do Brasil. Portugal, os Países Baixos e o Nordeste, 1641-1669*, 2ª ed., Rio de Janeiro, 2003, p. 293.

[42] Ulysses Pernambucano de Mello, 'Artilharia do século XVII em Pernambuco', RIAP, 47 (1975), pp. 195-9.

[43] J. B. Fernandes Gama, *Memórias históricas da província de Pernambuco*, 4 vols., Recife, 1844-1847, III, p. 49; Antônio Joaquim de Melo, *Biografias de alguns poetas e homens ilustres da província de Pernambuco*, 3 vols., Recife, 1856-1859, II, p. 181.

[44] D. Pedro II, 'Viagem a Pernambuco', p. 478.

Rubro Veio: o imaginário da restauração pernambucana   37

levantou coluna comemorativa. De outro vestígio luso-brasileiro, a estacada de Tejucopapo, só se apreciavam, quando da visita do Imperador, o valo, o parapeito e os baluartes.[45] O castelo do Mar em Suape foi utilizado até a segunda metade de Oitocentos, embora já não existissem então nem o forte de Nossa Senhora de Nazaré, arrasado ainda ao tempo da ocupação holandesa, nem o do Pontal, abandonado subseqüentemente. [46]

Os chefes do movimento restaurador haviam timbrado em levantar os templos que manifestassem seu reconhecimento pelo auxílio divino na expulsão dos hereges. O general Francisco Barreto erigira nos montes Guararapes a capela de Nossa Senhora dos Prazeres, em comemoração das duas vitórias ali alcançadas, capela que no século XVIII seria transformada na atual igreja. Cumprindo promessa feita no momento crítico da batalha das Tabocas, Fernandes Vieira teria feito construir Nossa Senhora do Desterro (Olinda), que sua viúva concluiu.[47] É possível que ele tenha edificado também uma ou duas capelas nas cercanias de Tabocas. Varnhagen referiu que, tendo o madeirense prometido erguê-las, uma em intenção de Nossa Senhora de Nazaré, e outra, da Virgem do Desterro, ainda existiam, em meados do século XIX, uma ermida dedicada à primeira, situada no engenho Poço e, nas proximidades de São Bento, as ruínas da segunda.[48] À Senhora do Desterro, dedicou também Vidal de Negreiros a capela do seu vínculo de Itambé, promovida depois à sede paroquial. Outros templos votivos foram a ermida levantada por Henrique Dias para os soldados do seu regimento (1646), que eles transformaram na atual igreja de Nossa Senhora da Assunção,[49] e a igreja

---

[45] Ibid., p. 429.

[46] Ulysses Pernambucano, 'O cabo de Santo Agostinho e a baía de Suape', pp. 55, 71 e 79.

[47] Agostinho de Santa Maria, *Santuário mariano*, 10 vols., Lisboa, 1707-1723, IX, p. 324; J. A. Gonsalves de Mello, *João Fernandes Vieira*, 2 vols., Recife, 1956, I, p. 174, e II, pp. 267-8.

[48] F. A. de Varnhagen, *História das lutas com os holandeses no Brasil*, Viena, 1871, p. 195. Vd. também Agostinho de Santa Maria, *Santuário mariano*, IX, p. 269. Em reforço da alegação de Varnhagen, cabe aduzir a informação de Fernando Coutinho Cabral de Mello ao autor sobre a existência no engenho do Poço, ainda em começos do século XX, de uma grande imagem seiscentista de Nossa Senhora de Nazaré, a qual, ruindo a capela, teria sido confiada por empréstimo a uma entidade religiosa e beneficente do Recife, de onde viria a desaparecer, vendida provavelmente a algum colecionador.

[49] J. A. Gonsalves de Mello, *Henrique Dias*, Recife, 1956, p. 55.

e hospital de Nossa Senhora do Paraíso e São João de Deus, também no Recife, iniciativa de D. João de Souza que não chegou aos nossos dias.

O local das batalhas dos Guararapes era conhecido graças à igreja de Nossa Senhora dos Prazeres e à festividade anual. Conhecido também o da batalha da Casa Forte, o nome do engenho havendo perdurado no do bairro: a Koster, apontaram um "grande trecho de terra inculta", a atual praça da Casa Forte, que correspondia ao que fora a bagaceira e a moita do engenho, restando apenas a capela.[50] Poucos anos antes, pusera-se abaixo a velha casa-grande, por iniciativa do padre Roma, revolucionário de 1817, a cuja família pertencia a propriedade. Durante as obras, haviam-se encontrado as vigas do andar superior, calcinadas no incêndio ateado ao térreo pela tropa luso-brasileira.[51] Era incerto, porém, o local da batalha das Tabocas, devido à freqüência dos capoeirões de cana brava existentes na área. Koster assinalava a existência de um engenho deste nome, onde tinham sido encontrados restos de trincheiras.[52] Raposo de Almeida pôs as coisas em pratos limpos, concluindo, como Varnhagen, pelo oiteiro do Camocim.[53] No século XIX, ainda se topavam outros indícios materiais da luta. Antônio Pedro de Figueiredo aludia a que, nos Guararapes, "o arado do lavrador, revolvendo a terra, ainda descobre hoje muitos vestígios que atestam a batalha aí pelejada"; D. Pedro II gabou-se de encontrar uma bala de artilharia, que levou como *souvenir*, e cachimbos de barro neerlandeses, também achados pela pesquisa arqueológica em Suape, à superfície da praia; e em Penedo, ao cavarem-se os alicerces da "casa meio assobradada do coronel Antônio José de Medeiros Bittencourt", construída sobre o forte Nassau, havia-se descoberto material bélico.[54]

---

[50] Koster, *Travels in Brazil*, p. 27.

[51] J. I. de Abreu e Lima, *Compêndio da história do Brasil*, 2 vols., Rio de Janeiro, 1843, I, p. 172.

[52] Koster, *Travels in Brazil*, p. 236; padre Lino do Monte Carmelo Luna, 'Memória sobre o monte das Tabocas e a igreja de Nossa Senhora da Luz', RIAP, 6 (1865), pp. 214-5.

[53] Padre Lino do Monte Carmelo Luna, 'Memória sobre a verificação do lugar chamado Boqueirão nos montes Guararapes', RIAP, 15 (1867), p. 136; Varnhagen, *História das lutas*, p. 192.

[54] 'A carteira', Diário de Pernambuco, 23.11.1857; D. Pedro II, 'Viagem a Pernambuco', p. 398; Ulysses Pernambucano de Mello Neto, 'O fumo no Nordeste, 1500-1654', RIAP, 49 (1977), p. 270; J. P. J. da Silva Caroatá, 'Crônica do Penedo', RIAGA, 1 (1872), p. 4.

No século xix, o gosto e os métodos do antiquário reaproximaram o texto histórico e a concreção topográfica. D. Pedro ii teve a pachorra de traçar um mapa do itinerário percorrido por Fernandes Vieira nos primeiros dias da insurreição luso-brasileira.[55] Já Fernandes Gama identificara os locais de episódios menos dramáticos, mas igualmente relevantes. Referindo-se a sucesso ocorrido no engenho de Antônio Fernandes Pessoa, esclarece tratar-se do Jiquiá, que "hoje é propriedade do Sr. Manuel Cavalcanti de Albuquerque". A estância defendida por Francisco Lopes Estrela erigira-se "no lugar que ainda hoje conserva o nome de passo da Barreta, pouco mais de uma légua ao sul do Recife". A ilha fluvial do Cheira Dinheiro "hoje chama-se ilha do Nogueira e é propriedade do hospital de Caridade". O engenho de Luís Braz Bezerra era sito em São Lourenço da Mata; e o sítio do Covas, na "hoje freguesia da Vitória (Santo Antão)". Antes de atacarem a Casa Forte, as tropas luso-brasileiras atravessaram o rio Capibaribe "na passagem, pouco mais ou menos, hoje conhecida com o nome de Cordeiro". O sítio próximo a Olinda denominado Olarias, "hoje (...) é conhecido pelo nome de Santa". O forte do Altenar erguera-se no bairro de Santo Amaro. A campina do Taborda, local da rendição batava, passara a chamar-se Cabanga; e o palácio do Conselho Político holandês assentara-se na rua do Trapiche.[56] Fernandes Gama equivocou-se, aliás, em algumas destas identificações.

Câmara Cascudo notou "a quase nenhuma impressão do holandês na toponíma nordestina", sugerindo a explicação do "espírito de reação inamistosa". Mais plausível é, contudo, outra circunstância aventada pelo autor, a de se haverem os neerlandeses limitado à ocupação da área mais povoada, isto é, a marinha, cuja topografia já consagrara vocábulos indígenas e portugueses.[57] Toponímia que os invasores aceitaram pragmaticamente, incorporando-a à sua rica cartografia, embora sob grafias estropiadas. É ilustrativo o fracasso das tentativas de rebatizarem-se engenhos com nomes holandeses. Foram, ademais, as autoridades batavas

---

[55] D. Pedro ii, 'Viagem a Pernambuco', p. 383.

[56] Fernandes Gama, *Memórias históricas*, i, p. 221; ii, pp. 100, 168, 172, 222; iii, pp. 97, 137, 148, 248, 253, 266, 267.

[57] Câmara Cascudo, *Geografia do Brasil holandês*, pp. 75-7.

que adotaram a prática de designar os engenhos segundo o topônimo indígena ('engenho Subipema'), embora ela já se viesse insinuando no período *ante bellum*, devido à inconveniência do costume seguido pelos portugueses de designar a propriedade pelo nome do dono ('engenho de Fernão Soares') e, quando este possuía mais de um, pela adição de adjetivo ('engenho velho de Fernão Soares', 'engenho novo de Fernão Soares'). Quando a ocupação neerlandesa promoveu a renovação substancial dos quadros açucarocráticos, a antiga praxe, por ser nada prática, tinha de cair em desuso.

Nomes holandeses persistiram somente em fortificações como o Brum e as Cinco Pontas, que deram nome a áreas do Recife, ou Orange, em Itamaracá. Mas a toponímia guardou reminiscências luso-brasileiras da guerra. Nos arredores da cidade, o Arraial manteve a designação do campo fortificado ao transformar-se, em fins do século XVIII, em arrabalde, com o desmembramento das terras dos engenhos do Monteiro e da Casa Forte. Este, aliás, recorda, como mencionado, a batalha de 17 de agosto de 1645. Durante a ocupação, a propriedade fora também conhecida por engenho Tourlon e engenho de With, que eram os patronímicos dos sucessivos maridos da sua dona, Ana Pais, e até mesmo por engenho Nassau. A denominação de Casa Forte só foi consagrada após a restauração, em conseqüência da peleja.[58] As estâncias, redutos improvisados em torno do Recife, dariam o nome ao bairro atual, onde campeara, durante a restauração, o contingente de Henrique Dias; e ao sítio da Estância, no Jiquiá, ainda assim chamado em fins do século XIX.[59] A toponímia rural é pobre: a designação de Vitória, que só foi dada à vila de Santo Antão em 1843 para comemorar o triunfo das Tabocas; o de engenho e riacho Bataria ou Bateria, nas vizinhanças do mesmo sítio; o de Batalha, nos Prazeres, ao pé dos montes Guararapes; talvez o do engenho Atalaia (Ipojuca); e certamente o do lugar dito Reduto (Rio Formoso).[60]

Certas ruas do Recife celebravam episódios ou personalidades da guerra holandesa: no bairro portuário, a rua e a travessa dos Guararapes, a rua de São Jorge,

---

[58] F. A. Pereira da Costa, *Arredores do Recife*, Recife, 1981, pp. 32, 54-6.

[59] Pereira da Costa, *Anais pernambucanos*, II, p. 132.

[60] Sebastião de Vasconcelos Galvão, *Dicionário corográfico, histórico e estatístico de Pernambuco*, 4 vols., Rio de Janeiro, 1908-1927, A-O, pp. 39, 45, 51; Pereira da Costa, *Anais pernambucanos*, III, p. 227.

lembrança do antigo forte; no de Santo Antônio, a rua das Trincheiras, que aludia ao sistema de defesa que os invasores haviam levantado contra ataques do lado do continente; no de São José, a rua Vidal de Negreiros; no da Boa Vista, as ruas e travessas de Fernandes Vieira, de Henrique Dias e de Camarão.[61] Denominações que, contudo, datam dos anos trinta e quarenta do século XIX, no intuito de comemorar os fastos provinciais, inexistente no período colonial, quando a nomenclatura dos logradouros públicos era destituída de conotação cívica. Nos anos setenta, voltou-se a dar nomes evocativos da luta, batizando-se as ruas da Restauração (a atual da Guia), de Barreto de Menezes, de D. Maria César e de D. Maria de Souza, de Felipe Camarão (hoje da Palma) e de Matias de Albuquerque.[62]

Não havia certeza acerca do local do enterramento dos chefes restauradores.[63] Na sua visita à província, D. Pedro II pediu para ver os sepulcros. Na igreja da Misericórdia de Olinda, passaram-lhe gato por lebre, mostrando lhe no chão da capela-mor uma lápide que corresponderia ao túmulo de Fernandes Vieira, na qual ainda se distinguiam as armas mas não a inscrição.[64] Posteriormente, o Instituto Arqueológico concluiria tratar-se de jazigo da família Pais Barreto. Somente em 1886, Pereira da Costa toparia, na crônica carmelitana de frei Manuel de Sá, com a indicação de acharem-se os restos de Vieira na capela-mor da igreja do convento do Carmo de Olinda.[65] Quanto a Vidal de Negreiros, hesitava-se entre as alternativas previstas no seu testamento, o convento do Carmo da Paraíba ou a capela de Nossa Senhora do Desterro do seu engenho de Itambé, onde os despojos foram finalmente localizados por iniciativa do Instituto Histórico de Goiana (1870) e transferidos para a igreja matriz daquela cidade.[66] Em 1942, o governo do Estado deu sepultura definitiva a Fernandes Vieira e a Vidal na própria igreja de Nossa

---

[61] Gonsalves de Mello, *O Diário de Pernambuco e a história social do Nordeste*, II, pp. 835, 840, 845, 850-1.

[62] Pereira da Costa, *Anais pernambucanos*, II, pp. 164, 167, 174; IX, pp. 532-3.

[63] Melo, *Biografias*, II, p. 110.

[64] D. Pedro II, 'Viagem a Pernambuco', pp. 408-9.

[65] Gonsalves de Mello, *João Fernandes Fernandes Vieira*, II, pp. 316-20.

[66] Melo, *Biografias*, II, p. 181; Revista do Instituto Histórico de Goiana, I (1871), p. 75.

Senhora dos Prazeres dos montes Guararapes. Ainda se desconhece, porém, onde jazem os restos mortais de Henrique Dias e de Camarão. Daquele, dizia-se haver sido inumado no convento de Santo Antônio (Recife), mas em meados do século XIX já não existia "notícia nem sinal de sepultura".[67] A de Camarão ainda é uma incógnita: capela do Arraial Novo, igreja matriz da Várzea ou a desaparecida igreja de Nossa Senhora do Rosário dos Pretos, também da Várzea, como afirmava a tradição oral?[68]

Das casas que habitara ou possuíra Fernandes Vieira, estariam de pé, em meados de Oitocentos, a da rua do Bom Jesus no Recife e a do seu sítio em Maranguape, segundo informação dada ao Imperador, falsa com relação à segunda, pois dela só se avistavam então as ruínas.[69] No engenho São João da Várzea, nada restou do tempo de Vieira; e da sua residência de Olinda, sabia-se apenas estar situada à rua de São Bento, sem que uma comissão do Instituto Arqueológico (1864) pudesse identificá-la com exatidão.[70] Ignorância devida a que "grande parte" dos descendentes dos restauradores "jazeu em pobreza desde a sua origem; outra em breve nela sumiu-se e na obscuridade".[71]

Já no século XVIII, não passava de conversa fiada a afirmação de Loreto Couto de acharem-se "estas províncias ilustradas com o esplendor de outras muitas famílias preclaras e nobilíssimas ramas daqueles dois famosos heróis André Vidal de Negreiros e João Fernandes Vieira".[72] Borges da Fonseca não lhes deu atenção especial na sua genealogia, pois nem Vieira nem Vidal haviam deixado descendência legítima. Dos quatro bastardos de Vieira, apenas duas filhas, casadas na nobreza da terra, sobreviveram socialmente, mas no século XIX os linhagistas não lhes conheciam os bisnetos, embora se dissesse existir descendência pelo ramo

---

[67] Melo, *Biografias*, II, p.181.

[68] J. A. Gonsalves de Mello, *D. Antônio Felipe Camarão*, Recife, 1954, pp. 48-9.

[69] D. Pedro II, 'Viagem a Pernambuco', pp. 409 e 412; 'Idéia da população da capitania de Pernambuco', ABNRJ, 40 (1923), p. 31; Gonsalves de Mello, *Diário de Pernambuco. Economia e sociedade no 2º Reinado*, pp. 188-92.

[70] D. Pedro II, 'Viagem a Pernambuco', p. 394; RIAP (1864), pp. 112-26.

[71] Melo, *Biografias*, II, p. 110.

[72] Loreto Couto, *Desagravos do Brasil*, p. 225.

de Jerônimo César de Melo.[73] Havia mesmo quem pretendesse proceder de uma ligação fictícia de Fernandes Vieira com filha de Matias de Albuquerque.[74] Dos filhos de Vidal, Matias Vidal de Negreiros, administrador do vínculo de Itambé, foi indivíduo influente na capitania. O padre João Ribeiro, revolucionário de 1817, pertenceria, aliás, a um ramo da família que fora ludibriado por Matias e pelo marquês de Cascais. O vínculo fora parar às mãos da Misericórdia de Lisboa, que o geriu através de procuradores ineptos ou corruptos, de modo que, em pouco tempo, os engenhos achavam-se de fogo morto.[75]

No século xix, desconhecia-se também a descendência de Henrique Dias, que só tivera filhas; e embora Tollenare a desse por sabida, nos anos oitenta Pereira da Costa supunha que ela vegetasse na ignorância da "sua nobilíssima ascendência".[76] Um dos filhos de Camarão, protegido do governador Brito Freyre, faleceu na juventude; outro, que se descreve como "um índio pobre", surgiu em Lisboa requerendo o prêmio dos serviços do pai.[77] Em meados de Oitocentos, havia no Ceará uma numerosa família Camarão, apontada como descendente do restaurador. Na sua polêmica com Antônio Joaquim de Melo, Pedro Théberge endossará a alegação, citando-a como prova da naturalidade cearense de Camarão.[78] Contudo, quando da guerra dos mascates, Camarão tornara-se a alcunha dos partidários do Recife, em decorrência da ajuda militar que lhes prestara o regimento de indígenas outrora comandado por D. Antônio Felipe; e como o nativismo da Independência pôs em voga os nomes indígenas, é provável que o patronímico tenha sido adotado nesta época, passando-se depois a alegá-lo como prova de descendência do restaurador.

---

[73] Melo, *Biografias*, i, p. 145; Pereira da Costa, *Anais pernambucanos*, iv, p. 71.

[74] D. Pedro ii, 'Viagem a Pernambuco', p. 409.

[75] Manuel Arruda da Câmara, *Obras reunidas*, Recife, 1982, p. 263.

[76] Tollenare, *Notas dominicais*, p. 146; F. A. Pereira da Costa, *Dicionário biográfico de pernambucanos célebres*, Recife, 1882, p. 418.

[77] Gonsalves de Mello, *D. Antônio Felipe Camarão*, p. 49; Consulta do Conselho Ultramarino, 14.iii.1695, Papéis avulsos, AHU, Pernambuco, 12.

[78] Gonsalves de Mello, *O Diário de Pernambuco e a história social do Nordeste*, ii, pp. 734-5.

Foram, sobretudo, as festividades comemorativas que alimentaram o imaginário da restauração. Havia, para começar, a celebração cívica de 27 de janeiro, data da capitulação do Taborda, promovida anualmente pela Câmara de Olinda, com *Te Deum*, sermão e missa cantada na Sé, na presença das autoridades civis e eclesiásticas, a que se seguia a parada dos corpos de linha. Essa 'festa da restauração' foi comemorada até 1830, sendo suprimida a pretexto de redução de despesas.[79] Devido a seu cunho nativista, as autoridades reinóis nunca a viram com agrado, do que já se queixava a Câmara de Olinda em 1724, quando ainda estavam vivos os rancores suscitados pela guerra dos mascates. Ao ato daquele ano, teriam comparecido apenas os vereadores; e da tropa de linha, marchado apenas a guarnição olindense por haver o governador considerado descabidas as exigências da municipalidade quanto à participação dos regimentos do Recife, dos henriques e dos capitães-mores.[80] Em 1822, o primeiro governo autônomo comemorou a data, em conexão com a partida do último contingente de tropas portuguesas.[81] A partir da criação do Instituto Arqueológico (1862), para cuja fundação fora escolhida a data de 27 de janeiro, a efeméride voltou a ser celebrada em sessão solene da entidade, que em vão tentou obter do governo imperial que o dia fosse considerado feriado provincial, reivindicação só atendida pela Constituição estadual de 1988.[82]

Quanto aos festejos religiosos, Vidal de Negreiros promovera, durante a guerra, os de Nossa Senhora de Nazaré, padroeira de uma das fortificações do Cabo de Santo Agostinho, colocando nas mãos da imagem uma petição em favor da liberdade dos "valerosos pernambucanos".[83] Tratando-se de devoção pessoal, é plausível que, terminado o conflito, Vidal tivesse transferido a festividade para a

---

[79] Pereira da Costa, *Anais pernambucanos*, v, pp. 355-8; 'Diário do governador Correia de Sá', pp. 176, 219, 262, 308 e 342.

[80] Manuel Rolim de Moura a D. João V, 18.VII.1725, AHU, Papéis avulsos, Pernambuco, 20.

[81] J. H. Lainé ao ministro dos negócios estrangeiros, 9.III.1822, MAE, Correspondance Consulaire, Pernambouc, I, 1820-1822.

[82] RIAP, 19 (1868), p. 442.

[83] *Sermão que pregou o muito R. P. F. Bernardo de Braga, lente de teologia na província do Brasil e Dom Abade de São Bento de Pernambuco, na festa que fez o mestre-de-campo André Vidal de Negreiros a Nossa Senhora de Nazaré a segunda oitava do Natal de 648*, Lisboa, 1649, pp. 13, 26, 28.

capela do seu engenho de Itambé. Também já ao tempo da guerra, celebrava-se a festa de Nossa Senhora da Estância, que ainda tinha lugar já entrado o século xix, inicialmente a 15 de agosto, posteriormente a 2 de fevereiro, organizada pelo regimento dos henriques e, quando este foi extinto, pela irmandade especialmente criada para este fim.[84] Foi, aliás, na festa de 1817 que ocorreu um dos incidentes precursores da revolução de março daquele ano: o espancamento, por um henrique, de certo português que injuriara os brasileiros.[85] Ademais, os festejos de 1823 foram instrumentalizados pelo coronel Pedro da Silva Pedroso no objetivo de estimular o levante do contingente mestiço da tropa de linha contra a junta governativa do morgado do Cabo.[86]

Mas nem a solenidade na Câmara de Olinda nem a festa da Estância tiveram a irradiação popular da comemoração de Nossa Senhora dos Prazeres, cuja imagem, existente na ermida consagrada por Francisco Barreto à memória dos soldados mortos nas batalhas dos Guararapes, era tida na conta de miraculosa. Por volta de 1680, as romarias sucediam-se ao longo do ano; e pelo menos desde os começos do século xviii haviam-se construído aposentos para abrigar peregrinos.[87] Da moda da peregrinação, testemunha o ouvidor-geral, o Dr. Dionísio de Ávila Vareiro, que visitou os célebres oiteiros, onde se deixou-se ficar por uns dias, desfrutando a hospitalidade do parente frade que administrava a capela.[88] No século xix, a festa dos Prazeres estava mais viva do que nunca. O padre Lino do Monte Carmelo Luna admirava-se do "concurso imenso de povo" que para lá afluía,[89] no decurso dos oito dias de celebração, dedicados a Nossa Senhora dos Prazeres, Nossa Senhora do Rosário, Santana, São Gonçalo, Bom Jesus de Bouças, Nossa

---

[84] Pereira da Costa, *Arredores do Recife*, pp. 83-4.

[85] F. Muniz Tavares, *História da revolução de Pernambuco em 1817*, 3ª ed., Recife, 1969, p. 37.

[86] *Obras políticas e literárias de frei Joaquim do Amor Divino Caneca*, 2 vols., Recife, 1875, ii, pp. 269-70.

[87] J. A. Gonsalves de Mello, *A igreja dos Guararapes*, Recife, 1971, pp. 15-6, 19-22; J. L. Mota Menezes, 'Notas sobre a evolução da igreja de Nossa Senhora dos Prazeres dos montes Guararapes', RIAP, 49 (1977), pp. 236-9, 244-5.

[88] 'Jornada que fez o Dr. Dionísio de Ávila Vareiro', ANTT, Livros do Brasil, códice 40.

[89] Lino do Monte Carmelo Luna, 'Memória sobre os montes Guararapes e a igreja de Nossa Senhora dos Prazeres', RIAP, 17 [1867], p. 282.

Senhora da Soledade e Nossa Senhora da Conceição. Havia por fim uma jornada dedicada a Baco, devidamente batizado numa cacimba.[90] Os festejos atraíam até mesmo os africanos boçais, isto é, ainda não assimilados, que se entregavam a "continuados maracatus e outras danças burlescas da sua nação, as quais eles executam em passeios agitados ao redor da igreja, arvorados de bandeiras e tudo acompanhado de incessantes tiros de pistolas e clavinas". A Senhora dos Prazeres tornara-se objeto do sincretismo que a associava a Iansã, orixá africano. É ainda o padre Lino quem lamenta que, no seu indiferentismo religioso, o Estado não protegesse a festa.[91]

Nada se sabe acerca do imaginário restaurador nas festividades que acolhiam governadores e bispos, mas se conhece em detalhe sua utilização quando da visita de D. Pedro II a Pernambuco. Cientes do gosto imperial pela história pátria, os organizadores da recepção esmeraram-se em alusões à guerra holandesa, tanto mais que se achavam inibidos, devido ao travo republicano, de louvarem episódios mais recentes do passado provincial, como a revolução de 1817 ou a Confederação do Equador. À sua chegada ao pavilhão erguido no largo do Colégio, Suas Majestades terão podido observar, inscrita numa das colunas dóricas que o sustentavam, a data de 27 de janeiro de 1654, e, nas arcadas, os retratos de Fernandes Vieira, Vidal de Negreiros, Henrique Dias e Camarão, a tetrarquia que simbolizava a contribuição das diferentes etnias às lutas contra o invasor e a unidade supra-racial que então teria sido forjada. A decoração na Boa Vista compunha-se de retratos de Francisco Barreto, Amador de Araújo, D. Clara Camarão, Matias de Albuquerque, Jerônimo de Albuquerque Maranhão, e, surpreendentemente, de uma colaboracionista, D. Ana Pais, que, famosa pela sua beleza e pelos casamentos com batavos, dava uma nota galante e frívola de *petite histoire* a tão austera e mavórtica galeria. Havia ainda dísticos alusivos a vários feitos bélicos, sustentados pela imagem de um índio; e via-se um quadro em que D. Maria de Souza entregava a espingarda ao filho caçula, mandando-o "desafrontar a nossa pátria do jugo

---

[90] D. Pedro Roeser, 'A religião dos índios e dos negros de Pernambuco', RIAP, 24 (1922), pp. 203-4.

[91] Lino do Monte Carmelo Luna, 'Memória sobre os montes Guararapes', p. 282; René Ribeiro, 'O negro em Pernambuco: retrospecto de suas práticas religiosas', RAPP, 7-8 (1950-1951), p. 578.

estrangeiro e vingar a morte de vossos dois irmãos", com o que o artista conciliara o dever cívico e o de solidariedade doméstica. No páteo de São José, havia outros retratos dos tetrarcas; e junto à igreja de São Sebastião (Olinda), os de Francisco Barreto e de Henrique Dias, com oitavas compostas por Salvador Henrique de Albuquerque. Os habitantes dos Afogados homenagearam o Imperador com a réplica da fortificação que ali existira; e pelo centro do Recife, desfilaram batalhões patrióticos, sendo especialmente aplaudido o de homens pretos, a cuja frente marchava "um cavaleiro que recordava o herói Henrique Dias, precedido de uma banda de música marcial e acompanhado pelos afamados capitães, companheiros de sua glória".[92]

Mercê de painéis comemorativos, a iconografia ocupou lugar de certo relevo na memória nativista. "Para que o tempo não ponha em esquecimento tão notáveis feitos", Fernandes Vieira mandara imortalizá-los nas telas que encomendou ao "melhor e mais engenhoso pintor [...] que tinha em sua casa", o qual executara diversos painéis: as duas batalhas dos Guararapes, Tabocas, Casa Forte e Afogados, além das fortalezas conquistadas.[93] Estes quadros foram seguramente destruídos pelo tempo e pela negligência, salvo os painéis alusivos aos Guararapes e Tabocas, ora no Museu do Estado (Recife). Com base nas cartelas, Pereira da Costa concluiu que eles teriam sido executados em 1709, a mando dos vereadores de Olinda, então em luta acesa com o governador e com o comércio recifense. Na realidade, carta da Câmara a El-Rei esclarece o assunto, indicando tratar-se da restauração de quadros existentes. Havendo edificado novo prédio para si, a Câmara resolvera decorá-lo, mandando "*reformar* uns painéis das batalhas que os nossos progenitores venceram ao inimigo holandês, para com esta memória se perpetuar a glória da nação portuguesa e os créditos dos naturais desta terra".[94] Estes painéis restaurados só podem ter sido os que Vieira mandara pintar, pro-

---

[92] *Memórias da viagem de Suas Majestades Imperiais*, II, pp. 11-2, 36-7, 85 e 103.

[93] Diogo Lopes de Santiago, *História da guerra de Pernambuco*, p. 513.

[94] Pereira da Costa, *Anais pernambucanos*, V, pp. 153-4; Câmara de Olinda a D. João V, 10.VII.1712, AHU, Papéis avulsos, Pernambuco, 13. Sublinhado pelo autor.

vavelmente herdados pelo genro, Jerônimo César de Melo, àquela altura um dos homens principais da governança.

As obras executadas no século XVIII são o forro do coro da igreja de Nossa Senhora da Conceição dos Militares (Recife), referente à primeira Guararapes e atribuído a José de Oliveira Barbosa, contratado pelo governador José César de Menezes (1781); e as pinturas alusivas a ambas batalhas com que o mosteiro de São Bento de Olinda decorou as paredes laterais da igreja de Nossa Senhora dos Prazeres (1801), de autoria provável de José da Fonseca Galvão, as quais, atualmente no Instituto Arqueológico, Histórico e Geográfico Pernambucano, foram realizadas em substituição a outras mais antigas, que se sabe existiram na mesma igreja.[95] O traço comum a todos reside no tratamento ingênuo ou primitivo, que segmenta a composição em episódios espacialmente delimitados sem comprometer sua unidade e que identifica os chefes militares por meio de números e legendas. O forro da Conceição dos Militares e os painéis da igreja dos Prazeres teriam sido, aliás, executados sobre o modelo dos da Câmara de Olinda.[96]

A iconografia da guerra de resistência é de cunho estritamente religioso. O convento de Nossa Senhora das Neves (Olinda) possui duas telas relativas ao período: a Virgem que consola os franciscanos expulsos pelas autoridades batavas; e que liberta dois irmãos menores atados a uma árvore.[97] Um dos quadros da matriz de Santo Cosme e Damião, de Igaraçú (1729), representa a lenda dos neerlandeses subitamente mortos ao roubarem as telhas do templo.[98] Quanto à iconografia bélica do conflito é toda metropolitana. A restauração da Bahia pela armada de D. Fadrique de Toledo (1625), atualmente no Museu do Prado, foi pintada por Juan Bautista Maino para o Palácio do Buen Retiro (Madri), cujo Salão Grande comemorava os triunfos militares da monarquia de Felipe IV. Maino inspirou-se na peça de Lope de Vega, 'El Brasil restituído', escrita naquele mesmo ano.[99] A

---

[95] Pereira da Costa, *Anais pernambucanos*, V, pp. 154-6; Gonsalves de Mello, *A igreja dos Prazeres*, p. 20; Clarival do Prado Valladares, *Nordeste histórico e monumental*, 3 vols., s/l, 1982-1983, III, n⁰ˢ 106-112, 286-92 e 310-21; Agostinho de Santa Maria, *Santuário mariano*, IX, p. 280.

[96] J. L. Mota Menezes, 'Igreja de Nossa Senhora da Conceição dos Militares', RIAP, 50 (1978), pp. 132-3.

[97] Fr. Bonifácio Mueller, *Convento de Santo Antônio do Recife, 1606-1956*, Recife, 1956, p. 48.

[98] Valladares, *Nordeste histórico e monumental*, I, nº 554.

[99] Jonathan Brown e J. H. Elliott, *A palace for a king. The Buen Retiro and the court of Philip IV*, New Haven, 1980, pp. 184-90.

batalha naval de D. Antônio de Oquendo (1631) e a expedição de D. Lope de Hoces (1635) haviam sido também objeto de celebração na Corte madrilena, em cerca de dez telas de Juan de la Corte.[100] Em Lisboa, painel de azulejos do século XVII, existente no Palácio de Benfica, versa a campanha da armada do conde da Torre contra o Brasil holandês (1640).[101]

Apenas iniciada a guerra da restauração, executaram-se no Reino os retratos dos chefes do movimento. Graças às autoridades holandesas, que os apreenderam, sabe-se que Fernandes Vieira era representado na sua primeira profissão de açougueiro, com um trichante, uma balança e um pedaço de carne; Vidal de Negreiros, com uma flecha e um anzol, sugerindo sua naturalidade brasileira, e Martim Soares Moreno com um arco nas costas, indicando sua predileção pelas técnicas indígenas de guerra.[102] No século XVIII, a Câmara de Olinda possuía retratos dos restauradores, altura em que o de Vieira, já muito estragado, foi substituído por tela de Antônio de Sepúlveda (1736), tampouco existente um século depois.[103] A imagem consagrada de Fernandes Vieira ficou sendo a que estampou o *Castrioto*, única autêntica de vez que as efígies de Vidal, Henrique Dias e Camarão que se contemplam no Instituto Arqueológico, Histórico e Geográfico Pernambucano, reproduzidas em manuais escolares e livros de vulgarização histórica, são obras fantasiosas de artista pernambucano do século XIX.[104]

De retrato de Vidal, dá notícia Loreto Couto em meados do século XVIII,[105] tratando-se, ao que parece, de cópia de trabalho anterior, executado ao tempo do seu governo da capitania. Em começos de Oitocentos, os quadros da Câmara estavam desaparecidos ou estragados.[106] Há referência também a retrato desconhecido de

---

[100] Rubem Amaral Jr., 'Guerras navais contra os holandeses no Brasil. Iconografia espanhola do século XVII', RIAP, 55 (1983), pp. 19-28.

[101] José Cassiano Neves, *Jardins e palácio dos marqueses de Fronteira*, 2ª ed., Lisboa, 1954.

[102] 'Examinatien van overgecomen personen', 24.XI.1646, ARA, OWIC, 62.

[103] Pereira da Costa, *Anais pernambucanos*, v, p. 154.

[104] [J. A. Gonsalves de Mello], 'O museu do Instituto Arqueológico', RIAP, 57 (1984), p. 250.

[105] Loreto Couto, *Desagravos do Brasil*, p. 205.

[106] Melo, *Biografias*, II, pp. 17-8.

Henrique Dias, outrora conservado na igreja da Estância.[107] Além do de Fernandes Vieira, são, porém, autênticos os retratos de Francisco Barreto e de Matias de Albuquerque, que pertencem à série de generais da Restauração portuguesa, preservada na Galleria degli Uffizi (Florença), mas que ficaram ignorados no Brasil até sua reprodução no livro de Oliveira Lima, 'Pernambuco, seu desenvolvimento histórico' (1895), que também divulgou estampa de Bagnuolo, comandante dos regimentos espanhóis e napolitanos da resistência. Do retrato de Barreto, fizeram reproduções o Instituto Arqueológico e a municipalidade de Salvador.[108]

Das telas dos pintores nassovianos, nada ficara na época entre nós. Para explicar o fato, alegou-se equivocadamente sua opção pela pintura de cavalete, por ser de transporte fácil.[109] A razão teve a ver, primeiro, com sua condição de artistas do séqüito de Nassau, para quem trabalharam exclusivamente enquanto estiveram no Brasil. Foi, aliás, modesto o número de quadros executados então por Frans Post ou por Albert Eckhout. Do primeiro apenas identificaram-se dezoito, sendo a grande maioria das paisagens brasileiras posteriores a seu regresso à Holanda quando já não pintava para Nassau, mas para o mercado neerlandês de arte.[110] Quanto à comunidade luso-brasileira, não demonstrara qualquer interesse pela pintura.[111] Na Europa os pintores nassovianos permaneceram esquecidos até o século XX, malgrado a divulgação dada aos desenhos de Post que constam da história de Barleus.[112] Foi somente em finais do século XIX que os quadros de Post, adquiridos por colecionadores e diletantes, começaram a vir para o Brasil.[113]

---

[107] Alfredo de Carvalho, *Horas de leitura*, Recife, 1907, p. 208.

[108] Pereira da Costa, *Anais pernambucanos*, III, pp. 305-6.

[109] Manuel Lubambo, *Contra Nassau*, Recife, 1944, p. 41.

[110] Beatriz e Pedro Corrêa do Lago, 'Os quadros de Post pintados no Brasil', Paulo Herkenhoff [ed.], *O Brasil e os holandeses, 1630-1654*, Rio de Janeiro, 1999, pp. 239 ss.

[111] 'Breve discurso sobre o estado das quatro capitanias conquistadas', 1638, J. A. Gonsalves de Mello [ed.], *Fontes para a história do Brasil holandês*, 2 vols., Recife, 1981-1985, I, p. 108.

[112] R. Joppien, 'The Dutch vision of Brazil', E. van den Boogaart, *A humanist prince in Europe and Brazil*, p. 351.

[113] Joaquim de Sousa Leão, *Frans Post, 1612-1680*, 2ª ed., Amsterdã, 1973, pp. 45-6.

Mesmo no tocante à azulejaria holandesa, de mais fácil preservação, dispõe-se apenas do painel do claustro do convento de Santo Antônio (Recife), que teria sido trazido do palácio de Vrijburg após a restauração.[114] Ironicamente, a principal sobrevivência iconográfica de origem neerlandesa foi uma escultura, arte que não se distinguira nos Países Baixos do Século de Ouro. Trata-se da 'pedra Jacó', ora no Instituto Arqueológico, outrora existente na fachada de prédio da rua do Bom Jesus (Recife), encimada pela inscrição em neerlandês 'Eu me chamo Jacó', representando a figura do Velho Testamento, cujo nome era também o do proprietário do imóvel. Até meados do século xix, a tradição dava-lhe significados diferentes, compatíveis, aliás, com imagem situada em local que, após a restauração, mudara a designação de rua dos Judeus em rua da Cruz, pretendendo-se que ela fosse a de São Frei Pedro Gonçalves, orago da matriz do bairro do Recife, ou a própria representação de Pernambuco. Foi Antônio Pedro de Figueiredo quem destrinçou o assunto, com a ajuda do cônsul holandês.[115]

A iconografia e a cartografia holandesas ficaram conhecidas de alguns eruditos e antiquários brasileiros graças à história do governo de Nassau por Barleus (1647), à *História natural* de Piso e Markgraf (1648) e subsidiariamente à *Istoria* de frei Santa Teresa (1698), que reproduzira mapas de Vingboons e desenhos de Post. Os brasões de armas concedidos por Nassau às províncias e principais cidades do Brasil holandês e descritos por Barleus[116] tiveram certa voga no século xix, sendo utilizados nas notas do Novo Banco de Pernambuco (1858-1865), nas chaves do Recife entregues a D. Pedro ii quando de sua visita oficial, em estampilhas, nos diplomas da Sociedade Auxiliadora da Agricultura (1872) e do Instituto Arqueológico (1862), "e não raramente como objeto decorativo em festas públicas".[117] A República, por fidelidade ao positivismo, repudiou os antigos emblemas batavos.

---

[114] J. M. dos Santos Simões e J. A. Gonsalves de Mello, *Azulejos holandeses no convento de Santo Antônio do Recife*, Recife, 1959.

[115] Gonsalves de Mello, *Diário de Pernambuco. Economia e sociedade*, pp. 174 ss.

[116] Gaspar Barleus, *História dos feitos recentemente praticados durante oito anos no Brasil*, 2ª ed., Recife, 1980, p. 104.

[117] Pereira da Costa, *Anais pernambucanos*, iii, pp. 94-5; Gonsalves de Mello, *Diário de Pernambuco. Economia e sociedade*, pp. 175 ss.

O escudo de armas do Estado, adotado em 1895 por proposta do governador Barbosa Lima, também preteriu 1654 em favor das datas republicanas (1710, 1817, 1824 e 1889), simbolizando a vitória sobre os invasores mediante uma imagem de fortim, referência a episódio menor do conflito.[118]

A produção literária da capitania demonstrou escasso interesse pelo período holandês. Jerônimo César de Melo, que teria sido "excelente poeta" além de revelar "propensão grande à filosofia" e de glosar umas décimas do tempo da guerra satirizando o desempenho militar de mazombos ilustres, terá provavelmente louvado seu sogro, Fernandes Vieira. [119] Em meados de Setecentos, Antônio Spangler Aranha encetou a redação em castelhano de peça intitulada *El héroe más alentado en el terreno americano*, relativa à conquista de Pernambuco pelos holandeses.[120] Via de regra, a guerra serviu apenas de alusão passageira ou de tópico cortesão das enfadonhas coleções de poemas congratulatórios dedicados às autoridades reinóis por letrados, eclesiásticos ou funcionários régios, a exemplo da ode pindárica em que o padre Manuel de Souza Magalhães narrou de forma sumaríssima episódios da restauração. O ouvidor de Olinda, Dr. Francisco José de Sales, descreveria Pernambuco como uma índia, "cativa ao tempo da nação batava", que "ainda os pulsos apresenta roxos da nódoa que o grilhão deixara que a memória de haver sido escrava/ o belicoso gênio lhe acrescenta". A guerra servia de referência à comparação lisonjeira, como no presbítero João Batista de Souza, que assegurava ao governador José César de Menezes que "mais gosto Pernambuco não causara/ no dia em que prostrara/ os fingidos tiranos holandeses/ do que este em que anos faz o seu Menezes". Ou como no padre Manuel Jácome Bezerra de Menezes, que saudava a chegada do bispo Azeredo Coutinho como uma ocasião memorável que a capitania não conhecera desde que sacudira o "batavo jugo tão pesado".[121]

---

[118] Pereira da Costa, *Anais pernambucanos*, III, pp. 96-7.

[119] A. J. V. Borges da Fonseca, *Nobiliarquia pernambucana*, 2 vols., Rio de Janeiro, 1935, II, p. 264; Loreto Couto, *Desagravos do Brasil*, p. 381.

[120] Loreto Couto, *Desagravos do Brasil*, p. 376.

[121] 'Coleção das obras feitas aos felicíssimos anos do Ilmo. e Exmo. Sr. José César de Menezes', RIAP, 43 (1950-1953), p. 358; *A gratidão pernambucana ao seu benfeitor, o Exmo. e Rvmo. Sr. D. José Joaquim da Cunha de Azeredo Coutinho, bispo de Elvas*, Lisboa, 1808, pp. 21-6, 86.

Tampouco os poetas setecentistas cuja produção foi recolhida por Antônio Joaquim de Melo entreviram maior partido a tirar do assunto, exceto o padre Felipe Benício Barbosa, que cantou a restauração.[122] O próprio Melo, que também versejou antes de se dedicar à história, preferiu cantar a resistência dos caetés aos colonizadores portugueses, embora, à maneira do amigo José da Natividade Saldanha, também houvesse composto odes pindáricas a Francisco Rebelo e a Camarão.[123] De outra feita, referiu como a visão de Ulina transformara-lhe "o tom guerreiro" num "humilde e terno canto", dissuadindo-o de louvar a bravura de Henrique Dias e "de Fernandes Vieira a grande espada,/ libertando a pátria amada".[124]

Esse desinteresse poético pode ser compreendido à luz da pobreza que caracterizou a literatura colonial em Pernambuco. A épica, arquivada pela cultura européia de Setecentos mas no Brasil, a reboque de uma literatura como a portuguesa, também colonizada, conheceu tentativas tardias como a de Santa Rita Durão, que, aliás, se ocupou no canto IX do *Caramuru*, das lutas contra os holandeses na Bahia e em Pernambuco; ou como a de Basílio da Gama. Argumento adicional oferece o único poeta da terra a explorar o episódio holandês, José da Natividade Saldanha, que acomodou a celebração nativista dos restauradores ao gosto poético do dia ou ao que ainda passava por tal no Brasil, produzindo "o conjunto mais ortodoxamente arcaico da nossa literatura".[125] Às vésperas da revolução de 1817, Saldanha respondeu a Antônio Diniz da Cruz e Silva (árcade lusitano que, na sua galeria de heróis da história portuguesa, incluíra apenas Fernandes Vieira, cristalizando num reinol a gesta restauradora),com odes a Vidal de Negreiros, Camarão, Henrique Dias e Francisco Rebelo. Exemplo seguido por frei Caneca, que compôs uma ode no mesmo propósito de contrapô-los aos Gamas, Castros e Albuquerques.[126] Natividade Saldanha, revolucionário de

---

[122] Melo, *Biografias*, II, p. 7.

[123] Antônio Joaquim de Melo, *Biografia de José da Natividade Saldanha*, Recife, 1905, pp. 10-11.

[124] Melo, *Biografias*, III, p. 74.

[125] Antônio Cândido, *Formação da literatura brasileira*, 4ª ed., 2 vols., São Paulo, 1971, II, p. 274.

[126] *Poesias de José da Natividade Saldanha*, Recife, 1875; *Obras políticas e literárias de frei Joaquim do Amor Divino Caneca*, cit.

1817 e 1824, também incitou a mocidade a alistar-se sob a bandeira republicana, apontando-lhes o exemplo dos restauradores ("filhos da pátria, jovens brasileiros"); e, no exílio, escreveu uma perdida 'Joaneida', que Antônio Joaquim de Melo supôs alusiva a Fernandes Vieira, suposição confirmada pelo relatório da polícia francesa sobre a expulsão do poeta (1825).[127]

Na sua biografia de Saldanha, Melo, a quem ele dedicara soneto comemorativo da capitulação holandesa, narra episódio revelador da vinculação histórica, imaginada pela geração de 1817-1824, entre a restauração e a Independência. Refugiados em Olinda após o malogro do movimento de Dezessete, Natividade, Melo e Luís Francisco Correia de Brito passam uma tarde inteira a contemplar a paisagem que se vê do alto da Sé. O que lhes interessa, porém, não é o oceano, a vegetação tropical dos sítios, o curso deltaico do Beberibe, os contornos do Recife distante, isto é, o conjunto visual que se impõe à contemplação e que a absorve toda. Nada disto; estes jovens livrescos enxergam o cenário como projeção do passado local, apreendido através dos monumentos, ainda de pé ou já desaparecidos, que ele legara: embaixo, em São Bento, "o vazio arcabouço do velho palácio dos governadores"; à direita, a igreja da Misericórdia, de cujo adro os observariam "as venerandas sombras" dos que ali haviam tombado na resistência ao invasor; na direção da praia e do istmo, as posições outrora defendidas, as trincheiras do buraco de Santiago e da estância das Salinas; e a sudoeste, afogado entre o arvoredo dos arrabaldes, o local onde se erguera o Arraial do Bom Jesus. Os três amigos tentaram mesmo visualizar o incêndio de Olinda (1631) ou sua reconquista pelas tropas de Henrique Dias (1645).

> Não houve embate dos mais consideráveis [conclui Melo] e nome de capitão pernambucano mencionado no *Castriolo lusitano* que, no êxtase daquela distração, deixassem

---

[127] Melo, *Biografia de José da Natividade Saldanha*, p. 79; José da Natividade Saldanha, *Da Confederação do Equador à Grã-Colômbia*, Brasília, 1983, p. 28.

de nos ser presentes e repetidos, interrompendo-nos, corrigindo-nos e ampliando-nos reciprocamente. E por cabo exaltamos fanáticos o valor (e até o não valor) dos infelizes republicanos, praguejamos e proscrevemos os reis, a restauração e todos os seus promotores e sustentadores.[128]

A respeito da poesia popular, Alfredo de Carvalho assinalou que "frei Manuel do Salvador teria feito do seu *Valeroso Lucideno* um livro cem vezes mais precioso", caso nele "houvesse recolhido os versos ásperos" com que a soldadesca "celebrava os seus gloriosos combates", em vez de cantá-los "ronceiramente, em oitava rima, no coice dos capítulos da sua desalinhavada crônica".[129] Na Espanha, ao tempo da guerra, a poesia de cordel versara, com fins de propaganda, a batalha naval de começos de 1640 entre as armadas holandesa e do conde da Torre.[130] Na resistência, compuseram-se epigramas, ou cantou-se o martírio do jesuíta Antônio Bellavia.[131] Outros textos são posteriores. O primeiro, alusivo à aparição da Virgem na batalha das Tabocas, foi copiado por Pereira da Costa do livro do tombo da matriz de Nossa Senhora da Luz (1775).[132] Outro, a sátira relativa à inauguração da ponte do Recife e ao 'boi voador', publicou-o F. P. do Amaral, sem esclarecer a origem mas datando-o do período holandês, o que foi refutado. [133] Ainda outro, o poema sobre a primeira batalha dos Guararapes, que comenta o painel da igreja da Conceição dos Militares, devendo, portanto, ter sido escrito em fins do século xviii ou, mais provavelmente, na primeira metade do xix. [134]

---

[128] Melo, *Biografia de José da Natividade Saldanha*, pp. 21-7. Neste contexto, 'restauração' tanto podia significar o fim do domínio holandês, pois, como assinalava Melo, o nativismo via com desagrado o retorno de Pernambuco à suserania portuguesa, acreditando que a Independência poderia ter sido realizada àquela altura, quanto a outra restauração, isto é, a volta da capitania ao sistema do Reino Unido após o fracasso da revolução de 1817.

[129] Alfredo de Carvalho, *Horas de leitura*, pp. 89-90.

[130] Rubem Amaral Júnior e Evaldo Cabral de Mello, 'Um folheto popular espanhol do século xvii sobre a armada do conde da Torre', RIAP, 52 (1979), pp. 217-31.

[131] Borges da Fonseca, *Nobiliarquia pernambucana*, ii, p. 305; Serafim Leite, S. J., *História da Companhia de Jesus no Brasil*, 10 vols., Rio de Janeiro-Lisboa, 1938-1950, v, p. 353.

[132] Pereira da Costa, *Folclore pernambucano*, pp. 95-6.

[133] F. P. do Amaral, *Escavações. Fatos da história de Pernambuco*, 2ª ed., Recife, 1974, pp. 179-81; J. A. Gonsalves de Mello, 'O volume terceiro dos Anais', Pereira da Costa, *Anais pernambucanos*, iii, p. xvii.

[134] 'A carteira', Diário de Pernambuco, 23.11.1857.

Os anos que viram surgir o romance brasileiro foram também o da publicação da novela *Nossa Senhora dos Guararapes* (1847). O autor, B. F. F. Abreu e Castro, português de nascimento, exilado miguelista que em Pernambuco dedicara-se ao magistério e que abandonará a província na esteira do anti-lusitanismo da revolução praieira, definiu o livro como "histórico, descritivo, moral e crítico". A obra combina um enredo convencionalíssimo de amor contrariado com a descrição de sítios históricos (Olinda, os montes Guararapes) e com a narrativa do período holandês feita por certo ermitão, como o que vivera junto à igreja dos Prazeres no século anterior. Como a perspectiva de Abreu e Castro não fosse a nativista, Antônio Pedro de Figueiredo o acusou de atribuir "maior quinhão de glória aos portugueses de Portugal do que aos do Brasil". A recensão colocava o dedo na ferida ao criticar o desequilíbrio gritante entre a intriga escassa e inverossímil e a caracterização insuficiente dos personagens, sufocados pelas proporções do relato histórico. A Figueiredo, irritavam também a pregação antiliberal e a tendência moralizante do autor.[135] Quanto ao teatro, sabe-se que em 1839 levou-se à cena no Recife a peça de Gaspar José de Matos Pimentel, intitulada 'A restauração pernambucana', cujo texto se desconhece.[136]

Em 1862, com a fundação do Instituto Arqueológico e Geográfico Pernambucano, a memória restauradora ganhou finalmente quadro institucional.[137] A visita de D. Pedro II e, dois anos depois, a passagem de Varnhagen pelo Recife (1861), haviam embaraçado os brios provinciais, pondo em relevo o abandono e a ignorância a que havia sido relegado o nosso passado. Em 1860, Antônio Rangel de Torres Bandeira propusera a criação do Instituto e no ano seguinte o *Diário de Pernambuco* saíra por um momento de suas preocupações comerciais para suge-

---

[135] Abreu e Castro, *Nossa Senhora dos Guararapes*, cit.; Amaro Quintas (ed.), *O Progresso. Revista social, literária e científica (1846-1847)*, Recife, 1950, pp. 711-8.

[136] Diário de Pernambuco, 29.x.1839. Com o mesmo título, encontra-se na coleção Varnhagen (Biblioteca do Ministério das Relações Exteriores, Palácio Itamaraty, Rio de Janeiro), o manuscrito de uma comédia em três atos, de autoria de Tomás Antônio dos Santos e Silva (1805), representada no teatro da rua do Salitre, em Lisboa.

[137] Já em 1837, existia uma Sociedade de Literatos Pernambucanos, a qual se propunha escrever a história da província, projeto que, contudo, não prosperou: Gonsalves de Mello, *Diário de Pernambuco. Economia e sociedade*, p. 115.

rir o estabelecimento de uma "sociedade de antiquários". [138] Pela mesma época, havia quem se preocupasse com a necessidade de uma versão pernambucana dos acontecimentos cruciais da nossa história, evitando que ela fosse tratada sob critério estranho, no caso, imperial; ou, ao menos, corrigindo-se as deformações da perspectiva unitária e fluminense da *História geral do Brasil*, de Varnhagen (1854), com sua condenação da república de 1817.

Como observava Maximiano Lopes Machado, "ficamos estacionários, à espera que nos mandassem da Corte uma história completa do Brasil, e a história geral foi a de Varnhagen, na qual declina para os historiadores parciais o exame dos fatos relativos a cada uma das partes do todo".[139] Essa divisão do trabalho historiográfico era a que se devia esperar da concepção saquarema encarnada pelo Instituto Histórico e Geográfico Brasileiro: aos historiadores provinciais, seus respectivos campos de investigação; aos do Rio, a concatenação dessas histórias setoriais, como os únicos autorizados a desvendar-lhes o sentido, que era o que realmente importava ao poder. Daí que num dos primeiros números do boletim do Instituto pernambucano, Aprígio Guimarães, liberal histórico, investisse contra a *História da fundação do Império brasileiro*, de Pereira da Silva, e contra um estudo dedicado à Confederação do Equador pela revista do Instituto Histórico Brasileiro, manifestações ambas do que denominava "história imperial".[140]

Oliveira Lima reduziu a criação do Instituto pernambucano à preocupação de perpetuar a tradição de 1817.[141] É certo que, em 1861, monsenhor Muniz Tavares, que participara da revolução e redigira sua história, insurgia-se contra a reabilitação do governo de Luís do Rego Barreto (1817-1821), escrita por historiador fluminense, o cônego Fernandes Pinheiro.[142] É certo também que Muniz Tavares estimulou a fundação do Instituto, presidindo sua primeira fase de existência. Mas

---

[138] Ibid., pp. 195 ss.

[139] Maximiano Lopes Machado, *História da província da Paraíba*, Paraíba, 1912, p. III.

[140] Aprígio Guimarães, 'Discurso', RIAP, 12 (1866), pp. 519-34.

[141] 'Discurso de Oliveira Lima na sessão em que foi sagrado benemérito no Instituto Arqueológico', RIAP, 16 (1911-1914), p. 74.

[142] Gonsalves de Mello, *Diário de Pernambuco. Economia e sociedade*, pp. 217 ss.

a iniciativa visou, sobretudo, preservar a tradição histórica da província frente ao imperialismo historiográfico do Rio, imperialismo na dupla acepção de atividade absorvente de outra e de apologia dos valores ideológicos da centralização. Como aquela tradição tinha cariz republicano e federalista, sendo mesmo acoimada de separatista, só a mudança da conjuntura política permitiu criar entidade destinada a guardá-la, o que não se verificou antes do eclipse conservador nos primeiros anos sessenta. A *História da revolução de 1817*, de Muniz Tavares, fora publicada no período regencial; e só a partir da Liga progressista, os liberais históricos, vale dizer, os herdeiros do passado sedicioso, começaram a escapar do ostracismo a que os votara a derrota da rebelião praieira.

Mas se a vocação autonomista se tornara aceitável no passado, ela não perdera sua conotação subversiva no presente. Daí que, de início, o tom adotado pelo Instituto tenha sido outro. Entre os seus sócios contavam-se adeptos do 'partido da ordem', para quem a guerra dos mascates tinha significado anti-lusitano, o republicanismo de 1817 destoava dos sentimentos monárquicos da nação, a Confederação do Equador ofendia a mística da unidade imperial e a revolta de 1848 reabria feridas não cicatrizadas. Somente a restauração pernambucana e, em ponto menor, o movimento de Goiana (1821), levante de senhores rurais da mata norte que derrubara o último capitão-general, pareciam prudentemente incontroversos.[143] Destarte, o culto da restauração monopolizou as atividades iniciais do Instituto e o 27 de janeiro de 1654 foi declarado civicamente inferior apenas ao 7 de setembro.[144] Foi nestas circunstâncias que o Instituto, com a exceção do efêmero Instituto Baiano de História, tornou-se a primeira instituição provincial a romper o monopólio, até então detido pelo seu congênere da Corte, de ocupar-se de história do Brasil; e de fazê-lo sob perspectiva regional de retificação da ótica centralizadora.

Se durante a primeira etapa do Instituto, encerrada por volta de 1873 com a interrupção temporária da sua revista, não se produziu obra de conjunto acerca

---

[143] João Alfredo Correia de Oliveira, 'O barão de Goiana e sua época genealógica', *Minha meninice & outros ensaios*, Recife, 1988, pp. 63 ss.

[144] Discurso de monsenhor Muniz Tavares, RIAP, 3 (1864), p. 72.

do período holandês, promoveu-se em compensação uma série de estudos sobre questões específicas, cuja escolha revela o gosto politicamente neutro, ou que se pretende tal, de uma sociedade de antiquários. Destarte, identificaram-se a casa de Olinda em que habitara Fernandes Vieira, sua sepultura, a localização do Arraial Novo, do forte de São Jorge, do boqueirão dos Guararapes ou do monte das Tabocas. Àquela altura, não se poderia ambicionar muito mais, como compreendeu J. Soares d'Azevedo ao analisar as dificuldades sócio-econômicas da atividade historiográfica na província.

> Nos grandes centros de civilização [lamentava], costuma haver uma classe de homens letrados, já desprendidos de suas antigas funções, que a si mesmos se aposentam; cansados de trabalhos em coisas positivas e monótonas, se dedicam de alma e corpo ao engrandecimento das letras, das ciências e das artes de seu país como uma nobre e santa distração.

Não os havia, porém, no Brasil, onde "a riqueza dos particulares é ordinariamente modesta", "o clima incita ao descanso", "o proprietário, o negociante, o militar, o homem do povo raro se pode por em comércio com as letras" e, finalmente, "os honorários do empregado público são tão mesquinhos que as aposentadorias, quando as obtém, apenas lhe chegam para cuidar do ventre".[145]

---

[145] 'Relatório do Sr. Secretário perpétuo', RIAP, 26 (1870), pp. 106-7.

CAPÍTULO II

A cultura histórica do nativismo

O CONHECIMENTO NATIVISTA DO DOMÍNIO HOLANDÊS baseou-se nas crônicas luso-brasileiras impressas na segunda metade do século XVII: o *Valeroso Lucideno* (1648), de frei Manuel Calado do Salvador, as *Memorias diarias de la guerra del Brasil* (1654), de Duarte de Albuquerque Coelho, donatário de Pernambuco, a *Nova Lusitânia ou história da guerra brasílica* (1676), de Francisco de Brito Freyre, e o *Castrioto lusitano* (1679), de frei Rafael de Jesus. Outro texto, a *História da guerra de Pernambuco*, de Diogo Lopes de Santiago, só será publicado no século XIX, sendo improvável que tenha circulado manuscrita entre nós, de vez que não é mencionada. Todas foram redigidas entre os anos quarenta e setenta de Seiscentos. A publicação do *Lucideno* coincidiu com a primeira batalha dos Guararapes, e o *Castrioto* apareceu no ano do falecimento de Fernandes Vieira. Nem cobrem os mesmos períodos: as *Memórias diárias* e a *Nova Lusitânia* ocupam-se apenas da resistência (1630-1637), ao passo que as demais versam também o governo de Nassau (1637-1644) e a restauração (1645-1654); e embora o *Lucideno* só o faça até meados de 1646, o *Castrioto* e a *História da guerra de Pernambuco* alcançam a capitulação holandesa. As três últimas têm, aliás, em comum o haverem sido encomendadas por Vieira, donde o tom panegírico que as tornou suspeita à crítica histórica.

Em Pernambuco, não se ignoravam tampouco a *História do Portugal restaurado* (1679), do conde da Ericeira, ou as *Epanáforas de vária história portuguesa* (1660), de D. Francisco Manuel de Melo, que haviam relatado episódios da guerra holandesa. Mas as crônicas, em especial as de Brito Freyre e frei Rafael de Jesus, eram mais estimadas devido a seu feitio de 'histórias', isto é, de obras acabadas, a que, supunha-se, nada havia a acrescentar, donde não lhe surgirem concorrentes entre os escritores do século XVIII. Quando, em meados da centúria, José de Mirales escreveu a história militar do Brasil, eximiu-se de abordar seu mais ilustre capítulo, "por ser notório o louvável acerto" com que os cronistas da guerra o haviam feito.[1] Borges da Fonseca não realizou o projeto de uma narrativa da restauração em adendo a Brito Freyre, deixando, ademais da *Nobiliarquia pernambucana*, trabalhos que se perderam, as *Antigüidades de Pernambuco* e as *Memórias para a história eclesiástica de Pernambuco*. Frei Domingos do Loreto Couto dedicou um capítulo dos seus *Desagravos do Brasil* a compendiar a guerra holandesa, valendo-se principalmente de Rafael de Jesus, mas a obra é fundamentalmente uma mistura de história militar, administrativa e religiosa, de ensaio corográfico e de dicionário biográfico. E frei Antônio de Santa Maria Jaboatão destinou o essencial da sua faina à história da Ordem franciscana no Brasil.

Por conseguinte, ainda na primeira metade do século XIX, época de máxima virulência nativista, as crônicas seiscentistas continuavam a ser reputadas definitivas. Quem tratou da ocupação holandesa, fê-lo como Antônio Joaquim de Melo, sob a forma de biografias de algumas figuras de segundo plano, ou como J. B. Fernandes Gama, no contexto das *Memórias históricas da província de Pernambuco* (1842-1846), publicadas às vésperas das primeiras contribuições modernas ao estudo do assunto, da autoria de historiadores estranhos à província, como P. M. Netscher e F. A. de Varnhagen. Embora no início de Oitocentos, Robert Southey se tivesse ocupado do tema, sua *History of Brazil* (1810-1819) ficara ignorada em Pernambuco até a tradução para o português (1862), salvo junto a um ou outro membro da colônia britânica do Recife e a um ou outro leitor pernambucano, como o padre João Ribeiro, revolucionário de 1817, a quem o autor presenteara exemplar por intermédio de Koster.[2]

---

[1] José de Mirales, 'História militar do Brasil', ABNRJ, 22 (1900), p. 69.

[2] Maria Odila da Silva Dias, *O fardo do homem branco. Southey, historiador do Brasil*, São Paulo, 1974, p. 48.

Salvo Borges da Fonseca e Jaboatão, que utilizaram as fontes manuscritas no esclarecimento de outros aspectos da história da capitania, elas permaneceram inaproveitadas. Só a partir dos anos trinta do século XIX, detecta-se um começo de interesse: anúncio no *Diário de Pernambuco* oferecia a quem possuísse manuscritos preciosos e desejasse vendê-los ou imprimir, procurar a tipografia do jornal ou a livraria da praça da Independência. Certa 'sociedade de literatos' reiterou o oferecimento.[3] O governo provincial providenciou a publicação do importante documento de 1655 que inventariara o equipamento bélico e os prédios deixados no Recife pelos holandeses. [4] E Antônio Joaquim de Melo explorava o acervo da antiga Provedoria da Fazenda, reproduzindo inúmeros documentos em anexo às suas biografias.[5] Mas a utilização sistemática de fontes manuscritas locais só se iniciou com F. A. Pereira da Costa (1851-1923); e as de origem neerlandesa, a partir da missão de José Higino Duarte Pereira aos Países Baixos (1885-1886), com sua tradução e publicação nas revistas do Instituto Histórico e Geográfico do Rio de Janeiro e do Instituto Arqueológico e Geográfico Pernambucano. Por fim, a cultura histórica do nativismo desconheceu as fontes éditas holandesas, exceção da obra de Barleus e da história natural de Piso e Markgraf.

O imaginário local aprovisionou-se, portanto, nas crônicas luso-brasileiras de Seiscentos, particularmente o *Castrioto lusitano* e a *Nova Lusitânia*, escritas por autores que não haviam participado dos acontecimentos. Rafael de Jesus, beneditino português, nunca pôs os pés no Brasil, e Brito Freyre chegara tarde, tomando parte apenas no bloqueio naval do Recife (1654), ao contrário de Duarte de Albuquerque Coelho, Calado ou Diogo Lopes, que tiveram experiência direta da guerra. A preferência pelo *Castrioto* e pela *Nova Lusitânia* explica-se em termos da sua acessibilidade por comparação ao *Lucideno* e às *Memórias diárias*, cujos exemplares se haviam tornado verdadeiras raridades devido ao embargo, do primeiro, pelas autoridades eclesiásticas do Reino, do segundo, pelo governo espanhol. Mesmo quando, a partir de 1668, o *Lucideno* voltou a circular, sob a for-

---

[3] Gonsalves de Mello, *Diário de Pernambuco. Economia e sociedade*, p. 115.

[4] Ibid., pp. 115-6; *Inventário das armas e petrechos bélicos*, cit.

[5] Melo, *Biografias*, I, p. 113.

ma de uma pseudo-segunda edição,[6] nunca constituiu obra conhecida segundo os critérios da época.

O *Castrioto*, escrito por encomenda de Fernandes Vieira, de quem fez a apologia em termos ainda mais entusiásticos que Calado, beneficiou-se de certa difusão em Pernambuco, provavelmente por obra e graça do seu patrocinador. Ademais, para o leitor do século XVIII e da primeira metade do XIX, a obra era a única publicada em língua portuguesa cobrindo todo o período holandês, enquanto o *Lucideno*, encerrando a narrativa em meados de 1646, quando a restauração apenas começara, não incluía os episódios mais desvanecedores para o orgulho local, as batalhas dos Guararapes e a capitulação batava no Recife. Quanto à *Nova Lusitânia* será, até a publicação da defeituosa tradução das *Memórias diárias* por Melo Moraes e Acióli (1855), a única história da resistência disponível na terra, em decorrência do desconhecimento do livro de Duarte de Albuquerque Coelho e do menor interesse dos panegiristas de Vieira pela fase do conflito em que ainda não brilhava a sua estrela. Leve-se também em conta a inclinação do leitor nativista pela guerra vitoriosa; e a do leitor setecentista por uma narrativa vazada em estilo grandiloquente, e ter-se-á a razão da voga do *Castrioto*.

Um erudito europeu como Southey possuía as obras de Duarte de Albuquerque Coelho, Brito Freyre, frei Rafael de Jesus e a *Istoria delle guerre del Regno del Brasile*, de Giovanni Giuseppe di Santa Teresa (Roma, 1698), mas não o *Lucideno*. O exemplar de Calado de que se valeu na redação da *História do Brasil* pertencia à Biblioteca Pública de Salvador, obtendo-o por gentileza do governador conde dos Arcos, "talvez a única vez em que um livro foi jamais emprestado através do Atlântico, da Bahia a Keswick".[7] Em 1867, o Instituto pernambucano solicitava a quem quisesse vender ou emprestar exemplar do *Lucideno* o favor de contactar a entidade. Anos depois, o diretor do *Jornal do Recife*, José de Vasconcelos, também esteve à sua procura.[8] Mas se o trabalho de Calado foi reputado "muito raro"

---

[6] Rubens Borba de Moraes, *Bibliografia brasiliana*, 2ª ed., 2 vols., Rio de Janeiro, 1983, A-L, p. 143.

[7] 'Catalogue of the Spanish and Portuguese portion of the library of the late Robert Southey, Esq., LLD, poet laureate', RIHGB, 178 (1943), pp. 96, 104, 111 e 132; 'Cartas de Robert Southey a Theodore e a Henry Koster', ibid., p. 47.

[8] Gonsalves de Mello, *Diário de Pernambuco. Economia e sociedade*, p.241; Jornal do Recife, 17.VI.1871.

Rubro Veio: o imaginário da restauração pernambucana

pelos bibliófilos oitocentistas como Adamson e Inocêncio, mais difícil ainda era topar com as *Memórias diárias*. Varnhagen observava em 1871 serem "contados" os exemplares existentes; e mesmo um erudito e colecionador dos recursos de Alfredo de Carvalho só possuía a tradução de Melo Moraes e de Acióli, embora dispusesse do *Castrioto*, da 'Nova Lusitânia e do próprio *Lucideno*.[9]

Outro indício da aceitação do *Castrioto*: foi a única das crônicas a merecer reedição (Paris, 1844), condensada por Caetano de Moura para o editor J. P. Aillaud. Embora este alegasse a "suma raridade" da obra, Rubens Borba de Moraes notava em 1958 que só "recentemente tornara-se escassa".[10] Quanto à *Nova Lusitânia*, já era rara em meados de Oitocentos.[11] Em sua visita a Pernambuco, D. Pedro II trouxe seu exemplar do Barleus e a obra de Netscher; na casa-grande do engenho Guararapes, deparou com o *Castrioto*; e na excursão a Tabocas, observou que o juiz municipal o trazia "debaixo do braço".[12] O *Castrioto* também mereceu as honras de tradução latina, a qual permaneceu inédita, realizada por anônimo.[13] O *Castrioto*, a *Nova Lusitânia* e o *Lucideno* também circularam em cópias manuscritas. Quando Natividade Saldanha trabalhava em Paris na 'Joaneida', pediu para Pernambuco que lhe enviassem "entre meus livros dois escritos de letra de mão, que tratam das guerras de Pernambuco e que estiveram emprestados ao irmão do vigário Luís".[14] D. Pedro possuiu cópia manual do *Castrioto* num volume em pergaminho, que levou para o exílio e que ora se encontra no arquivo da Casa Imperial (Petrópolis). Antônio Joaquim de Melo parece ter consultado a crônica em manuscrito, até comprar a edição de Paris.[15]

---

[9] Borba de Moraes, *Bibliografia brasiliana*, A-L, p. 143; Varnhagen, *História das lutas*, p. xi; *Biblioteca brasiliense seleta*, Recife, 1916, pp. 5, 38, 79, 97.

[10] Rafael de Jesus, *Castrioto lusitano*, 2ª ed., Paris, 1844; Borba de Moraes, *Bibliografia brasiliana*, A-L, p. 361.

[11] Guilherme Auler, notas a D. Pedro II, 'Viagem a Pernambuco', p. 397.

[12] *Memórias da viagem de SS. Majestades Imperiais*, II, p. 78; D. Pedro II, 'Viagem a Pernambuco', p. 474.

[13] 'Catálogo de manuscritos sobre Pernambuco existentes na Biblioteca Nacional', ABNRJ, 71 (1951), p. 206.

[14] Melo, *Biografia de José da Natividade Saldanha*, p. 215.

[15] Melo, *Biografias*, passim.

O *Castrioto* e, subsidiariamente, a *Nova Lusitânia*, monopolizaram assim, ao longo de mais de cento e cinqüenta anos, o conhecimento que se tinha em Pernambuco do período mais brilhante do seu passado e a que o imaginário nativista atribuía papel central nas relações entre a capitania e Portugal. A elas referia-se Cristóvão de Holanda Cavalcanti quando, ao tempo da guerra dos mascates, recordava a El-Rei a "lealdade pernambucana", que abonava com os "escritores que suas proezas escreveram".[16] O *Castrioto* constituiu-se também em fonte da história da Nova Lusitânia, isto é, do período *ante bellum*. Na série de quatro painéis da matriz de Igaraçu, pintados por volta de 1729, dois deles, alusivos à chegada dos portugueses à terra e à fundação da igreja de Santos Cosme e Damião, invocam a obra de Rafael de Jesus nas respectivas cartelas.[17] No século XIX, Figueira de Melo recorria ao *Castrioto* para verificar a época da criação de algumas freguesias.[18] Até meados de Oitocentos, a crônica proporcionava a única narrativa circunstanciada das batalhas dos Guararapes e nela ainda se baseou Fernandes Gama, pois só alguns anos depois, Netscher e Varnhagen utilizariam os relatórios militares holandeses e portugueses a respeito.

Por outro lado, o *Castrioto* e a *Nova Lusitânia* tornaram-se indispensáveis aos genealogistas da província, que tinham neles uma mina de informações concernentes à participação militar de muitos indivíduos pertencentes a famílias locais, capaz de paliar a carência causada pela destruição das fontes notariais no incêndio de Olinda. Em 1732, por exemplo, a Câmara de Penedo, ao reivindicar para seus membros a regalia de vereadores do Porto, justificava a pretensão com os serviços prestados por seus ascendentes durante a guerra, "como de tudo largamente trata o livro intitulado *Castrioto lusitano*".[19] As provanças para ingresso às

---

[16] Fernandes Gama, *Memórias históricas*, IV, p. 237.

[17] Jaboatão, *Novo orbe seráfico*, I, p. 408.

[18] J. M. Figueira de Melo, *Ensaio sobre a estatística civil e política da província de Pernambuco*, 2ª ed., Recife, 1979, pp. 155-7.

[19] Câmara de Penedo a D. João V, 1732, RIAGA, 15 (1931), p. 158.

ordens militares citam não só o *Castrioto* e a *Nova Lusitânia* como o *Lucideno*.[20] Mesmo Borges da Fonseca, que ampliou consideravelmente as bases documentais da investigação genealógica, fez larga utilização do que chamava "os nossos historiadores" ou "os historiadores da nossa guerra".

Hoje, a fortuna do *Castrioto* é considerada imerecida e sua consulta pelo historiador, como a da *Istoria*, de Santa Teresa, reputada desnecessária. Consoante J. A. Gonsalves de Mello, "a maior parte do texto do *Castrioto lusitano* é baseada na *História [da Guerra de Pernambuco]*, ou melhor, a maior parte dos 'fatos' foram retirados desta obra (que, por sua vez, já os recolhera em boa soma de *O valeroso Lucideno*), sendo do autor apenas a redação e os conceitos literários".[21] A segunda parte do *Castrioto*, que deveria tratar da vida de Fernandes Vieira após a restauração, não chegou a ser escrita.[22] Em Seiscentos ou Setecentos, porém, o livro de história era avaliado segundo critérios bem diversos dos de Oitocentos ou do século xx, exigindo-se, sobretudo, a narração de uma intriga histórica de maneira elevada e agradável, segundo o gosto literário predominante. Deste ponto de vista, é que se deve entender a escolha de Rafael de Jesus por Vieira, de vez que o autor, abade de São Bento de Lisboa, não só era cronista-mor do Reino como tinha a reputação de grande prosador e orador sacro.

Como indicou também Gonsalves de Mello, o *Castrioto* serviu de "principal fonte no que tange a Pernambuco" aos *Desagravos do Brasil*, de Domingos do Loreto Couto, que o cita "às vezes nominalmente, outras por antonomásia", havendo mesmo trechos de "repetição literal do referido livro, sem menção da fonte nem outra forma indicativa de transcrição".[23] Loreto Couto alude parcamente aos cronistas do período holandês, em contraste com a freqüência com que, exibindo erudição, invoca autores da Antigüidade clássica. Em todo o caso, não será com ele,

---

[20] Evaldo Cabral de Mello, *O nome e o sangue. Uma parábola genealógica no Pernambuco colonial*, 2ª ed., Rio de Janeiro, 2000, pp. 135-6.

[21] J. A. Gonsalves de Mello, *Frei Manuel Calado do Salvador*, Recife, 1954, p. 22.

[22] Para a parte não escrita do *Castrioto*, dispõe-se apenas de sumário redigido a mando de Fernandes Vieira: 'Informação que faz ao muito reverendo padre cronista-mor do Reino', s/d, BA, 54-x-9.

[23] J. A. Gonsalves de Mello, *Estudos pernambucanos*, Recife, 1960, p. 159.

mas com dois dos seus contemporâneos de meados de Setecentos, que começará a rejeição ao *Castrioto*. Borges da Fonseca, por exemplo, preferia a *Nova Lusitânia*. Se, como observou ainda Gonsalves de Mello, o *Castrioto* ainda é, depois do de Brito Freyre, "o livro de história regional mais citado" pelo genealogista, Borges já objeta, como a Calado, a parcialidade demonstrada no tratamento dispensado a Fernandes Vieira e a seus inimigos, decorrente da intenção lisonjeira que "ditou muitos períodos do rústico, ainda que valeroso, Lucideno, e a maior parte do *Castrioto lusitano*, chegando à dependência até onde podia chegar o ódio".[24]

Esta atitude crítica que, em Borges, era de fundo nobiliárquico, teve justificação sólida no eruditismo de Jaboatão, no seu tempo o melhor equipado historiograficamente, inclusive no tocante às crônicas luso-brasileiras do período holandês. Se o 'Sermão da restauração' (1731), obra da juventude, revela apenas a leitura do *Castrioto*,[25] o *Novo orbe seráfico*, livro dos anos maduros, baseia-se nas principais crônicas impressas, inclusive as *Memórias diárias*, desconhecidas em Pernambuco. É certo que as reservas de Jaboatão tinham também motivação corporativa quando, por exemplo, acusa Rafael de Jesus e Calado de haverem maliciosamente omitido o papel da Ordem franciscana na guerra holandesa, cujos frades haviam participado de muitas ocasiões bélicas, ao passo que não esqueciam seus irmãos de hábito, discriminação imperdoável "pois, sem defraudar a glória própria, podiam não ocultar o crédito alheio".[26]

Mas em geral as reservas de Jaboatão inspiraram-se em boa técnica historiográfica. Ao *Castrioto*, só recorre quando constitui a única fonte disponível, o período de julho de 1646 a janeiro de 1654, que não fora tratado na narrativa de Calado. Para estes anos, dispunha-se apenas do *Castrioto*, salvo relativamente ao episódio final da rendição do Recife, que fora versado por relações coevas. Quando dispõe de outras fontes, Jaboatão trata de cotejá-las com o *Castrioto*. Sobre o incêndio de Olinda, cita extensamente as *Memórias diárias* e utiliza certidão de Matias de

---

[24] Ibid., p. 131; Borges da Fonseca, *Nobiliarquia pernambucana*, I, pp. 420, 436; II, pp. 169, 207.

[25] J. A. Gonsalves de Mello, 'Frei Jaboatão e o seu 'Orbe seráfico novo brasílico'', Jaboatão, *Novo orbe seráfico*, I.

[26] Jaboatão, *Novo orbe seráfico*, II, pp. 86-7.

Albuquerque. Narrando o milagre ocorrido na capela do engenho de Fernandes Vieira (1645), relata-o com base em Calado, autor mais próximo, temporal e espacialmente. E se, no tratamento dado aos franciscanos de Igaraçu por ocasião do ataque batavo (1632), Jaboatão optou pelo *Castrioto*, fê-lo tendo em vista que se achava confirmado pelos documentos do acervo do convento.[27]

Com a Independência acentuou-se a rejeição do *Castrioto*. Fernandes Gama acusava o autor de ser "mais um panegirista de João Fernandes Vieira do que historiador imparcial", crítica que, como vimos, já formulara Borges da Fonseca, mas que Fernandes Gama é o primeiro a justificar. A seus olhos, Vieira era a encarnação do reinol cujo papel no movimento restaurador cumpria reduzir. "Tenho em vista mostrar que o reverendo frei Rafael de Jesus, panegirista de Vieira, e os outros portugueses, que lhe atribuem toda a glória da restauração de Pernambuco em prejuízo dos pernambucanos que a projetaram, levaram à execução e se sacrificaram, não devem ser altamente acreditados, e que ainda mesmo, através de dois séculos, não é impossível descobrir a verdade". Calado parecia-lhe mais fiável, pois, "testemunha ocular", "dá a cada um o que é seu, não roubando a glória dos pernambucanos que projetaram aquele grande feito para atribuir a Vieira, que teve sim uma grande parte, para a qual sua posição o habilitou; mas não foi o único nem o primeiro que pensou na liberdade de Pernambuco, como quer persuadir o referido autor do *Castrioto lusitano*". A intenção baixamente lisonjeadora em nenhuma parte seria mais evidente do que ao acentuar que "o mesmo Vieira viera da ilha da Madeira, sua pátria, rico de bens, fazendas, etc., etc", quando era sabido que chegara "humilde e pobre", como admitira Calado. Daí lamentar que o *Castrioto* não "atendesse para tudo que escreveu o padre mestre Calado", o que, aliás, tampouco fazia o próprio Fernandes Gama.[28]

Sua atitude crítica desponta também ao tratar da morte de D. Luís de Rojas y Borja na batalha de Mata Redonda (1636): "O *Castrioto lusitano* diz que esta bala foi disparada por um traidor, mas nem o prova nem dá a razão por que assim o pensa, ao mesmo passo que outros escritores não falam em traição; segui, por-

---

[27] Ibid., II, pp. 373-4, 403-4; III, pp. 327-9.

[28] Fernandes Gama, *Memórias históricas*, II, pp. 133, 138-40.

tanto, a estes".[29] Ora, sem empregar a palavra, Calado não deixara dúvida de que não só o tiro partira das próprias hostes de Rojas, como de que este se dera conta do ocorrido ao indagar: "Es posible que esto se me hace estando entre hidalgos portugueses?"[30] A outra fonte que Fernandes Gama devia ter em vista, a *Nova Lusitânia*, limitara-se a registrar que Rojas, "ferido já de um mosquetaço em uma perna, tornando a pôr-se a cavalo, lhe deram outro pelos peitos, de que sem articular palavra morreu logo", segundo referira Duarte de Albuquerque, cujo livro Fernandes Gama não conheceu.[31] Duarte tivera todo interesse em escamotear o episódio, pois como Rojas substituíra Matias de Albuquerque no comando do exército, o assassinato poderia ser atribuído à família donatarial. Por seu lado, a preocupação de Fernandes Gama consistia em defender os soldados da terra da imputação de traidores. Aliás, ele só prefere o *Castriolo* quando Calado, segundo "o espírito do seu século", recorre à intervenção do sobrenatural, embora ao acusar o *Lucideno* de inventar milagres, admita que isto "em nada altera a verdade dos fatos principais".[32]

Brito Freyre tencionava escrever a história da guerra holandesa, mas concluiu somente a parte relativa à resistência, a menos que se tenham perdido os capítulos referentes à restauração, de que participou quando da capitulação do Recife, sobre a qual escreveu relação inédita até nossos dias.[33] Como governador de Pernambuco (1661-1664), reunira excelente material. Dos autores luso-brasileiros, foi certamente o melhor preparado, havendo mesmo redigido a história da Restauração portuguesa, obra aparentemente perdida e que escapara à atenção dos bibliófilos até que J. A. Gonsalves de Mello apontou as menções que lhe fez o autor na *Nova Lusitânia* e na *Viagem da armada*.[34] Ao contrário de Duarte de Al-

---

[29] Ibid., II, p. 9.

[30] Manuel Calado do Salvador, *O valeroso Lucideno e triunfo da liberdade*, 2ª ed., 2 vols., Recife, 1942, I, pp. 71-2.

[31] Brito Freyre, *Nova Lusitânia*, p. 368; Duarte de Albuquerque Coelho, *Memórias diárias da guerra do Brasil*, 3ª ed., Recife, 1981, p. 283.

[32] Fernandes Gama, *Memórias históricas*, III, pp. 36, 69.

[33] 'Relação inédita de Francisco de Brito Freyre sobre a capitulação do Recife', Brasília, 9 (1954), pp. 193-205.

[34] Gonsalves de Mello, 'Brito Freyre', *Nova Lusitânia*, cit.

buquerque Coelho, que preparou as *Memórias diárias* logo depois da resistência, Brito Freyre compôs a *Nova Lusitânia* cerca de trinta e cinco anos decorridos dos acontecimentos, ao ser recolhido à prisão em face da recusa em conduzir à ilha Terceira o deposto D. Afonso VI (1669). Despida da intenção hagiográfica que viciou o *Castrioto*, a *Nova Lusitânia* pôde aspirar, com melhores títulos, à condição de obra definitiva que lhe foi geralmente reconhecida até que Varnhagen a acusou injustamente de plágio das *Memórias diárias*.[35]

A obra de Brito Freyre inspirou-se na história militar e política que o Renascimento cultivara segundo o modelo da Antigüidade clássica. Sua intenção era bem diversa da de Duarte de Albuquerque. Não se tratava de fazer a defesa da estratégia e do comando que a executara, como nas *Memórias diárias*, mas de narrar as peripécias de um conflito que, segundo afirmava, podia ser comparado com vantagem à guerra de Flandres no presente e às de Roma no passado.[36] A *Nova Lusitânia* constituiu assim uma celebração do nacionalismo português, redivivo em 1640 e triunfante em 1668, o que a aparenta à grande produção histórica do período, a *História do Portugal restaurado*, do conde da Ericeira. A *Nova Lusitânia* devia constituir a contraparte brasileira da que seu autor preparara anteriormente. É provável, aliás, que Brito Freyre tenha desistido de publicar sua história da Restauração portuguesa devido ao projeto de Ericeira, preferindo versar a luta pelo Brasil, em que via um motivo não menos digno de orgulho nacional e até mesmo o paradoxo desvanecedor consistente em que, unido a Castela, Portugal fora vencido pela Holanda, mas, sozinho, a derrotara.[37]

Entre os escritores de Setecentos, Borges da Fonseca privilegiou a *Nova Lusitânia*, "a fonte de história regional mais freqüentemente citada na *Nobiliarquia*".[38] Reputando-a "o mais verídico monumento das valerosas proezas dos pernambucanos na guerra da entrada dos holandeses", Borges cogitou completá-la.[39] Sua

---

[35] Varnhagen, *História das lutas*, p. 12.

[36] Brito Freyre, *Nova Lusitânia*, 'Ao leitor'.

[37] Ibid., p. 7.

[38] Gonsalves de Mello, *Estudos pernambucanos*, p. 130.

[39] Borges da Fonseca, *Nobiliarquia pernambucana*, II, p. 258.

preferência não se explicava apenas pelo fato de não haver podido utilizar a fonte primária para o período 1630-1637, isto é, as *Memórias diárias*, mas também pela sua profissão de oficial que o identificava com o tipo de discurso historiográfico da *Nova Lusitânia*, de cuja competência em assuntos bélicos careciam o *Lucideno* e o *Castrioto*. Daí que Borges insistisse no *status* militar de Brito Freyre para sublinhar a idoneidade da obra. A participação do autor na rendição do Recife, como também seu governo de Pernambuco, eram outros motivos para que Borges lhe atribuísse a autoridade que não reconheceria a Calado ou a Rafael de Jesus.

Da admiração pela *Nova Lusitânia*, não compartilharam contemporâneos de Borges da Fonseca como Loreto Couto e Jaboatão. Loreto Couto estava mais interessado pelo Pernambuco "gloriosamente restaurado" do que pelo "Pernambuco vencido". Das sessenta e sete páginas do livro segundo dos *Desagravos do Brasil*, apenas seis foram dedicadas ao período 1630-1637, enquanto trinta e quatro couberam aos feitos da restauração e nada menos de cento e treze à mera recapitulação das origens da guerra dos Países Baixos contra a Espanha. Brito Freyre, portanto, não o interessou no mesmo grau que Rafael de Jesus e Calado, apesar de havê-lo lido e de considerá-lo "douto escritor".[40] Quanto a Jaboatão, sua indiferença pela *Nova Lusitânia* prendeu-se ao conhecimento da fonte primária, isto é, das *Memórias diárias*, só recorrendo a Brito Freyre no tocante a um ou outro ponto relativo à história do Brasil *ante bellum*, tal como a origem da lavoura da cana e do fabrico do açúcar.[41]

Ainda na primeira metade do século xix, a voga da *Nova Lusitânia* decorria da inacessibilidade das *Memórias diárias*, de que, por exemplo, não dispôs Abreu e Lima na redação da *Sinopse* ou do *Compêndio*, malgrado conhecer e citar as demais crônicas éditas, bem como o livro de Barleus.[42] Fernandes Gama redigiu os capítulos relativos à resistência com base, sobretudo, em Brito Freyre e em Calado, mas militar de carreira como Borges, sua admiração ia, sobretudo, para a

---

[40] Loreto Couto, *Desagravos do Brasil*, pp. 205-6, 417.

[41] Jaboatão, *Novo orbe seráfico*, III, pp. 23-4.

[42] J. L. de Abreu e Lima, *Sinopse ou dedução cronológica dos fatos mais notáveis da história do Brasil*, 2ª ed., Recife, 1983, p. 435; e *Compêndio da história do Brasil*, passim.

Nova Lusitânia, cujo autor parecia-lhe "o melhor historiador desta guerra". Quando lhe ocorre julgar a decisão de Rojas y Borja de atacar os holandeses em Mata Redonda, Fernandes Gama endossa o juízo de Brito Freyre, que fora também o de outro militar, D. Francisco Manuel de Melo, segundo o qual o general espanhol comportara-se de maneira temerária, contra a opinião de Calado e de Rocha Pita, que o haviam louvado.[43] Antônio Joaquim de Melo também reputava a *Nova Lusitânia* "preciosa história", repetindo os argumentos de Fernandes Gama sobre a fidedignidade da obra.[44]

O *Lucideno* foi a fonte principal das demais crônicas encomendadas por Fernandes Vieira, a *História da guerra de Pernambuco* e o *Castrioto*. A crônica de Calado era indispensável à narrativa da resistência (embora não ao mesmo título que as *Memórias diárias*), à do governo nassoviano, à das origens da revolta luso-brasileira e ao primeiro ano da restauração. Frade no século, não abandonara as veleidades literárias, cultivadas em estudos de retórica e gramática em Vila Viçosa e de mestre em artes pela Universidade de Évora, quando se transformou em lavrador de mantimentos em Porto Calvo, e lavrador de importância, pois chegou a possuir 25 escravos. Com a invasão holandesa, organizou um grupo de guerrilheiros, o que não o impediu de tornar-se pessoa grata a Nassau, que o incentivou a mudar-se para o Recife. O propósito do *Lucideno* era o de divulgar as razões da insurreição e alentar os rebeldes, difundindo suas proezas.[45] O retorno do autor a Portugal ao cabo de um ano de guerra visou precisamente à publicação da obra que devia servir à defesa de Vieira, muito criticado no Reino, e às gestões visando à obtenção de ajuda da Coroa. O *Lucideno* teria uma segunda parte, cuja redação estaria iniciada ao publicar-se a primeira (1648). Esta, por pressão dos jesuítas ou devido às verrinas contra certas autoridades da Igreja, foi confiscada e até mesmo incluída no *Index librorum prohibitorum*, do qual só sairia em 1667. Calado contara retornar ao Brasil como administrador eclesiástico e concluir o *Lucideno*, mas a interdição da primeira parte deve ter prejudicado o projeto.[46]

---

[43] Fernandes Gama, *Memórias históricas*, II, pp. 10, 29; III, p. 232.

[44] Melo, *Biografias*, I, p. 150.

[45] Calado, *O valeroso Lucideno*, I, prólogo.

[46] Gonsalves de Mello, *Frei Manuel Calado do Salvador*, passim.

Como as *Memórias diárias*, o *Lucideno* transmite a experiência quotidiana da guerra, o que não o recomendava ao leitor da época, sensível, sobretudo, aos artifícios retóricos da narrativa. Só no século XIX o *Lucideno* passou a gozar da aceitação que há muito conheciam o *Castrioto* e a *Nova Lusitânia*. É óbvio que o seqüestro prejudicou sua difusão, mas para entender esse ostracismo, há que também levar em conta as características que atualmente o tornam insubstituível: a natureza memorialística, a descrição gráfica de episódios importantes acoplada à *petite histoire*, o ar de reportagem ou de história imediata, a linguagem corriqueira, a intimidade dos grandes personagens, a começar por Nassau. A solenidade ampulosa do *Castrioto* e a gravidade natural da *Nova Lusitânia* correspondiam melhor aos modelos vigentes do discurso histórico, que reputavam a vida diária matéria indigna, apropriada apenas à vulgaridade picaresca e sátira. O *Lucideno* achava-se a contrapelo da moda historiográfica, ligando-se antes à tradição, já esquecida, da crônica de Fernão Lopes, submergida pela invasão dos modelos calcados na historiografia clássica.

Isto pelo que toca à parte histórica do *Lucideno*, que no conjunto oferece um desnorteante *mélange des genres*, alguns infensos à história propriamente dita. Já se observou que o livro de Calado é "uma obra compósita de historiografia, crônica, tratado moral e poema épico".[47] E até de predicação, se é que as compridas exposições de doutrina sagrada com que o autor o recheou, constituíram originalmente, como pensava J. A. Gonsalves de Mello, sermões que, pregados no cumprimento de seus deveres eclesiásticos, permitiam-lhe submeter o que se passava em seu redor à tutela de uma história de cunho providencialista. O capítulo primeiro do livro segundo, por exemplo, é uma colcha de retalhos. Em cinqüenta e tantas páginas, Calado reúne uma homilia sobre o significado teológico da Restauração portuguesa, outra sobre o paralelismo entre a vida do Cristo e a de D. João IV, um panegírico de Vila Viçosa, a narração dos festejos do casamento de D. Teodósio, duque de Bragança, e um elogio da sua religiosidade conforme o modelo edificante (*exempla*). Por fim, o uso da "prosimetra", isto é, a alternância, apreciada pela literatura medieval, de prosa e de verso no interior

---

[47] Wilson Martins, *História da inteligência brasileira*, 7 vols., São Paulo, 1976-1978, I, p. 144.

do mesmo texto, reforçava a impressão de arcaísmo. A função da poesia é, aliás, a de "alívio e entretenimento", repetindo a narrativa em prosa, embora também registre informações que não constam desta.[48]

O *Lucideno* foi "largamente utilizado por Borges da Fonseca",[49] embora este não lhe reconhecesse o mesmo valor da *Nova Lusitânia* e do *Castrioto*, considerando-o livro "rústico", redigido com "demasiada singeleza", ou seja, sem garbo retórico. O linhagista englobava Calado na crítica feita a Rafael de Jesus de haver caluniado a memória de Antônio Cavalcanti e de Sebastião de Carvalho, para ser agradável a Fernandes Vieira.[50] Loreto Couto também se valeu do *Lucideno* sem tampouco ter-lhe maior apreço; e Jaboatão pôs sob suspeita a veracidade do cronista. Além de imputar-lhe, como ao *Castrioto*, o propósito de silenciar a contribuição dos franciscanos à restauração de Pernambuco levantou dúvidas sobre o protagonismo que Calado se atribuíra, inclusive a de ter sido o sacerdote a confessar Calabar antes da execução (1635). Com base nas *Memórias diárias*, Jaboatão insistiu em que Calabar teria sido espiritualmente assistido não por Calado, mas por quatro capuchinhos que se retiravam para a Bahia no exército de resistência.[51]

Quanto à pretensão de Calado de haver prestado serviços "públicos e notórios", segundo constava de certidões de autoridades militares, como o de ter comandado companhia de guerrilheiros e participado da batalha de Mata Redonda (1636), Jaboatão chamava a atenção para o silêncio das *Memórias diárias* acerca do autor do *Lucideno*. Como explicar, indagava o franciscano, que "obrando [Calado] todas estas ações heróicas e dignas de memória, e achando-se a este mesmo tempo presente e na mesma campanha, se não lembre nas [memórias] que escreveu Duarte de Albuquerque de algumas delas, e que a ele mais do que a outro, algum diziam respeito, como donatário e senhor da terra? Ou se deve dizer que foi ingratidão notável deste cavalheiro, ou o quê?". Para Jaboatão, não se tratara de esquecimento ou ingratidão: "se nestas memórias se não olvida o seu grave e

---

[48] Calado, *O valeroso Lucideno*, I, pp. 167-223; II, p. 64.

[49] Gonsalves de Mello, *Estudos pernambucanos*, p. 130.

[50] Borges da Fonseca, *Nobiliarquia pernambucana*, I, p. 362; II, p. 207.

[51] Jaboatão, *Novo orbe seráfico*, III, pp. 170-5.

verídico autor de dar nelas todas as notícias que de alguma sorte diziam respeito à guerra que escrevia, ainda as de menos nota, como deixaria em olvido as do padre frei Manuel do Salvador, tão importantes e necessárias ao mesmo assunto de que escrevia e tão notórias como ele o diz?"[52]

A valorização do *Lucideno* ocorreu no século XIX, não, como se afirmou, a partir do estudo de Capistrano de Abreu intitulado 'Memórias de um frade' (1899),[53] mas de Fernandes Gama, que no tocante ao papel histórico de Calado ressaltou o zelo com que defendera a comunidade luso-brasileira e a religião católica junto ao governo nassoviano. A avaliação do cronista era igualmente positiva. Embora lhe parecesse "em algumas coisas nitidamente apaixonado", sua atitude para com Fernandes Vieira era mais equilibrada que a de Rafael de Jesus. Ao passo que o *Castrioto* creditava-lhe a iniciativa do levante restaurador, Calado, com a autoridade de "testemunha ocular", deu "a cada um o que é seu, não roubando a glória dos pernambucanos que projetaram aquele grande feito para atribuir tudo a Vieira". Calado elogiava Vieira "porque era digno de louvor, mas não [o] lisonjeava", tanto assim que, ao referir seus princípios em Pernambuco, contara a "pura verdade" da sua posição humilíssima, enquanto frei Rafael tecera a lenda de origens opulentas. Havendo vivido sob o domínio holandês, Calado era mais fidedigno que o beneditino. Escusado aduzir que, ao descrever a privança de Vieira com as autoridades neerlandesas, Calado trazia água ao moinho nativista.[54] Contemporâneo de Fernandes Gama, Antônio Joaquim de Melo também louvava o cunho de depoimento pessoal da crônica, utilizando-o na polêmica com Varnhagen e com Pedro Théberge em torno da naturalidade de Camarão.[55]

O *Lucideno* tornou-se também valioso para o nativismo oitocentista em termos da reabilitação histórica de Nassau. Duarte de Albuquerque Coelho e Brito Freyre haviam versado apenas os sucessos da resistência, mas Calado se ocupara

---

[52] Ibid.

[53] José Honório Rodrigues, *História da história do Brasil, 1ª parte, Historiografia colonial*, 2ª ed., São Paulo, 1979, p. 66.

[54] Fernandes Gama, *Memórias históricas*, I, p. 293; II, pp. 42-3, 48, 114-5, 133, 138-9, 141-2.

[55] Melo, *Biografias*, II, pp. 182-3; Gonsalves de Mello, *O Diário de Pernambuco e a história social do Nordeste*, II, p. 750.

também dos anos da paz nassoviana que vivera no Recife, sob a proteção do governador, na casa das vizinhanças do terreiro dos Coqueiros. Rafael de Jesus narrara a existência de Fernandes Vieira entre as duas fases do conflito, mas Calado freqüentara a corte de Nassau e até o aconselhara. Sob esse aspecto, o interesse da obra sobrepujava o das outras crônicas. Na narrativa do governo do conde, Fernandes Gama baseou-se no *Lucideno* ao tratar de vários episódios, como a reunião da Assembléia legislativa, o enterro de João Ernesto de Nassau-Siegen, as comemorações da ascensão de D. João IV ao trono, as realizações urbanísticas etc. No que a sensibilidade nativista afastava-se de Calado era no pendor pela explicação providencialista, bem visível, por exemplo, no relato da conquista do forte Maurício, que Fernandes Gama criticou, como fez no tocante à versão do *Castrioto* sobre o massacre do Cunhaú.[56]

A raridade das *Memórias diárias*, de Duarte de Albuquerque Coelho, quarto donatário de Pernambuco, deveu-se a seu confisco pelo governo espanhol.[57] Baseadas nas relações periódicas que, desde 1630, Matias de Albuquerque mandara redigir, a obra constitui uma defesa da condução impressa à guerra de resistência. A perda do Nordeste resultara de decisões errôneas da Coroa castelhana e de seus representantes em Lisboa, em especial da adoção da estratégia de 'guerra lenta', ou de usura, não de falhas do comando de Matias de Albuquerque, injustamente destituído da chefia, preso e processado no regresso a Portugal. Sob este aspecto, as *Memórias diárias* eram um ataque à gestão do conde-duque de Olivares, que já caíra do poder quando da sua publicação, embora a Corte de Madri não pudesse aceitar que o autor, fidalgo português exilado na Espanha a quem o Rei Católico recompensara com favores patrimoniais e o título de conde de Pernambuco, viesse defender a conduta do irmão que se tornara, entretanto, um dos generais de D. João IV.

O autor anônimo de parecer contrário à publicação das *Memórias diárias* reputava indecoroso divulgar os feitos praticados no Brasil por um partidário do duque de Bragança e que depois, na Estremadura, andara "abrasando a fogo e

---

[56] Fernandes Gama, *Memórias históricas*, II, pp. 38, 88-91, 96-100, 107-110; III, pp. 36 e 69.

[57] Borba de Moraes, *Bibliografia brasiliana*, A-L, p. 187.

sangue as terras do rei da Espanha". O papel atribuía à obra o propósito de servir de justificação para reivindicar Pernambuco se Portugal e o Brasil voltassem ao domínio castelhano. Alegação mais grave era a de que os Albuquerque Coelho seriam useiros e vezeiros em reescrever a história para promover os interesses da família, como teriam feito após a batalha de Alcácer-Quibir (1578), quando o terceiro donatário, Jorge de Albuquerque Coelho, propalara a versão de haver cedido a El-Rei D. Sebastião o cavalo em que fugira, dando origem assim à lenda fundadora do Sebastianismo, a de que El-Rei ainda vivia. Jorge de Albuquerque não só encomendara telas representando o episódio como encarregara Miguel Leitão de Andrade e Luís Coelho de relatá-lo em livros. Escusado assinalar que a acusação equivalia a imputar-lhe crime de lesa-majestade, pois se D. Sebastião sobrevivera os reis espanhóis não passariam de usurpadores da Coroa portuguesa.[58]

No século XVIII, foi Jaboatão quem tirou maior partido da riqueza de informações das *Memórias diárias*, o que lhe permitiu dar-se conta do caráter subsidiário da *Nova Lusitânia*. Ao ocupar-se da resistência, Jaboatão seguiu em tudo a obra de Duarte de Albuquerque Coelho, cuja condição de donatário investia-o de autoridade máxima entre os cronistas da guerra. Jaboatão cita, aliás, as *Memórias diárias* no original castelhano, segundo a página ou a data, utilizando-as sistematicamente como tábua cronológica na sua história da Ordem franciscana. Ao crivo de Duarte, Jaboatão submeteu também as outras fontes da época, mais conhecidas e apreciadas: acerca do incêndio de Olinda (1631), a versão do *Castrioto* "porque ainda que [Duarte] chegou a Pernambuco depois, pôde ver com os olhos o que escreveu" acerca da destruição a que ficara reduzida; no tocante à execução de Calabar, a versão do *Lucideno*, como mencionado. O único ponto em que Jaboatão se afasta das *Memórias diárias*, a prisão dos frades do convento franciscano de Igaraçu, corresponde a fato também ocorrido anteriormente à chegada de Duarte, mas no tocante ao qual fora induzido em erro.[59]

---

[58] 'Razones que no se debe imprimir la história que trata de las guerras de Pernambuco', *Documentação ultramarina portuguesa*, I, Lisboa, 1960, pp. 115-8.

[59] Jaboatão, *Novo orbe seráfico*, I, p. 148; II, p. 404; III, pp. 162, 169, 328.

Ao contrário de Jaboatão, que terá podido valer-se do exemplar das *Memórias diárias* que em começos do século XIX achava-se incorporado ao acervo da recém-criada Biblioteca Pública de Salvador,[60] nem Loreto Couto, nem Borges da Fonseca puderam utilizá-las. No perfil biográfico de Duarte de Albuquerque Coelho, Loreto Couto menciona os outros trabalhos de sua autoria como o *Compéndio de los reyes de Portugal* e o *Compéndio de las vidas de los reyes de Aragón, Navarra, Nápoles, Sicília y condes de Barcelona*,[61] que terá podido arrolar graças à recém-editada *Biblioteca lusitana*, de Diogo Barbosa Machado. Se, no decurso de sua estada em Portugal, Loreto Couto compulsou as *Memórias diárias*, não dispunha delas quando, de regresso à terra, redigiu os *Desagravos do Brasil*. Quanto a Borges da Fonseca, citou-as de segunda mão. Todas as referências que lhes faz foram tiradas de informação, preparada a pedido seu, por um correspondente baiano e reproduzida na *Nobiliarquia pernambucana*, indivíduo a que Jaboatão também recorreu para a compilação do *Catálogo genealógico das principais famílias que procederam de Albuquerques e Cavalcantis em Pernambuco e Caramurus na Bahia* (1768).[62]

No século XIX, Soares Mariz parafraseou a descrição do Ceará constante das *Memórias diárias*.[63] Frei Caneca, que teria escrito uma história de Pernambuco e compilado uma bibliografia pernambucana, inteirou-se provavelmente da existência da obra através de Barbosa Machado.[64] Abreu e Lima tampouco teve em mãos as *Memórias diárias*, quer na redação do *Compêndio* quer na da *Sinopse*, o mesmo ocorrendo a Fernandes Gama, embora acuse Duarte de Albuquerque do pecado de haver imitado Bagnuolo ao depreciar as tropas recrutadas na terra para só elogiar os contingentes europeus.[65] Antônio Joaquim de Melo só pôde

---

[60] Rubens Borba de Moraes, *Livros e bibliotecas no Brasil colonial*, Rio de Janeiro, 1979, pp. 157-8.

[61] Loreto Couto, *Desagravos do Brasil*, pp. 390-1.

[62] Borges da Fonseca, *Nobiliarquia pernambucana*, I, pp. 332, 428, 448, 487; II, pp. 156, 161, 394, 457; Gonsalves de Mello, *Estudos pernambucanos*, p. 120.

[63] Francisco Soares Mariz, *Instituições canônico-pátrias*, Rio de Janeiro, 1822, p. 110.

[64] J. A. Gonsalves de Mello, 'O historiador', *Ensaios universitários sobre frei Joaquim do Amor Divino (Caneca)*, Recife, 1975, pp. 97 e 101.

[65] Fernandes Gama, *Memórias históricas*, I, p. 233.

utilizar as *Memórias diárias* na biografia de Luís Barbalho Bezerra graças a que entrementes aparecera no Rio (1855) a tradução de Melo Morais e de Acióli, [66] por intermédio da qual o livro ingressará finalmente nas bibliotecas da província.

Os historiadores oitocentistas desconheceram também a *História da guerra de Pernambuco*, de Diogo Lopes de Santiago, escrita nos anos sessenta do século XVII, por encomenda de Fernandes Vieira para servir de "rascunho", como reconhece o autor, a um prosador eminente, que soubesse "escrever por estilo eloqüente, palavras defecadas e bem exornada oração",[67] o qual virá a ser frei Rafael de Jesus. Graças à prolongada residência na Paraíba e em Pernambuco, onde exerceu a profissão de mestre de gramática e de latim em Olinda, Diogo Lopes reunira boa cópia de informações originais, embora, para a fase narrada pelo *Lucideno*, "cerca de 40 a 45% do total das páginas da *História*" seja um empréstimo, muitas vezes literal, da crônica de Calado.[68] A *História* era, contudo, a única fonte narrativa luso-brasileira para o período de meados de 1646 à rendição do Recife em 1654, no tocante à qual voltava-se a dispor de textos impressos, como o relato atribuído a Antônio Barbosa Bacelar, a 'Breve relação dos últimos sucessos da guerra do Brasil', e a 'Epanáfora triunfante', de D. Francisco Manuel de Melo.

Cumpre mencionar ainda três obras subsidiárias, impressas no século XVII: a mencionada 'Epanáfora triunfante', a quinta e última das *Epanáforas de vária história portuguesa*, do grande polígrafo D. Francisco Manuel de Melo, um dos mais importantes prosadores do barroco lusitano; a *História de Portugal restaurado*, de D. Luís de Menezes, conde da Ericeira; e a *Istoria delle guerre del Regno del Brasile*, do carmelita Giovanni Giuseppe di Santa Teresa, que no século chamara-se João Noronha Freire. Nem Borges da Fonseca, nem Jaboatão as utilizaram, embora seguramente conhecessem o *Portugal restaurado*, que Loreto Couto cita[69] e que foi reeditado na primeira metade do século XVIII. É menos provável que tenham conhecido as *Epanáforas*, de que não existiu reedição setecentista. Aliás, nem a

---

[66] Melo, *Biografias*, II, p. 185.

[67] Diogo Lopes de Santiago, *História da guerra de Pernambuco*, p. 11.

[68] Gonsalves de Mello, *Estudos pernambucanos*, p. 76.

[69] Loreto Couto, *Desagravos do Brasil*, pp. 300, 343, 370, 393, 436.

'Epanáfora triunfante', nem o *Portugal restaurado* apresentavam interesse para um linhagista pernambucano e para um cronista da Ordem franciscana no Brasil. No século XIX, Fernandes Gama e Antônio Joaquim de Melo compulsaram ambas as narrativas, mas Abreu e Lima, apenas as *Epanáforas*.[70] Para o leitor de Calado, de Brito Freyre e de Rafael de Jesus, esses livros nada continham de novo ou de relevante para a história local.

D. Francisco Manuel de Melo narrou a guerra holandesa de maneira sumária, como ele mesmo admitia,[71] reservando a pena ilustre para o episódio final da capitulação do Recife, não se ocupando assim do que era mais caro ao leitor nativista, os triunfos de Tabocas, Casa Forte e dos Guararapes. Em Ericeira, os feitos de armas no Brasil ficaram subordinados à narrativa da Restauração portuguesa, que fizera recuar a guerra de Pernambuco para segundo plano. No tocante a Santa Teresa, nada indica que os historiadores da terra a tenham compulsado. A primeira notícia sobre a existência de exemplar na província corresponde ao que José de Vasconcelos mandara adquirir na Europa e que colocou à venda em meio a outras raridades de história pátria.[72] Sequer Alfredo de Carvalho a possuiu, o que já diz tudo. A *Istoria*, escrita para um público italiano, limitou-se a repetir desleixadamente suas fontes principais, as *Memórias diárias* e o *Castrioto*, embora não as refira jamais; seu interesse consiste na reprodução da cartografia e da iconografia holandesas.[73] A historiografia moderna tampouco recorre a ela.

O conhecimento nativista do período holandês dependeu assim das fontes éditas portuguesas, ignorando os textos neerlandeses do século XVII, exceção da *História*, de Barleus, e da *História natural do Brasil*, de Piso e Markgraf, cujas edições haviam sido promovidas por Nassau ao seu regresso aos Países Baixos, onde, segundo bibliófilo português da época, a obra de Barleus foi recebida com reservas pelos "doutos", por a considerarem "lisonjeira e pouco verdadeira".[74] No

---

[70] Nos anos sessenta, Raposo de Almeida doara exemplar da história de Ericeira ao Instituto Histórico de Goiana: Revista do Instituto Histórico de Goiana, I (1871), pp. 58-9.

[71] Francisco Manuel de Melo, *Epanáforas de vária história portuguesa*, p. 374.

[72] Jornal do Recife, 18.I.1877.

[73] J. A. Gonsalves de Mello, 'A Istoria de frei Santa Teresa', Estudos Universitários, 6 (1966), pp. 31 e 33.

[74] 'Cartas de D. Vicente Nogueira', Arquivo de história e bibliografia, I (1923), p. 388.

Pernambuco colonial, existia o exemplar do Barleus pertencente ao mosteiro de São Bento de Olinda e citado na sua crônica pelo dom abade, frei Miguel Arcanjo da Anunciação, talvez o mesmo volume que Fernandes Gama herdaria do pai.[75] Loreto Couto apoiou-se no humanista holandês a propósito da etimologia de Recife. Borges da Fonseca, muito ligado aos beneditinos olindenses, invocou seu testemunho a respeito dos pró-homens da terra envolvidos na conspiração de 1638 contra o domínio batavo; e Jaboatão recorreu à obra a respeito da data da chegada de Nassau, embora possa ter manuseado o exemplar existente na Bahia, que também terá utilizado Luís dos Santos Vilhena e pertencente à Biblioteca Pública de Salvador.[76]

Antônio Pedro de Figueiredo, que conheceu a *História* de Barleus e sugeriu sua tradução, queixava-se em 1857 de que "só se pode obter algum exemplar em bibliotecas européias e por preços fabulosos".[77] Pela mesma época, o médico Joaquim d'Aquino Fonseca gabava-se de possuí-la, emprestando-a a Fernandes Gama, cujo exemplar achava-se "mui mutilado pelas traças e sem estampas".[78] Aquino Fonseca foi, aliás, encorajado a se encarregar da versão para o português.[79] No Rio, Abreu e Lima dispôs do livro,[80] mas no Recife foi nos derradeiros decênios de Oitocentos que ele começou a aparecer. Em 1874, anunciava-se a venda do Barleus que pertencera a um colégio jesuíta da Áustria, reproduzindo-se sua planta do Recife e adjacências. Anos depois, leiloava-se outro exemplar, de propriedade de certo livreiro francês; e José de Vasconcelos punha à venda o seu. O Instituto Arqueológico emprestava-a a um sócio desejoso de verter alguns

---

[75] Miguel Arcanjo da Anunciação, *Crônica do mosteiro de São Bento de Olinda até 1763*, Recife, 1940, p. 28; Fernandes Gama, *Memórias históricas*, II, p. 280.

[76] Borges da Fonseca, *Nobiliarquia pernambucana*, I, p. 493; II, p. 184; Jaboatão, *Novo orbe seráfico*, III, p. 187; Luís dos Santos Vilhena, *Recopilação de notícias soteropolitanas e brasílicas*, 2 vols., Salvador, 1921, I, p. 236; Borba de Moraes, *Livros e bibliotecas no Brasil colonial*, p. 158.

[77] Gonsalves de Mello, *Diário de Pernambuco. Economia e sociedade no 2º Reinado*, pp. 173, 180.

[78] J. A. Gonsalves de Mello, 'Uma edição recifense do livro de Barleus', Barleus, *História dos feitos*, cit.

[79] Gonsalves de Mello, *Diário de Pernambuco. Economia e sociedade no 2º Reinado*, p. 186.

[80] Abreu e Lima, *Sinopse da história do Brasil*, p. 435.

trechos. Posteriormente, a entidade adquiriu a edição em língua alemã, publicada em 1659, mais rara do que a segunda edição latina de 1660. A biblioteca de Alfredo de Carvalho abrigou a ambas.[81] Mas a história do governo nassoviano só aparecerá em português em 1940.

A *História natural do Brasil*, de Piso e Markgraf, não tinha para os historiadores da terra o mesmo interesse da obra de Barleus, sendo de obtenção ainda mais difícil. Rafael Bluteau a teria revelado ao mundo de língua portuguesa; na realidade, antes dele, já a citara o padre Simão de Vasconcelos na crônica da Companhia de Jesus.[82] Seu colega de roupeta, o padre Antônio Vieira, também a leu, a ela se referindo como a 'História natural de Pernambuco'.[83] No Recife dos últimos decênios de Seiscentos, conheceram-na os médicos Simão Pinheiro Morão e João Ferreira da Rosa.[84] Isto para nos atermos a autores anteriores a Bluteau, pois em fins do século XVIII a autoridade de Piso e Markgraf era invocada por Vilhena na Bahia e Arruda da Câmara em Pernambuco.[85]

Exceção, portanto, de Barleus e da *História natural*, as fontes éditas holandesas (Johan de Laet, Moreau, Nieuhof, para citar apenas as principais), só serão conhecidas a partir dos anos setenta e oitenta do século XIX. Dada a barreira lingüística, sua utilização ficará limitada a eruditos como José Higino Duarte Pereira, Oliveira Lima, Alfredo de Carvalho ou Pedro Souto Maior. Dos *Anais dos feitos*, de Laet (1645), José Higino não logrou encontrar um só exemplar no Brasil.[86] O conhecimento desta e de outras obras deveu-se a José de Vasconcelos. Encarregando-se

---

[81] Jornal do Recife, 17.II.1874 e 18.I.1877; Diário de Pernambuco, 28.X.1874, 19.I.1877, 9.X.1880 e 7.XII.1883; *Biblioteca brasiliense seleta*, p. 21.

[82] Afonso de E. Taunay, 'Jorge Marcgrave, de Liebstad (1610-1644). Escorço biográfico', Jorge Marcgrave, *História natural do Brasil*, São Paulo, 1942, p. XXXIII; Simão de Vasconcelos, *Crônica da Companhia de Jesus*, 3ª ed., 2 vols., Petrópolis, 1977, I, pp. 157, 161, 163-4.

[83] *Cartas do padre Antônio Vieira*, III, p. 148.

[84] Eustáquio Duarte e Gilberto Osório de Andrade (eds.), *Morão, Rosa e Pimenta (Notícia sobre os três primeiros livros em vernáculo sobre a medicina no Brasil)*, Recife, 1956, pp. 104, 135, 287; Simão Pinheiro Morão, *Queixas repetidas em ecos dos arrecifes de Pernambuco*, Lisboa, 1965, pp. 62-3, 130-1.

[85] Vilhena, *Recopilação*, II, p. 768; Arruda da Câmara, *Obras reunidas*, pp. 178, 183.

[86] José Higino Duarte Pereira, prefácio a Johan de Laet, *Primeiro livro da história ou anais dos feitos*, Recife, 1874.

de redigir a seção de efemérides do *Jornal do Recife*, mandou adquirir na Europa exemplares de Laet, Nieuhof, Montanus, mas, "não conhecendo a língua [holandesa] e não tendo quem traduzisse, era o mesmo que não ter os livros".[87] Foi então que José Higino iniciou o estudo do holandês com vistas a traduzir os *Anais dos feitos*, publicando (1874) a versão dos primeiros quatro livros, trabalho concluído por Pedro Souto Maior. José Higino também divulgou o diário de Matheus van den Broeck no *Jornal do Recife*, que publicou outra fonte importante, o relatório de Quelen, de que Aquino Fonseca obtivera cópia em Paris por intermédio de Ferdinand Denis.[88] Por incumbência do Instituto pernambucano, José Higino seguiu para os Países Baixos (1885-1886), de onde trouxe cópia de fontes manuscritas holandesas do Arquivo Real do Reino.

Cerca de trinta anos antes, Joaquim Caetano da Silva incumbira o conservador do mesmo Arquivo de traduzir para o francês a correspondência das autoridades do Brasil holandês com o governo dos Países Baixos, outrora existentes no Cartório dos Estados Gerais das Províncias Unidas e que servira de base à obra de P. M. Netscher, 'Les holandais au Brésil' (1854), marco inicial da moderna historiografia do período batavo. À iniciativa de Joaquim Caetano, correspondem os códices que levam seu nome, depositados no Instituto Histórico e Geográfico Brasileiro, um dos quais se encontra seriamente danificado. Estes documentos foram examinados por Varnhagen para a redação da *História das lutas com os holandeses no Brasil* (1871). Em 1945, foram editados os textos do primeiro códice, sob o título *Documentos holandeses*, cuja tradução, feita, portanto, não do holandês, mas do francês, comporta erros.

Mas foi a missão José Higino que verdadeiramente estimulou o estudo do período neerlandês, dela resultando não só a tradução e publicação de outras fontes éditas do século XVII (as crônicas de Baers e de Richshoffer e o chamado 'Diário de Arnhem') como a cópia dos documentos do Cartório da Câmara da Zelândia da Companhia das Índias Ocidentais, que só fora posto à disposição dos estudio-

---

[87] José de Vasconcelos, *Datas célebres e fatos notáveis da história do Brasil desde a descoberta até 1870*, Recife, 1872, I, p. 151.

[88] RIAP, 26 (1870), pp. 100-1; Pereira da Costa, *Anais pernambucanos*, III, p. 131.

sos em 1859. Bem mais rico que o acervo explorado por encomenda de Joaquim Caetano da Silva, ele contém a correspondência trocada entre o governo do Brasil holandês e a direção da Companhia, o Conselho dos xix. Como assinalou J. A. Gonsalves de Mello, a despeito da falta de apoio do governo imperial, "o trabalho benemérito de José Higino, pelo volume de documentação que trouxe em cópias para o Brasil, foi o maior até então realizado pelo nosso país na Europa, inclusive pelos protegidos do Imperador".[89]

---

[89] J. A. Gonsalves de Mello, *A Universidade do Recife e a pesquisa histórica*, Recife, 1959.

Capítulo III

À custa de nosso sangue, vidas e fazendas

Foi na segunda metade do século xvii, na esteira da restauração pernambucana, que se articulou o discurso do nosso primeiro nativismo, vale dizer, a representação ideológica elaborada na capitania para definir suas relações políticas com a Coroa portuguesa. Cabe reconstituí-lo nos seus *topoi* fundamentais, nas suas conexões internas e nos deslocamentos de ênfase por que passou entre 1654 e o Segundo Reinado. Dada sua feição crítica do poder colonial, ele não se pôde beneficiar de exposição sistemática, e é por isso mesmo que se deve aludir à reconstituição. Para captá-lo na integridade, há que proceder, mediante pronunciamentos fragmentários e esporádicos, a uma montagem que restitua sua amputada totalidade, para o que se terá também de recorrer ao discurso rival, o das autoridades reinóis e das fontes portuguesas, que o registraram no propósito de denunciar sua periculosidade para o domínio da metrópole.

Como observou Georges Duby, "as formações ideológicas se revelam ao olhar do historiador nos períodos de mutação tumultuosa. Nestes momentos graves, os detentores da palavra não param de falar".[1] Com efeito, é durante a guerra civil de 1710-1711, que ficará conhecida por guerra dos mascates, quando se deixa surpreender o imaginário político do nativismo nobiliárquico. O que nas épocas de tranqüilidade ficara implícito ou velado podia agora ser proclamado alto e bom som, mesmo se, por prudência, mantinha-se uma parte do discurso con-

---

[1] Georges Duby, *Les trois ordres ou l'imaginaire du féodalisme*, Paris, 1979, p. 151.

testatário fora do registro escrito. Através dele, os interesses locais confiscaram a restauração. Invocado de início para justificar a reserva dos cargos públicos para os colonos da capitania, ou reivindicações de natureza fiscal, a restauração como empresa histórica da 'nobreza da terra' passou a constituir, à medida que se aguçava o conflito entre mazombos e reinóis, a defesa do direito que ela se arrogava de dominar politicamente a colônia. Os vínculos entre Pernambuco e Portugal foram assim reformulados a partir do papel exercido pela açucarocracia na liquidação do domínio holandês, apresentada como realização sua, à maneira do que alegava a Câmara de Olinda desde 1651, ainda em plena guerra. É, aliás, a esta instituição eminentemente açucarocrática que caberá formular inicialmente o discurso político do nativismo.

Na ocasião, ao pleitear a reserva dos cargos locais para os "filhos e moradores da terra", "os oficiais da Câmara de Pernambuco e povos das capitanias do norte do Estado do Brasil" haviam enviado memorial a D. João IV, fundando sua pretensão no argumento de que "à custa de nosso sangue, vidas e despesas de nossas fazendas, pugnamos há mais de cinco anos por as libertar da possessão injusta do holandês".[2] A menção a "filhos e moradores da terra" é, aliás, significativa ao equiparar mazombos e reinóis, associados então na mesma empresa libertadora, equiparação que, trinta ou quarenta anos depois, seria impensável. Linguagem idêntica usava em 1656 o procurador da Câmara de Olinda em Lisboa, numa representação sobre a propriedade dos engenhos que haviam sido confiscados e revendidos durante o período holandês: a restauração fora lograda "à custa do sangue, vidas e fazendas" dos habitantes, que alcançaram "por suas próprias mãos e com seu invencível valor a expulsão de seus inimigos".[3] Posteriormente, a Câmara, interessada na abolição ou no escalonamento da cobrança do imposto para o dote de D. Catarina de Bragança e para a indenização aos Países Baixos pela perda do Brasil holandês, apressava-se em recordar que, ao longo do domínio estrangeiro, os colonos da capitania haviam sustentado "uma guerra viva com suas

---

[2] Câmara de Pernambuco e povos das capitanias do norte do Brasil a D. João IV, 10.III.1651, BA, 51-IX-6, fls. 217 e 218.

[3] Consulta do Conselho Ultramarino, 16.XII.1656, AHU, 15.

pessoas e fazendas".[4] E nas Cortes de 1668, o procurador do Estado do Brasil solicitava oportunisticamente a reserva dos cargos locais para os habitantes de toda a América portuguesa, sob o pretexto de que "a maior parte deles se assinalaram em muitas ocasiões com singular valor e com grande despesa de suas fazendas (...) despendendo seus avós e seus pais as fazendas, derramando seu sangue e perdendo muitas vidas".[5] Nos quinze anos consecutivos à restauração, a fórmula transformou-se no *topos* central do discurso nativista.

O conflito entre mazombos e reinóis reforçou-o, produzindo corolários contestatários da ordem colonial. A representação da 'nobreza da terra' de 1704 proclamava que os pernambucanos haviam realizado "a mais ilustre ação e digna de imortal fama, não só porque com invicto sofrimento suportaram o duro peso de toda a guerra [...], mas ostentando-se ainda mais generosos, nem um privilégio procuraram impetrar por serviço tão relevante, havendo despendido por consegui-lo todos os seus bens e ficado pobres".[6] O mesmo dizia as fontes da guerra dos mascates. As 'Sublevações de Pernambuco', do padre Luís Correia, acusa a 'nobreza da terra' de enfeitar-se "com as penas de seus maiores" que, graças aos "próprios esforços e à própria custa, haviam restituído Pernambuco à Coroa portuguesa".[7] Narrativa pró-olindense assinalava que a gente da terra recuperara "sua pátria à custa de muito sangue, de muitas vidas e destruição de suas fazendas e famílias".[8] E em manifesto a nobreza afirmava que os mazombos haviam herdado com o sangue os serviços dos pais e avós, de quem "publica a fama largamente que, pelo valor deles, sem ajuda nem despesas da Real Fazenda, venderam as vidas em restauração de Pernambuco, que ao mesmo rei, generosos, tributaram".[9]

---

[4] Câmara de Olinda a D. Afonso VI, 1.VIII.1664, J. A. Gonsalves de Mello, 'A finta para o casamento da Rainha da Grã-Bretanha e paz da Holanda (1664-1666)', RIAP, 54 (1981), p. 59.

[5] Capítulos oferecidos às Cortes de Lisboa de 1668 pelo procurador do Estado do Brasil, J. A. Gonsalves de Mello, 'Nobres e mascates na Câmara do Recife, 1713-1738', RIAP, 53 (1981), p. 227.

[6] Procurador dos homens nobres da capitania de Pernambuco a D. Pedro II (1704), AHU, Pernambuco, 11.

[7] Apud Robert Southey, *História do Brasil*, 3 vols., São Paulo, 1977, III, p. 53.

[8] 'Guerra civil ou sedições de Pernambuco', RIHGB, 16 (1853), p. 6.

[9] Fernandes Gama, *Memórias históricas*, IV, p. 159.

Que se atente na fórmula: "sem ajuda nem despesas da Real Fazenda", que remete à que empregara Diogo Lopes de Santiago: "sem serem assistidos do braço real ", faltando-lhes o que de Portugal esperavam".[10] Proclamar a restauração obra dos luso-brasileiros subentendia que ela fora alcançada sem qualquer apoio da Coroa. De início, contudo, não se insistia em tirar o corolário crítico, poupando-se as suscetibilidades da metrópole, embora o citado memorial do procurador da Câmara de Olinda houvesse assinalado que, enquanto a Bahia e Angola haviam sido recuperadas por armadas régias especialmente enviadas a este fim, Pernambuco fora restaurado sem elas, distinção especiosa, pois a capitulação do Recife só se tornara possível mediante o bloqueio da cidade pela frota da Companhia Geral de Comércio. Todavia, por ocasião da guerra dos mascates e da revolução de 1817, já não se hesitou em frisar a pretensa falta de assistência da Coroa. Consoante o padre Gonçalves Leito, a capitania, resgatada "pelos braços e sangue de seus filhos", fora esquecida "pela metrópole quando nessa luta sanguinolenta e desigual implorava socorros". A Câmara de Olinda era mais categórica: "Em nenhuma parte do mundo, libertaram praças os vassalos da Coroa de Portugal como os pernambucanos, pois sem despesa da fazenda real e sem ordem de seu Rei, que julgava a restauração impossível, se levantaram contra o inimigo, e com perdas consideráveis de suas fazendas e copiosas efusões de sangue, descalços, sem abrigo, ao rigor do tempo e mortos à fome, restauraram ao seu Rei estas capitanias".[11] Ao manifestar seu apoio à revolução de 1817, o cabido da Sé de Olinda repetia cem anos depois: "Conseguida pelos nossos próprios esforços a restauração deste belo país do poder batavo e tendo nós a generosidade de o entregar a D. João IV (...) este se não atreveu a defendê-lo e menos a restaurá-lo". Em 1824, proclamação do chefe da Confederação do Equador, Manuel de Carvalho Pais de Andrade, indagava: "Quem em 1654 [sic] nos quis sacrificar aos batavos? Os portugueses".[12] E em 1840 na história do primeiro daqueles movimentos, monsenhor Muniz Tavares

---

[10] Diogo Lopes de Santiago, *História da guerra de Pernambuco*, pp. 466 e 468.

[11] Fernandes Gama, *Memórias históricas*, IV, pp. 56, 79-80.

[12] Transcrito por Mário Melo, 'O governo eclesiástico na revolução de 1817', RIAP, 42 (1948-1949), p. 92; RIAP, 29 (1930), p. 176.

Rubro Veio: o imaginário da restauração pernambucana   95

lembrava a "sanguinolenta luta que, por longo decurso de anos, desprovido de meios, abandonado a si só, Pernambuco valorosamente sustentara contra uma das mais poderosas nações marítimas da Europa, defendendo a sua honra, o seu território, a despeito das reiteradas ordens do tímido Bragança".[13]

A restauração fora assim alcançada não apenas sem o Rei, mas contra ele, desobediência que, contudo, não se considerava incompatível com a lealdade da nobreza da terra mas constituía a prova eloqüente da sua fidelidade, que não sendo uma qualidade passiva do vassalo, comportava, da sua parte, certa margem de avaliação do interesse régio, podendo, em caso-limite, justificar a rebeldia. Ao desacatar as ordens de D. João IV para que cessasse o levante contra os holandeses e se recolhessem à Bahia (1646), os insurretos haviam restituído Pernambuco ao patrimônio da Coroa. Tratara-se, por conseguinte, de "resistir ao Rei para melhor servir ao Rei", segundo a fórmula que o marquês de Olinda utilizará no Senado do Império, comparando o comportamento dos restauradores com a atitude assumida pelos conservadores pernambucanos, de resistência ao situacionismo liberal nos anos quarenta do século XIX. A fórmula será glosada por Luís Barbalho Muniz Fiúza, presidente da província ao tempo da visita imperial, ao referir-se à "fiel desobediência" que assegurara à casa de Bragança "território tão vasto como a mais vasta potência européia"; e por João Alfredo Correia de Oliveira na biografia do terceiro barão de Goiana.[14]

A idéia de que a restauração constituíra a gesta da nobreza da terra, primando sobre a obra de colonização da capitania como asseverava Jaboatão[15], será acolhida por funcionários régios e negociantes do Recife, embora negando-se a considerá-la título de legitimidade das pretensões açucarocráticas a monopolizar o poder local. O reinol Dr. Manuel dos Santos reconhecia que a expulsão dos holandeses só fora possível graças a Fernandes Vieira e Vidal de

---

[13] Muniz Tavares, *História da revolução de Pernambuco*, p. 27.

[14] Joaquim Nabuco, *Um estadista do Império*, 3 vols., Rio de Janeiro, s/d, I, p. 85; João Alfredo Correia de Oliveira, 'O barão de Goiana e a sua época genealógica', p. 63; *Memórias da viagem de SS. Majestàdes Imperiais*, II, p. 165. O lema de resistir ao rei para melhor servi-lo fora utilizado pelos puritanos ingleses na guerra civil contra Carlos I: Ernst H. Kantorowicz, *Los dos cuerpos del rey. Un estudio de teología política medieval*, Madri, 1985, p. 29.

[15] 'Sermão da restauração de Pernambuco', RIHGB, 23 (1860), p. 382.

Negreiros, "ajudados da nobreza e nacionais de todo Pernambuco".[16] À Coroa convinha por vezes dar endosso público à noção que, formulada dentro de certos limites, a habilitava a manipular a vaidade e predispor os ânimos de uma categoria de súditos reputados insofridos e soberbos. Assim o fizeram o governador Henrique Luís Pereira Freire na lápide que, afixada ao arco de Santo Antônio no Recife (1743), proclamava dever-se a restauração à "generosidade e valor" das três ordens da capitania; e o sucessor, José César de Menezes, que na cartela do painel da igreja da Conceição dos Militares, creditava aos pernambucanos terem-se libertado do domínio holandês para se oferecerem "como fiéis vassalos" d'El-Rei.[17] A alegação fora, aliás, explorada no litígio com o conde de Vimieiro em torno da propriedade da capitania, malgrado as dúvidas oficiais sobre a versão, como a formulada pelo Dr. Antônio Rodrigues da Costa no Conselho Ultramarino, para quem a nobreza de Pernambuco considerava-se dona da terra, "como se eles a houvessem conquistado e depois restaurado do poder dos holandeses só por si e sem forças, cabedais e empenhos deste Reino".[18]

Os autores setecentistas continuaram a descrever a restauração como empresa exclusivamente local, embora despojassem a afirmação de contundência. Borges da Fonseca é representativo do equilíbrio com que seu século buscou encarar as relações entre a capitania e a Coroa, ao diluir o velho *topos* numa periodização asséptica: "vinte e quatro anos tiranizaram os belgas a Pernambuco, cujos naturais puderam ainda oito anos disputar o absoluto domínio que pretenderam os holandeses e vieram a conseguir pacífico pelo diuturno e calamitoso tempo do seguinte setênio, ao qual se seguiram os últimos anos de guerra com que os pernambucanos restauraram a pátria".[19] Jaboatão codificou a noção ao privilegiar

---

[16] Manuel dos Santos, 'Narração histórica das calamidades de Pernambuco', RIHGB, 53 (1891), 2ª parte, p. 14.

[17] Pereira da Costa, *Anais pernambucanos*, VI, p. 330; Valladares, *Nordeste histórico e monumental*, III, nº 286.

[18] Loreto Couto, *Desagravos do Brasil*, p. 142; DH, 98, p. 230.

[19] Borges da Fonseca, *Nobiliarquia pernambucana*, II, p. 5.

a batalha das Tabocas (1645),[20] que o *Lucideno* apresentara como vitória exclusivamente pernambucana, de vez que anterior à chegada dos contingentes vindos de Salvador. Como estes haviam sido recrutados entre os veteranos de Pernambuco que, na derrota da resistência, tinham-se retirado para a Bahia,[21] Calado visara apenas afirmar a precedência de Fernandes Vieira e seus soldados. Mas para os contemporâneos de Jaboatão comemorar Tabocas equivalia a celebrar o esforço local: a cartela do painel de Tabocas equiparou-a às batalhas dos Guararapes, aduzindo que a obra fora encomendada "para maior honra, louvor, glória de Deus e nossa", mas não, omissão sintomática, da Coroa.[22]

Havendo o *Lucideno* e o *Castrioto* acentuado que, em Tabocas, os insurretos, na falta de armas de fogo, haviam lutado com paus tostados[23], estes passaram a simbolizar o heroísmo da gente da terra. Transformando seu emprego em característica de toda a restauração, o que era falso, cronista da guerra dos mascates asseverara que os restauradores "fizeram de paus agudos armas que, do mato tirando, cada um no fogo a seu modo preparava".[24] Jaboatão aproveitará o simbolismo no elogio de um êxito bélico obtido "sem armas", "uma guerra ou vitória em que [os pernambucanos] triunfaram desarmados", pois carentes de armamento convencional. "Jacte-se o mundo todo que pode vencer ferro com ferro, que Pernambuco só deve gloriar que com pau soube triunfar do ferro e bronze",[25] lutando apenas com seus próprios meios, sem o ferro e o bronze de Portugal, contra o ferro e o bronze da Holanda. Jaboatão abstinha-se de entrar nas causas da diferença; para bom entendedor, meia palavra bastava. De arma contra o batavo, o cacete tornou-se o instrumento por excelência contra o português. Quando da sedição da nobreza em 1710, ao "corregedor", isto é, o porrete dos olindenses, caberá "vingar nosso pé rapado" contra "o Recife ousado". "Ferva o

---

[20] Jaboatão, 'Sermão da restauração de Pernambuco', pp. 376 ss.

[21] Calado, *O valeroso Lucideno*, II, p. 21.

[22] Valladares, *Nordeste histórico e monumental*, III, nº 310.

[23] Calado, *O valeroso Lucideno*, II, p. 15; Rafael de Jesus, *Castrioto lusitano*, parte I, *Enterpresa e restauração de Pernambuco*, Lisboa, 1679, p. 308.

[24] 'Guerra civil ou sedições de Pernambuco', p. 6.

[25] Jaboatão, 'Sermão da restauração de Pernambuco', p. 382.

bordão, minha gente", incitava umas décimas coevas. A um dos chefes do partido de Olinda atribuiu-se a recomendação aos parentes: "não corteis um só quiri das matas; tratai de poupá-los para em tempo oportuno quebrarem-se nas costas dos 'marinheiros'".[26] Insígnia senhorial, o cacete reduzia o reinol à mesma condição das camadas subalternas. Aliás, não foram só os paus tostados a oferecerem ao ressentimento dos mazombos a ocasião de conferir valor positivo às suas carências. Suspeitos de ascendência indígena quando não de africana, eles fizeram do sangue caboclo a marca da legitimidade da dominação que lhes cabia exercer sobre os naturais do Reino. Apodados por estes de 'pés rapados', fizeram da expressão injuriosa, orgulhoso apelativo. O tríptico da Câmara de Olinda timbrou em representar descalços os soldados luso-brasileiros em Tabocas e Guararapes, no que será imitado pelos painéis da igreja da Conceição dos Militares e da de Nossa Senhora dos Prazeres.[27]

"Abaixo de Deus, deve Pernambuco tudo que hoje é a si próprio", afirmava Loreto Couto, frase que é a repetição quase *ipsis litteris* da do padre Gonçalves Leitão, cronista da guerra dos mascates, com a diferença de se achar destacada do contexto anti-lusitano em que este a inserira. Em outro passo, Loreto Couto escrevia: "aquela potência [a Holanda] que o mundo julgava invencível [...] puseram debaixo de seus pés poucos pernambucanos, sem preceito que os obrigasse, sem príncipe que obedecessem, nus, descalços, famintos, despidos, desarmados, faltos de socorros e sem alguma esperança de prêmio". Nos *Desagravos do Brasil*, os pernambucanos são os únicos protagonistas da restauração. O gentílico tinha a conveniência de evitar expressões como 'nobreza da terra' ou 'naturais', politizadas pelo conflito de 1710-1711. 'Pernambucanos', vocábulo empregado ao menos desde o começo do século XVII, abrangia todos os moradores da capitania, fossem mazombos ou reinóis. Que esta era a intenção do autor, indica a inadvertência com que, historiando o levante restaurador na Paraíba, deixou escapar uma alusão "[a] os de Olinda e Recife",[28] referência

---

[26] 'Notícia da expulsão do governador de Pernambuco", IHGB, 24, 6, fl. 5.

[27] Valladares, *Nordeste histórico e monumental*, III, nᵒˢ 108-11, 286, 291-2, 313, 316-9, 321.

[28] Loreto Couto, *Desagravos do Brasil*, pp. 95, 98, 110, 125, 129 e 144.

correspondente à distinção da segunda metade de Seiscentos, mas anacrônica quando aplicada ao período holandês, época em que a população do Recife compunha-se também de batavos e judeus. Para Loreto Couto os protagonistas da restauração haviam sido tanto os nascidos na terra quanto os portugueses domiciliados.

Ao recapitular as condições desfavoráveis do começo da insurreição, Loreto Couto endossava obliquamente o argumento da falta de apoio da Coroa: achavam-se os pernambucanos "pobres e sem esperança de socorro nem favor do Príncipe, que os via como vassalos de outro senhorio", isto é, dos Países Baixos, não dispondo de "mais armas que os bordões que lhes permitia o inimigo e poucas espadas e clavinas que alguns conservavam ocultas e escondidas". O autor só se atreveu a acusar frontalmente a Coroa no tocante à despreparação militar em que se achava a capitania às vésperas do ataque neerlandês, vale dizer, ali onde pisava terreno seguro, de vez que a crítica não atingia a dinastia bragantina mas os depostos Habsburgos madrilenos. Ademais, Loreto Couto empenhou-se em defender os restauradores do labéu de desobedientes à decisão régia que lhes havia ordenado recolherem-se à Bahia, defesa a que reservou nada menos de duas páginas e meia.[29]

Os *Desagravos do Brasil* são a obra mais representativa do nativismo de transação. Escreveu-a Loreto Couto "pela justa mágoa de ver o grande descuido que teve Pernambuco em perpetuar as virtudes de seus filhos" e de constatar que "insensivelmente ia o tempo consumindo a notícia de tantos esclarecidos heróis". O livro filia-se ao gênero literário de que a América hispânica mostrou-se pródiga no século XVIII a fim de provar, frente à suspeita de inferioridade moral e intelectual dos descendentes de espanhóis no Novo Mundo, que eles eram tão talentosos, tão corajosos ou tão virtuosos quanto os nascidos na metrópole, razão pela qual estariam igualmente habilitados para os mais altos cargos da monarquia. No espírito de Loreto Couto, a celebração das glórias locais era apta a proporcionar um denominador comum aos netos dos restauradores e aos filhos dos reinóis, estes atraídos menos pelas atividades mercantis dos pais do que pelas carreiras

---

[29] Ibid., pp. 96, 110-3.

socialmente valorizadas da burocracia e do clero. Como Borges da Fonseca, Loreto Couto foi filho de militar reinol casado em família da terra que invocava a ascendência de restauradores, de fidalgos da Casa Real e de cavaleiros da Ordem de Cristo. Havendo vivido longo tempo em Portugal, onde se ordenara franciscano, demonstrara desde então a inquietação que o levaria a transferir-se para a Ordem beneditina e que o envolveria em questões de disciplina claustral, de que resultaria mesmo a sua prisão. Graças, contudo, a proteções poderosas, pôde levar existência eminentemente secular e ativa, dedicada aos estudos das antiguidades da terra, à administração dos bens de uma irmã, viúva e rica, à educação dos sobrinhos, ao cargo de Visitador Geral da diocese e à pregação nos púlpitos do Recife e de Olinda.[30]

O espírito de acomodação dos *Desagravos do Brasil* torna-se nítido ao versar a guerra civil de 1710-1711. Na sua condição de genealogista, Borges da Fonseca não tinha por que se manifestar a respeito. Tampouco Jaboatão, que, a pretexto de não lhe caber averiguar as razões da contenda, limitou-se a observar salomonicamente que ambas as facções haviam cometido excessos, sublinhando o papel conciliador dos franciscanos, embora suas simpatias se dirijam à causa da nobreza, tanto assim que remete o leitor à obra de Rocha Pita, cuja versão se calcara nas narrativas olindenses.[31] Bosquejando a história da capitania, Loreto Couto não podia furtar-se ao melindroso assunto. A defesa pública do partido de Olinda era ainda inaceitável: sua reabilitação terá de esperar pelos revolucionários de 1817 e, em especial, pelo padre Dias Martins, que nos *Mártires pernambucanos* fará ambas as rebeliões comungarem da mesma inspiração. Até então, o assunto permaneceu tabu na palavra impressa, os textos de ambas as parcialidades circulando em manuscrito.

Loreto Couto, por conseguinte, tratou de esvaziar a querela. Os partidários de Olinda, como Gonçalves Leitão, ou do Recife, como Manuel dos Santos, haviam coincidido em encará-la como produto do antagonismo entre a nobreza da ter-

---

[30] Ibid., p. 7. Para a biografia de Loreto Couto, Gonsalves de Mello, *Estudos Pernambucanos*, pp. 139-53; para suas atividades de pregador, 'Diário do Governador Correia de Sá, 1746-1756', RIAP, 56 (1983), pp. 63, 65, 73-5, 77-9, 86-7, 89-91, 101, 104-5, 118, 122, 189.

[31] Jaboatão, *Novo orbe seráfico*, ii, p. 115, e iii, p. 788; 'Calamidades de Pernambuco', p. 305.

ra e os comerciantes reinóis. Loreto Couto, ao contrário, reduziu o episódio à rivalidade entre o governador Sebastião de Castro e Caldas e o ouvidor-geral, José Inácio de Arouche. Sendo insuperável a inimizade de indivíduos que eram "antípodas um do outro", ocorrera que "este funesto princípio se uniu coligado e formou uma cadeia que, com os fuzis da vingança, ira e ódio, compuseram uma corrente de absurdos, que se foram seguindo uns aos outros, imitando sempre as mesmas desordens e metendo os súditos em uma guerra doméstica, em bandos perniciosos e em contendas cruentas". Embora expressasse compreensão pela causa dos mascates, Loreto Couto não calou os desmandos do governador, criticou a severidade da repressão no governo de Félix Machado e até travestiu o levante olindense de manifestação de lealdade à Coroa devido ao falso rumor de que Castro e Caldas tencionava entregar Pernambuco aos franceses.[32]

Da restauração alcançada 'à custa de nosso sangue, vidas e fazendas', derivou-se o *topos* da fidelidade particular dos pernambucanos. O levante contra os holandeses fora visto como o desdobramento da Restauração portuguesa. Calado abrira o livro segundo do *Lucideno*, que trata das origens da insurreição, com um extenso capítulo sobre a reconquista da independência diante dos castelhanos, prólogo e contexto daquela.[33] Diogo Lopes de Santiago comparara Fernandes Vieira libertando a Nova Lusitânia ao próprio D. João IV restaurando a antiga.[34] Assim como a nobreza do Reino pusera termo a sessenta anos de domínio espanhol, a nobreza da terra liquidara o quarto de século de ocupação neerlandesa, agindo pelo mesmo motivo exaltante, a apetência de rei natural. Manifesto olindense da guerra dos mascates pretendia que os restauradores haviam sido exclusivamente motivados pela aspiração de restituírem à Coroa os territórios usurpados pelos inimigos para devolvê-los a El-Rei, subentenda-se: quando podiam ter guardado para si a soberania sobre o ex-Brasil holandês, ou se colocado sob a suserania de príncipe estrangeiro, como, aliás, haviam ameaçado fazer ao tempo da restauração, ou, enfim, aceitado as vantagens que lhe oferecia a Ho-

---

[32] Loreto Couto, *Desagravos do Brasil*, pp. 206, 208, 212, 550 e 552.

[33] Calado, *O valeroso Lucideno*, II, pp. 167 ss.

[34] Diogo Lopes de Santiago, *História da Guerra de Pernambuco*, p. 12.

landa. Os naturais de Pernambuco haviam sido tão generosos que obtendo a um alto preço sua emancipação, restituíram-no ao monarca "em obsequioso penhor da sua liberdade".[35]

Recorrendo ao *Castrioto*, Loreto Couto esclarece o episódio a que se reporta a alegação. Não se tratava, como pareceria à primeira vista, da capitulação holandesa no Recife (1654), mas da transmissão, seis anos antes, do comando do exército restaurador a Francisco Barreto de Menezes, enviado pela Coroa para sobrepor-se aos chefes locais da insurreição, Fernandes Vieira e Vidal de Negreiros, originalmente aclamados 'governadores da guerra da Liberdade Divina'. No comentário de Rafael de Jesus, "bem se pode dizer que, na entrega que fizeram [...] deram à Coroa terras e vassalos que pudesse governar e não só o governo de vassalos e terras, pois é certo que sem dispêndio da fazenda real, de suas mãos recebeu a Coroa e o governador em seu nome uma e outra coisa; e a seu Príncipe deram a glória de o ser de vassalos tão obedientes e leais, que podem ser para todos os súditos doutrina e para todas as idades, exemplo".[36]

O imaginário nativista representava o triênio entre o início do levante restaurador e a transmissão do poder a Francisco Barreto (1645-1648) como a fase de independência local relativamente ao jugo holandês, reduzido ao Recife e às praças-fortes litorâneas, e ao da Coroa portuguesa, acusada de não apoiar a insurreição. Não há dúvida de que, para reimpor o domínio lusitano em Pernambuco, ela não podia contar com as tropas da Bahia, recrutadas entre os exilados, nem com os efetivos do Reino, que só começaram a chegar a partir de 1648. A impotência de Portugal no triênio 1645-1648 tornara-se visível ao recusar-se o exército luso-brasileiro, incentivado por Fernandes Vieira e Vidal de Negreiros, a obedecer à ordem régia que o mandara retirar-se para a Bahia; ou quando da missão do prior dos capuchinhos franceses em Pernambuco, que viajou a Lisboa e Paris no objetivo de estabelecer relações comerciais diretas com Saint Malo (Bretanha), de modo a obter material de guerra em troca de açúcar e pau-brasil. Só a partir

---

[35] 'Relação do levante de Pernambuco em 1710', Brasília, 6 (1951), p. 326; 'Guerra civil ou sedições de Pernambuco', p. 6.

[36] Rafael de Jesus, *Castrioto lusitano*, p. 568.

da posse de Francisco Barreto, a Coroa passou a gerir a situação; "Pernambuco", contudo, "não tomou isto a bem".[37]

À lealdade pernambucana, o *Castrioto* dedicara a página ditirâmbica que inspirou a reemergência do *topos* durante a guerra dos mascates; e o tom encomiástico da representação de 1704, dirigida a El-Rei pela 'nobreza de Pernambuco', nada ficou a dever ao elogio de Rafael de Jesus.

> Entre todas as nações do orbe, são os portugueses os que se têm empenhado nas empresas mais árduas e conseguido os maiores triunfos, tendo pelo mais heróico brasão a fidelidade e íntimo afeto com que não só veneram, mas adoram aos seus príncipes naturais. E sendo isto assim, parece que em Pernambuco se souberam sinalar com maior vantagem, pois quando mais oprimidos, mais sujeitos e mais desamparados, sem favor e sem humana ajuda, desprezando aquele trato que a continuação de tantos anos pudera por familiar ter facilitado, e mais sabendo grangear os ânimos com liberal mão os holandeses, desprezando tudo com soberano impulso, intentaram e conseguiram a mais ilustre ação e digna de imortal fama, não só porque com invicto sofrimento suportaram o duro peso de toda a guerra, até se extinguir de todo a hostilidade, mas ostentando-se ainda mais generosos, nem um privilégio procuraram impetrar por serviço tão relevante, havendo despendido por consegui-lo todos os seus bens e ficando pobres. E assim, sem mais prêmio que o interesse do glorioso nome de leais vassalos, fidelíssimos ao seu rei e amantíssimos de sua pátria, recuperada e isenta de alheio domínio lha restituíram como usurpada, sendo uma tão nobre parte da sua Coroa, à custa do caro preço de tantas vidas e de tanto sangue vertido, recuperando, o que é o mais, o culto ao sagrado que tão profanamente viram da heresia infestado tantos anos.[38]

A Câmara de Olinda afirmava em 1711 que, "de nossa parte [e não da dos mascates do Recife] é que está El Rei, pois em nenhuma das quatro [partes] do mundo, tem o dito Senhor mais leais vassalos que os pernambucanos". Estes, segundo manifesto da nobreza, seriam "os que, entre todos os portugueses, se

---

[37] Diogo Lopes de Santiago, *História da guerra de Pernambuco*, p. 479.

[38] Procurador dos homens nobres da capitania de Pernambuco a D. Pedro II (1704), AHU, Pernambuco, 11.

podem jactar de jubilados na fé e lealdade para com seu Rei, como de seus pais e avós, cujas ações, que com o sangue herdaram, o publica a fama largamente que pelo valor deles, sem ajuda nem despesas da Real Fazenda, venderam as vidas em restauração de Pernambuco".[39] Ao bispo, declararam então a Câmara e nobreza haverem sido sempre "os mais leais vassalos de Vossa Majestade e por si e por seus antepassados, que à sua custa tiraram estas capitanias do poder do holandês e a restituíram à Coroa de Portugal".[40] Um dos pró-homens da terra indignava-se: "Inconfidentes os pernambucanos! Quando podem apostar lealdade com todos os portugueses! Digam os escritores que as suas proezas escreveram e os que as leram. E digam-no em muda voz os campos de Pernambuco, onde o sangue, que neles derramaram, que tantas vezes os matizou e em tantas partes, é o melhor cronista de sua lealdade"[41].

A açucarocracia protestava sua fidelidade de modo a não se comprometer com sua facção radical e minoritária, que se mostrara disposta à ruptura com a metrópole. A imputação de ânimo sedicioso, que lhe faziam os mascates e as autoridades régias, era suficientemente grave para acarretar, como acarretou, castigo exemplar a vários partidários da nobreza. Com a atitude de pundonor ferido que convém a fidalgos atingidos em sua honra pela insolência de homens que reputam vis, os pró-homens defendiam-se da "calúnia que quiseram impor, de inconfidentes aos pernambucanos" e do ataque ao que constituía, por definição, seu bem mais precioso. "Que os mercadores do Recife, que vieram lograr o sossego da paz em que os pernambucanos puseram Pernambuco [graças à expulsão dos holandeses], não se contentassem com lográ-lo e que, tomando-lhes também as fazendas, os postos e os lugares, não ficassem satisfeitos! Mas tirarem-lhes o crédito e a honra e quererem tirar-lhes as vidas?" Que direito assistia aos "moradores do Recife", que, "por serem homens de negócio e estranhos" à terra, ignoravam o que fosse lealdade[42]? Uma vez consumada a decisão régia de dar razão aos mascates, a fide-

---

[39] Fernandes Gama, *Memórias históricas*, IV, pp. 79 e 159.

[40] Bispo de Olinda a D. João V, 7.XI.1711, Mário Melo, *A guerra dos mascates como afirmação nacionalista*, Recife, 1941, p. 71.

[41] Fernandes Gama, *Memórias históricas*, IV, p. 237.

[42] Ibid.; Mário Melo, *A guerra dos mascates*, p. 72.

lidade pernambucana foi utilizada para atenuar o rigor da repressão, encarecendo os serviços prestados na guerra holandesa e acenando com a perspectiva de que se prestassem outros no caso de ataque estrangeiro.

Que o *topos* era utilíssimo ao reforço dos vínculos coloniais, perceberam as autoridades régias que o usaram deliberadamente, a começar pelo vice-rei, conde de Óbidos, quando da deposição do governador Jerônimo de Mendonça Furtado em 1666.[43] Em 1710, o capitão-mor da Paraíba procurou persuadir os olindenses à submissão, lembrando-lhes serem "filhos e netos daqueles pais que com seu sangue se livraram do jugo holandês, sujeitando à obediência do seu rei natural o que lhe tinham usurpado".[44] A traça torna-se óbvia numa consulta do Conselho Ultramarino. Entre as medidas para devolver a tranqüilidade à capitania, recomendava-se a El-Rei que desse a entender à nobreza da terra o papel principal que devia exercer na manutenção da ordem, comportando-se assim "com toda a fidelidade e obediência e zelo igual ao que se viu em seus pais e avós, que tanto souberam acreditar-se de verdadeiros e leais portugueses, defendendo tão heroicamente os domínios desta Coroa na restauração daquela capitania do poder dos holandeses, dando o seu sangue, executando ações de tanto valor que deram o maior brado no mundo".[45]

No século XVIII, o tema foi largamente utilizado nos festejos públicos pela ascensão ao trono dos reis de Portugal ou pelo restabelecimento da sua saúde. E serviu também para justificar o aumento da carga fiscal. Em 1796, El-Rei exigiu de Pernambuco e capitanias anexas o empréstimo de milhão e meio de cruzados para a defesa do Reino. Às Câmaras, o ouvidor, Antônio Luís Pereira da Cunha, futuro marquês de Inhambupe, trouxe "unicamente à memória que esta mesma terra que pisamos é um padrão glorioso da fidelidade brasileira", pois "aqui mesmo se votaram à fé devida a nossos reis e naturais senhores, as fazendas, o sangue, as vidas dos pernambucanos contra os holandeses, nossos poderosos inimigos".[46]

---

[43] DH, 9, p. 262.

[44] 'Calamidades de Pernambuco', p. 131.

[45] Gonsalves de Mello, 'Nobres e mascates', pp. 233-4.

[46] Pereira da Costa, *Anais pernambucanos*, VII, pp. 17-8.

Em 1808, a Câmara do Recife enviou um dos seus membros para congratular o príncipe D. João pela chegada ao Brasil. Na oração, o emissário hipotecou o apoio dos pernambucanos ao "grande Império" que o Regente declarara vir fundar na América: "Os meus compatriotas mostrarão sempre a Vossa Alteza o que já mostraram nossos progenitores com a sua restauração do poder de Holanda a seu quarto e ilustre avô, o Senhor Rei D. João iv", de vez que "as cinzas dos nossos maiores ainda fecundam aquele feliz terreno, o seu sangue circula em nossas veias e os sentimentos mais enérgicos de patriotismo e fidelidade são a herança que ali se transmite de pais a filhos, como um vínculo inalienável".[47] Mudara apenas a natureza do serviço. Para um letrado dos começos de Oitocentos, como Francisco de Brito Cavalcanti de Albuquerque, o serviço da Coroa precisava menos da espada dos antepassados restauradores que da pena dos netos burocratas, salvados do naufrágio açucarocrático nas funções públicas. Anos antes, como ajudante do procurador da fazenda, encarregara-se-lhe a compilação das ordens régias existentes no arquivo da provedoria de Pernambuco, tarefa de que se desincumbira sem ônus para o Erário e em prazo exíguo, em "aturado trabalho e meditação", movido apenas, explicava ao Regente, "daquele espírito de fidelidade e de amor ao Real Serviço que com o sangue herdei dos meus maiores que na restauração desta capitania fizeram à Coroa de Vossa Alteza sinalados serviços".[48]

Mas a revolução de 1817 veio demonstrar não ser assim tão sólida a lealdade dos netos dos restauradores. O adesismo da administração foi geral, donde não ter praticamente ocorrido mudanças nos cargos públicos. O movimento criou, aliás, a ocasião para reiterar a retórica oficial, desta vez com vistas a legitimar a repressão.[49] Liquidada a insurreição, o tópico reapareceu na pena do dicionarista Morais Silva, que tendo sido designado, a contragosto, conselheiro do novo regime, retirara-se prudentemente para seu engenho Novo da Muribeca ao ver as coisas mal paradas, a preparar, como explicaria depois, a restauração monárquica. Numa descrição das festas realizadas no Recife para comemorar a

---

[47] Ibid., pp. 227-8.

[48] 'Catálogo das reais ordens existentes no arquivo da extinta Provedoria de Pernambuco, formado pelo bacharel Francisco de Brito Bezerra Cavalcanti de Albuquerque', BNRJ, I-4, 1, 14.

[49] Muniz Tavares, *História da revolução de Pernambuco*, pp. 94, 125 e 133.

aclamação de D. João vi (1818), ele considerava que a lealdade pernambucana ficara manchada pelos "crimes execrandos perpetrados no sempre infausto dia 6 de março de 1817".[50]

Por outro lado e mais significativo, o imaginário da restauração gerou, já na segunda metade do século xvii, uma concepção contratual das relações entre Pernambuco e a Coroa. Da restauração alcançada 'à custa de nosso sangue, vidas e fazendas', tirava-se o corolário da existência de um pacto entre a Coroa e a nobreza da terra, o qual teria criado em favor desta última um tratamento preferencial, um estatuto privilegiado ou um espaço de franquias, destinados a pô-la ao abrigo de ingerências reinóis e legitimando sua hegemonia sobre os outros estratos sociais da capitania, inclusive o comércio português nela estabelecido. Quando da guerra dos mascates, uma informação redigida pelo secretário do governo, Antônio Barbosa de Lima, indignava-se com o fato de achar-se há "muitos anos [...] introduzida em Pernambuco uma proposição temerária, mas abusória" segundo a qual "os naturais daquela conquista são vassalos desta Coroa mais políticos do que naturais, por haverem restaurado seus pais e avós aquele Estado da tirânica potência de Holanda".[51] Por conseguinte, a gente da terra deveria a El-Rei não a vassalagem natural a que estavam obrigados os habitantes do Reino e os demais colonos da América portuguesa, mas uma dependência de cunho contratual, de vez que, tendo restaurado a capitania, haviam-na espontaneamente restituído à suserania portuguesa. Um porta-voz do partido de Olinda também alude a esta concepção quando sustenta o direito de Pernambuco a ser mantido em seus foros, e quando, em outro passo, acusa os negociantes lusitanos de desejarem "abater e aniquilar a nobreza do país para só eles gozarem das honras e isenções adquiridas com o sangue pernambucano".[52]

À mesma noção referia-se o Dr. Antônio Rodrigues da Costa, membro do Conselho Ultramarino, para quem "a maior parte da nobreza de Pernambuco" tinha-se na conta de "únicos conquistadores daquelas capitanias", julgando que,

---

[50] DH, 101, p. 40.

[51] Fernandes Gama, *Memórias históricas*, iv, p. 318.

[52] Ibid., pp. 56-7.

resgatadas do domínio batavo, elas lhe haviam ficado pertencendo "por direito de conquista"; e que, conseqüentemente, "por aquelas terras que possuem não devem nada, nem ao Reino nem ao Rei".[53] Consoante outra fonte mascatal, o padre Luís Correia, resumido por Southey, a nobreza nutria "não pequena dose de orgulho de nascimento, enfeitando-se os descendentes dos libertadores do país com as penas dos seus maiores; seus pais, diziam eles, com os próprios esforços e à própria custa haviam restituído Pernambuco à Coroa portuguesa, pelo que mereciam agora os filhos, com preferência a todos os outros, a gratidão do governo, que nenhum direito tinha à capitania se não o que deles derivava; e dizendo isto, assaz inteligivelmente davam a entender que, se lhes não respeitassem os merecimentos hereditários, tão fácil lhes seria sacudir um jugo como outro".[54] Tal noção derivava da justificação jurídica da própria Restauração portuguesa. Em meados do século XVII, a doutrina contratual da origem do poder público, herança da escolástica tardia, havia ressurgido em Portugal sob o estímulo do movimento que liquidara o jugo castelhano, como indicam a *Justa aclamação*, do Dr. Francisco Velasco de Gouveia, e outras obras que sustentaram os direitos de D. João IV ao trono. As Cortes de Lisboa de 1641 haviam mesmo proclamado que o poder régio residia em última análise no povo, e que, mesmo quando ele o transferia ao monarca, retinha o direito de reivindicá-lo quando sua conservação fosse colocada em risco.[55]

A existência de estatuto especial em Pernambuco carecia de fundamento, embora a aspiração não fosse absurda. Até à ocupação holandesa, como capitania donatarial, gozara de um grau de autonomia diante da Coroa e ao governo geral zelosamente preservado desde os dias do primeiro donatário e consideravelmente reforçado durante o governo de Matias de Albuquerque (1620-1627) em reação à freqüente presença em Olinda dos governadores gerais.[56] Durante os anos da guerra, Pernambuco continuara livre de subordinação a Salvador. Atestam a

---

[53] DH, 98, p. 230.

[54] Southey, *História do Brasil*, III, p. 53.

[55] Damião Peres [ed.], *História de Portugal*, 8 vols., Barcelos, 1929-1935, VI, pp. 21-2; Joel Serrão [ed.], *Dicionário de história de Portugal*, 4 vols., Lisboa, 1961-1971, II, pp. 365-6.

[56] Francis A. Dutra, 'Centralization vs. donatarial privilege: Pernambuco, 1602-1630', Dauril Alden [ed], *Colonial roots of modern Brazil*, Los Angeles, 1973, pp. 19-60.

vitalidade da tradição autonomista não só o conflito de jurisdição entre Francisco Barreto, já governador geral, e Vidal de Negreiros, seu substituto à frente da capitania, como também o episódio da deposição do governador Jerônimo de Mendonça Furtado pela Câmara de Olinda. Após a restauração, Pernambuco fora incorporado ao patrimônio da Coroa, recebendo o tratamento dispensado às demais capitanias pela administração régia, menos receptiva aos interesses locais do que a gestão donatarial.

Julgando-se merecedores da gratidão imorredoura da Coroa, os restauradores pensavam reatar com a tradição autonomista da Nova Lusitânia, fazendo de Pernambuco uma espécie de donataria em que o papel do donatário fosse desempenhado pela Câmara de Olinda e pelo governador escolhido por El-Rei entre gente da terra. Aspiração que não levava em conta que, no Reino como no Brasil *post bellum*, os tempos tinham mudado, que o refluxo do império português no Oriente o induzia a entrincheirar-se no Atlântico sul, transformando-o num bastião ciosamente defendido, não sendo crível que, por mais reconhecida que fosse, a Coroa confiscasse o patrimônio de família aristocrática do Reino para transferi-lo de mão beijada a um punhado de colonos. Os pró-homens compreenderam por fim que não se lhes daria trato privilegiado e que seriam relegados à uniformidade niveladora da mesma política colonial. Desta ferida narcisística, surgiu o nativismo nobiliárquico. Capistrano de Abreu o intuiu melhor que ninguém, ao afirmar:

> Vencedores dos flamengos, que tinham vencido os espanhóis, algum tempo senhores de Portugal, os combatentes de Pernambuco sentiam-se um povo, e um povo de heróis. Nesta convicção os confirmaram os testemunhos do reconhecimento oficial, os encarecimentos dos historiadores [...], os sobreviventes das lutas, os herdeiros das tradições ligeiramente alteradas com o tempo [...] Passado o primeiro momento de entusiasmo, os reinóis quiseram reassumir a sua atitude de superioridade e proteção. Data daí a irreparável e irreprimível separação entre pernambucanos e portugueses.[57]

---

[57] Capistrano de Abreu, *Capítulos da história colonial*, 5ª ed., Rio de Janeiro, 1969, p. 131.

De início, a Coroa mostrou-se disposta a escolher governador entre os restauradores. No período *ante bellum*, o cargo fora de indicação donatarial, sendo exercido por parentes e aderentes dos Albuquerque Coelho, indivíduos domiciliados na terra, consoante a prática nas capitanias donatariais, onde 3/4 dos governadores da segunda metade de Seiscentos eram residentes nelas. Embora no primeiro decênio *post bellum* se houvesse sucessivamente nomeado Francisco Barreto, Vidal de Negreiros e Francisco de Brito Freyre para a função trienal, a prática cessou nos anos sessenta, em favor da política de premiar oficiais reinóis que se tinham distinguido na guerra contra a Espanha.[58] Havendo participado da guerra holandesa, ocupado altos postos e até sido nobilitados, quando já não pertenciam, como D. João de Souza, a antiga família de nobreza hereditária, os pró-homens da terra não reconheciam melhores títulos nos governadores mandados de Lisboa, julgando-se com maiores direitos ao cargo. Há algo de pungente e patético na frustração de Fernandes Vieira ao ser desatendida sua mais cara ambição, a de governar mais uma vez Pernambuco, malgrado o pedido unânime das Câmaras e o apoio do Conselho Ultramarino, tendo de contentar-se com a administração de capitanias menores, como a Paraíba ou Angola.[59]

Nesta perspectiva, é reveladora, como pressentiu Rodolfo Garcia, a deposição do primeiro dos governadores estranhos à terra, Jerônimo de Mendonça Furtado (1666). Mendonça Furtado acusará dois desses preteridos, Fernandes Vieira e D. João de Souza, pelos manejos que culminaram na sua destituição, aduzindo que os promotores do golpe não escondiam o propósito de condicionar a certas cláusulas a designação dos futuros governadores.[60] Já no governo de Brito Freyre, restaurador de última hora pois partilhara apenas o momento culminante, a capitulação do Recife, de uma já empresa levada a cabo por outros, manifestara-se o descontentamento de certos pró-homens, como se conclui da alusão crítica

---

[58] Ross L. Bardwell, *The governors of Portugal's South Atlantic Empire in the Seventeenth century*, University Microfilms International, Ann Arbor, 1975, pp. 99, 134-6, 154, 159, 168, 179, 184, 186-7.

[59] Gonsalves de Mello, *João Fernandes Vieira*, II, pp. 257-65.

[60] Rodolfo Garcia [ed.], 'Representação de Jerônimo de Mendonça Furtado a Sua Majestade', ABNRJ, 59 (1939), pp. 114 e 138.

Rubro Veio: o imaginário da restauração pernambucana 111

em carta do vice-rei, conde de Óbidos, acerca de certo intento sedicioso que o governador lhe comunicara mas que Óbidos preferira ignorar, na esperança de que tudo não passasse de palavras, pois o contrário seria incompatível com a "fidelidade de uns vassalos que por tão vários modos a têm acreditado". Óbidos reclamava, aliás, que "essa capitania se imagina hoje república livre".[61]

A explosão verificou-se no governo do sucessor de Brito Freyre, Mendonça Furtado, destituído por uma cabala de pró-homens a que não esteve alheio o próprio Óbidos, irritado com a resistência do governador às suas ordens. Os conflitos de jurisdição entre Pernambuco e a Bahia nos anos cinqüenta e sessenta originavam-se na disputa em torno da competência de nomeação para os cargos civis e militares, inclusive na capitania de Itamaracá. O mal-estar tornara-se agudo quando da reorganização das forças militares; o mestre-de-campo D. João de Souza, por exemplo, pretendia exercer a prerrogativa no terço sob seu comando. O regimento dado aos governadores da capitania em 1670 resolveu em grande parte a questão. Para os cargos militares, atribuiu-se-lhes tão somente a designação dos oficiais de milícia, deixando aos governadores gerais a dos postos do exército de primeira linha. Contudo, no tocante aos ofícios de justiça e fazenda, subsistiu uma área residual de contenda, ao prever-se a nomeação paralela e em caráter interino pelos governadores de Pernambuco e pelos governadores gerais, embora aqueles devessem ceder diante de indicação vinda da Bahia, ficando em todo caso a El-Rei o provimento em caráter definitivo. Mendonça Furtado contribuíra para a própria deposição ao emprestar os poderes de governador para que mercadores reinóis promovessem a cobrança de dívidas de senhores de engenho, ingerência descabida nas atribuições judiciárias. É revelador, aliás, que após a derrota do partido de Olinda na guerra dos mascates, a Coroa, atendendo sugestão do Conselho Ultramarino, passasse a designar governadores oriundos de casas aristocráticas do Reino, enquanto nos anos oitenta do século XVII a nomeação de um fidalgo como o marquês de Montebelo constituíra exceção à regra. Já o autor do 'Breve compêndio' havia observado serem os pró-homens da terra "mal

---

[61] DH, 9, pp. 125, 215.

sofridos" e "soberbos", donde a conveniência de se lhes dar "governador de muito respeito e grande qualidade".[62]

Os veteranos da guerra holandesa tinham outro motivo de queixa na tacanhice dos Braganças quando comparada à liberalidade dos monarcas espanhóis no tocante à premiação dos méritos.[63] Neste particular, o descontentamento compreendia dos chefes militares, melhor aquinhoados, ao simples soldados, a quem D. João IV mandara recompensar com terras remotas ou gratificações adicionais, as quais, contudo, não se pagaram nos primeiros oito anos, por falta de recursos da fazenda régia.[64] Causa adicional de ressentimento dizia respeito aos hábitos das ordens militares, em especial da de Cristo. Dos 71 hábitos pleiteados no período 1644-1658, apenas 21 haviam sido concedidos. Só posteriormente foram dados com menor parcimônia devido a que, neste ínterim, a revogação da isenção do dízimo no Brasil pusera o Erário a salvo do ônus correspondente. A insatisfação aumentou ao constatar-se que El-Rei galardoara indivíduos que se haviam escudado em documentos falsos sobre serviços inexistentes. A Câmara de Olinda protestou, tanto mais que alguns dos beneficiados eram reinóis de extração subalterna, domiciliados em Pernambuco após a guerra, mas que, com a cumplicidade de mazombos pobres, se haviam feito passar por seus parentes.[65]

Em que teria consistido o alegado estatuto pernambucano? Gonçalves Leitão refere-se a "foros", "honras", "isenções". Seria perda de tempo entrar numa exposição destes conceitos do direito público do Antigo Regime, bastando dizer que descreviam formas de limitação do poder régio ante as ordens, como a nobreza e o clero, e as entidades territoriais, como os municípios. Em que a Coroa se teria limitado relativamente a seus vassalos pernambucanos? Para esclarecer o ponto, cumpre recorrer a fontes de começos do século XIX, o que, de passagem, permite

---

[62] Gonsalves de Mello, 'Nobres e mascates', p. 232; 'Breve compêndio', p. 284; Evaldo Cabral de Mello, *A fronda dos mazombos. Nobres contra mascates. Pernambuco, 1966-1715*, 2ª ed., São Paulo, 2003, pp. 21 ss.

[63] Borges da Fonseca, *Nobiliarquia pernambucana*, II, p. 326.

[64] Antônio Joaquim de Melo, *Biografia de João Rego Barros*, Recife, 1896, p. 23.

[65] Fernandes Gama, *Memórias históricas*, IV, p. 57; Cleonir Xavier de Albuquerque, *A remuneração de serviços da guerra holandesa*, Recife, 1968, p. 59.

constatar a vitalidade do imaginário nativista, ao abrir-se o ciclo revolucionário oitocentista. A primeira é a carta pastoral em que o cabido da Sé proclamava sua adesão à república de 1817, "a vil pastoral" do "imoral deão de Olinda", como a intitulava autor monarquista.[66] Da lavra do Dr. Bernardo Luís Ferreira Portugal, ela justificava o movimento em termos da violação pela Coroa de compromissos assumidos por D. João IV e por D. Afonso VI como contrapartida da restituição da capitania à suserania portuguesa, os quais consistiriam em "não nos incomodar com tributos e não mandar para a administração pública e força armada, gente exótica", isto é, gente de fora de Pernambuco. Os privilégios pactados teriam sido, portanto, fiscais, interdição de novos impostos, e administrativos, reserva dos cargos da terra para os mazombos. O deão de Olinda alegava também que, havendo sido a capitania colonizada por portugueses, seus descendentes eram parte do contrato, mais antigo e abrangente, de que se beneficiavam os habitantes do Reino e das demais possessões ultramarinas, vale dizer, as leis das Cortes de Lamego, pretensamente constituintes da monarquia. Os sucessores de D. Afonso Henriques desrespeitavam-nas impunemente "há mais de duzentos anos", ao longo, portanto, da união com a Espanha e dos reinados da Casa de Bragança. Dupla violação, por conseguinte, a do estatuto reconhecido a Pernambuco à raiz da expulsão dos holandeses e do pacto fundador da nação portuguesa. E a pastoral concluía: "Tendo, pois, os encarregados dos direitos do povo faltado ao contrato a que se ligaram com juramento solene, não só se tornaram perjuros, porém pelos seus mesmos atos nos reintegraram em nossos primitivos direitos, dos quais haviam desapiedadamente abusado".[67]

Sob a linguagem da modernidade revolucionária, o deão Portugal exprimira, sem lhes fazer violência, todos os antigos *topoi* do nosso mito constitucional: a restauração como esforço local, sem apoio régio, restituição espontânea à Coroa, contrapartida do estatuto especial da capitania. Arrancada às hesitações dos cônegos, a pastoral visara "desabusar as almas escrupulosas [...] mostrando aos timoratos, aferrados religiosamente ao realismo, que estavam desligados das

---

[66] 'Revoluções do Brasil', RIAP, 29 (1883), p. 95.

[67] RIAP, 42 (1948-1949), p. 92, DH, 103, p. 57.

primitivas obrigações de seus maiores", argumentando "com a natureza de contratos bilaterais, usurpações da dinastia bragantina", "luminosos princípios que, quatro anos mais tarde, foram axiomas para as Cortes gerais, extraordinárias e constituintes de Lisboa, e base fundamental da independência imperial do Brasil". Aduzia Dias Martins que a pastoral causara "universal regozijo", sendo remetida pela Junta revolucionária a "todos os párocos, com ordem de a lerem à estação e afixá-la nas portas das suas igrejas".[68] Mais 'nacionalizado' que o clero regular, o secular tornara-se um dos focos nativistas. Autor anônimo referia-se ao cabido de Olinda como "corporação brilhantíssima, mas quase sempre agitada com o maligno vapor pernambucano", vivendo "em todos os tempos em desarmonia com os seus bispos" e se aproveitando das "freqüentíssimas vacâncias pelas quais esta Sé tem passado sem a morte ser culpada" para governar a diocese a seu belprazer, agindo como "uma oligarquia aristocrática, famosa unicamente pelas suas desordens e animosidades".[69]

Que a noção de pacto entre a Coroa e a capitania constituiu uma das idéiasforça da revolução de 1817, reconheceu-o o desembargador João Osório de Castro Souza Falcão, encarregado da devassa. Ao dar o balanço nas causas da sedição, ele mencionava "o ódio geral, antigo e entranhável dos filhos do Brasil contra os europeus", isto é, contra os portugueses, ódio atiçado pelos revolucionários que inverteram "os fatos da história da restauração passada sobre os holandeses, deduzindo daí direitos de propriedade, doação a Sua Majestade com exclusão de quaisquer impostos", e incutindo "aos seus chamados patrícios, ignorantes da história, que esta terra, sendo conquistada pelos seus antepassados aos holandeses, ficou sendo propriedade sua e que a doaram a El Rei Nosso Senhor debaixo de condições que ele não tem cumprido pela imposição de novos tributos; e que os europeus que têm vindo aqui estabelecer-se têm enriquecido à custa deles, patrícios, e se têm feito senhores do país e eles, escravos".[70] Daí que o movimento se houvesse proclamado a 'segunda restauração de Pernambuco', datando os impressos oficiais da 'segunda era da liberdade pernambucana'.

---

[68] Joaquim Dias Martins, *Os mártires pernambucanos*, Recife, 1853, pp. 54 e 329.

[69] 'Revoluções do Brasil', p. 48.

[70] DH, 103, pp. 110 e 127.

Tollenare, aliás, se equivocava, supondo que a primeira correspondesse ao período batavo por influência do regime republicano dos Países Baixos. Como demonstrou Alfredo de Carvalho, a revolução de Dezessete pensava completar pela liquidação do domínio português a independência iniciada com a expulsão dos holandeses. Quanto à idéia de segunda restauração, Tollenare a atribuía ao padre João Ribeiro, que ordenara à tipografia da junta revolucionária imprimisse nos documentos e proclamações oficiais a indicação: "Na oficina tipográfica da República de Pernambuco, 2ª vez restaurado"; ou: "na oficina tipográfica da 2ª restauração de Pernambuco"; ou ainda: "na tipografia da República de Pernambuco, 2ª vez restaurado". João Ribeiro e o deão da Sé haviam pressentido no imaginário político da capitania força mobilizadora superior à das doutrinas da Revolução francesa ou da Revolução norte-americana, apenas inteligíveis a uma minoria. Analogamente agiram os contra-revolucionários que, ao explorarem a conotação emocional da palavra 'restauração', posta ademais em moda pelo retorno dos Bourbons ao trono de França, não desdenharam mencionar o regresso de Pernambuco ao seio da monarquia como "a feliz restauração desta capitania", "a feliz restauração da Coroa de Sua Majestade" ou "a restauração dos reais direitos". O mesmo fará o morgado do Cabo, Francisco Pais Barreto, ao definir a derrota da Confederação do Equador como abrindo "a época da 3ª restauração de Pernambuco".[71]

O imaginário nativista preservou ao longo de Oitocentos a frustração histórica de uma restauração que não se desdobrara em independência, a nostalgia da oportunidade perdida. Veja-se, por exemplo, o depoimento de Antônio Joaquim de Melo, revolucionário de 1817 e 1824: "As gerações que se sucederam à da expulsão dos holandeses em geral não comemoravam os sacrifícios de seus pais e avós nessa prolongada guerra quase absolutamente desajudados e sós, não se entretinham e praticavam dessa arrojada empresa e seu resultado feliz e glorioso, sem a idéia associada de que Pernambuco e as províncias consortes na luta deveriam ter ficado livres e não mais colônias de Portugal". Ele mesmo ainda ouvira "aqueles sentimentos e idéias de independência a pessoas muito idosas, desde a

---

[71] Pereira da Costa, *Anais pernambucanos*, VII, pp. 395-6; Léon Bourdon [ed.], L.-F. de Tollenare, *Notes domicales*, 3 vols., Paris, 1971-1973, II, p. 596; DH, 101, pp. 154 e 182; 102, pp. 48, 51, 181; e 103, p. 141.

nossa mais tenra mocidade; e algumas, ou por tradição fundamentada, ou por ilusão divinatória, parto do último senso e vontade, avançavam até que aos nossos libertadores avós não escapara a idéia e intenções da independência, mas que os cálculos falharam". O mesmo autor estabelecia a conexão entre tais aspirações e a transformação em província da custódia franciscana do Brasil (1659), separada da província de Portugal após campanha de dez anos, iniciada ainda no decorrer da restauração e capitaneada pelos frades dos conventos da Ordem em Pernambuco, que venceram a oposição dos irmãos portugueses. Antônio Joaquim de Melo via no episódio "as primeiras manifestações de independência do Brasil", supondo-as induzidas por pressões ou estímulos "do século para o claustro", pois não seria crível que no estado deplorável em que se encontravam, os frades tivessem podido sustentar sozinhos litígio tão demorado e oneroso, sem contar com o apoio financeiro de gente da terra.[72] Conquistada a autonomia dos franciscanos, seria a vez de os beneditinos se mobilizarem, sob a liderança de um ativista da guerra holandesa, frei João da Ressurreição, sem, contudo, lograrem seu intento.

Fernandes Gama era outro que respirava pela ferida ao indagar: "Se os pernambucanos do século XVII, em vez de reconquistarem o seu país para entregá-lo ao rei português que os desamparou, o tivessem reconquistado para si, escolhendo um príncipe para ser seu monarca, que não sacrificasse aos interesses dos áulicos da Corte a liberdade, a honra e foros de um povo heróico, hoje não estaríamos nós constituídos em nação independente? Certamente".[73] A restauração hipotecara a sorte da capitania à antiga metrópole, e, ao fazê-lo, também ao Império do Brasil, que o sentimento nativista radical considerava herdeiro daquela. Trocara-se apenas o despotismo de Lisboa pelo do Rio, "a escravidão do despótico ministério de Portugal, o orgulho de sua nobreza, as injustiças dos seus becas" pelos "grilhões forjados por uns paulistas e quatro peões fidalgos do Rio", como previra frei Caneca.[74] O tema ainda fará parte do arsenal ideológico dos praieiros. Cabe aduzir que, como Abreu e Lima, Fernandes Gama referia-se à restauração como "guerra

---

[72] A. J. de Melo, *Biografias*, I, pp. 192-3, e 'Notícia', *Obras políticas e literárias de frei Joaquim do Amor Divino Caneca*, I, pp. 100-1.

[73] Fernandes Gama, *Memórias históricas*, III, pp. 165, 267, 270.

[74] *Obras políticas e literárias de frei Joaquim do Amor Divino Caneca*, I, p. 316.

de independência", e aos chefes e tropas locais como "os independentes", designações que serão usadas tanto por Varnhagen quanto por D. Pedro II nas suas notas de viagem, sem se darem conta da conotação anti-monárquica com que o termo fora empregado. Pereira da Costa, que encerrou o ciclo da historiografia nativista, fez o inventário das ocasiões perdidas, embora sem incluir o momento considerado decisivo por Loreto Couto, a transmissão do comando do exército restaurador a Francisco Barreto. Elas teriam sido: a exoneração de Matias de Albuquerque da chefia do exército de resistência (1635), por desejar, segundo suspeita do conde-duque de Olivares, expulsar os holandeses para formar estado independente; a demissão pela Companhia das Índias Ocidentais, de João Maurício de Nassau (1644), governador do Brasil holandês (1644), o qual teria alimentado desígnios autonomistas; e o conflito entre Francisco Barreto e Vidal de Negreiros (1657-1660). [75]

O motivo da dispensa de Matias de Albuquerque, o historiador foi buscá-lo em asseveração de Muniz Tavares, que não citou sua fonte e que tinha a alegação na conta de caluniosa,[76] ao passo que Pereira da Costa a endossou sem hesitação. O propósito atribuído a Nassau era igualmente infundado. Sua dispensa devera-se a uma série de divergências com a direção da Companhia, que se aproveitou da trégua entre os Países Baixos e Portugal para dispensar seus serviços. Na época, o vice-rei, marquês de Montalvão, procurou aliciar Nassau para o projeto de restituir o Nordeste em troca de sua nomeação para a chefia do exército que, no Reino, fazia guerra a Castela, e de vantagens de natureza pecuniária. Nassau, porém, não se deixou envolver. No século XIX, a nostalgia nassoviana do nativismo tardio enamorar-se-ia da hipótese de uma independência realizada contra a Holanda e contra Portugal por uma aliança de Nassau com os pró-homens luso-brasileiros, que haviam tentado efetivamente persuadi-lo a permanecer no Recife contra a ordem da metrópole.[77] Quanto à disputa entre Francisco Barreto e Vidal de Negreiros, nada indica que este tivesse alimentado veleidades independentistas. Ao

---

[75] Pereira da Costa, *Anais pernambucanos*, III, p. 20-5.

[76] Muniz Tavares, 'Discurso', RIAP, 16 (1867), p. 168.

[77] Evaldo Cabral de Melo, *Nassau, governador do Brasil holandês*, São Paulo, 2006.

contrário de Fernandes Vieira, tido sob suspeita, a Coroa nunca pôs em dúvida a fidelidade de Vidal, tanto assim que a ele recorreu o vice-rei, conde de Óbidos, confiando-lhe segunda vez o governo da capitania para acalmar os ânimos agitados pela deposição de Mendonça Furtado.

Entre os nativistas de Oitocentos, nem todos se deixavam embalar pela utopia da independência alcançada no século XVII. Afonso de Albuquerque Melo era um desses céticos, argumentando que em 1822 o Brasil ainda se achava despreparado para a emancipação, não dispondo de quadros dirigentes e tendo de utilizar na administração portugueses naturalizados. A restauração constituíra o objetivo factível a que poderiam aspirar os pernambucanos de Seiscentos.[78] Na mesma veia, Muniz Tavares servia-se da analogia familista segundo a qual "o filho quando em tenra idade abandona a casa paterna, quase sempre se extravia: o Brasil ainda não havia chegado à virilidade, não podia ainda dispensar a tutela".[79] A reinserção no colonialismo lusitano afigurava-se assim a forma necessária da independência futura, sendo em todo caso preferível à outra alternativa de subordinação, o domínio batavo. Havia consenso, porém, em que a preservação do Brasil holandês teria proporcionado condições mais favoráveis ao desenvolvimento material da terra em decorrência da superioridade da civilização dos Países Baixos. Uma de duas opções, a restauração teria sido a melhor?

Que resta do imaginário político do nativismo quando se submete à crítica histórica a proposição de que 'à custa de nosso sangue, vidas e fazendas' Pernambuco regressara à dominação portuguesa? A resistência e, sobretudo, a restauração comportaram a utilização crescente dos recursos locais, humanos e materiais. A partir de setembro de 1645, o colapso do poder holandês no interior das capitanias rebeladas permitiu que se restabelecessem as relações comerciais com Portugal, malgrado as vicissitudes que o indisputado predomínio naval neerlandês criou para a regularidade delas. Em 1646, o açúcar e o pau-brasil do Nordeste reapareciam no mercado de Lisboa e o comércio do Reino arriscava-se a enviar suas caravelas aos nossos portos meridionais, particularmente ao cabo de Santo

---

[78] Afonso de Albuquerque Mello, *A liberdade no Brasil*, Recife, 1864, p. 17.

[79] Muniz Tavares, 'Discurso', RIAP, 16 (1867), p. 168.

Agostinho. No biênio 1647-1648, em que pese a ferocidade do corso neerlandês, a navegação com Portugal expandiu-se, sendo mesmo submetida, para sua maior proteção, a um regime de monopólio, inicialmente exercido por um punhado de comerciantes lisboetas e posteriormente pela Companhia Geral de Comércio do Brasil. Graças à produção açucareira, a Coroa pôde transferir aos colonos parte dos ônus do conflito, o que era tanto mais necessário em vista da guerra com Castela. As despesas locais com as tropas foram financiadas mediante impostos sobre a exportação de açúcar que correspondiam a 80% da receita fiscal da capitania, em especial o 'donativo dos açúcares', equivalente a 36% dos rendimentos. Por outro lado, os contingentes recrutados na terra montavam a 2/3 dos efetivos do exército restaurador, proporção que não leva em conta a chamada 'infantaria de fora', a qual, na realidade, compreendia, além de soldados reinóis, grande número de veteranos da resistência de regresso da Bahia. Por fim, o comando compunha-se de oficiais de experiência castrense exclusiva ou preponderantemente brasileira. Aspectos que contrastavam com a resistência, que contara com a presença de regimentos portugueses, espanhóis e napolitanos e com chefes de formação exclusivamente européia.[80]

Carecia de base, porém, a alegação de que o retorno de Pernambuco à suserania portuguesa se fizera em troca da concessão de privilégios fiscais e da reserva de cargos públicos aos naturais da terra. Em vão, buscar-se-á nas fontes coevas referência ao assunto. Caso houvessem existido, não se compreende o silêncio do regimento dos governadores da capitania (1670), o qual lhes prescrevia competências administrativas no tocante à arrecadação de impostos e ao preenchimento de empregos. A própria insistência com que o discurso nativista proclamou a liberalidade da restituição do Nordeste constitui a melhor admissão da falta de contrapartida régia. A representação da nobreza da terra de 1704 é categórica ao assinalar que, terminada a restauração, os pernambucanos encontraram-se "sem mais prêmio que o interesse do glorioso nome de leais vassalos".[81]

---

[80] Evaldo Cabral de Mello, *Olinda restaurada. Guerra e açúcar no Nordeste*, 1630-1654, 3ª ed., São Paulo, 2007.

[81] Procurador dos homens nobres da capitania de Pernambuco a D. Pedro II (1704), AHU, Pernambuco, 11.

Quanto ao compromisso de isenção fiscal, ignora-se qualquer decisão régia. Pelo contrário, com o fim da guerra, a Coroa insistiu, e a Câmara de Olinda assentiu mal-humoradamente, na prorrogação dos tributos extraordinários estabelecidos para o custeio do esforço militar; El-Rei concordou apenas com a redução do 'donativo do açúcar'. Ademais, tendo a capitania sido reintegrada na posse da Coroa, esta passou a recolher os antigos impostos donatariais. Pernambuco tampouco ficou isento dos que foram lançados dali por diante, como a contribuição para o dote de D. Catarina de Bragança e para a indenização prevista no tratado de paz com os Países Baixos; ou para a construção do cais de Viana. É certo que estas novas taxas poderiam ter constituído precisamente as alegadas violações da promessa régia, mas não é crível que, caso esta houvesse realmente existido, a Câmara de Olinda se tivesse abstido de invocá-la na correspondência com a metrópole e, em especial, na representação de 1664 em que solicitara o adiamento ou o escalonamento da arrecadação do primeiro daqueles encargos.

Já no tocante à reserva de cargos, conhecem-se algumas decisões. A carta régia de 2 de novembro de 1633, ordenou que "em todo o Estado do Brasil se não proveja cargo de milícia nem se dê ofício de fazenda ou justiça que vagar senão àquelas pessoas que na dita guerra assistirem e fizerem merecimentos."[82] Nada se sabe, contudo, acerca do grau de execução da ordem, pois houve pouco tempo para implementá-la em face do progresso das armas holandesas. Em 1651, a Câmara de Olinda pleiteou do Bragança a concessão que fizera o Habsburgo, como providência contra os abusos cometidos, desde o começo da restauração, por funcionários régios vindos de fora, particularmente da Bahia; e como uma compensação pelos prejuízos incorridos pela gente da terra com o custeio da guerra.[83] A segunda medida é a provisão de 29 de abril de 1654 mediante a qual, em prêmio pela expulsão dos holandeses três meses antes, D. João IV mandou que se provessem nos restauradores "todos os ofícios de guerra, fazenda e justiça" nas capitanias libertadas. Aparentemente cumprida, ela continha, entretanto duas importantes restrições: a

---

[82] Pereira da Costa, *Anais pernambucanos*, II, p. 618, III, p. 363.

[83] Câmara de Pernambuco e povos das capitanias do norte do Brasil a D. João IV, 10.III.1651, BA, 51-IX-6, fls. 217-8.

preferência vigiria apenas "por esta vez", isto é, aplicar-se-ia somente ao primeiro preenchimento dos empregos, não devendo, por conseguinte, criar precedente, praxe ou expectativa de direito; ademais, ela não se estenderia às funções que exigissem conhecimento e experiência específicos.[84]

Como a provisão de 1654 só valia para o primeiro turno, em breve voltou-se à carga no propósito de transformá-la em definitiva. Por ocasião das Cortes de Lisboa de 1668, o procurador geral do Estado do Brasil ampliava a reivindicação no sentido de, por um lado, acrescentar os benefícios de natureza eclesiástica, e, por outro, incluir, como na ordem régia de 1633, todos os colonos do Brasil, não apenas os do antigo Brasil holandês. O Regente D. Pedro despachou o pedido aos seus ministros, inclusive à Mesa da Consciência e Ordens, para que o tivessem "em lembrança". Tratou-se, portanto, como advertiu J. A. Gonsalves de Mello, de uma "opinião", não de uma decisão no sentido obrigatório do termo, como se interpretou em Pernambuco e como pretenderá Fernandes Gama.[85] Este menciona igualmente o decreto de 6 de maio de 1673, o qual teria concedido aos naturais do Brasil a preferência na nomeação para os postos militares, civis e eclesiásticos; e aduz que "estas disposições quase que não passaram de letra morta: de Portugal continuaram a vir despachos [i.e., despachados] para a nossa terra até sargentos e meirinhos em manifesto desprezo dos brasileiros".[86]

A Coroa não tinha a menor intenção de se despojar das oportunidades de manipulação clientelística dos cargos ultramarinos nem iria abrir precedente em favor de Pernambuco. Quando a nobreza da terra, na sua luta com os mascates, insistiu no assunto, El-Rei mandou "observar a provisão que está passada sobre esta matéria", alusão ao decreto de 1673, pois não há registro de ato posterior nem na compilação de ordens régias atinentes a Pernambuco organizada durante o governo do conde dos Arcos (1749), nem no 'Catálogo das reais ordens', preparado em finais do século XVIII. Por fim, Pereira da Costa menciona provisão de 1724, que reiterava, a pedido

---

[84] Melo, *Biografias*, I, p. 185.

[85] Pereira da Costa, *Anais pernambucanos*, IV, pp. 18-9; Gonsalves de Mello, 'Nobres e mascates', pp. 227-8, 246.

[86] Fernandes Gama, *Memórias históricas*, IV, p. 22.

da Câmara de Olinda, o decreto de 1673, que não era respeitado. El-Rei ordenou fosse implementado "nos termos hábeis e não havendo inconveniente", mas o governador D. Manuel Rolim de Moura esclareceu que a concessão antiga dos postos de milícia, fazenda e justiça a quem estivesse capacitado para servi-los, beneficiava os colonos em geral e não apenas os naturais da terra.[87]

Com não menor empenho, os mazombos pleiteavam as dignidades eclesiásticas. Na primeira metade do século XVIII, o clero secular do bispado de Olinda, cuja jurisdição abrangia do Ceará ao São Francisco, já se achava substancialmente naturalizado no tocante aos párocos e coadjutores. Mas ainda havia os conezias e outros cargos de administração episcopal. Em meados da centúria, quando do conflito entre o juiz-de-fora Antônio Teixeira da Mata e o bispo frei Luís de Santa Teresa, o magistrado será acusado de acaudilhar "uma parcialidade dos filhos da América, de onde ele é natural, contra os filhos de Portugal", com o argumento de que "o prelado desprezava os filhos da terra" e de que "não os provia nos benefícios". A própria Câmara do Recife reclamou não serem os reinóis "de melhor capacidade do que os naturais". Na Sé, havia apenas seis capitulares nascidos na terra num total de dezoito, na sua maioria "sujeitos que nenhum serviço têm feito à Igreja e sem o domicílio que de direito baste para os fazer compatriotas". O governador Correia de Sá confirmou a informação, mas procurou justificar o bispo, assinalando, como fazia o cônego Veríssimo Roiz Rangel, um desses reinóis favorecidos, que dos vinte e um provimentos de vigário feitos por frei Luís de Santa Teresa, nada menos de dezessete haviam recaído em naturais do bispado; e que, dos dezesseis curatos, quinze lhes haviam sido atribuídos, "não obstante os pedidos e empenhos que lhe vêm de Portugal". Quanto às conezias de Olinda, o Dr. Roiz Rangel se queixava de que, se candidato pertencia a família principal,

logo lhe parece que em o não promoverem se lhe faz uma grande injúria. Falam logo contra os prelados e a todos desacreditam, gente que só lhe parece que são nobres fazendo a todos vis e que desculpa ou doura os seus maus procedimentos fazendo a todos mal procedidos. Esta gente faz em Portugal muita guerra aos prelados, porque alguns se

---

[87] D. João v a Manuel Rolim de Moura, 14.X.1724, e Manuel Rolim de Moura a D. João v, 19.VII.1725, AHU, Pernambuco, 20; Pereira da Costa, *Anais pernambucanos*, III, p. 363.

embarcam carregados de papéis que constam de atestações falsas e certidões caluniosas. Alegam que são filhos do sol e netos das estrelas, que seus avós sustentaram a Coroa na cabeça d'El Rei na guerra de Pernambuco com os holandeses, que no levante fizeram maravilhas e obraram finezas e ponderam a grande injustiça dos prelados que só se lembram dos seus fâmulos e afilhados.

Reconhecia o cônego ser "justíssimo e muito conveniente que nos benefícios de qualquer religião sejam *caeteris paribus* preferidos os filhos do mesmo país", como aliás dispunham o direito canônico e o civil, a legislação espanhola das Índias de Castela e a doutrina de Solórzano. Mas a preferência devia ser concedida em igualdade de condições com os pretendentes reinóis. Se estes se avantajavam ao mazombo em letras e virtudes, o acidente da naturalidade tornava-se irrelevante.[88]

Ainda no tocante à outorga de regalias aos vassalos pernambucanos, nem sequer lhe foram concedidos os chamados 'privilégios de cidadão do Porto', de que gozaram maranhenses, baianos e fluminenses. Tais favores, atribuídos aos indivíduos que haviam exercido cargos de gestão municipal, reconheciam-lhe certos direitos associados à condição de fidalgos, como o do porte de armas, o de prisão domiciliar ou nas fortalezas d'El-Rei, a isenção da tortura etc. À raiz da restauração, D. João IV anunciara sua intenção de concedê-los em Pernambuco, solicitando o envio da lista das pessoas a serem beneficiadas. O assunto não foi adiante, provavelmente pelo mesmo motivo dado vinte anos depois quando a Câmara de Olinda voltou a pleitear a medida. O Conselho Ultramarino opôs-se, até que se concluísse o litígio entre a Coroa e o conde de Vimieiro acerca da propriedade da capitania, o qual só será resolvido por acordo em 1716.[89] A partir de então, a questão já não seria levantada, devido às alterações de 1710-1711.

---

[88] Veríssimo Roiz Rangel, 'Discurso apologético e notícia fidelíssima das vexações e desacatos cometidos pelo Dr. Antônio Teixeira da Mata contra a Igreja e jurisdição eclesiástica de Pernambuco', ANTT, Livros do Brasil, 34; Câmara do Recife a D. João V, 20.IV.1749; e Luís José Correia de Sá a D. José I, 11.IV.1751, AHU, Pernambuco, 45.

[89] Consulta do Conselho Ultramarino, 31.III.1654, AHU, Pernambuco, 4; idem, 3.VII.1674, idem, caixa 6; AHU, 15, fls. 92-92v; AUC, CA, 33, fl. 3v. Vd. também C. R. Boxer, *Portuguese societies in the tropics*, Madison, 1965, pp. 44-5, 74, 112, 118.

Não havendo logrado monopolizar os cargos locais de nomeação régia, a nobreza da terra tratou de se entrincheirar na Câmara de Olinda para dar a última e decisiva batalha, bloqueando o acesso de comerciantes reinóis, a despeito da interferência dos governadores e até mesmo de decisão da Coroa (1705) permitindo o ingresso de 'mercadores de sobrado', isto é, dos atacadistas. A longo-prazo, a obstinação em fazer da Câmara um *bunker* de classe revelou-se contraproducente, como indica a comparação com o que se passava na Bahia, cuja açucarocracia, aceitando partilhar a administração municipal com os homens de negócio, conseguiu por isso mesmo limitar-lhes a influência. Em Pernambuco, a mentalidade exclusivista terminou produzindo a fórmula salomônica de D. João V que transformou o Recife em vila, com sua própria Câmara dominada pelos mascates, ficando a de Olinda com a nobreza, solução a que sempre resistira D. Pedro II. Destarte, esvaía-se o poder dos vereadores olindenses.

Só pelo regimento de 1730, a Coroa viria a reconhecer a prática da Câmara de Olinda de reservar os ofícios municipais à nobreza da terra, vale dizer, depois de reduzir sua jurisdição, primeiro mediante a ereção do Recife em vila, e em seguida pela ordem régia de 1727, que lhe retirou a competência para arrematar os contratos de cobrança de impostos, transferida à provedoria da fazenda, isto é, aos funcionários da Coroa, embora certo grau de fiscalização régia houvesse sido introduzido em finais de Seiscentos.[90] Herdada da guerra holandesa e ciosamente preservada contra ventos e marés, aquela atribuição dera autoridade supramunicipal à Câmara com relação às congêneres da capitania. Com uma mão, a Coroa dava muito menos do que tirara com a outra. Na segunda metade do século XVIII, a função de vereador olindense, limitada à gestão de uma cidade decrépita, conferia honra, mas não poder. Se os cargos camerários bem como o de provedor da Santa Casa de Misericórdia ainda eram estimados devia-se a que só tinham acesso a eles os descendentes dos que haviam servido na guerra holandesa e a quem denominavam 'netos dos restauradores'.[91]

---

[90] Pereira da Costa, *Anais pernambucanos*, v, pp. 405-6; 'Informação geral da capitania de Pernambuco', p. 170; 'Breve compêndio', p. 262.

[91] Borges da Fonseca, *Nobiliarquia Pernambucana*, II, p. 174.

Capítulo IV

Os alecrins no canavial (1)

'Netos dos restauradores'. Na segunda metade do século xvii, os descendentes dos que haviam feito a guerra holandesa passaram a reivindicar o estatuto de nobreza da terra. Nos começos do xviii, o Dr. Manuel dos Santos acusaria os naturais de Pernambuco de "se quererem quase todos inculcar por nobres", ao contrário dos filhos do Reino que, na sua modéstia, não alimentavam essas pretensões absurdas.[1] É um lugar comum sociológico que os sistemas escravocratas tendem a aristocratizar as camadas superiores. O historiador, porém, não se pode dar por satisfeito com a generalização. Cabe-lhe reconstruir as feições concretas que o processo adquiriu nos decênios entre 1654 e 1710-1711, quando, em condições economicamente desfavoráveis, a açucarocracia, apenas concluída a restauração, viu-se a braços com o desafio do comércio reinol. A invenção de uma nobreza da terra, isto é, a metamorfose em fidalguia local da descendência dos colonos fixados na capitania durante o período *ante bellum*, constituiu importante faceta ideológica do antagonismo entre senhores de engenho e mercadores do Recife e conferiu a nosso primeiro nativismo cariz eminentemente nobiliárquico.

No último decênio de Quinhentos, o historiador entrevê pela primeira vez a estrutura social das áreas de produção açucareira da América portuguesa, o Recôncavo baiano e a mata pernambucana, e, em particular, o estrato social que há pouco se instalara no primeiro plano da cena nas nossas regiões canavieiras. Se em

---

[1] Manuel dos Santos, 'Calamidades de Pernambuco', p. 2.

1549 o donatário de Pernambuco enumerava entre as categorias de povoadores da sua Nova Lusitânia os que construíam engenho de açúcar ou granjeavam partido de cana,[2] a realidade era que uns se contavam nos dedos da mão e os outros seriam apenas mais numerosos. Quando do falecimento de Duarte Coelho quase vinte anos decorridos do início da colonização, só existiam cinco fábricas na capitania, duas das quais pertenciam a ele e a seu cunhado, Jerônimo de Albuquerque. O mesmo raciocínio aplica-se à Bahia, onde o povoamento do Recôncavo ficou na dependência da instalação do governo geral. Que a formação da açucarocracia só se tenha verificado a partir de finais do primeiro século parecerá natural a quem tiver em mente que os núcleos agrário-exportadores da colônia só conseguiram efetivamente demarrar nos anos setenta.

Como na Madeira, os homens que a compunham foram chamados 'senhores de engenho', expressão de sabor medieval, sabido que em Portugal como na Europa, a propriedade dos moinhos de trigo foi privilégio real e dos grandes senhores laicos e eclesiásticos. Mas quem eram estes indivíduos que entre nós desde os anos quarenta foram assim designados?[3] Na sua quase totalidade, a açucarocracia *ante bellum* compôs-se, na Bahia como em Pernambuco, de reinóis; os proprietários já nascidos no Brasil não chegavam a representar um décimo do grupo, o que não é de surpreender. O povoamento ainda era recente; o *boom* açucareiro, recentíssimo; e a herança ainda não se tornara uma forma estatisticamente expressiva de transmissão da propriedade. O engenho de açúcar era levantado com recursos próprios

---

[2] J. A. Gonsalves de Mello e Cleonir Xavier de Albuquerque [eds.], *Cartas de Duarte Coelho a El Rei*, Recife, 1966, p. 99.

[3] A análise da composição da açucarocracia *ante bellum* baseia-se sobretudo nas informações constantes da documentação relativa às visitações inquisitoriais de 1591-1595 (Bahia, Pernambuco, Itamaracá e Paraíba) e 1618 (Bahia); e subsidiariamente, de outras fontes da história da Nova Lusitânia, doravante citadas. Os textos da Inquisição há muito vêm sendo divulgados: *Primeira visitação do Santo Ofício às partes do Brasil: Denunciações da Bahia* (ed. Capistrano de Abreu), São Paulo, 1925; *Confissões da Bahia* (ed. Capistrano de Abreu), 2ª ed., Rio de Janeiro, 1935; *Denunciações e confissões de Pernambuco* (eds. Rodolfo Garcia e J. A. Gonsalves de Mello), 2ª ed., Recife, 1984; 'Livro de denunciações do Santo Ofício na Bahia', 1618, ABNRJ, 49 (1927); e 'Livro das confissões e reconciliações', 1618, Anais do Museu Paulista, 17 (1963). Para a documentação em apreço, Sônia A. Siqueira, *A inquisição portuguesa e a sociedade colonial*, São Paulo, 1978.

ou, mais freqüentemente, emprestados, e transmitido por compra e venda, de modo que, via de regra, só os filhos do Reino, demográfica (68% da população dos núcleos coloniais nas duas principais áreas açucareiras)[4] e economicamente dominantes, dispunham do cabedal necessário. Por sua vez, a minoria de senhores mazombos indica que os filhos e netos dos primeiros povoadores não haviam ficado com o melhor quinhão; e que havendo seus pais e avós chegado muito cedo num mundo muito novo, tinham-se visto na contingência de competir pelas oportunidades da terra em condições de inferioridade com os recém-chegados de Portugal, que surfavam na onda de prosperidade criada pelo açúcar.

Foi o que ocorreu ao grupo duartino; e por duartinos (expressão cunhada por J. F. de Almeida Prado)[5] entendem-se os colonos fixados durante o governo de Duarte Coelho, de seus filhos e de sua viúva, D. Brites de Albuquerque (1535-1560). Eles não lograram ficar com a parte do leão, a despeito de contarem nas suas fileiras com alguns dos proprietários mais ricos da terra. A difundida noção de que dominaram a vida da Nova Lusitânia é uma leitura anacrônica baseada nas circunstâncias dos séculos XVIII e XIX. Dos troncos primitivos, a primeira e a segunda gerações que acederam à açucarocracia deveram-no principalmente não à herança paterna mas às alianças com reinóis transplantados a partir de 1570 ou com seus filhos, vale dizer, predominantemente por via feminina, como revela o exame de algumas das linhagens fundadoras, precisamente as mais bem sucedidas, haja vista o haverem perdurado na memória genealógica, sempre madrasta dos que a língua castelhana chama expressivamente de *venidos a menos*. A história das famílias favorecidas permite pressentir a sorte acanhada da maioria dos rebentos dos troncos duartinos, cuja vantagem consistiu nas sesmarias concedidas ao redor de Igaraçu primeiro, depois no delta do Capibaribe, por fim na franja costeira do Cabo às Alagoas quando, nos anos sessenta, se abrira a nova fronteira agrícola ao sul dos montes Guararapes.[6]

---

[4] Tarcísio do Rego Quirino, *Os habitantes do Brasil no fim do século XVI*, Recife, 1966, p. 20.

[5] J. F. de Almeida Prado, *Pernambuco e as capitanias do norte do Brasil*, 4 vols., São Paulo, 1942.

[6] Ainda nos anos sessenta e setenta, os donatários premiavam com datas de terras antigos moradores de Olinda, gente chegada à capitania em vida de Duarte Coelho, inclusive artesãos: *Livro do tombo do mosteiro de São Bento de Olinda*, Recife, 1948, pp. 150, 152-3, 290, 488, 490 e 552.

Vantagem a bem dizer menor. A posse da terra, relativamente abundante, não bastava para garantir, no âmbito da economia açucareira, a posição de uma família, se não fosse combinada com os recursos para montar fábrica e comprar mão-de-obra, os quais faltavam aos primeiros povoadores e sua prole. Conseqüentemente, a data herdada do pai ou foi cultivada com produtos de subsistência, ou plantada de cana para moenda alheia; ou ainda alienada, precoce especulação fundiária, a algum colono recém-chegado desejoso de levantar engenho mas que, obrigado a fazê-lo em área de fácil comunicação fluvial ou marítima, achava-se na contingência de adquirir as terras a quem as recebera do donatário. Cultivando cana e mandioca ou vendendo o quinhão da sesmaria paterna, a maioria dos duartinos teve de resignar-se à condição de remediados, vegetando na mediocridade e no ressentimento que os farão esquecer pelos primos ricos e, nas águas destes, pelos genealogistas dos séculos XVII e XVIII. O caso do velho João Pais Barreto, dotando cada um dos seus oito filhos com um engenho moente e corrente em ótimas terras de várzea, foi verdadeiramente excepcional, como indica o registro que fizeram à época com indisfarçável admiração o padre Jácome Monteiro e frei Vicente do Salvador.[7]

Detenhamo-nos nos filhos varões dos troncos duartinos a cujo respeito a informação genealógica é razoavelmente completa.[8] Apenas um entre os filhos de Felipe Cavalcanti e de Arnal de Holanda foi senhor de engenho; dos de D. Felipe de Moura, somente D. Francisco de Moura, proprietário absenteísta. Quase todos ingressaram na carreira militar ou na administração colonial, indo servir a El-Rei longe do Brasil; ou entraram em religião. Veja-se a numerosa progênie de Jerônimo de Albuquerque. Dos quatro filhos legítimos, apenas o morgado possuiu engenho. Quanto aos doze bastardos, contam-se três senhores de engenho, inclusive Jerônimo de Albuquerque, o conquistador do Maranhão, que já idoso ergueria o engenho Cunhaú na sesmaria que talhara para si no Rio Grande do Norte. Os

---

[7] Jácome Monteiro, 'Relação da província do Brasil, 1610', Serafim Leite, *História da Companhia de Jesus no Brasil*, 10 vols., Rio-Lisboa, 1938-1950, VIII, p. 405; frei Vicente do Salvador, *História do Brasil*, 4ª ed., São Paulo, 1954, p. 187; Gilberto Osório de Andrade e Rachel Caldas Lins, *João Pais, do Cabo*, Recife, 1982.

[8] Borges da Fonseca, *Nobiliarquia pernambucana*, I, pp. 307-8, 427; II, pp. 378-405.

demais tendo vendido as datas que o pai lhes deixara nas várzeas do Capibaribe e do Sirinhaém, ganharam a vida por outros meios, valendo-se, como tantos, dos laços de parentesco e clientelismo com a família donatarial, que vivendo no Reino desde o falecimento de D. Brites de Albuquerque (1584), deu-lhes preferência nos cargos de administração local e os ajudou com novas doações de terra. Valeram-lhes também as oportunidades criadas pela expansão na costa leste-oeste, a que Pernambuco serviu de base, inclusive a repartição de terras que este avanço propiciou. A quem não tirou partido destas condições, só restava passar-se a outras possessões ultramarinas, ou morrer pobre na capitania que o pai ou o avô haviam conquistado.

Não surpreende que, ao tempo da ocupação holandesa, o brabantino Verdonck descrevesse sarcasticamente os Albuquerques como "grandes fidalgos, segundo se julgam, mas na realidade gente pobre e indigente".[9] O que não inibira Bento Teixeira de afagar na 'Prosopopéia' a auto-estima ferida da prole masculina de Jerônimo de Albuquerque, comparando-a aos grandes *piscinari* da Roma clássica, que preferiam trocar as asperezas da vida pública por uma existência de ociosidade e hedonismo nas suas esplêndidas moradas das cercanias da urbe imperial. Segundo o poeta, os Albuquerques assim se teriam comportado ao passarem pela decepção de não serem premiados por El-Rei pelos serviços prestados por Jerônimo na fundação da Nova Lusitânia: "quando virem que do Rei potente,/ o pai por seus serviços não alcança/ o galardão devido e glória digna,/ ficarão nos alpendres da Piscina", alusão à ausência dos filhos de Jerônimo na campanha de D. Sebastião em África,[10] ausência a ser explicada antes pela penúria a que se achavam reduzidos e à conseqüente impossibilidade de custearem, como fizeram com largueza os primos, donatários e ricos, as pesadas despesas que acarretava o serviço militar da nobreza.

A sorte das filhas divergiu da dos irmãos. Sua parcela da sesmaria paterna serviu-lhes de dote para atrair o reinol endinheirado que tencionava fundar engenho. Através delas e não dos varões, é que a maioria das famílias senhoriais vinculou-se

---

[9] Memória de Adriaen Verdonck, 1630, J. A. Gonsalves de Mello, *Fontes para a história do Brasil holandês*, 2 vols., Recife, 1981-1985, I, p. 37.

[10] Fernando Mota[ed.], *Naufrágio e prosopopéia*, Recife, 1969, p. 181.

ao passado duartino; graças a elas e não a eles, é que os descendentes dos primeiros povoadores puderam conquistar seu lugar ao sol da ordem açucarocrática. Se das quatro filhas de Jerônimo de Albuquerque com D. Felipa de Melo, duas casaram-se com senhores de engenho, foram por excelências suas meias irmãs, as filhas da índia Arcoverde, que se tornaram os ventres geradores das principais linhagens açucareiras. Todas consorciaram-se com senhores de engenho, sendo que duas delas radicaram-se em terras de Sirinhaém outrora pertencentes à sesmaria paterna. Das seis filhas de Felipe Cavalcanti, três casaram-se com senhores de engenho; das cinco de Arnau de Holanda, todas; das três de D. Felipe de Moura, duas. Na formação da açucarocracia pernambucana, o papel dos troncos duartinos consistiu menos em fundar engenhos do que em dispensar terras e mulheres a quem podia erguê-los.

De reinóis, não de mazombos, compôs-se a açucarocracia *ante bellum*; e de reinóis que eram também não os rurícolas afidalgados do imaginário nativista, mas citadinos de origem modesta, indivíduos procedentes das grandes cidades marítimas (Lisboa, Porto, Viana, Aveiro) ou de médias e pequenas vilas do interior de Portugal: do Minho, como Barcelos; da Estremadura e do Alentejo, como Estremoz, Castro Verde, Olivença, Palmela, Portoalegre; do Algarve, como Silves e Portimão. Seja dito de passagem que os dados das fontes inquisitoriais, malgrado a pobreza do seu universo estatístico, sugerem que a composição regional da açucarocracia não se desviou notavelmente da distribuição da população reinol da colônia, analisada com base na mesma documentação: predominância numérica dos povoadores nortistas, seguidos dos contingentes oriundos de Lisboa e cercanias, do Alentejo, das Beiras, e, por último, do Ribatejo e do Algarve.[11]

As origem citadinas da açucarocracia *ante bellum* explicam-se em função das camadas em que inicialmente se recrutou. O primeiro desses estratos foi o funcionalismo da Coroa e os ocupantes de cargos municipais. Entre os senhores de engenho de Quinhentos estão os filhos de letrados, de notários, de autoridades locais, de advogados, de empregados régios e até de um intendente de D. Antônio, prior do Crato e pretendente desafortunado à Coroa portuguesa. Mas é raro que

---

[11] Rego Quirino, *Os habitantes do Brasil no fim do século XVI*, pp. 22-5.

eles se fixem à chegada como proprietários. A regra é que emigrem da burocracia colonial e mesmo que exerçam simultaneamente a gestão da fábrica e a função pública; que tenham sido ou que ainda sejam advogado, ouvidor, juiz de órfãos, escrivão da Câmara, provedor da fazenda, auditor da gente de guerra, contratador da cobrança de impostos, almoxarife, secretário do governo geral, sargento-mor. Acumulação que de resto tornava-se possível graças ao fato de que o senhor de engenho era, sobretudo, o dono da unidade fabril, não o cultivador da cana, o que o liberava, nos meses da entressafra, da obrigação de residir no campo.

Daí as pretensões nobiliárquicas, de vez que o exercício de funções públicas, mesmo modestas, tendia a criar uma "camada superior do terceiro estado", a qual buscava aproximar-se das duas ordens privilegiadas; e que, sem ser formalmente considerada parte delas, era tolerantemente vista como tal.[12] É significativo que vários dos indivíduos a quem a tradição genealógica viria a atribuir condição nobre não a tivessem alegado ao identificar-se perante a mesa do Santo Ofício,[13] inclusive o próprio Felipe Cavalcanti, vale dizer, alguns dos colonos cuja nobreza constituirá artigo de fé para os futuros linhagistas da capitania. Tudo o que eles mencionam é o pertencerem à governança da terra ou de serem filhos de pessoas pertencentes no Reino aos da governança da sua vila ou cidade, isto é, precisamente os cargos associados à citada "camada superior do terceiro Estado" e exercidos por indivíduos que criavam assim para si e seus descendentes uma expectativa de nobilitação local.

Não há motivos assim para crer que a açucarocracia do período donatarial houvesse incluído numerosos reinóis nobres, ou que sua participação no conjunto da população tivesse sido superior à da nobreza metropolitana no conjunto da população do Reino. O mesmo verificou-se na Bahia, onde as pretensões nobiliárquicas tampouco foram modestas, e *a fortiori*, em São Paulo, cujas condições de *backwater* colonial eram de molde a desencorajar ainda mais a transplantação

---

[12] Vitorino Magalhães Godinho, *Estrutura da antiga sociedade portuguesa*, 3ª ed., Lisboa, 1977, pp. 102-3.

[13] Os casos de Gaspar Fragoso, Álvaro Velho Barreto, Agostinho de Holanda, Brasia Monteiro e Duarte de Sá.

de membros dos estratos privilegiados da metrópole. São raros os senhores de engenho a identificarem-se perante o Santo Ofício como 'fidalgo de linhagem' ou 'de geração', ou 'da Casa de Sua Majestade'. Até onde o historiador consegue entrever, libertando-se, o que não é fácil, das lentes de aumento da genealogia nativista, os troncos fidalgos excepcionalmente estabelecidos na Bahia e em Pernambuco seriam rebentos da pequena nobreza provincial do norte de Portugal, marginalizados pelos morgadios, pela crise da economia senhorial e pela furiosa competição em torno das posições no Paço, no serviço público ou militar no Reino e no Ultramar. De mistura com eles, um ou outro filho da nobreza de toga ou da nobreza da Corte.

A açucarocracia *ante bellum* compôs-se de gente de extração popular, algo bem diverso das noções inculcadas pelo imaginário nativista, para quem a chegada de Duarte Coelho constituíra uma revoada de fidalgos; e a Nova Lusitânia, um viveiro das melhores famílias do Reino. Do próprio donatário, já se pôs em dúvida a origem nobre, vendo-se nele um "soldado de fortuna", filho de "pais obscuros" e que, fazendo carreira no serviço régio, acabou premiado com o título de fidalgo da Casa Real, o casamento em família nobre mas empobrecida e a doação de Pernambuco.[14] A presença de nobres na capitania teria consistido, segundo o depoimento sempre idôneo dos *Diálogos das grandezas do Brasil*, não em característica inicial do povoamento, mas em adição tardia ao primitivo estoque de colonos, que Brandônio apresenta como gente de origem plebéia que se havia elevado socialmente graças à afluência adquirida na terra. A concepção segundo a qual a açucarocracia *ante bellum* procedia de troncos aristocráticos não tem mais fundamento do que a idéia, igualmente gerada por outra sociedade colonial baseada no trabalho escravo, de que os fazendeiros de fumo e de algodão do 'velho sul' dos Estados Unidos eram *cavaliers* ou descendentes de *cavaliers*, isto é, dos nobres ingleses que, havendo permanecido fiéis ao Rei nas guerras civis do século XVII, viram-se constrangidos pela derrota dos Stuarts a buscar refúgio na Virgínia ou nas Carolinas.

---

[14] Francis Dutra, *Matias de Albuquerque: a Seventeenth century capitão mor of Pernambuco*, University Microfilms International, Ann Arbor, 1969, pp. 2-4 e 9-11.

Na açucarocracia *ante bellum*, um segundo estrato, também de origem urbana, compreendia os mercadores cristãos-novos, constituindo seu setor mais dinâmico, uma cunha do grande comércio colonial no sistema açucareiro. Graças às suas vinculações com a economia européia, eles dispunham de posição financeira mais sólida que a dos seus pares cristãos-velhos. Vários abandonaram as atividades mercantis para dedicarem-se inteiramente à gestão dos engenhos, completando seu enraizamento mediante alianças com famílias cristas-velhas, ou dando-lhes seus filhos. Contudo, ao lado destes marranos sedentários, foram mais numerosos os que nunca se renderam à existência rural, continuando a ver em suas fábricas apenas o prolongamento lucrativo das suas lojas de Olinda. Estes "mercadores-senhores de engenho" (E. d'Oliveira França) foram o elemento instável por excelência na composição do grupo senhorial, pois como membros das dinastias marranas da metrópole, permaneciam no Brasil apenas o tempo de escapar às fases virulentas de perseguição inquisitorial, que lhes encarcerara algum parente conspícuo; ou de reunir o cabedal e adquirir a experiência que os habilitasse a substituir os parentes nos negócios da família. Ao regressarem a Portugal, desvencilhavam-se do engenho que haviam adquirido para tirar partido da conjuntura de preços e para maximizar seus capitais mediante a integração da produção e do comércio de açúcar; ou para se aproveitarem das isenções fiscais a senhores de engenho e lavradores de cana, as quais podiam ser fraudulentamente estendidas ao gênero comprado a outros produtores.

Nas fendas destas camadas mal ajustadas, incrustavam-se um que outro castelhano ou flamengo, emigrado para o Brasil à sombra da unidade hispânica, e, por fim, os protagonistas de algumas *success stories*, os filhos de um alfaiate, de um chapeleiro, de um caixeiro, de um 'mestre de fazer engenhos', de um criado do governador-geral, lavradores de cana, de mantimentos, feitores e rendeiros de engenho. Para os indivíduos de condição modesta ou subalterna, existiam oportunidades de acesso à açucarocracia, como as havia também, a despeito da misoginia reinante, para as mulheres, que aparecem à frente dos engenhos herdados do marido, administrando-os ou encarnando a integridade de um patrimônio que os sucessores tinham todo interesse em manter mas cuja gestão se confiava ao filho ou ao genro. Fenômeno idêntico ocorria entre os lavradores de cana, 17% dos quais eram em Pernambuco, nos anos trinta do século XVII, pessoas do sexo feminino.[15] Aliás, a condição feminina na família açucarocrática não parece haver discrepado da condição feminina nas demais classes da colônia, ao menos sob o aspecto cultural, pois estas senhoras de engenho são geralmente analfabetas: depondo perante o Santo Ofício assinam em cruz; ao vender o engenho, solicitam a terceiros que firmem por elas.

Foram sensíveis as diferenças de *status* econômico na açucarocracia *ante bellum*. Ao encerrar-se o período, ela compreendia, em primeiro lugar, uma camada superior de 27 senhores, os proprietários de grandes engenhos, cujo nível de renda era o mais elevado do grupo senhorial, algo entre 5.000 a 6.000 cruzados anuais;[16] e os donos de dois ou três engenhos medianos, cuja produção e rendimento equiparavam-se aos daqueles. A camada média englobava 55 indivíduos, sendo, portanto, a mais numerosa. Seu nível de renda girava provavelmente entre 2.000 e 3.000 cruzados anuais, como se pode sugerir com base na informação de Brandônio, segundo a qual os engenhos médios eram "de pouco proveito", isto é, davam lucro apenas suficiente para manter o 'estado' da família senhorial, um nível de consumo considerado compatível com sua posição social. Por fim, o estrato inferior da açucarocracia compreendia 42 proprietários a sobreviverem na fronteira movediça entre o lucro e a perda, em engenhocas (expressão que só surgiu posteriormente, sendo utilizada por Antonil) localizadas em áreas distantes ou periféricas, de más ou péssimas comunicações ou de solos fragosos ou de tabuleiros, que haviam sobrado das sesmarias primitivas depois que os sesmeiros haviam guardado para si os terrenos de várzea e os topos de mata. Colocados em posição marginal, eles tornaram-se particularmente vulneráveis aos efeitos da primeira crise do açúcar brasileiro, no segundo e terceiro decênios do século XVII. Daí que, quando da ocupação holandesa, os engenhos de fogo morto ou com capacidade ociosa sejam especialmente numerosos em Alagoas e na capitania de Itamaracá, áreas de predileção dos molinotes.

Social e economicamente heterogênea, a açucarocracia da Nova Lusitânia caracterizava-se pela instabilidade dos seus quadros. Comparação prudente das lis-

---

[15] Stuart Schwartz, 'Free labor in a slave economy: the lavradores de cana of Colonial Brazil', Daril Alden, *Colonial roots of modern Brazil*, p. 178.

[16] *Diálogos das grandezas do Brasil* [ed. J. A. Gonsalves de Mello], 2ª ed., Recife, 1966, pp. 88-9.

tas de senhores de engenho de Pernambuco relativas a 1594 e 1623,[17] indica que, das 60 famílias que compunham o grupo senhorial no primeiro ano, apenas 27 (45%) reaparecem trinta anos depois. Mesmo supondo a margem de indeterminação inerente ao cotejo de nomes numa época em que os patronímicos não obedeciam regras uniformes (margem que se procurou reduzir mediante o recurso às fontes históricas e genealógicas mas que certamente não se conseguiu eliminar de todo), conclui-se que cerca de metade da açucarocracia de finais de Quinhentos não havia sobrevivido às circunstâncias dos dois primeiros decênios de Seiscentos. Resultado aproximado obter-se-á comparando a lista de 1594 com a de Diogo de Campos Moreno (1609), [18] embora esta tampouco pareça completa. Entre 1594 e 1623, o número de engenhos em Pernambuco passou de 63 a 107, graças especialmente à introdução da moenda de três cilindros, que barateou os custos de instalação das fábricas, causando a expansão açucareira em áreas periféricas.[19] Em conseqüência, o grupo de 27 famílias quinhentistas que ainda pertenciam ao clube em 1623 equivalia a apenas 25% do total dos membros.

Ao longo de trinta anos, seja em conseqüência da alienação da propriedade, seja do incremento do número de fábricas, a renovação alcançara ¾ da açucarocracia. A escala local, esse processo de transferência pode ser observado mediante a reconstituição da série dos senhores de engenho da várzea do Capibaribe e de Jaboatão-Muribeca, distritos para os quais a investigação é factível.[20] De 12 engenhos na Várzea, apenas 4 permaneceram na mesma família ou até no mesmo

---

[17] Uma relação praticamente completa dos senhores de engenho de Pernambuco em 1594 pode ser compilada com base nas *Denunciações e confissões de Pernambuco*, cit.; a relação de 1623 em Gonsalves de Mello, *Fontes*, I, pp. 28-31.

[18] Diogo de Campos Moreno, 'Relação das praças fortes, povoações e coisas de importância que Sua Majestade tem na costa do Brasil (1609)', RIAP, 57 (1984), pp. 196, 204-6.

[19] Fr. Vicente do Salvador, *História do Brasil*, p. 334; Antônio Barros de Castro, 'Brasil, 1610: mudanças técnicas e conflitos sociais', Pesquisa e Planejamento, 10 (1980), pp. 706-9.

[20] Pereira da Costa, *Arredores do Recife*, pp. 23, 51, 85, 98, 105-6, e *Anais pernambucanos*, I, pp. 371-4, 377, 455-6, 580-1; *Denunciações e confissões de Pernambuco*, passim; 'Relação das praças fortes, povoações e coisas de importância', pp. 204-5; Gonsalves de Mello, *Fontes*, I, pp. 28-32; Fernando Pio, 'Cinco documentos para a história dos engenhos de Pernambuco', Revista do Museu do Açúcar, 2 (1969), pp. 26-31; Joaquim de Sousa Leão Filho, *Engenho Morenos*, Rio de Janeiro, 1959, pp. 1-2.

138   Evaldo Cabral de Mello

dono, da fundação da fábrica à invasão holandesa. [21] Os 8 restantes foram todos objeto de transmissão mediante compra e venda, uma e até duas vezes.[22] Quadro idêntico, na mesma proporção de 2/3 para as propriedades alienadas e de 1/3 para os herdados, apresenta-se no tocante a 10 engenhos de Jaboatão-Muribeca, dos quais apenas 3 ficaram na posse de uma mesma família,[23] enquanto os outros 7 foram transferidos a estranhos.[24]

Não se dispondo para os anos vinte de documentação tão rica quanto a inquisitorial, torna-se impossível determinar a origem social dos novos proprietários. Tudo o que se pode avançar a respeito são hipóteses mais ou menos fundadas. Não há motivo para crer que o recrutamento tenha-se modificado de maneira substancial, embora os mercadores-senhores de engenho devam ter diminuído em virtude da crise da economia açucareira. Por outro lado, vários dos herdeiros dos primeiros senhores terão mal gerido seus bens, por inexperiência ou dissipação, achando-se na contingência de vender o engenho, como aconteceu com D. Luísa

---

[21] O Casa Forte (Diogo Gonçalves – seu genro Jerônimo Pais de Azevedo – sua neta Ana Pais), o São Tomé (Lourenço de Souza de Moura–Antônio de Souza de Moura), o São Paulo (Antônio Nunes – sua viúva Isabel Pereira-Henrique Afonso Pereira) e o São Sebastião (Pedro da Cunha de Andrade).

[22] O Apipucos (Leonardo Pereira-Jerônimo de Almeida-Gaspar de Mendonça), o Jiquiá (fundador não identificado – Francisco Berenguer de Andrade-Antônio Fernandes Pessoa), o Monteiro (Manuel Vaz-Jorge Camelo-Fernão Martins Pessoa-seu genro Francisco Monteiro Bezerra), o Madalena (Pedro Afonso Duro – sua viúva Madalena Gonçalves-Manuel Saraiva de Mendonça – seu filho João de Mendonça), o do Meio (Álvaro Velho Barreto – sua viúva Luísa Nunes-Carlos Francisco Drago), o Tegipió (Antônio de Andrade Caminha-Antônio Fernandes Pessoa), o São Brás (Francisco Tavares-Nuno Alvares-Antônio da Silva Barbosa) e o dos Três Reis Magos (fundador não identificado – Martim Vaz de Moura – sua viúva Isabel Carvalho – seu genro Ambrósio Machado de Carvalho).

[23] O Guararapes (João Pires-seu genro Duarte de Sá – sua neta Felipa de Sá), o Santana (Gregório Lopes de Abreu-Ambrósio de Abreu-Manuel de Souza de Abreu) e o Muribeca (Fernão Soares – sua viúva Catarina de Albuquerque – o segundo marido desta, Manuel Leitão).

[24] O Bulhões (Gregório Alves de Puga-Pero Dias da Fonseca-Bento Luís de Figueiroa – seu genro Antônio de Bulhões), o Mangaré (Fernão Rodrigues Vassalo-Felipe Diniz da Paz), o Novo (Arnau de Holanda – sua viúva Brites Mendes de Vasconcelos-Duarte de Sá-Antônio de Sá da Maia), o Santo André (Arnau de Holanda – sua viúva Brites Mendes de Vasconcelos-João Pires-Duarte de Sá-Antônio de Sá da Maia), o Moreno (Duarte Dias Henriques–Carlos Francisco Drago-Baltazar Gonçalves Moreno), o Suassuna (Fernão Soares–Diogo Soares–João de Barros Correia) e o São Bartolomeu (Francisco do Amaral – sua viúva Maria Lopes-Fernão do Vale).

Nunes, que se declarava "impossibilitada de o poder sustentar e assim os filhos que correram [i. e., administraram] com o dito engenho".[25] Muitos não souberam ou não puderam adaptar-se aos novos tempos. Houve, por fim, a promoção de lavradores de cana a quem as poupanças de anos fastos haviam habilitado a converterem-se em senhores de engenho mercê da inovação tecnológica representada pela moenda de três cilindros. Mas apesar de numericamente significativa, a renovação do grupo senhorial não terá ultrapassado o caráter de um revezamento de indivíduos originários das mesmas categorias sociais.

Os novos proprietários é que compunham majoritariamente a nata da açucarocracia, o estrato superior de senhores de grandes engenhos ou de dois ou mais de tipo médio, embora ela comportasse também um núcleo importante, cerca de ⅓, como vimos, de proprietários quinhentistas.[26] É transparente a razão da sobrevivência destes irredutíveis cuja participação no conjunto da camada superior é proporcionalmente mais relevante que a própria participação dos antigos senhores no conjunto da açucarocracia: tratava-se de indivíduos que através da herança ou do casamento se haviam beneficiado das melhores datas de terra na mata úmida. No estrato médio, a proporção de antigos senhores (¼) era inferior à da nata, mas decorria provavelmente das mesmas causas que haviam operado na camada superior. Com efeito, reaparecem aí os rebentos de alguns dos primeiros sesmeiros.[27] A eles, juntavam-se alguns proprietários recentes que se fixaram na terra, tornando-se os troncos de algumas das famílias que, decorrido um século, entrarão para as genealogias locais.[28] Finalmente, no estrato inferior escasseavam os nomes quinhentistas.[29] A precariedade econômica dos molinotes provocava

---

[25] Fernando Pio, 'Cinco documentos', p. 27.

[26] Jerônimo Pais, genro de Diogo Gonçalves; Paulo Bezerra; João Pais Barreto, primeiro morgado do Cabo e primogênito e homônimo do velho João Pais; Cosmo Dias da Fonseca e Antônio Ribeiro de Lacerda, respectivamente filho e enteado de Pero Dias da Fonseca; Felipe de Albuquerque e Pero Lopes de Vera, filho e genro de Jerônimo de Albuquerque; Antônio de Sá da Maia, filho de Duarte de Sá e neto de João Pires.

[27] Primeiros sesmeiros tais como Jerônimo de Albuquerque, Felipe Cavalcanti e João Gomes de Melo.

[28] Gonçalo Novo de Lira, Rodrigo de Barros Pimentel, Manuel de Novalhas e Uréia.

[29] Alexandre de Moura, João Lins.

revezamento mais intenso que o de regra nas camadas superiores. Foram raros os proprietários recentes que, graças à exploração de uma engenhoca, enraizaram-se privilegiadamente na Nova Lusitânia.[30]

A despeito do decréscimo relativo da açucarocracia quinhentista, algumas das suas famílias beneficiaram-se da renovação do clube, fundando novos engenhos (Pais Barreto, Sá da Maia, Dias da Fonseca, Cavalcanti de Albuquerque), isto é, algumas das linhagens que formam o núcleo da futura nobreza da terra. São elas que conferem o elemento de continuidade de que carecia a açucarocracia como um todo, pois malgrado serem minoritárias, dispunham de trunfo inestimável: a concentração da propriedade açucareira em alguns grupos de parentesco, a cuja progressiva ampliação, através da endogamia praticada inclusive com base na solidariedade de uma comum origem local no Reino (a máfia vianense em Pernambuco, a insular e madeirense na Bahia, identificada por Oliveira França), a açucarocracia ficará devendo a forma ostensiva da sua articulação e coesão.

Em 1623, caso excepcional, a família Pais Barreto são nove engenhos da mata úmida. Outros exemplos, menos conspícuos, são mais reveladores. Os Albuquerques de Sirinhaém são seis engenhos; os herdeiros de Pero Dias da Fonseca, cinco. Cinco engenhos possuem, na terra firme de Itamaracá, os filhos e genros de Felipe Cavalcanti; cinco na ribeira do Capibaribe e na Paraíba os Rego Barros e seu cunhado, Duarte Gomes da Silveira; três na Muribeca os filhos de Duarte de Sá. Estas seis famílias respondiam por cerca de 25% da produção regional de açúcar naquele ano.[31] O peso econômico desses clãs, em contraste com os proprietários isolados ou que ainda escapavam à teia cada vez mais densa das alianças domésticas, atingia provavelmente cifra mais elevada, a qual escapa ao exame à luz das fontes genealógicas relativas aos anos anteriores a 1630.

A instabilidade do grupo senhorial da Nova Lusitânia não pode ser compreendida sem referência a certas características da produção açucareira. Já se mencionou que a parcela do grupo senhorial representada pelos mercadores-senhores de engenho havia fundado ou adquirido fábrica não com a aspiração de enobrecimento informal que a propriedade canavieira ainda não conferia, mas com fins

---

[30] Marcos André, Francisco Berenguer de Andrade, Baltazar de Almeida Botelho.

[31] Gonsalves de Mello, *Fontes*, i, pp. 29-32.

especulativos ou no objetivo de integrar a atividade comercial à fabril, mercê da separação entre a etapa agrícola e a manufatureira, que fazia do senhor de engenho o proprietário do equipamento, e que delegava o cultivo da cana aos lavradores mediante contratos de fornecimento da matéria-prima prevendo a partilha do produto final segundo determinadas proporções. No começo do século XVII, a maioria dos senhores não lavravam a cana que moíam, não dispondo de 'partido da fazenda', mas a cana dos lavradores,[32] seja a cana 'obrigada', produzida pelos partidos cultivados na terra concedida pelo senhor e, em decorrência, dependente da sua fábrica, seja a cana 'livre', proveniente da terra pertencente ao lavrador. Infelizmente, só existem dados quantitativos a este respeito para os anos trinta do século XVII, ao tempo da dominação holandesa. A esta altura, em 91 engenhos (no total de 149) para os quais há informações precisas, 36 (40%) possuíam partidos da fazenda, enquanto os restantes 55 (60%) achavam-se na dependência do fornecimento. Enquanto em média o partido da fazenda proporcionava 25% da cana moída, os partidos de lavradores entravam com nada menos de 75% dela.[33]

Há razões para suspeitar-se de que no período *ante bellum* a dependência com relação à cana dos lavradores tenha sido ainda maior. É provável que o número dos indivíduos capacitados a tomarem partido tenha-se reduzido após os sete anos iniciais de guerra. Dataria de então o começo da tendência secular pela qual o senhor de engenho encarregou-se de parcela crescente da etapa agrícola da unidade açucareira. Ora, devido à descentralização e especialização inerentes ao sistema original,[34] a aquisição e a venda da fábrica pertenciam antes às operações de rotina comercial ou às jogadas especulativas, sobretudo numa conjuntura de euforia como a que prevaleceu no último quartel de Quinhentos, quando a alienação do engenho ainda não se via inibida pela conotação negativa que assumirá depois, quando a sua propriedade houver sido promovida a critério de aferição de *status* nas áreas açucareiras da América portuguesa.

---

[32] *Diálogos das grandezas do Brasil*, p. 87.

[33] Gonsalves de Mello, *Fontes*, I, pp. 142-63 e 165-76.

[34] Sistema que será de resto análogo ao dos 'engenhos centrais' implantados no derradeiro quartel do século XIX, o qual, como o dos primeiros engenhos coloniais, terminou ultrapassado pela reintegração do cultivo da cana e do fabrico do açúcar pela usina.

Para a instabilidade açucarocrática, contribuiu também o absenteísmo de parte do grupo senhorial, o qual, sem alcançar os extremos das colônias inglesas do Caribe, tampouco foi irrelevante. No tempo do primeiro donatário, a fundação de engenhos havia sido iniciativa de indivíduos abastados ou poderosos que continuavam a habitar no Reino, confiando a gestão das fábricas a feitores e agentes. A Coroa encorajou, aliás, o fenômeno, ao conceder aos proprietários residentes no Reino os mesmos privilégios fiscais desfrutados pelos senhores de engenho e lavradores de cana domiciliados na colônia, onde, critério definidor, tinham "mulher e casa".[35] Quando a fazenda régia procurou reduzir tais vantagens, vários destes proprietários absenteístas constituíram testas-de-ferro, associando-os aos lucros ou fazendo deles proprietários fictícios. Ademais, cabe mencionar a atitude que Capistrano de Abreu referiu como "a natural desafeição pela terra". Mesmo os senhorios que haviam vivido longamente entre nós regressavam definitivamente a Portugal, arrendando o engenho ou entregando-o a sócios ou a feitores, em face do maior rendimento da empresa açucareira quando comparado ao de investimentos alternativos no Reino.[36] Prática que também era a de muitos mercadores-senhores de engenho, cuja presença na capitania era provisória.

Mesmo residindo na terra, o senhor de engenho podia viajar ao Reino e aí demorar-se a trato de negócios, por motivo de saúde ou simplesmente para espairecer, como fez, para citar exemplo ilustre, o autor dos *Diálogos das grandezas do Brasil*. Tendo sido no começo da vida feitor de proprietário absenteísta, Ambrósio Fernandes Brandão deixou seu engenho de São Bento para residir compridos anos na sua quinta da calçada do Combro em Lisboa, absorvido pelos seus estudos de cosmografia, antes de retornar definitivamente.[37] Havia também quem, permanecendo na Nova Lusitânia, preferisse arrendar a propriedade, por comodismo, mentalidade de rentista ou porque, dono de mais de um engenho

---

[35] [Instituto do Açúcar e do Álcool], *Documentos para a história do açúcar*, 3 vols., Rio de Janeiro, 1954-1963, I, pp. 143-5, 158, 262.

[36] *Diálogos das grandezas do Brasil*, p. 79.

[37] Gonsalves de Mello, *Estudos pernambucanos*, p. 56.

ou engajado em outras atividades, não tivesse tempo de geri-los.[38] Quando o senhor falecia na terra, ocorria que a família domiciliada em Portugal optasse por arrendar ou confiar o engenho a feitor; ou que os herdeiros delegassem a gestão a um deles. Mesmo quando o reinol não regressasse à metrópole, o filho mazombo podia fazê-lo, indo viver para lá graças aos réditos da exploração. O absenteísmo senhorial criou a sua coorte de homens de palha, que freqüentemente aparecem nos documentos à frente dos engenhos em lugar dos verdadeiros donos.

Deve-se incluir os lavradores de cana num exame da composição da açucarocracia *ante bellum*? Numa fase em que ainda não se verificara a deterioração do seu *status* sócio-econômico, então mais próximo dos senhores de engenho do que ocorrerá a partir da segunda metade de Seiscentos quando a crise do preço do açúcar impuser os reajustamentos que se saldarão muitas vezes em prejuízo seu, estes sócios menores do grupo senhorial representavam um estrato importantíssimo. No segundo decênio do século XVII, eles deviam somar entre 500 a 600 indivíduos, quatro vezes mais numerosos que os senhores de engenho. É certo que a propriedade da fábrica e, na maioria dos casos, a da terra os distanciavam, mas comum a ambos havia laços de parentesco e a condição de proprietários de escravos. Seria preferível ter os lavradores de cana na conta de um 'anexo' (Stuart Schwartz) da açucarocracia, devido à heterogeneidade que os caracterizava como grupo, de maneira mais acusada que a predominante entre senhores de engenho. Em 377 lavradores cuja produção se conhece para os anos trinta do século XVII, 71% forneciam apenas entre 2 e 20 tarefas.[39]

---

[38] Testamento de Antônio de Sá da Maia, Olinda, 5.VII.1629, ANTT, Habilitações à Ordem de Cristo, F, 28, n. 5.

[39] Seu investimento não ultrapassava 5, 10 ou 12 escravos, 2 ou 3 carros e 3 ou 4 juntas de bois, sendo bem inferior, portanto, ao do lavrador abastado, detentor de 40 tarefas. Os 29% restantes compreendiam na sua grande maioria fornecedores de 21 a 40 tarefas, sendo raros os de mais de 50. Se utilizarmos dados posteriores à ocupação holandesa, teremos que na Várzea em 1664-1666, o lavrador mais rico pagava até 18 vezes mais imposto que o lavrador mais pobre, e na freguesia do Cabo, 20, enquanto entre os senhores de engenho a diferença variava entre 3,3 na Várzea e 4,5 vezes no Cabo: Gonsalves de Mello, *Fontes*, I, pp. 142-75 e 188; e 'A 'finta para o casamento', pp. 27-8, 55, 58; 'Rol da finta que se fez na freguesia do Cabo' (1665), coleção José Mindlin (São Paulo). O estudioso do assunto dispõe também do rol da freguesia da Muribeca, o qual se encontra no Arquivo Histórico Ultramarino, mas extraviado entre os papéis avulsos relativos à Paraíba, 1. A tarefa equivalia à quantidade de cana suficiente para uma moagem de 24 horas.

Cumpre, aliás, rever a noção de que inexistiria diferença de *status* entre senhores de engenho e lavradores de cana,[40] pois não é crível que, mesmo no caso em que tivesse havido originalmente tal homogeneidade, ela pudesse haver resistido por muito tempo a disparidades tão acentuadas de posição econômica. Na Várzea em 1665, o imposto pago pelo mais abastado senhor de engenho era 3,6 superior ao do mais rico lavrador de cana; em 1666, a margem chegava mesmo a 5,7. No Cabo, o senhor do engenho Jurissaca pagava de tributo 2,8 vezes mais do que o mais próspero dono de partido. Se muitos lavradores procediam das mesmas camadas onde se recrutava a açucarocracia, os documentos inquisitoriais de 1591-1595 apontam a predominância dos grupos de mais baixa renda: filhos de lavradores e de artesãos do Reino e eles próprios oriundos de atividades artesanais e assalariadas nos engenhos: feitores, mestres de açúcar, carpinteiros, pedreiros que trocavam o ofício pelo partido de cana, localizado muitas vezes na propriedade em que trabalhavam. O nível de renda dos lavradores pobres era praticamente o mesmo dos oficiais de engenho qualificados. Em 1664-1666, os mestres de açúcar, os purgadores, os banqueiros dos engenhos da Várzea satisfaziam imposto do mesmo montante que o dos lavradores de condição modesta.

A identificação entre senhores e lavradores ocorreu com relação aos lavradores abastados, a menos que não interviesse o parentesco: é comum encontrarem-se como lavradores o filho, o genro, o irmão, o primo ou o sobrinho do senhor de engenho, casos em que os laços de família poderão ter ajudado a anular a distância econômica. A este estrato superior, pertenciam os lavradores oriundos do comércio e da burocracia, como os que, numerosos, dão a aparência de um *continuum* social entre ambos estratos. A eles, é que seria dado igualar-se em cabedal a muitos senhores, especialmente aos donos de molinotes, e até mesmo comparar-se-lhes favoravelmente, ao acumular a propriedade da engenhoca com a exploração de um grande partido em engenho vizinho.[41] No Cabo em 1666, o senhor de um molinote era tributado na mesma faixa dos lavradores abastados. Foram eles que se beneficiaram do processo transformando lavradores em senhores, o qual ganhará

---

[40] C. R. Boxer, *Portuguese Society in the Tropics*, p. 105; e Stuart Schwartz, 'Free labor in a slave economy', pp. 175-7.

[41] Gonsalves de Mello, *Fontes*, I, pp. 144-5.

relevo na segunda metade de Seiscentos, mas que já se pressente nos decênios iniciais. Ao alcance do lavrador enriquecido é que estava realizar a ambição do seu grupo, a aquisição ou fundação de engenho próprio. Inversamente, ao senhor arruinado restava a possibilidade de reciclar-se em partido de cana.

As vésperas da invasão holandesa, a açucarocracia da Nova Lusitânia distava de corresponder à imagem convencional legada pela historiografia nativista, a de uma classe estável do ponto de vista da sua composição, recrutada entre fidalgos de província e atuada por valores castiçamente agrários, uma imagem de força e de imobilidade, que, forjada em outra época, projetou-se anacrônica e idealizadamente sobre o nosso mais remoto passado. Bem pesadas as coisas, a infixidez, o temporário era o que caberia esperar de um grupo improvisado em sociedade apenas transplantada, armas e bagagens, para a terra nova, e cuja população livre participava de surpreendente mobilidade geográfica e de sensível versatilidade ocupacional. Não havia como fugir à regra, ao tom dominante da existência na América portuguesa do primeiro século de colonização. O enraizamento da açucarocracia pelos bens e pelo sangue, sua decantação em nobreza da terra, havia de constituir um processo demorado, e no caso da Nova Lusitânia, penoso, de vez que, apenas encetado, viu-se brutalmente subvertido pela guerra e pela ocupação estrangeira.

Se no período *ante bellum* as diferenças no recrutamento da açucarocracia e na cronologia da sua fixação na capitania não chegaram a gerar antagonismos profundos, a situação mudou radicalmente em conseqüência da dominação holandesa. Esta deu origem a clivagens que se esboçaram desde o fim da resistência e que voltaram à tona durante a restauração e ao longo dos primeiros decênios *post bellum*.[42] Pode-se dizer que o período batavo baralhou completamente as cartas, remodelando a açucarocracia em três estratos distintos. O primeiro formavam-no os senhores de engenho que se havendo inicialmente retirado para a Bahia, regressaram a partir de 1645 e, sobretudo, de 1654 para reaver suas propriedades. Fernandes Gama pretenderia que, enquanto esses senhores emigrados correspondiam aos descendentes dos povoadores duartinos, os proprietários que haviam

---

[42] Para o que segue, Cabral de Mello, *Olinda restaurada*, pp. 317 ss..

permanecido entre os holandeses seriam os colonos lusitanos de origem recente na terra, nela enriquecidos, mas destituídos, ao contrário daqueles, de sentimento local. Tal associação é improcedente. Entre as antigas famílias como entre as novas, houve quem partisse e quem ficasse, quem resistisse e quem colaborasse; e a decisão num sentido ou no outro teve seguramente a ver menos com o ânimo individual do que com a possibilidade material de fazê-lo nas circunstâncias da guerra. O exílio atingiu perto da metade da açucarocracia; nada menos de 65 engenhos num total de 149 foram desamparados pelos donos. Com a queda da Paraíba (1634), muitos dos seus senhores retiraram-se para Pernambuco; com a rendição do Arraial Velho e do Cabo (1635), foi a vez de os proprietários pernambucanos porem-se em marcha sob a proteção do exército hispano-luso-brasileiro em rota batida para Alagoas e, também perdida esta área, para a Bahia.

A segunda camada da açucarocracia luso-brasileira do período batavo compunha-se dos que haviam permanecido no Nordeste na posse dos seus engenhos, quer sua atitude fosse de colaboracionismo, de cumplicidade e ou de reserva para com os invasores. A grande maioria desse grupo era efetivamente formada de proprietários recentes estabelecidos desde o começo de Seiscentos. Não faltaram, porém, os representantes de famílias principais, os descendentes de povoadores quinhentistas, os detentores de nomes localmente ilustres. Colaboracionistas os houve desde o início da guerra, muito antes da derrocada de 1635, em especial em Igaraçu e Goiana, distritos mais afetados pela estratégia holandesa de ataques ao interior. Isto para não falar num partido da paz, favorável à composição e desejoso de se livrar da presença dos irmãos Albuquerque, cujos interesses patrimoniais eram grande óbice à cessação das hostilidades. Partido que pode ter sido constituído pela mesma facção anti-donatarial surgida em Pernambuco no segundo e terceiro decênios de Seiscentos, com o apoio dos governadores gerais e cuja figura de proa fora o morgado do Cabo, o segundo João Pais Barreto.

Francis A. Dutra examinou a luta, que perturbara a sonolência *ante bellum*, pela defesa dos privilégios donatariais diante das tendências centralizadoras do governo geral na Bahia.[43] As facções não parecem corresponder a clivagens sócio-econômi-

---

[43] Dutra, 'Centralization vs. donatarial privilege', pp. 19-60.

cas, mas a clientelas locais, a primeira há muito implantada em Pernambuco, onde crescera à sombra da administração donatarial e da numerosa parentela dos Albuquerque Coelho; a outra, recente mas estimulada pela presença, na capitania, dos governadores gerais dos primeiros decênios do século XVII, encorajados pelo vazio decorrente da minoridade do quarto donatário, Duarte de Albuquerque Coelho. Como seria de prever numa disputa do gênero, ela travou-se em torno do preenchimento dos cargos administrativos e militares, de modo que não se pode imputar à açucarocracia o papel de baluarte do partido donatarial e da autonomia local. Obviamente, este sistema de governo, a despeito dos impostos donatariais, inexistentes nas capitanias da Coroa, devia oferecer-lhe mais atrativos (o absenteísmo dos donatários a atuarem de Lisboa através de locotenentes e de uma administração escolhida na sua clientela de senhores de engenho) do que a ingerência desconfiada e constante do governo geral nos negócios da terra.

Como as fontes não permitem esclarecer a composição dos partidos, tudo o que se pode asseverar é que a açucarocracia se cindiu entre donatariais e centralistas. Aproveitando-se do parentesco com primo homônimo, cunhado do morgado do Cabo, o governador geral D. Luís de Souza atraiu a mais rica família açucarocrática, os Pais Barreto, nomeando capitão-mor de Pernambuco o próprio morgado. Esta será, aliás, a primeira vez em que os Pais Barreto assumirão atitude oposta às aspirações autonomistas: seu comportamento será o mesmo em 1710-1711 e em 1824. Demasiada coerência histórica para ser produto do acaso? Em 1602-1621, a maioria do grupo senhorial não se terá alinhado com os Pais Barreto, mas com a Câmara de Olinda, com Cristóvão de Albuquerque e com a facção donatarial. Não se tratava apenas de reflexo clânico, mas também de interesse financeiro. O mesmo D. Luís de Souza procurara por cobro às irregularidades na exportação de açúcar privilegiado, o que lhe terá acarretado a antipatia de senhores, lavradores de cana e comerciantes, beneficiários de tais abusos, os quais, ao encerrar-se o século XVI, já dariam à Coroa prejuízo anual da ordem de 200.000 cruzados.[44]

---

[44] Domingos de Abreu e Brito, *Um inquérito à vida administrativa e econômica de Angola e do Brasil*, Coimbra, 1931, p. 66.

Se os colaboracionistas ativos foram poucos, embora incluíssem membros de linhagens que serão canonizadas nas genealogias, a maioria dos senhores de engenho que permaneceu entre os holandeses adotou comportamento de prudente distância e de profilaxia cultural, o qual, se não podia excluir as indispensáveis relações comerciais, chegava até mesmo às suspeitas de conspiração contra o governo holandês (1638) e à acolhida de campanhistas luso-brasileiros procedentes da Bahia. As autoridades de Salvador eram as primeiras a reconhecer a fidelidade destes colonos, ao proibirem os guerrilheiros de tocarem fogo em seus canaviais, retaliação, em princípio, reservada às propriedades de colaboracionistas, geralmente identificados com a condição de cristão-novo; e, com efeito, entre eles, vários foram os senhores de origem indubitavelmente marrana. Mas a generalização presta-se a reparos quando se tem em vista, entre outros, os herdeiros de Ambrósio Fernandes Brandão, que se retiraram para Castela após a queda da Paraíba. É plausível, portanto, que neste particular tenha atuado a diferença, própria à comunidade cristã-nova da península ibérica, que a dividia entre adeptos mais ou menos firmes da crença ancestral e os assimilados, autêntica ou aparentemente, à religião católica.

Por fim, a terceira camada da açucarocracia luso-brasileira durante o domínio holandês compreendia um punhado de indivíduos que se tornaram senhores mediante a venda financiada pelo governo holandês, dos engenhos confiscados aos emigrados. Como medida de segurança, teria sido preferível reservar o favor aos nacionais dos Países Baixos, mas falou mais alto a conveniência de pôr o sistema produtivo a render no mais breve prazo. Dos 44 engenhos revendidos em 1637, cerca da metade foram adquiridos por cidadãos neerlandeses, funcionários da Companhia das Índias Ocidentais, chefes civis, militares e burocratas do Recife, a que se somaram comerciantes. Dos restantes, 6 foram arrematados por três ou quatro negociantes sefarditas vindos na esteira da ocupação, e 17 por luso-brasileiros já estabelecidos na terra.[45]

Destes, todos ou quase todos eram ligados à atividade açucareira: alguns já eram senhores de engenho quando da invasão, aproveitando-se das circunstâncias para

---

[45] J. A. Gonsalves de Mello, 'A nação judaica do Brasil holandês', RIAP, 48 (1976), pp. 237-8.

adquirir as propriedades confiscadas a vizinhos emigrados; outros, eram homens de negócio; ainda outros, lavradores de cana. Nos oito anos seguintes, o número destes novos proprietários só fez aumentar, pois vários holandeses, inexperientes da lavoura da cana e do fabrico do açúcar numa conjuntura de crise do preço do produto, repassaram suas fábricas a gente da terra, administradores ou sócios, como fez Jacob Stachouwer com seu feitor, Fernandes Vieira.[46] As autoridades batavas não se opuseram, calculando provavelmente que a nova classe de senhores luso-brasileiros, temerosa do retorno dos proprietários confiscados em caso de restauração da suserania lusitana, lhes permaneceria fiel, servindo de esteio à dominação batava no meio rural, erro de cálculo que lhes custará caro.

A revolta de 1645 e a guerra que se seguiu afetaram diversamente os interesses e as atitudes das três camadas. Antigos e novos proprietários participaram da luta. Para os senhores expropriados, o congelamento a que o tratado de trégua entre Portugal e os Países Baixos (1641) submetera a questão dos engenhos confiscados, tornara a insurreição indispensável, donde o papel de vários deles na Bahia e depois em Pernambuco como oficiais do exército restaurador. Por sua vez, para os novos proprietários, tratava-se de impedir que o movimento fosse feito contra eles, capitalizando o fato de que o êxito do plano sedicioso dependia do seu auxílio. Tampouco lhes deixava opção o grau de endividamento a que haviam chegado em conseqüência da aquisição e do apontamento das fábricas. Se a Coroa portuguesa se dispunha a provocar uma rebelião em Pernambuco, melhor aderir a ela desde o começo, controlando-a, do que largá-la à iniciativa dos exilados. Este provavelmente foi o cálculo dos que, como Fernandes Vieira, puseram-se à frente da revolta ou vieram a apoiá-la. Destarte os interesses agrários que deveriam ter servido de suporte à consolidação do Brasil holandês voltaram-se contra quem os promovera.

Quanto aos senhores luso-brasileiros que haviam permanecido sob o domínio holandês, a escolha afigurava-se igualmente penosa. Escabreados pelo fracasso da armada restauradora do conde da Torre em 1640, tinham de pesar detidamente os prós e os contras da empreitada insurrecional, que podia liberá-los das dívidas em

---

[46] J. A. Gonsalves de Mello, *Tempo dos flamengos*, p. 132.

que também tinham incorrido ou levá-los à forca. Mesmo descontando o exagero com que os panegiristas de Fernandes Vieira descreveram seu protagonismo no movimento, não há como negar que a maioria dos donos de engenho sentou-se no muro durante o inverno crucial de 1645, só aderindo após os primeiros triunfos militares, que de qualquer maneira cortavam suas relações com o governo e o comércio holandeses do Recife. A oposição a Vieira partiu deste setor. A atribuição da chefia, em pé de igualdade, a ele e a Antônio Cavalcanti, decorreu da conveniência de contentar o grupo que vira com hostilidade a sua ascensão social durante o domínio holandês e que se ressentia do papel assumido por ele. À oposição viriam aliar-se os senhores expropriados, cientes de que a anulação dos confiscos teria de passar pela destituição do madeirense. As manobras que o visaram procediam de "parentes de sua mulher",[47] isto é, membros de famílias principais, como de funcionários régios vindos da Bahia, de concerto com os emigrados. A açucarocracia *ante bellum* refazia sua solidariedade contra o estrato de criação neerlandesa. Só a unificação da chefia militar na pessoa de um estranho à terra, Francisco Barreto de Menezes, permitirá conter a conflitividade dos interesses. Mas as clivagens açucarocráticas não esgotam evidentemente o significado dos antagonismos, que permaneceram vivos ao longo da guerra.

Os proprietários confiscados sabiam que somente a derrota final dos neerlandeses lhes oferecia a perspectiva de reaverem seus bens; e os novos proprietários estavam conscientes por sua vez de que somente sua participação sem reservas no esforço bélico lhes permitiria captar o reconhecimento dos seus direitos pela Coroa portuguesa. Ambos os lados apoiavam a restauração por motivos opostos e cada qual entrava na luta apenas para impedir que o outro entrasse sozinho. Terminada a guerra, o conflito deu lugar a prolongado litígio. A Coroa, que temia naturalmente os efeitos desestabilizadores de uma decisão, procrastinou quanto pôde o julgamento da disputa, e quando finalmente resolveu arbitrar, fê-lo prudentemente, deixando cada caso à negociação entre os contendores. A querela só foi solucionada vinte anos decorridos da capitulação holandesa, altura em que era tempo de cerrar fileiras para enfrentar o desafio nascente dos mascates.

---

[47] Diogo Lopes de Santiago, *História da guerra de Pernambuco*, p. 421.

A restauração pernambucana forjou-se assim sobre a coalizão necessariamente instável das camadas açucarocráticas do período holandês. Ela proporcionou, aliás, a oportunidade a um grupo reduzido de oficiais luso-brasileiros de forçarem as portas da açucarocracia, em que ingressaram pelo casamento e pela aquisição de engenho. O caso-limite foi o de Vidal de Negreiros. Se o confisco das propriedades dos emigrados brindara Fernandes Vieira com a oportunidade de subir na vida, a restauração fez a fortuna de Vidal. A despeito de filho de artilheiro radicado na Paraíba, a guerra ainda não terminara e ele já era senhor do engenho São Francisco, na Várzea, deixando, ao falecer em 1680, nada menos de cinco fábricas, inúmeros currais de gado e datas de terra em diversos lugares.[48] Aquém deste exemplo, repontam os desempenhos menos brilhantes de outros oficiais luso-brasileiros.[49]

O período 1654-1710 foi de estagnação e crise econômica e de luta pelo poder local: o sistema açucareiro devastado, com o Rio Grande, a Paraíba, a capitania de Itamaracá e o norte de Pernambuco a serem repovoados; os preços do açúcar em queda pronunciada, de que só parcialmente se recuperariam no primeiro decênio de Setecentos; o círculo vicioso de fiscalidade escorchante e de falta de recursos para a reconstrução do sistema açucareiro destruído pela guerra; a violência e a criminalidade endêmicas, fomentadas por um exército numeroso em tempo de paz, pelo crescimento assustador dos quilombos, pelas querelas entre os antigos senhores de engenho, outrora despojados pelos holandeses de suas propriedades, e os novos senhores que as haviam adquirido; a tensão decorrente ora dos conflitos entre o governador e a Câmara de Olinda ou entre eles e o governador-geral da Bahia, ora das rivalidades entre reinóis e mazombos, as quais não se restringiam à açucarocracia e ao comércio recifense mas dividiam também a burocracia régia e o clero. Os restauradores e seus descendentes acreditavam-se com melhor direito às funções públicas do que os forasteiros que a Coroa nomeava, ao passo que as ordens religiosas, como os beneditinos, franciscanos e oratorianos não escapavam a disputas oriundas do quadro sócio-político que gerará a guerra dos mascates.

---

[48] J. A. Gonsalves de Mello, *Testamento do general Francisco Barreto de Menezes*, Recife, 1976, p. 24.

[49] Como os de Jerônimo de Inojosa, Clemente da Rocha Barbosa, João Batista Acióli e Nuno Camelo, Borges da Fonseca, *Nobiliarquia pernambucana*, I, pp. 51, 81, 113, 156, 171; II, pp. 13, 63 e 91.

A restauração tornou-se assim a bandeira de todas as reivindicações. A distinção entre quem se batera contra o holandês e quem chegara depois para locupletar-se do esforço alheio, permeia a atitude dos grupos há muito enraizados. Considerada mesquinha, a recompensa pela Coroa dos serviços prestados durante a guerra cristalizou os ressentimentos, no momento em que, passando à sua nova condição de capitania d'El-Rei, Pernambuco sentia, pela primeira vez em tempo de paz, todo o peso da administração régia. Inicialmente, a mentalidade exclusivista operara entre militares, funcionários, proprietários rurais, mas com a aceleração, ao longo da segunda metade de Seiscentos, da imigração portuguesa, os mascates, pequenos comerciantes que se enriqueciam transformando-se em mercadores de grosso trato e em credores dos pró-homens da capitania, passaram a ser visto como os grandes intrusos.

Solucionada, nos anos setenta, a querela dos engenhos, a açucarocracia tratou de suprimir suas desavenças para enfrentar o novo rival. A linha de separação situou-se agora entre a atividade agrícola e a mercantil, entre a nobreza da terra, expressão consagrada nesta época, e os mascates do Recife, que representavam o grande desafio à dominação agrária. Não se tratava apenas do conflito entre credores urbanos e devedores rurais. Também no período *ante bellum*, os senhores de engenho endividavam-se pesadamente com os mercadores, sem que se desembocasse na guerra civil ou sequer nas tensões que a precederam. A coisa ia muito mais longe. Enquanto o comércio da Nova Lusitânia, dominado pelos cristãos-novos, nomádicos e cosmopolitas, não chegara a arraigar-se na capitania, os mascates, cristãos-velhos de origem humilde, desembarcavam do fundo de suas aldeias do norte de Portugal com o ânimo de se estabelecerem definitivamente, e embora a princípio se dedicassem apenas aos afazeres mercantis, mais cedo ou mais tarde pretenderam partilhar o poder local.

Se o antagonismo entre a lavoura de exportação e o comércio português constituiu a forma predominante do conflito horizontal de classes na sociedade colonial brasileira,[50] em Pernambuco ele atingiu uma virulência desconhecida no resto da

---

[50] Kostas Papaioannou, *De Marx et du marxisme*, Paris, 1983, pp. 222, 234-5, para a distinção entre conflito horizontal e conflito vertical de classes.

América portuguesa. Pondo de lado a chamada 'guerra dos emboabas', que não correspondeu a uma luta entre interesses agrários e mercantis, girando em torno do acesso às áreas de mineração recém-descobertas, a regra geral na Bahia e no Rio da segunda metade do século XVIII, foi a acomodação, quando não a integração entre proprietários rurais e comerciantes reinóis, mesmo se permanecia latente o conflito entre o objetivo do comércio português de se apropriar da parte do leão do excedente da produção escravista e o esforço da grande lavoura por preservar sua fatia do bolo. O caso de Pernambuco discrepou sensivelmente do que ocorria em outras áreas da colônia. Ali, a polarização foi a norma até 1710-1715; e se ao longo da prolongada estabilidade do seu setecentismo, uma transação, de bom ou de mau grado, finalmente se impôs, é que para a nobreza da terra não restava alternativa após a *débâcle* da guerra dos mascates.

A especificidade do processo pernambucano pode ser apreendida mediante comparação com a sociedade baiana desta segunda metade do século XVII, comparação abonada pela semelhança de condições ecológicas, econômicas e sociais que aparentavam o Recôncavo baiano e a mata pernambucana. A par das convergências, o modelo baiano e o pernambucano discreparam em importantes aspectos. O primeiro diz respeito ao grau de integração de ambas as camadas. Se a monopolização das oportunidades comerciais eliminava a entrada de brasileiros na atividade mercantil, a integração podia dar-se através do casamento de mercadores portugueses na nobreza da terra. Enquanto no Pernambuco seiscentista, esta resistiu a aceitá-los por discriminação social e preconceito nobiliárquico, só parecendo freqüentes os matrimônios com funcionários e militares lusitanos, na Bahia "uma proporção expressiva de comerciantes casou-se diretamente em famílias já estabelecidas no comércio e na propriedade rural, uma clara indicação de que os mercadores eram considerados aceitáveis e até desejáveis como genros da elite local".[51]

---

[51] Rae Flory e David Grant Smith, 'Bahian merchants and planters in the Seventeenth and early Eighteenth centuries', HAHR, 58 (1978), p. 577. Em todo caso, o cotejo entre ambos os modelos indica que uma teoria do conflito entre a lavoura de exportação e o comércio colonial no Brasil deveria partir do reconhecimento das diferentes situações nos centros de produção escravista.

Outra diferença significativa: enquanto na Bahia os comerciantes portugueses ingressavam nas irmandades religiosas ou na Santa Casa de Misericórdia, misturando-se a senhores de engenho e funcionários régios, em Pernambuco negou-se-lhes acesso às entidades congêneres, a ponto de surgirem confrarias senhoriais e mercantis. O espírito de exclusão prevaleceu até a guerra dos mascates no tocante aos postos de comando das milícias rurais e aos cargos de administração municipal, que constituíam as principais posições locais de poder político e de prestígio social. Por volta de 1680, os comerciantes da Bahia ocupavam metade das patentes de ordenanças em Salvador e no Recôncavo; em Pernambuco, os casos esporádicos de acesso de mascates a tais postos, malgrado só se verificarem no Recife, provocavam a indignação da nobreza. Ao passo que os negociantes portugueses logravam penetrar na Câmara de Salvador, eram repelidos na de Olinda. Em resumo, enquanto na Bahia a grande lavoura adotava uma atitude de relativa flexibilidade, que tendia a reduzir e a absorver o antagonismo latente, a açucarocracia pernambucana oferecia intransigente resistência à promoção social e política dos comerciantes reinóis.

Para compreender a acomodação num caso e o conflito no outro, escasseia informação mais completa acerca da produção escravista, especialmente sobre duas das principais variáveis, a evolução do preço dos escravos e das taxas de juro no Recife e em Salvador na segunda metade do século XVII e começos do XVIII. É pouco provável, aliás, que a lacuna seja jamais colmatada. Com referência ao preço da mão-de-obra, apenas se pode conjecturar que o desenvolvimento do comércio entre o Brasil e a costa da África colocou Salvador em posição privilegiada em comparação com o Recife, e que, por conseguinte, a açucarocracia baiana terá podido obter, em conjuntura desfavorável do preço do açúcar, um suprimento de escravos mais abundante e barato do que a sua contraparte pernambucana e um mercado mais compensador para seu fumo, ressarcindo-se das perdas causadas pelo declínio do preço do açúcar no mercado externo, o qual, considerado estatisticamente, afetou indistintamente o Recôncavo baiano e mata pernambucana.

CAPÍTULO V

A metamorfose da açucarocracia (2)

As limitações do conhecimento histórico, a que se fez referência no final do capítulo anterior, não devem inibir a investigação de ser encetada ali onde pode produzir resultados, em primeiro lugar, no plano da luta pelo poder local e pela conquista e preservação de posições; e, em segundo, no tocante ao que se costuma designar por 'atitudes mentais', 'representações coletivas' e 'imaginário social'. O comportamento da açucarocracia pernambucana seria de todo ininteligível sem a referência ao passado recente, a experiência da ocupação holandesa e da restauração. A metamorfose da açucarocracia em 'nobreza da terra', que desempenhou papel-chave na luta contra a mascataria, pode ser descrita em termos de três manifestações conexas. A primeira, o uso generalizado da expressão; a segunda, o aparecimento de um discurso e de uma prática genealógicos; e a terceira, a idéia do caráter aristocrático da colonização do Pernambuco *ante bellum*, um dos mais caros *topoi* do imaginário nativista.

Nesta conflitiva segunda metade de Seiscentos, a açucarocracia pernambucana passa a autodesignar-se pela mesma expressão consagrada no Reino para denominar as oligarquias municipais. As mutações do vocabulário da estratificação social permitem reconstituir o processo. Da fundação da capitania ao século XVII, as palavras utilizadas para nomear os colonos haviam sido as de 'moradores' e 'povoadores'. Assim se exprimiam os documentos oficiais dos começos da conquista, como a correspondência do primeiro donatário, Duarte Coelho. Aos poucos, foi-se abandonando o segundo termo em favor do primeiro, ao menos naquelas áreas onde a ocupação lusitana lançara raízes, e onde, portanto, já não era questão de desbravar, mas de amanhar e granjear. Escusado assinalar que 'moradores' referia-se apenas aos habitantes de condição livre e de origem européia, excluindo os escravos africanos e o 'gentio da terra', congregado ou não nas aldeias.

No mesmo sentido de 'moradores', usou-se, com menos freqüência, a palavra 'povo', que ainda tinha a acepção do terceiro estado no esquema trifuncional da Idade Média (clero, nobreza e povo), constitucionalmente encarnado em Portugal e nas monarquias européias do Antigo Regime, nos três 'braços' ou 'ordens' reunidos em Cortes ou parlamento. 'Moradores' era, aliás, vocábulo que englobava na colônia todas as 'condições de gente' que formavam no Reino o braço popular, como se vê nas classificações, calcadas nas 'Ordenações' e outros textos legais, que discriminavam a composição do terceiro estado, como as mencionadas cartas de Duarte Coelho e os *Diálogos das grandezas do Brasil*: mareantes, mercadores, artesãos, assalariados e lavradores, estes últimos, adaptado o elenco ao Brasil, divididos em senhores de engenho, lavradores de cana e de mantimentos.[1] Os colonizadores do Brasil pertenciam assim à ordem popular, sua condição geral sendo a plebéia, o que, em face da presença rala e excepcional de pessoas nobres na colônia, dispensava a necessidade de se lhes abrir categoria especial. Até então, havia nobres na terra, mas não havia uma nobreza da terra, se entendermos a palavra na acepção da segunda metade do século XVII.

No Reino, também se costumava denominar de 'homens principais' os membros das oligarquias municipais, expressão inicialmente adotada na capitania, como adjetivo ou substantivo: 'homens principais', 'os principais moradores', 'os principais de Pernambuco'; e suas famílias, 'famílias principais'. Subsidiária ou alternativamente, recorria-se aos adjetivos 'honrados', 'bons, 'graves', 'melhores', 'nobres', ou a expressões como 'pessoas de mais respeito' ou 'de mais consideração', 'moradores de distinção' ou 'de mais qualidades' ou de 'mais grossas fazendas'.[2] É a este respeito reveladora a parcimônia com que as *Memórias diárias* do quarto do-

---

[1] *Cartas de Duarte Coelho a El Rei*, p. 99; *Diálogos das grandezas do Brasil*, pp. 9-10; Magalhães Godinho, *Estrutura da antiga sociedade portuguesa*, p. 101.

[2] Calado, *O valeroso Lucideno*, passim; Diogo Lopes de Santiago, *História da guerra de Pernambuco*, passim; Brito Freyre, *Nova Lusitânia*, passim.

natário, baseadas em relações escritas no contacto quotidiano com os moradores da capitania, emprega a palavra 'nobre' ou 'fidalgo', apelando para as perífrases.

Em Portugal como no Brasil, 'principal' não era empregado de maneira unívoca. Em primeiro lugar, denotava riqueza, afluência, grandes cabedais. Em segundo, aplicava-se ao indivíduo que exercia poder local, seja por ocupar cargos públicos, pertencendo 'aos da governança da terra', seja por dispor de clientela ou de séquito de homens livres e de escravos, seja finalmente por ocupar uma qualquer posição proeminente, donde 'principal' ser também usado para nomear os chefes indígenas. Ao listar as 'pessoas principais' presentes na batalha das Tabocas, Diogo Lopes de Santiago incluiu dois religiosos e alguns capitães e não trepidou em acrescentar dois 'criados' de Fernandes Vieira,[3] 'criados' não no sentido de serviçais mas de agentes grados da sua casa ou de encarregados dos seus negócios. Por fim, 'principal' assinalava o indivíduo de estirpe: 'homem nobre e principal', 'homem principal e fidalgo', e isto independentemente de possuir cabedais ou deter poder político, havendo quem fosse exclusivamente definido pela sua condição de nobre, de 'pessoa muito nobre', de 'morador dos mais nobres', de 'mulher das mais nobres de Pernambuco'.

Que nobreza e afluência não eram categorias rigorosamente coextensivas, embora se sobrepusessem amplamente, é o que sugere a crônica de Calado ao narrar a prisão de um proprietário de Porto Calvo, "um dos principais moradores daquele distrito, o qual por via de riqueza possuía dois engenhos de açúcar com as moendas d'água e canaviais próprios; e em diferentes partes, muitas terras e currais de gado e muitos escravos e largo cabedal; e por via de nobreza a tinha suficientemente por si e por sua mulher". Outro exemplo: embora Antônio Cavalcanti e Francisco Berenguer de Andrade fossem sabidamente nobres, Fernandes Vieira tivera de concorrer financeiramente para o casamento de seus filhos devido à "pobreza" em que viviam.[4] Nas crônicas luso-brasileiras do período holandês, base deste inventário terminológico, encontram-se menções a 'homens nobres e

---

[3] Diogo Lopes de Santiago, *História da guerra de Pernambuco*, p. 260.

[4] Calado, *O valeroso Lucideno*, II, pp. 44 e 135-6.

principais', 'homens nobres', 'pessoas nobres e ricas' mas bem raras alusões aos 'nobres de Pernambuco' e aos 'nobres da terra'. Quanto ao uso da expressão 'nobreza da terra', só a encontrei na denúncia anônima de certo capelão contra o governo de Vieira, a quem acusa de fazer pouco caso da 'nobreza da terra', destratando-a e humilhando-a.[5]

A alusão ao esquema trifuncional acha-se no manifesto pelo qual "o povo e nobreza e clero e gente de guerra de Pernambuco" confiou a Fernandes Vieira a direção do levante de 1645.[6] Curiosa trifuncionalidade a sua, a começar pela subversão com que é enumerada; antes uma tetrafuncionalidade, indicativa da usura do esquema medieval: a função bélica da nobreza estando esquecida ou preterida, tornara-se necessário acrescentar a referência à 'gente de guerra', isto é, ao exército de colonos, negros e índios improvisado para combater o inimigo e transformado numa quarta força cuja existência convinha reconhecer lugar à parte na ordenação sócio-política da capitania. As categorias segundo as quais os signatários apuseram suas firmas tampouco correspondem de maneira estrita ao esquema dos três estados: "oficiais da milícia", "oficiais da Câmara e da república do distrito da vila de Olinda", "eclesiásticos" e "pessoas principais de Pernambuco".[7]

Na América portuguesa apenas colonizada, onde as posições e as fortunas eram de aquisição recente, não se poderia exigir um rigor vocabular que, aliás, tampouco existia no Reino. A palavra 'povo', por exemplo, podia ocasionalmente incorporar os próprios nobres e não só os indivíduos cuja situação jurídica se achava habitualmente referida no terceiro termo da fórmula trifuncional. O costume consistia em invocar, como nas representações da Câmara de Olinda a El-Rei, "a Câmara e o Povo", sem menção especial às duas primeiras ordens. O *Lucideno* alude ao citado manifesto de 1645 como "uma certidão que todo o povo de Pernambuco, altos e baixos, nobres e peões, ricos e pobres, juízes e vereadores

---

[5] Anônimo a D. João IV, 5.IV.1646, AHU, Pernambuco, 3 A.

[6] Calado, *O valeroso Lucideno*, II, p. 118.

[7] Ibid., pp. 128-33.

Rubro Veio: o imaginário da restauração pernambucana   161

e mais oficiais das Câmaras, o secular e o clero, capitães e soldados deram a João Fernandes Vieira em como o tinham aclamado por governador da liberdade".[8]

O período holandês terá contribuído para acentuar a coesão dos 'homens principais', intermediários incontornáveis nas relações entre as autoridades neerlandesas e a comunidade luso-brasileira, de quem assumiam a representação. Foi política de Nassau estimular o *esprit de corps* que criasse entre ele e os pró-homens a teia de cumplicidades sociais que permitisse controlar a massa da população católica através da ação moderadora dos seus chefes naturais, como na Assembléia legislativa de 1640. Por ocasião dos funerais do irmão João Ernesto, Nassau teve o cuidado de dar-lhes precedência: após os membros da sua casa e dos órgãos administrativos, os homens principais vinham à frente dos comerciantes holandeses e judaicos, dos capitães com suas companhias e dos índios armados; "no fim desta procissão, ia toda a outra turbamulta do povo".[9] Quando da articulação do levante de 1645, Fernandes Vieira procurou também manipular a vaidade nobiliárquica, fazendo da adesão ao movimento o teste da condição fidalga que muitos se arrogavam, dizendo-lhes que "se forem nobres, se forem quem dizem e quem se imaginavam", deveriam apoiá-lo no temerário intento.[10]

À terminologia da metrópole, empregada com desleixo, veio sobrepor-se a classificação que distinguia os moradores nascidos na capitania, os 'naturais da terra', dos originários de Portugal e das ilhas, os 'naturais do Reino'. As guerras holandesas deram particular relevo à dicotomia, ao promover a estreita cooperação entre 'mazombos' e 'reinóis', fazendo vir à tona, com mais vigor do que seria o caso na rotina da vida colonial, as diferenças entre o local e o metropolitano. Como se depreende da leitura das crônicas luso-brasileiras, foi, sobretudo, com referência à atividade militar que a bipartição se impôs: 'soldados de Pernambuco' e 'soldados do Reino', 'capitães da terra', 'infantaria da terra', 'companhias da terra'. 'Da terra'

---

[8] Ibid., pp. 117-8.

[9] Ibid., i, p. 165. Nassau também propôs ao governo dos Países Baixos a concessão de títulos honoríficos aos pró-homens, de modo a adquirir "suas simpatias e seu devotamento bem mais seguramente do que com o ouro e a prata, com o que eles não têm o que fazer": relatório de Johan Carl Tolner aos Estados Gerais, 15.VII.1642, Coleção Joaquim Caetano da Silva, IHGB, 1.3.25.

[10] Diogo Lopes de Santiago, *História da guerra de Pernambuco*, p. 187.

não exprimia somente a origem de pessoas, coisas e animais, podendo denotar também certas qualidades intrínsecas. Assim como a farinha era 'da terra' porque feita de raiz de mandioca e não de trigo, o 'soldado da terra' dispunha de dotes específicos: adaptação ao clima tropical, maior resistência física, conhecimento da região e, sobretudo, das técnicas da 'guerra brasílica' ou 'volante', tida na conta de disciplina militar própria ao Brasil e às suas condições ecológicas.

Quando, encerrada a guerra holandesa, o historiador vê-se obrigado a aguardar os conflitos civis de 1710-1711 para dispor novamente da base documental que lhe permita observar as transformações vocabulares produzidas na segunda metade de Seiscentos,[11] constata que as variações tecidas com palavra 'principal' foram praticamente substituídas por 'nobre' e 'nobreza'. Diante dos mascates e das autoridades da Coroa, a açucarocracia apresentava-se como 'nobreza da terra' (usada em Portugal para a pequena fidalguia de província), 'nobreza do país', isto é, da região, e 'nobreza de Pernambuco'. Outras vezes, usou-se o substantivo 'nobreza', sem outra qualificação, sobretudo e significativamente quando se buscava frisar a solidariedade de interesses que, de ambos os lados do Atlântico, deveria congregar a nobreza da terra e a do Reino contra seus adversários comuns, o comércio da colônia e o da metrópole, ou quando se visava obter a intermediação da aristocracia da Corte junto a El-Rei e aos ministros da Coroa, no objetivo de fazer cessar ou de mitigar a repressão desencadeada contra o partido de Olinda.

Para resumir, 'nobreza da terra' tornara-se a designação adotada pelos descendentes das 'pessoas principais' de sessenta, setenta anos antes, de maneira a legitimar seu domínio do poder local, no momento em que ele passara a ser disputado pelos mercadores reinóis. 'Nobreza da terra' designava basicamente as famílias açucarocráticas de Pernambuco durante o século e meio de colonização, os filhos e os netos de indivíduos, que embora destituídos da condição de nobres no Reino, haviam participado das lutas contra os holandeses ou exercido as funções de gestão municipal, os chamados 'cargos honrados da república', categorias

---

[11] Fernandes Gama, *Memórias históricas*, IV, pp. 54-330; 'Guerra civil ou sedições de Pernambuco', cit.; 'Relação do levante de Pernambuco em 1710', cit.; e documentos publicados por Mário Melo, *A guerra dos mascates*, cit.

que, aliás, não estavam claramente separadas. Ao 'povo', atribuía-se a função de sócio menor, com a diferença que 'povo' neste contexto não tinha o sentido amplo de ignóbeis, pois os mercadores do Recife não estavam incluídos na designação, como teria ocorrido em Portugal. 'Povo' adquiriu no final de Seiscentos a acepção de 'naturais da terra' ou de 'naturais de Pernambuco', de condição livre e subalterna, mas que eram ou deviam ser solidários da nobreza diante dos reinóis, devido precisamente à comum condição de 'filhos da terra'.

Note-se, a respeito, o cuidado com que as representações da Câmara de Olinda e as proclamações e manifestos do partido da nobreza na guerra dos mascates aludiam sempre ao esquema binário 'nobreza e povo', aliados tidos como naturais no momento em que se procurava forjar a primeira coalizão nativista da história pernambucana. 'A nobreza e os mais moradores', 'os homens da nobreza, moradores e mais povo de Pernambuco', 'a gente e os nobres da terra', 'a nobreza e os moradores das freguesias de fora', 'nobreza e populares', eis como se exprimiam os documentos de 1710-1711. O conselho de um dos sectários da nobreza, de que "não [se] impeçam os rigores que usar o povo [contra os mascates], [pois] em outra ocasião, não os há de achar, que ainda nos falta outra",[12] não poderia formular com mais clareza a tática que consistia em utilizar as camadas subalternas da população local contra o comércio português.

Opostos à parceria, real ou presumida, dos naturais da terra, estavam os 'naturais do Reino', os 'filhos do Reino, os 'homens do Recife', os 'mercadores do Recife', os 'mascates' enfim, que, eles também, acaudilhavam uma plebe toda sua, a que os associava a mesma procedência metropolitana: o 'povo do Recife', a 'plebe mascatal', que não se confundiam evidentemente com o 'povo pernambucano'. Da fundação da Nova Lusitânia à guerra dos mascates, a nomenclatura registrou as transformações ocorridas na percepção local da estrutura social. Tal percepção subordinava as demais distinções a uma dicotomia de inspiração nativista, entre mazombos e reinóis. De cada lado dela é que se estabelecia a diferença entre os principais e o povo: a 'nobreza e os mais moradores', de um; os 'homens de negó-

---

[12] Manuel dos Santos, 'Calamidades de Pernambuco', p. 58.

cio' e a 'plebe mascatal', de outro. Distinção que emigrou dos grupos dominantes para os dominados: os estatutos da irmandade de Nossa Senhora do Rosário de Olinda (1706) estabelecia uma diretoria composta de seis pretos crioulos e seis africanos, prática idêntica sendo adotada por outras confrarias de escravos como a do Rosário de Ipojuca.[13]

Na segunda metade do século XVII e começos do XVIII, senhores de engenho e comerciantes tinham em comum o fato de só enxergarem o sistema social da colônia em termos do antagonismo que os separava. Segundo o Dr. Manuel dos Santos, "fidalgos" e "mercadores" constituíam "os dois pólos em que toda a máquina destas capitanias se sustenta".[14] A persistência desta bipartição no imaginário nativista pode ser aferida ainda ao tempo da Independência na descrição idealizada do padre Dias Martins dos antecedentes da guerra dos mascates:

> Em 1710, a vasta província de Pernambuco era habitada por duas classes de cidadãos, que sendo todos portugueses distavam entre si enormissimamente: a primeira classe era composta dos descendentes daqueles heróis ilustríssimos, que se haviam imortalizado expulsando os holandeses; na segunda, entravam os lusitanos aventureiros, que emigravam da pátria a buscar remédio contra a miséria e indigência. A primeira era criada e educada com um luxo asiático, seguido necessariamente de orgulhosa arrogância; a segunda respirava sempre a abjeção e vileza da sua primitiva miséria. A primeira estava na posse mansa e pacífica das honras e dignidades políticas e militares e com isso se contentava; a segunda, ocupada dos mais sórdidos e mecânicos trabalhos, apenas deixava entrever a condição de homens livres. A primeira, contente com agricultar os engenhos com seus numerosos escravos, abandonara inteiramente à segunda todas as vantagens e operações do comércio.[15]

---

[13] Julita Scarano, *Devoção e escravidão*, São Paulo, 1976, p. 113; Patricia A. Mulvey, *The black lay brotherhoods of colonial Brazil*, University Microfilms International, Ann Arbor, 1976, p. 133.

[14] Manuel dos Santos, 'Calamidades de Pernambuco', p. 2.

[15] Dias Martins, *Os mártires pernambucanos*, p. 41.

Contudo, a metamorfose da açucarocracia em nobreza da terra não era apenas uma questão de palavras; ela pressupunha também um discurso e uma prática genealógicos. Foi igualmente nesta segunda metade de Seiscentos que eles surgiram. Enquanto para todo o período anterior, desconhecem-se manuscritos de informação linhagística, nem sequer sob a forma sumária do catálogo genealógico, textos do gênero vão aparecer agora, sete ou oito ao menos de que se tem notícia certa, graças às investigações de Borges da Fonseca, que em meados do século XVIII os utilizou como uma das fontes da sua *Nobiliarquia pernambucana*. Provavelmente houve outros mais que se perderam ou que se ignoram. A redação destes manuscritos situou-se entre a restauração de Pernambuco e a guerra dos mascates, em conexão com o aparecimento do nativismo nobiliárquico. O mais antigo, de Jerônimo de Faria Figueiredo, é dos primeiros anos da expulsão dos holandeses, visando demonstrar a nobreza da família do sogro, Gonçalo Novo de Lira, o Ruivo, que fora senhor de engenho e colaboracionista notório.

Os compiladores desses textos pertenciam obviamente à ordem açucarocrática, ou pelo casamento, como Jerônimo de Faria, ou, como quase todos, pelo sangue: Antônio Feijó de Melo, senhor de engenho e capitão-mor de Sirinhaém; José de Sá e Albuquerque, senhor de engenho e capitão-mor de Muribeca; seu filho, Antônio de Sá e Albuquerque, "homem de pouco critério e que escrevia pelo que ouvia"; Francisco do Rego Barros, fidalgo cavaleiro da Casa Real e provedor da fazenda em Pernambuco, acusado de defeito semelhante; e Fernão Fragoso de Albuquerque, de "caráter apaixonado". Todos restauradores, filhos e netos de restauradores.[16] Também Luís de Almeida Correia de Albuquerque, apesar de ter vivido fora da terra, deixara escritos relativos às suas famílias e à sua história militar.[17] De um deles, conhecem-se elementos suficientes para traçar seu perfil biográfico. Trata-se de José de Sá e Albuquerque, cujos trabalhos Borges reputava os primeiros a serem elaborados com alguma ordem e rigor metodológicos.[18]

---

[16] Borges da Fonseca, *Nobiliarquia pernambucana*, II, pp. 6-8.

[17] Loreto Couto, *Desagravos do Brasil*, pp. 378-9.

[18] Borges da Fonseca, *Nobiliarquia pernambucana*, II, pp. 371-2.

Sua obra principal, a *História genealógica dos descendentes de Jerônimo de Albuquerque até o ano de 1700*, foi revista e melhorada pelo filho, de quem Loreto Couto não compartilhava o juízo severo de Borges, pois lhe reconhecia "indagação e boa crítica". José de Sá escrevera ademais uma corografia, o *Tratado das povoações e coisas notáveis de Pernambuco*.[19] Sua existência quase centenária abrangeu os derradeiros anos do período *ante bellum*, as guerras holandesas, o exílio, a segunda metade de Seiscentos e a guerra dos mascates.[20] Ele pertencia à terceira geração da família a habitar o Brasil. O avô paterno, Duarte de Sá, fixara-se na capitania no último quartel do século XVI. Depondo perante o Santo Ofício em 1594, declarara-se cristão-velho, com "raça de cristão-novo". Natural de Barcelos (Minho), onde o pai fora tabelião do público e judicial, Duarte tornara-se senhor de engenho em Muribeca, havendo casado em família principal da terra. Seus filhos casarão com descendentes legítimos de Jerônimo de Albuquerque. Quando da invasão holandesa, os pais do linhagista possuíam dois engenhos e fortuna superior a 200 mil cruzados, soma considerável.

Nascido em 1620, José de Sá acompanhou a família na retirada para a Bahia, de onde só regressou após a capitulação do Recife. Implicado em crime de morte devido a disputa em torno dos engenhos paternos, que, aliás, voltariam às suas mãos, nem por isso deixou de realizar o *cursus honorum* de um representante da nobreza da terra: capitão e coronel do regimento de ordenanças, juiz ordinário da Câmara de Olinda, provedor da Santa Casa de Misericórdia, cavaleiro da Ordem de Cristo e fidalgo cavaleiro da Casa Real. Coerente com seu culto da linhagem, José de Sá casou-se com uma sobrinha. "Foi tão grande o empenho que teve deste casamento que para o conseguir [i.e., para obter as necessárias dispensas em vista do parentesco próximo dos nubentes] fez uma viagem tão dilatada como de Pernambuco a Roma", onde aproveitou a ocasião para "suprir a falta de que tinha de um olho com outro de vidro", donde o apelido com que ficou conhecido. No fim da vida, entrou para a Ordem Terceira do Carmo, cujo hábito costumava

---

[19] Loreto Couto, *Desagravos do Brasil*, p. 379.

[20] Para José de Sá e Albuquerque e sua ascendência, Evaldo Cabral de Mello, *O nome e o sangue. Uma parábola genealógica no Pernambuco colonial*, 2ª ed., Rio de Janeiro, 2000.

vestir por baixo do da Ordem de Cristo.[21] No episódio da sua morte, silenciado por Borges, vemo-lo de todo entregue ao que deve ter considerado a obrigação de preservar a unidade da nobreza da terra diante dos mascates do Recife, comprometida pela atitude de um filho e dos sobrinhos.

Ao lado da genealogia escrita, medrou, bem mais vivaz, a genealogia oral, que, repudiada pela genealogia 'científica' de Borges da Fonseca, perdeu-se quase completamente. O mesmo autor criticava com veemência os que chamava 'genealógicos de orelhas', admirando-se de que

> sendo tão rara, como fica mostrado, a curiosidade que houve em Pernambuco de escrever das famílias nobres que nele tem havido, faz pasmar o grande número de homens que se julgam genealógicos. Em tom decisivo resolvem com notável facilidade dúvidas que pedem largas diligências e averiguações, sem mais trabalho que o de consultar o ponto com alguma parenta velha, de cuja ociosa conversação nos mostra a experiência que só se [em branco no texto] aéreos elogios da própria família e sonhados opróbrios das alheias.[22]

A genealogia oral ficava, via de regra, a cargo de membro da família, que, por orgulho nobiliárquico, por simples curiosidade ou por sentimento de solidariedade clânica, dedicava-se à tarefa de centralizar as informações acerca da parentela, a história dos seus mortos e a sorte dos seus vivos. A dispersão dos descendentes dos troncos primitivos pelo Reino, pelo centro-sul, e, mais perto de casa, pelos sertões da Paraíba, Rio Grande do Norte e Ceará, demonstrava a utilidade desse sistema de consultores. A genealogia de José de Sá e Albuquerque, por exemplo, foi inicialmente elaborada para atender ao pedido de um fidalgo português que lhe solicitara notícia da ascendência brasileira do sogro, um Albuquerque Maranhão, de Cunhaú. O texto de Antônio de Sá foi redigida, por sua vez, para satisfazer a bisbilhotice do governador Félix Machado. E a despeito das suas críticas aos 'genealógicos de orelha', a obra de Borges não teria sido possível sem a colaboração destes curiosos, especialmente para o período mais recente. Tais fontes, o

---

[21] Borges da Fonseca, *Nobiliarquia pernambucana*, ii, pp. 371-2.

[22] Ibid., ii, p. 8.

nobiliarquista as citou, nominalmente ou sem identificá-las, e, em alguns casos, incorporou os textos que lhe haviam sido fornecidos.[23]

Resíduos da tradição oral introduziram-se na obra de Borges; e o leitor ainda consegue identificá-los ali onde o autor fez retificações ou transmitiu informações com as reservas de praxe, declinando responsabilidade ou confessando não haver podido confirmá-las no curso de suas investigações. Exemplo significativo são as versões que colheu sobre a origem da família Lins, a quem se atribuíra ora procedência francesa, ora naturalidade florentina, pois teriam sido primos do Grão-Duque da Toscana, versão que Borges encampou, recolhida na genealogia de José de Sá e na crônica de Calado, que certamente a haviam registrado com base na versão familiar.[24] Na verdade, todo mundo, inclusive os Lins, enganara-se, ingênua ou deliberadamente. Os documentos da visita inquisitorial de 1593-1595 indicam terem sido os Lins de origem alemã (Augsburg), reduzindo o parentesco exaltante do grão-duque à filiação em família do patriciado urbano, se é que Sibaldo Lins contou a verdade ao Santo Ofício. Da Suábia, um dos seus ramos havia emigrado para Antuérpia nos começos do século XVI, passando a Lisboa e Pernambuco.[25]

À genealogia oral não moviam apenas intenções apologéticas, de vez que ela podia excepcionalmente ser uma anti-genealogia destinada a escarnecer pretensões linhagísticas, como a poesia satírica, composta em castelhano e relativa a episódios da invasão holandesa, na qual se caricaturara o desempenho de oficiais da terra, ridicularizados pela imperícia ou pela falta de bravura. Originadas nas querelas da resistência entre as tropas locais e os contingentes vindos do Reino, estas décimas transformaram-se, na segunda metade do século XVII, em fonte a que recorria quem quer que tivesse suas contas nobiliárquicas a ajustar. Segundo Borges, "não há pessoa nesta capitania, das mais nobres e principais que não

---

[23] Ibid., II, p. 7; Gonsalves de Mello, *Estudos pernambucanos*, pp. 119-21.

[24] Borges da Fonseca, *Nobiliarquia pernambucana*, I, p. 107.

[25] *Denunciações e confissões de Pernambuco*, p.466; Eddy Stols, *De spaanse brabanders of de handelsbetrekkingen der zuidelijke nederlanden met de Iberische wereld, 1598-1648*, 2 vols., Bruxelas, 1971, II, p. 45.

conserve cópia da dita sátira, que anda muito em memória", isto é, que circulava oralmente, donde as incorreções da língua castelhana com que foram reproduzidas. Ela foi inclusive objeto de glosas, como as redigidas por Jerônimo César de Melo, genro de Fernandes Vieira, o qual identificou as pessoas citadas e esclareceu os episódios versados.

As décimas gozaram de autoridade indisputada, como indica a acusação de mestiça feita a um dos troncos lusitanos da família Rego Barros, imputação que resistia obstinadamente aos melhores contra-argumentos, inclusive o da origem minhota de Domingos da Silveira. Essa anti-genealogia, nascida de impulsos difamatórios, de rixas de família ou de conflitos entre mazombos e reinóis, também produziu uma compilação atribuída a Francisco Berenguer de Andrade, cunhado de Fernandes Vieira, "um livro de ascendências dos homens nobres que viviam no seu tempo", trabalho destruído por parente do autor, ato, aliás, louvado por Borges para quem este gênero de investigação resultava danoso à sociedade e subversivo da ordem.[26] Tratara-se certamente de algo no estilo dos chamados 'livros verdes' que proliferaram na Península ibérica e que se compraziam em investigar as ascendências e parentescos judaicos da nobreza e em desvendar as bastardias e outras irregularidades domésticas.

A noção do caráter aristocrático da colonização duartina datou igualmente da segunda metade do século XVII. Não a alegou o próprio Duarte Coelho, embora não desdenhasse citar, em abono da sua gestão, os mestres de fazer engenho e de fazer açúcar e outros artesãos que mandava buscar à metrópole, à Galiza e às Canárias. É certo que, numa de suas cartas, referiu-se a "pessoas nobres e honradas" que, juntamente com "o povo", haviam feito conselho para protestar contra medida do fisco régio, mas noutro passo informava que tais indivíduos, residentes em Portugal, mandavam povoar Pernambuco por intermédio de agentes ou feitores,[27] o que, sem eliminar a fixação na terra de um ou outro fidalgote pobre, resignado a correr a aventura da terra nova, dista consideravelmente da idéia que o imaginário nativista se fazia da fase inaugural da Nova Lusitânia. Em vão, procurar-se-á

---

[26] Borges da Fonseca, *Nobiliarquia pernambucana*, II, pp. 8 e 305.

[27] *Cartas de Duarte Coelho*, pp. 98-9.

nas fontes anteriores à ocupação holandesa e nas que a narraram reportando-se, como Brito Freyre e Rafael de Jesus, à fundação da capitania, a versão de uma arribada de fidalgos do Reino, quer na companhia de Duarte Coelho, quer nos tempos iniciais da conquista.

Não a registraram o padre Fernão Cardim, nem o jesuíta anônimo que historiou a fundação do colégio de Olinda, nem Gabriel Soares de Souza ou Vicente do Salvador, nem sequer o poeta Bento Teixeira, a despeito da sua adulação do terceiro donatário, a quem dedicou a 'Prosopopéia'. Proteu, ao prever o futuro radioso da Nova Lusitânia, enxerga "a opulenta Olinda florescente chegar ao cume do supremo estado", mas seu distrito será povoado não por fidalgos, mas por uma "fera e belicosa gente" (versos 203-6), qualificação que já não correspondia à imagem quinhentista da nobreza, que se queria cortesã e polida. O único texto, de começos de Seiscentos, que alude à "gente nobre" de Pernambuco, os *Diálogos das grandezas do Brasil*, deixa mesmo constância da modéstia dos primeiros contingentes de povoadores, reservando para a fase pós-Duarte Coelho a presença de "muitos homens nobilíssimos e fidalgos".[28]

A primeira referência a uma nobreza de origem duartina encontra-se, ao que parece, na certidão que em 1673 Diogo Gomes Carneiro, por sinal o primeiro brasileiro a publicar em letra de forma, forneceu à família donatarial de Pernambuco durante o interminável litígio com a Coroa em torno da propriedade da capitania. Ao encarecer os trabalhos do primeiro donatário, escrevia o cronista do Estado do Brasil que, na armada em que viera povoar suas terras, Duarte Coelho trouxera "armas, munições, casais de gente nobre e muitos homens aventureiros de conhecidas gerações, onde entraram os Cavalcanti, os Holanda, os Moura e outros muitos, cuja descendência e família se conserva ainda hoje em Pernambuco".[29] Os exemplos que cita são, aliás, manifestamente falsos no tocante aos Cavalcanti e aos Moura, cujos troncos, segundo os próprios linhagistas da terra, estabeleceram-se na Nova Lusitânia após o falecimento do primeiro donatário (1554).

---

[28] *Diálogos das grandezas do Brasil*, pp. 92-3.

[29] Certidão de Diogo Gomes Carneiro, 25.1.1673, ANTT, coleção Raul Duro Contreiras, 1, 21. Referência devida à amabilidade de J. A. Gonsalves de Mello.

A data da chegada de Arnal de Holanda é desconhecida, embora estas mesmas fontes a façam contemporânea da fundação da capitania.

Na segunda metade de Seiscentos, a nobreza dos colonos duartinos tornou-se um dos mais glosados tópicos do imaginário nativista. Quando a Câmara de Olinda admoestou o capitão-mor da Paraíba por interferir no conflito entre mazombos e reinóis, lembrou-lhe que "os naturais de Pernambuco trazem sua origem de nobreza mui qualificada, que vieram [sic] povoar esta terra"; e pela mesma época, Gonçalves Leitão informava que "foi esta terra em seu princípio, quando descoberta, povoada de pessoas mui qualificadas na nobreza de seus ascendentes, de que ainda hoje há grandes famílias e donde procedem as que pelas mais partes da América se espalharam, e nelas há de melhor nome".[30] Na história da América portuguesa, de Rocha Pita, as origens aristocráticas de Pernambuco receberam foros de verdade histórica. Duarte Coelho, afirmava, seguira para a capitania "com a sua casa [i. e., família e serviçais], muitos parentes e famílias nobilíssimas".[31] Sabia-se que o primeiro donatário trouxera a parentela de sua mulher, inclusive o irmão desta, Jerônimo de Albuquerque (Gabriel Soares de Souza já registrara o fato em 1587),[32] e dada a condição nobre atribuída a Duarte e a D. Brites de Albuquerque (a dele duvidosa, a dela inegável),[33] deduziu-se daí a fidalguia dos primeiros colonos. Aduzia Rocha Pita que, uma vez consolidada a conquista, "muitos sujeitos do Reino, de distinção e qualidades, foram em vários tempos habitar em Pernambuco", procriando "nobilíssimos descendentes, em cujo valor e generosidade consistiu depois a liberdade da pátria", isto é, a restauração pernambucana.[34] Neste, como em outros passos da sua obra referentes a Pernambuco, Rocha Pita manifesta invariavelmente os pontos de vista da nobreza da terra, com quem estava aparentado.

---

[30] Fernandes Gama, *Memórias históricas*, IV, pp. 70-1 e 78; 'Guerra civil ou sedições de Pernambuco', p. 6.

[31] Rocha Pita, *História da América portuguesa*, 2ª ed., Rio de Janeiro, s/d, pp. 80-1.

[32] Gabriel Soares de Souza, *Tratado descritivo do Brasil em 1587*, 4ª ed., São Paulo, 1971, p. 58.

[33] Francis Dutra, *Matias de Albuquerque*, pp. 2-4 e 9-11.

[34] Rocha Pita, *História da América portuguesa*, p. 81.

Os autores de meados de Setecentos não foram menos enfáticos. Segundo Loreto Couto, Duarte Coelho viera do Reino "numa armada de cinco navios (...) trazendo em sua companhia a senhora D. Brites de Albuquerque, muitos fidalgos seus parentes e amigos; e outra muita e nobre gente, de que procederam muitas famílias ilustres destas capitanias".[35] Consoante Borges da Fonseca, "é notório que Duarte Coelho Pereira trouxe em sua companhia a sua mulher D. Brites de Albuquerque, a seu cunhado Jerônimo de Albuquerque (...) e a muitas outras pessoas nobres que, convencidas das conveniências que lhes prometeu, o quiseram acompanhar nesta nova conquista e povoação, do que procedeu ser a de Pernambuco a mais famigerada e distinta entre todas as do Brasil." [36]

Nem sequer a demolição rancorosa por Fernandes Gama do que fosse português no passado pernambucano atingiu o mito do caráter aristocrático da colonização duartina. De entrada, ele adverte contra a confusão entre "os ilustres e virtuosos fidalgos, povoadores de Pernambuco", e a massa de reinóis que posteriormente imigrou, "escória da nação, cuja maior parte era derramada pelo Brasil em conseqüência de seus vícios". O autor imaginava a revoada de fidalgos em três ondas sucessivas. A primeira, que chegara com Duarte Coelho, compunha-se de "vários nobres cavaleiros"; a segunda, implantara-se no decurso do seu governo, pois graças à sua sábia gestão, Duarte tivera "a felicidade de ver afluir o número considerável de famílias nobres que povoaram Pernambuco"; a terceira aportara na companhia do segundo donatário, que trouxera do Reino "várias famílias nobres". Uma segunda camada de colonos plebeus enriquecera na terra, onde, "por desgraça nossa" havia-se fixado em começos de Seiscentos, explorando-a e tiranizando-a, ao passo que "os descendentes dos companheiros de Duarte Coelho, tendo afugentado os índios, conservavam ainda intactas todas as virtudes de seus pais". A aqueles é que o autor atribui a corrupção generalizada que teria causado a ocupação holandesa. Essa idealização dos colonos duartinos soa tanto mais desinteressada quanto Fernandes Gama descendia de tronco estabelecido em Pernambuco por volta de 1618. [37]

---

[35] Loreto Couto, *Desagravos do Brasil*, p. 19.

[36] Borges da Fonseca, *Nobiliarquia pernambucana*, i, p. 307.

[37] Fernandes Gama, *Memórias históricas*, i, pp. 1, 84, 128, 131, 225; ii, p. 143; iv, p. 68.

Como se definia a nobreza da terra? O regimento concedido por El-Rei à Câmara de Olinda (1730) reservava seus ofícios às pessoas "limpas de sangue e de geração verdadeira, nobres, infanções, fidalgos da Casa Real e descendentes dos conquistadores e povoadores da terra, que ocuparam cargos civis e militares e os perpetuaram em suas famílias".[38] A nobreza da terra compreendia, portanto, duas categorias principais: os colonos de qualidade nobre no Reino e os moradores procedentes dos primeiros troncos, desde que socialmente depurados pelo exercício dos cargos honrados da república. São estes os mesmos critérios que subjazem à seleção das linhagens entronizadas na *Nobiliarquia pernambucana*, de Borges da Fonseca, compilada em meados do século XVIII e que, confiada pelo autor à guarda do mosteiro de São Bento de Olinda, passara a gozar de autoridade jurídica, a ponto de se requererem ao abade a expedição de certidões de fidalguia e de se arrancarem ou substituírem folhas do original.[39]

Numa ampla faixa, ambos os critérios coincidiam. Os descendentes de um colono, mesmo de extração plebéia, estabelecido antes da ocupação holandesa, podiam pertencer à nobreza da terra, seja por ato da Coroa em recompensa de serviços prestados durante a guerra, seja pelo exercício dos cargos honrados, seja enfim pelos dois motivos. Contudo, se os primeiros casos eram excepcionais e os segundo, freqüentes, tomados separadamente bastavam para justificar a inclusão, desde que, por trás deles, operasse, ao menos de início, a fortuna familiar, a posse de grossos cabedais, capazes de legitimar o acesso às posições de prestígio local. Quem, mesmo descendendo de fidalgo lusitano ou de povoador da Nova Lusitânia, não houvesse logrado enraizar-se em engenho de açúcar tendia a cair no esquecimento nobiliárquico, excluindo-se da memória genealógica. No final das contas, a família nobre e a propriedade açucareira tornaram-se praticamente coextensivas.

A primeira categoria compreendia a progênie dos companheiros de Duarte Coelho, que o imaginário nativista nobilitara automaticamente, mesmo quando não se dispunha de informação corroboradora. Vinham em seguida os rebentos

---

[38] Pereira da Costa, *Anais pernambucanos*, v, p. 405.

[39] *Obras políticas e literárias de frei Joaquim do Amor Divino Caneca*, II, p. 370; Gilberto Freyre, *O velho Félix e suas 'Memórias de um Cavalcanti'*, 2ª ed., Rio de Janeiro, 1959, p. XXXVI.

da pequena nobreza de província, de "gente honrada e principal" desta ou daquela vila do Reino, de homem tido na conta de "muito nobre" ou de irmão de morgado. Minoritários eram os filhos da nobreza de toga e de espada. Agregavam-se-lhes alguns estrangeiros acorridos a Portugal.[40] Aos linhagistas, não se apresentavam uniformemente sólidos os títulos invocados. Com relação à nobreza da Corte, eles eram seguros mercê dos nobiliários dos séculos XVII e XVIII. A coisa mudava de figura quando se tratava da nobreza de província, de verificação duvidosa, para a qual Borges da Fonseca recorria a "memórias antigas" e às crônicas do período holandês, que de raspão esclareciam a condição social de muitos colonos. Alternativamente, aceitavam-se as alegações da genealogia oral e da tradição doméstica, que acriticamente acolhidas pelos primeiros genealogistas, tampouco foram refugadas de todo por Borges.[41]

Em vista das dificuldades de averiguação, eram as famílias de origem estrangeira que mais se prestavam às suspeitas de manipulação linhagística destinada a engabelar mazombos ingênuos, equiparando à nobreza da terra aventureiros plebeus e soldados de fortuna. Já se mencionou o caso dos Lins. Em face das implicações para sua honra, tais famílias tomavam precauções, o que fizeram os Cavalcanti e os van der Ley. Em 1683, os Cavalcanti obtiveram em Florença cópia de certidão, datada de 1559, declaratória da nobreza de Felipe Cavalcanti e assinada pelo mesmo grão-duque contra o qual ele teria conspirado, pretendido motivo da sua partida para Portugal. Transcreveram-na com fanfarra Borges da Fonseca e Jaboatão, mas, a despeito de a terem na conta de documento irretorquível, há motivos para descrer da sua autenticidade. Quanto a Gaspar van der Ley, seus filhos conseguiram em 1668 um atestado de Nassau, que então governava Kleve, Mark e Ravensberg pelo Grande Eleitor do Brandenburgo, documento que também se pôs em dúvida. Isto, porém, não impediu que ambas as estirpes lograssem convencer a gente da terra do fundado das suas pretensões. Somente nos anos quarenta do século XIX, ao tempo da agitação praieira, é que a irreverência do

---

[40] Borges da Fonseca, *Nobiliarquia pernambucana*, I, pp. 21, 35, 63-4, 66, 70, 73, 101, 107, 117, 137, 197, 224, 307, 413-4; II, pp. 26, 288, 294.

[41] Ibid., I, pp. 21, 28, 44, 51, 70, 73, 98, 126 e 184.

padre Lopes Gama ousaria duvidar da fidalguia dos Cavalcanti e van der Ley, numa verrina tingida, aliás, de sectarismo político.[42]

A nobreza atribuída à segunda categoria de colonos decorria, como vimos, da antigüidade na capitania, aferida pela sua fixação durante o período *ante bellum*. A vários troncos, chegados na segunda metade de Quinhentos e no primeiro terço de Seiscentos, Borges da Fonseca não imputava a condição de fidalgos, limitando-se a mencionar a presença na terra "antes dos holandeses", "antes da entrada dos holandeses", "muito antes da invasão dos holandeses", "antes da tomada desta capitania pelos holandeses", "muito antes do holandês vir a Pernambuco", "muito antes do holandês vir a esta terra" ou simplesmente "antes da guerra dos holandeses". Na maioria dos casos, nosso linhagista ignorava praticamente tudo sobre a origem social e a ascendência destes povoadores, conhecendo-lhes apenas, na melhor das hipóteses, a naturalidade. Esta segunda categoria era objeto também de outra classificação que distinguia as famílias entre 'antigas' e 'modernas', distinção que Borges formulou com base na prática genealógica local, que datava do período *ante bellum* tudo que o que indicasse ancianidade.[43]

A qualificação de 'antigas' decorria, sobretudo, das limitações impostas à investigação genealógica pela disponibilidade de informações. De certos troncos, graças às raras fontes notariais que haviam escapado ao incêndio de Olinda (1631), podia-se datar a fixação em Pernambuco, o que não era o caso da maioria. A esta, a invasão holandesa oferecia cômodo ponto de referência cronológica, na medida em que as crônicas luso-brasileiras da guerra continham alusões a seu respeito ou a respeito dos descendentes. A qualificação aplicava-se assim a todos os troncos transplantados antes de 1630 e não apenas ao grupo de colonizadores duartinos, o que dava lugar à distinção secundária, resíduo provável do sistema de estima social da capitania, entre os povoadores chegados ao tempo do primeiro dona-

---

[42] Ibid., I, pp. 117 e 413; Antônio de Santa Maria Jaboatão, 'Catálogo genealógico das principais famílias que procederam de Albuquerques e Cavalcantis em Pernambuco e Caramuru na Bahia', RIHGB, 52 (1889), I, pp. 5-7; Francisco José Moonen, *Gaspar van der Ley no Brasil*, Recife, 1976, pp. 12-6; Gilberto Freyre, *O velho Félix*, pp. xxxvi-xxxviii.

[43] Borges da Fonseca, Nobiliarquia pernambucana, I, pp. 21, 24, 44, 66, 70, 92, 100, 141, 197, 204, 243, 264, 324, 369, 388, 400, 432, 433, 435; II, pp. 164, 165, 169, 253, 255.

tário e os que haviam aportado depois. Às estirpes 'antigas' contrapunham-se as 'modernas', cujos fundadores se haviam domiciliado após o período holandês, embora neste particular a colheita se revelasse vaqueira, de vez que Borges da Fonseca incluiu apenas três ou quatro troncos. No tocante aos que se haviam fixado durante a guerra, o genealogista abstinha-se de etiquetá-las.[44]

O sentimento nativista tendeu a reforçar o critério de antigüidade em detrimento do de nobreza reinol, de modo que, ao longo do século XVIII, estimar-se-á antes o fato de se descender de colono duartino, de herói da guerra holandesa, de vereador de Olinda ou de provedor da Misericórdia, do que de morgado minhoto ou de fidalgo da Casa Real. Afinal de contas, a despeito de serem poucos, também havia os mascates enobrecidos pela Coroa, o que induzirá a nobreza da terra a frisar uma antigüidade que faria dela algo diverso de simples transplante ultramarino da nobreza do Reino. À invocação do seu papel na conquista da capitania e na sua restauração e governação, acrescentou-se o título que consistia em descender do cruzamento de troncos reinóis com mulheres indígenas. Frei Caneca datava da lei pombalina sobre a liberdade dos índios (1755) a moda de se alegar ascendência aborígine.[45]

Borges da Fonseca recorrera ao alvará régio para assinalar que "nada tem de impura a qualidade dos índios do país", aduzindo ser notória a existência de muitas famílias "autorizadas" e "algumas de ilustríssima ascendência [que] tiveram alianças da terra". O caso, entre outros, do marquês de Pombal, que, por esta razão, segundo Abreu e Lima, não se contentara em dar liberdade aos índios, abolindo igualmente seu estigma social.[46] Ter nas veias o sangue dos antigos senhores do Brasil constituía um título a mais para a nobreza da terra na sua luta com os reinóis, não só ignóbeis como lusitanamente castiços, e, portanto, sempre prontos a assacarem contra as grandes famílias sua condição de mestiças e a reivindicarem a própria branquidade, como frei Caneca, que ridicularizado por ser

---

[44] Ibid., I, pp. 53, 65, 80, 88, 96, 98, 113, 171, 181; II, p. 91.

[45] *Obras políticas e literárias de frei Joaquim do Amor Divino Caneca*, II, p. 370.

[46] Borges da Fonseca, *Nobiliarquia pernambucana*, II, pp. 65 e 324; Loreto Couto, *Desagravos do Brasil*, pp. 3-4; J. I. de Abreu e Lima, *O socialismo*, 2ª ed., Rio de Janeiro, 1979, p. 210.

filho de "dois pardos comedidos", protestou indignado pertencer aos "ruivos de Fora-de-Portas".[47]

A estória de Jerônimo de Albuquerque e de D. Maria do Espírito Santo, filha do cacique Arcoverde, desempenhou o duplo papel de mito fundador da capitania e de mito integrador da nobreza da terra. De mito fundador, na medida em que se fez dos seus descendentes a estirpe povoadora por excelência, ao passo que a linhagem donatarial estava impedida de aspirar ao título devido a seu absenteísmo e sua extinção na segunda metade do século XVII. De mito integrador, ao criar a convicção de uma comum ascendência que reforçava sua coesão, tanto horizontalmente no sentido interclânico como verticalmente entre seus descendentes ricos e pobres. Mercê da prole numerosa do fidalgote português e da índia tabajara, prole cuja posição começara a deteriorar-se ainda no período *ante bellum*, e mercê também do seu intenso cruzamento com os colonos fixados em Pernambuco, inclusive cristãos-novos e mascates bem sucedidos, todo mundo ou quase todo mundo podia orgulhar-se da ascendência do 'Adão pernambucano', todos ou quase todos os mazombos podiam-se considerar fidalgos e tratarem-se por parentes.

Numa de suas melhores páginas, as que dedicou à Revolução praieira, Nabuco referiu-se à "democracia de fidalgos",[48] uma democracia de fidalgos arruinados pelo longo período de estagnação e declínio da economia açucareira e pelo empobrecimento resultante do crescimento demográfico, seguramente mais pujante na família açucarocrática do que nas demais camadas, o que condenava a grande maioria de seus filhos a procurarem noutras atividades as oportunidades escassas de sobrevivência sócio-econômica que lhes regateava a capitania e depois província. Nos anos trinta do século XIX, o padre Lopes Gama observaria que "muitos que se apavonam de nobres são uns desgraçados pobretões, alguns até pouco distam de mendigos, muitos receberam a mais desleixada e grosseira educação",[49] o que, seja dito de passagem, se poderia afirmar também de muito fidalgo europeu da época.

---

[47] *Obras políticas e literárias de frei Joaquim do Amor Divino Caneca*, II, p. 282.

[48] Joaquim Nabuco, *Um estadista do Império*, 3 vols., Rio-Paris, s/d, I, p. 102.

[49] Miguel do Sacramento Lopes Gama, *O Carapuceiro, 1832-1842*, 3 vols., Recife, 1983, I, nº 37 (1837), p. 2.

Já em finais de Quinhentos, Bento Teixeira cantara a progênie do "branco cisne venerando", de "Jerônimo sublime de Albuquerque", de quem, "como de tronco florescente/ nascerão muitos ramos que esperança/ prometerão a todos geralmente/ de nos berços do sol pregar a lança" (265-268). Dos mamelucos bastardos tidos por Jerônimo em D. Maria do Espírito Santo e não nos brancarrões legítimos havidos em D. Felipa de Melo, o imaginário nativista faria os filhos prediletos do povoador, preferência explicada em termos da veneração que Jerônimo votara à memória da índia, a quem devera a vida e a conquista da capitania, sem falar em que eles haviam sido seus primeiros rebentos, tidos ademais com uma "princesa da sua terra", pois filha de morubixaba.[50] Traçando o perfil de um desses Albuquerques, acentuava Jaboatão tratar-se de bisneto de D. Maria do Espírito Santo, "princesa dos tabajaras, gentio do mais alto e principal de Pernambuco", enobrecendo assim a própria tribo numa espécie de aristocracia da indiada.[51] A paixão nobiliárquica e nativista chegou, aliás, ao ponto de sustentar que Jerônimo nunca casara com D. Felipa de Melo e que, por conseguinte, os filhos da portuguesa é que seriam os bastardos, não os nascidos da união com a índia, que viriam a ser legitimados por ato da Coroa. A tese formulada por linhagista da terra daria lugar a douta controvérsia.[52]

Redigida no terceiro quartel do século XVIII, a obra de Borges da Fonseca representa a culminação de uma prática genealógica mais que secular, embora inflectida na direção 'científica' requerida pelos métodos que começavam a vingar na investigação nobiliárquica da metrópole. A genealogia do genealogista é, aliás, relevante para compreender seu interesse pelo assunto. Pelo lado paterno, Borges descendia da obscura e prolífica pequena nobreza de província que os morgadios expulsavam para a carreira militar. Seu pai procedia de família da Beira Alta, e tendo militado na guerra da sucessão da Espanha (1704-1711), fora premiado com o cargo de mestre-de-campo do terço da infantaria de Olinda quando, com a guerra dos mascates, a Coroa tratou de reforçar sua autoridade. A serviço da re-

---

[50] Borges da Fonseca, *Nobiliarquia pernambucana*, II, pp. 357, 381.

[51] Jaboatão, *Novo orbe seráfico*, II, p. 337.

[52] Gonsalves de Mello, *Estudos pernambucanos*, pp. 117-8.

pressão régia, o velho Borges não decepcionou, haja vista o elogio que lhe fizeram os mascates, ao recomendá-lo como "sujeito benemérito pela sua boa índole e capacidade de maiores cargos",[53] os quais veio a exercer, inclusive como governador da Paraíba. Pelo lado materno, o genealogista, recifense de nascimento, tinha raízes pernambucanas; e sua carreira militar foi toda local (exceto o socorro enviado à colônia do Sacramento em 1736), alcançando os postos de sargento-mor, tenente coronel e governador do Ceará durante dezessete anos. Aparentado pelo casamento à burguesia reinol, foi familiar do Santo Ofício (ambição antes de mercador do Recife do que de pró-homem rural), cavaleiro da Ordem de Cristo, escrivão da Misericórdia de Olinda e alcaide-mor de Goiana.[54]

Os métodos científicos que ele se gabava de ser o primeiro a aplicar em Pernambuco, aprendera-os nos grandes genealogistas espanhóis e portugueses da época. Tais métodos visavam, mediante recurso às fontes históricas, depurar a genealogia da ganga das falsificações associadas a ela, graças a um esforço abrangente nos arquivos da terra, inclusive notariais, só comparável ao de Jaboatão e, em todo o caso, muito mais amplo que o de Loreto Couto. Borges propunha-se substituir o que chamava de contos de "tia velha" ou de "genealógicos de orelha", isto é, a tradição oral, pela reconstituição precisa da sucessão biológica, repudiando, por um lado, a utilização apócrifa, e, por outro, a anti-genealogia maledicente, embora conhecesse maior êxito sob o segundo que sob o primeiro aspecto. É significativa sua abstenção sistemática de toda menção às numerosas conexões marranas das famílias locais, numa atitude ilustrada que convinha a um contemporâneo do marquês de Pombal. Apenas no tocante a duas pessoas, permitiu-se aludir pudicamente ao assunto, saindo, aliás, em defesa de ambas, contra os "malévolos e faltos de critério".[55]

Consoante essa discrição cúmplice de genealogista 'responsável', Borges não demonstrou interesse nem pelas irregularidades domésticas nem pelas uniões mistas, salvo, e também como contemporâneo ilustrado de Pombal, no tocante à

---

[53] Manuel dos Santos, 'Calamidades de Pernambuco', p. 292.

[54] Borges da Fonseca, *Nobiliarquia pernambucana*, II, pp. 439, 441-3; Gonsalves de Mello, *Estudos pernambucanos*, pp. 93-4.

[55] Borges da Fonseca, *Nobiliarquia pernambucana*, I, pp. 246, 337.

aliança de troncos reinóis com mulheres indígenas. Obviamente, o racionalismo de métodos não poderia excluir o elemento ideológico inerente ao gênero nobiliárquico. Ele mesmo confessa a motivação nostálgica de imobilizar pela palavra escrita todo um grupo social por cuja sorte teme, donde declarar não escrever "por lisonja" ou para afagar a vaidade das famílias da terra, mas "por servir à pátria", pátria na acepção do Antigo Regime de terra donde alguém é natural. "Compadecido do esquecimento em que a decadência dos engenhos em que consiste a opulência do Brasil vai arruinando as casas principais", ele convencera-se, no decorrer de suas pesquisas, ser a nobreza de Pernambuco (termo que prefere ao de nobreza da terra, caído em desuso, devido talvez à sua identificação com o partido de Olinda na guerra dos mascates) "a mais famigerada e distinta, entre todas as do Brasil".[56]

Filho do seu século, o nativismo oitocentista renegou o imaginário nobiliárquico. Fê-lo não só o nativismo radical de frei Caneca, mas também o de cariz moderado, triunfante desde o 7 de abril, nos artigos de Lopes Gama. Frei Caneca tratou de liquidar as pretensões à dominação política que se baseassem nas influências clânicas e na goga linhagística, investindo contra a "pueril vaidade" das grandes famílias. Noutros momentos de aguda confrontação partidária, como os anos quarenta, Lopes Gama pôs em dúvida a origem aristocrática dos Cavalcanti, Albuquerques e Wanderleys, lembrando a ligação "desonesta" de Jerônimo de Albuquerque com a índia Arcoverde. As pretensões linhagísticas começavam a não ser levadas a sério, consoante a noção, sustentada inclusive por frei Caneca, de que, não tendo o Brasil conhecido uma sociedade de ordens à européia, seu arremedo de nobreza não era assimilável a uma aristocracia de sangue nem formava corpo institucional cuja existência fosse juridicamente reconhecida. Ao grande carmelita, os fumos açucarocráticos pareciam tão infantis quanto a preferência dos cônegos sobre os párocos ou da confraria do Sacramento sobre a de São José da Penha.[57]

---

[56] Ibid., i, p. 307; ii, p. 379.

[57] *Obras políticas e literárias de frei Joaquim do Amor Divino Caneca*, ii, p. 370; Gilberto Freyre, *O velho Félix*, p. xxxvii. Também nos anos oitenta, quando os liberais cindiram-se entre 'leões' oligárquicos e 'cachorros' democratas, estes procuraram impugnar os títulos da família Souza Leão: Joaquim de Sousa-Leão Filho, *O barão de Vila Bela*, Rio de Janeiro, 1968, p. 113-4.

Capítulo VI

No panteão restaurador

ALCANÇADA À CUSTA DO SANGUE, vidas e fazendas dos colonos, a restauração forjou-se sobre a aliança dos grupos étnicos que compunham a população, não evidentemente em pé de igualdade, mas sob a direção da nobreza da terra e dos reinóis radicados na capitania. Trata-se de noção já consagrada no imaginário nativista em começos do século XIX, mediante a tetrarquia de heróis a que se devia o culto cívico. O projeto de constituição (1799), reputado apócrifo e atribuído ao naturalista Arruda da Câmara e ao padre João Ribeiro, previa que o governo republicano mandaria "edificar estátuas aos quatro generais André Vidal de Negreiros, João Fernandes Vieira, D. Felipe Camarão e Henrique Dias em frente do palácio da Presidência", além de colocar seus retratos no interior do edifício, "debaixo de ricos dosséis para serem patentes nos dias de festas nacionais e aos embaixadores estrangeiros".[1] Soa ingênuo semelhante dispositivo em texto constitucional, mas os autores do projeto haviam compreendido a eficácia mobilizadora da representação tetrárquica, tanto assim que os governos provisórios da revolução de 1817 em Pernambuco e Paraíba não se cansaram de exortar os "herdeiros naturais da bravura e da glória dos Vieira e Vidais, dos Dias e Camarões" a se alistarem "debaixo das bandeiras da nossa liberdade".[2]

---

[1] Arruda da Câmara, *Obras reunidas*, p. 260.

[2] DH, 101, pp. 27, 47 e 49.

Atribuía-se assim à aliança inter-racial que expulsara os holandeses a missão de realizar a Independência. Em 1822, o padre Lopes Gama concitava os "manes respeitáveis de Vieira, Negreiros, Camarão e Dias" a virem "reconhecidos beijar a augusta mão do Príncipe benéfico", isto é, de D. Pedro I. Quando, em dezembro de 1823, à raiz da dissolução da Constituinte, frei Caneca lançou seu jornal, 'O Typhis Pernambucano', o editorial de estréia colocava a luta federalista sob a égide dos restauradores, "os Vieiras, os Negreiros, os Camarões e os Dias, que fizeram tremer a Holanda e deram espanto ao mundo universo".[3] Ainda ao tempo da guerra do Paraguai (1865-1870), concitavam-se "os netos de Vieira, Vidal, Dias e Camarão", a darem uma "lição profícua ao rude oriental, e ao fátuo paraguaio, tão bárbaro e brutal".[4]

Estas invocações tinham, portanto, em comum a referência à tetrarquia de heróis da guerra holandesa. A rigor, elas se poderiam ter limitado à tríade equivalente às matrizes étnicas da população regional. Devido a circunstâncias que se examinarão adiante, à etnia dominante alocaram-se dois representantes destinados a encarnar a diferença de naturalidade, segundo a dicotomia fundamental do nativismo, que via a sociedade colonial bipartida entre reinóis e mazombos. Desde sua cristalização no século XVIII, o *topos* obedeceu à mesma ordem convencional, iniciando-se pelo nome de Fernandes Vieira, a que se sucedia o de Vidal de Negreiros, as menções a Henrique Dias e Camarão vindo em terceiro e quarto lugar, embora ambas por vezes se pudessem inverter. Somente a poesia tomou a liberdade de baralhar a seqüência canônica, colocando o negro ou o índio à frente do reinol ou do mazombo; na Paraíba, o sentimento localista podia antepor Vidal aos outros.

A enumeração era também rigorosa, não podendo ser reduzida ou acrescentada sob pena de comprometer-se o equilíbrio deste panteão imaginário. No Recife em 1859, desfilaram perante o Imperador batalhões patrióticos em cuja vanguarda cavalgavam personificações dos quatro heróis;[5] nem um de mais, nem um de me-

---

[3] Regulador brasileiro, 29.I.1823; *Obras políticas e literárias de frei Joaquim do Amor Divino Caneca*, II, p. 417.

[4] RIAP, 6 (1865), p. 290, e 18 (1868), p. 355. "O rude oriental" é o uruguaio.

[5] Pedro II, 'Viagem a Pernambuco', p. 404.

nos. Havendo-se proposto no Instituto Arqueológico e Geográfico Pernambucano litografar o retrato de Fernandes Vieira estampado no *Castrioto lusitano*, um liberal histórico, o Dr. Nascimento Feitosa, exigiu a reprodução das efígies dos demais restauradores.[6] Feitosa não ignorava serem estas últimas fictícias; ocorria, porém, que, a seu ver, mais importante que a objeção erudita era a integridade de uma representação simbólica ligada à tradição democrática da província. Daí que, ao rever à historiografia nativista o papel de Vieira na restauração, coubesse a outro liberal histórico, Aprígio Guimarães, sair em defesa do madeirense e da intangibilidade da tetrarquia, de vez que "Vieira e Vidal, bem como Dias e Camarão, merecem estátuas de igual pedestal".[7]

A invocação tetrárquica comportava uma dupla exclusão. A primeira atingiu os chefes que haviam feito apenas a resistência, isto é, a guerra perdida, razão da ausência de Matias de Albuquerque, que teria podido representar os mazombos, pois se lhe dava equivocadamente naturalidade pernambucana. O mesmo poder-se-ia dizer de Luís Barbalho Bezerra ou de Francisco Rebelo, como Vidal de Negreiros, nascidos na terra. A tetrarquia, porém, restringiu-se aos restauradores, vale dizer, aos que tinham comandado a guerra vitoriosa, muito embora os tetrarcas tivessem participado, em diferentes graus, da resistência. A segunda eliminação atingiu quem fosse estranho à capitania, não podendo alegar nem o nascimento nem a residência no período *ante bellum*. Vidal, Camarão e Henrique Dias eram naturais da terra e o único protagonista reinol, Fernandes Vieira, considerava-se filho adotivo de Pernambuco, onde desembarcara, menino pobre, e onde enriquecera, casara e vivera toda sua existência adulta. Fora da tetrarquia ficou o português que para aqui viera como soldado: o caso de Antônio Dias Cardoso, que já fazia parte da guarnição com anterioridade à invasão holandesa; ou o de Francisco de Figueiroa, malgrado ter sido tão mestre-de-campo quanto Vieira ou Vidal. A eliminação é especialmente discriminatória no tocante a Francisco Barreto de Menezes, que de 1648 a 1654 comandara o exército restaurador.

---

[6] RIAP, 6 (1865), p. 209; 7 (1865), p. 234.

[7] Aprígio Guimarães, 'João F. Vieira', RIAP, 39 (1891), p. 24.

Vista de perto, essa tetrarquia imaginária correspondeu à tetrarquia real constituída pelo comando das forças luso-brasileiras, do início da guerra em 1645 à posse de Francisco Barreto em 1648. Neste período, a que, como vimos, o nativismo emprestara as cores de uma frustrada independência local, Fernandes Vieira e Vidal de Negreiros haviam chefiado a tropa com o título auto-outorgado de governadores da Guerra da Liberdade Divina. Ela incorporava dois regimentos principais de homens livres, a 'infantaria natural', recrutada em Pernambuco e liderada por Vieira, e a 'infantaria de fora', capitaneada por Vidal, contingente vindo da Bahia, mas composto de veteranos pernambucanos da resistência, ao qual se haviam incorporado os efetivos de terceira unidade inicialmente sob as ordens de Martim Soares Moreno. Quando Barreto assumiu a direção, o governo dos regimentos permaneceu inalterado, embora subordinado a ele, cuja autoridade se exercia assim por meio de Vieira, de Vidal e também de Francisco de Figueiroa, mestre-de-campo do recém-chegado terço de açorianos. Por sua vez, os contingentes de auxiliares índios e negros sob Camarão e Henrique Dias, que haviam estado subordinados ao duunvirato Vieira-Vidal, foram colocados diretamente sob Barreto.

Mas a tetrarquia real não explica por si a gênese da imaginária, que foi o produto de prolongada decantação. Se a fórmula tetrárquica vingou em detrimento da tríade equivalente às matrizes étnicas, deveu-se originalmente ao propósito do nativismo nobiliárquico de reduzir o protagonismo de Fernandes Vieira. As crônicas que ele estipendiara eram as únicas fontes que versavam a restauração. Até meados do século xix, a história das guerras holandesas foi a história que, com agudo senso de promoção pessoal, ele encomendara e divulgara. Mesmo Fernandes Gama, o primeiro a tentar rever criticamente a atuação do madeirense, não pôde escapar ao despotismo desses textos. Sua contribuição consistiu em lê-los nas entrelinhas com os olhos do nativismo de Oitocentos. A intenção panegírica daquelas narrativas, levada ao extremo na mais divulgada, o *Castrioto*, poderia ser encapsulada na sentença enfática com que seu autor sustentou que Vieira "empreendeu, prosseguiu e acabou a restauração de Pernambuco (...) negócio que nunca empreendera se para ele se não aconselhara só consigo".[8] A Vieira, e só a

---

[8] Rafael de Jesus, *Castrioto lusitano*, p. 202.

ele, devera-se o projeto e sua feliz realização; a ele, pois, e exclusivamente a ele, devia a Coroa a restituição do Nordeste. Destarte, a hagiografia vieirense deixava propositadamente na sombra, quando não os difamava, o papel desempenhado pelos outros pró-homens.

Para as suscetibilidades locais, era intragável a alegação de que Fernandes Vieira não só agira por sua conta e risco como tivera de vencer a oposição dos homens principais a seu plano insurrecional. A adesão de tais indivíduos só teria ocorrido após os êxitos militares dos primeiros meses de guerra, mercê do controle luso-brasileiro sobre o interior. O *Castrioto* descrevia os pró-homens como clientes de Vieira ou como indivíduos de ânimo irresoluto e pusilânime, a quem ele tivera de pôr em brios, recordando-lhes as obrigações do seu *status*. Diogo Lopes de Santiago reportava um jantar no engenho de Vieira em que este, diante das tergiversações dos convivas, "homens nobres e principais", lançava-lhes a pecha de serem "a mesma desonra de Pernambuco" e a "afronta do nome português". A vários deles, os cronistas acusavam nominalmente de haverem denunciado a conspiração ou de se terem acumpliciado para eliminar fisicamente seu chefe, como nos dias que precederam a batalha das Tabocas ou quando do atentado contra sua vida, de que teriam participado parentes da sua mulher. Rafael de Jesus explicava o ódio a Vieira pelo ressentimento que sua fulminante ascensão sócio-econômica havia suscitado.[9]

À apropriação da gesta restauradora por Fernandes Vieira a nobreza da terra respondeu, procurando reabilitar um dos seus, Antônio Cavalcanti, chamado 'o da guerra', para distingui-lo de homônimos: ele teria sido quem concebera o projeto restaurador. Com razão, J. A. Gonsalves de Mello viu na atribuição um sintoma de "vaidade nativista e nobiliárquica".[10] Já em 1667, como governador da capitania, Vidal de Negreiros dava começo à reabilitação de Cavalcanti, justificando a nomeação de filho seu para posto de milícia com o argumento de que o pai fora "o primeiro que, em companhia do governador João Fernandes Vieira, se levantou contra os holandeses".[11] Cavalcanti era assim colocado no mesmo pé de Vieira,

---

[9] Diogo Lopes de Santiago, *História da guerra de Pernambuco*, pp. 186-8, 421; Rafael de Jesus, *Castrioto lusitano*, p. 509.

[10] Gonsalves de Mello, *João Fernandes Vieira*, I, p. 146.

[11] Antônio Joaquim de Melo, *Biografia de João do Rego Barros*, p. 161.

ato de justiça praticado com sua memória, mas, sobretudo, com sua família e seu grupo social. Contudo, dado o falecimento de Cavalcanti em circunstâncias obscuras logo nos primeiros dias da revolta, só se podia alegar em seu favor o plano da restauração, não a execução, a qual continuava cabendo ao rival. No século XVIII, Borges da Fonseca ainda recolheria "em vários documentos antigos" a versão de que a Cavalcanti se devera a "idéia" da restauração, da qual Vieira fora mero "executor", "ou por mais rico ou por mais feliz".[12]

Da segunda metade do século XVII, data também a recuperação dos acusados de colaboração com os invasores, incontroversa, aliás, à luz das fontes holandesas hoje conhecidas. Tratava-se de passar a esponja em acontecimentos que comprometiam a imagem da nobreza e que se prestavam à manipulação pelos reinóis na tarefa de golpear o poder e a honra da açucarocracia, denegrindo os pais e avós dos pró-homens de Olinda. Borges da Fonseca captou os derradeiros ecos destas ansiedades. A primeira genealogia pernambucana foi redigida precisamente pelo genro de um destes colaboracionistas, Gonçalo Novo de Lira. Veja-se também o que registrou Borges acerca de Sebastião de Carvalho, que não teria traído a causa d'El-Rei, apenas se desinteressado da sorte do movimento devido à disputa com Fernandes Vieira em torno de uma data de terra, o que lhe teria valido as calúnias veiculadas pelos hagiógrafos vieirenses. Quanto a Fernão do Vale, sua riqueza excitara "a inveja dos malévolos", que o denunciaram "falsa e injustamente".[13] E, contudo, ambos haviam firmado a carta anônima que delatara a revolta de 1645 às autoridades batavas, embora a defesa de Sebastião de Carvalho possa ser imputada a oportunismo de genealogista, de vez que ele pertencera aos Carvalhos da rua Formosa (Lisboa), ascendentes do marquês de Pombal.

O nativismo nobiliárquico não podia consentir que se creditasse exclusivamente a um português, desembarcado na terra com uma mão atrás da outra, o êxito da empresa alcançada 'à custa de nosso sangue, vidas e fazendas'. O panteão restaurador teve assim de adaptar-se à dicotomia reinol-mazombo, que, já o vimos, subjazia à representação vigente da estrutura social da capitania. Para tanto, a figura de Vidal de Negreiros parecia mais apropriada que a de Antônio Caval-

---

[12] Borges da Fonseca, *Nobiliarquia pernambucana*, II, pp. 207 e 469.

[13] Ibid., I, pp. 24-5, 345; II, p. 65.

canti, pois o paraibano tinha a vantagem de haver militado durante todo o conflito, começando na resistência, quando apenas saía da infância.[14] Ao contrário de Cavalcanti, Vidal dispunha da mais longa, densa e brilhante folha de serviços de que se poderia gabar um oficial luso-brasileiro da guerra holandesa. É certo que, comparado a Cavalcanti, Vidal não nascera na nobreza da terra. Seu pai fora um soldado de artilharia que transitara para um partido de cana, segundo as investigações de J. A. Gonsalves de Mello; ou ainda, de acordo com fonte holandesa da época, um "pobre carpinteiro", embora Moreau fizesse do velho Francisco Vidal senhor de engenho na várzea do Paraíba, versão acolhida pela tradição oral.[15]

Apesar de nobre, Antônio Cavalcanti não passara de modesto lavrador de canas, ao passo que Vidal de Negreiros fora premiado pela Coroa e ingressara na açucarocracia, tornando-se proprietário de cinco engenhos. Tinha também a seu favor as crônicas vieirenses, as quais, na falta de versão alternativa, enunciavam a história 'oficial' da restauração. Elas o apresentavam como o leal companheiro de armas de Fernandes Vieira, tanto assim que, embora seu igual no comando, acomodara-se à discreta posição de coadjuvante, deixando-lhe as galas do vedetariado e levando a bom termo e em harmonia a empresa restauradora, na posição de "segundo sem primeiro" que ele mesmo anunciara ser a sua. Graças ao que, os cronistas vieirenses não lhe pouparam elogios, reservando-lhe os epítetos desvanecedores de Cipião Africano e de Aníbal Valente.[16] Por fim, Vidal governara duas vezes Pernambuco, tendo, numa destas ocasiões, entrado em conflito com Francisco Barreto, então governador-geral, em defesa do autogoverno local, donde o "grande respeito" que a Câmara de Olinda tributava à sua memória, ainda em meados do século XVIII.[17]

Com o auxílio da aliteração, o acoplamento de Vieira e Vidal consolidou-se nos últimos decênios de Seiscentos, proporcionando a imagem de uma restauração

---

[14] Loreto Couto, *Desagravos do Brasil*, p. 204.

[15] Boxer, *The Dutch in Brazil*, p. 162; Lopes Machado, *História da província da Paraíba*, p. 308; Moreau, *História das últimas lutas no Brasil*, p. 37; José Lins do Rego, *Meus verdes anos. Ficção completa*, 2 vols., Rio de Janeiro, 1987, II, p. 1277.

[16] Manuel Calado, *O valeroso Lucideno*, II, pp. 54, 67, 102.

[17] Loreto Couto, *Desagravos do Brasil*, p. 205.

bicéfala e de uma capitania fraturada em dois estratos de colonos. O *Castrioto*, consagração literária do feito, viera à luz em 1679; um par de anos depois, gloriosos e ricos, ambos os heróis já haviam falecido. Na terceira e na quarta gerações pós-1654, haviam-se dissipado os rancores nobiliárquicos contra Fernandes Vieira. Suas famílias, aliadas pelo casamento de neto de Vieira com neta de Vidal de Negreiros,[18] já estavam integradas à nobreza da terra, cujo partido seguiram na guerra dos mascates. Àquela altura, já se davam a tapuias convertidos à fé cristã os nomes de Vieira e de Vidal, como aquele cacique tapuia "a quem depois chamaram João Fernandes Vieira Arobá", aliás, "o primeiro tapuia desta nação que se batizou". Outro "celebrado tapuia [fora] chamado por antonomásia André Vidal", ao cair prisioneiro dos luso-brasileiros após lhes haver feito considerável dano na guerra do Açu, empreendida contra os índios do Rio Grande do Norte. Outro índio, igualmente chamado André Vidal de Negreiros, será vereador de Soure, no Ceará.[19]

Que não se confundissem, porém, os respectivos méritos. A partilha dos atributos que o tríptico da Câmara de Olinda (1709) lhes confere é reveladora das noções cultivadas pela nobreza da terra a respeito dos traços morais que a distinguiriam dos reinóis. A cartela credita a vitória ao "valor" de Vidal de Negreiros e à "prudente inteligência" de Fernandes Vieira, mas nem prudência nem inteligência constituíam virtudes reivindicadas pela ética senhorial. Cem anos depois, a legenda do díptico da igreja de Nossa Senhora dos Prazeres preservará a distinção, mas a perspicácia de Vieira deixou de ser "prudente" para adquirir a conotação levemente pejorativa, de "astuciosa". O valor inadjetivado era a qualidade com que se descrevia a nobreza; a prudência e a astúcia, características que julgava próprias de mercadores, conformando seu procedimento por trás do balcão como no campo de batalha. Durante a guerra dos mascates, os escribas de Olinda não se haviam cansado de contrastar a lealdade da nobreza com a atitude ardilosa dos

---

[18] Borges da Fonseca, *Nobiliarquia pernambucana*, II, p. 14.

[19] 'Notícia que dão os padres da Congregação de Pernambuco acerca da sua Congregação desde a sua ereção', RIAP, 57 (1984), p. 96; 'Breve compêndio', p. 269; AUC, CA, 33, fl. 197v.; José César de Menezes a Martinho de Melo Castro, 30.IX.1777, AHU, Pernambuco, 66.

mercadores. A diferença consistia em que a manha de Vieira servira à boa causa, o que não se podia dizer da esperteza dos mascates, que arruinava a açucarocracia.

Ao acatar a preeminência de Fernandes Vieira, o nativismo setecentista, razoável e acomodatício, tendeu a ignorar as sutilezas nobiliárquicas que estavam passando de moda após a derrota de Olinda na guerra civil. No sermão de 1731, Jaboatão imaginava o comando restaurador segundo a metáfora banalíssima de uma constelação de que Vieira seria o sol, pois "se o sol na campanha das luzes é o primeiro general e o que aos mais astros comunica influxos, sol foi o mestre-de-campo João Fernandes Vieira, primeiro general da campanha de Pernambuco, que com o calor do seu espírito participava alentos aos seus naturais". Vidal de Negreiros fora a lua, que "no esquadrão dos planetas é a que ocupa o segundo lugar e a que com mais velocidade em poucos dias faz giro por toda a terra, repartindo com ela do cheio dos seus influxos", já que, "em continuado giro a todas as partes corria [...] desde o rio de São Francisco até a Paraíba e Rio Grande". Estrelas maiores haviam sido os grandes capitães louvados pelos cronistas: Antônio Dias Cardoso, Camarão e Henrique Dias, seguidos de "estrelas de menor grandeza", isto é, "os mais cabos e soldados".[20]

Mas esta ruptura, em favor de Fernandes Vieira, da igualdade da díade, só lhe era concedida ao preço de despojá-lo dos atributos que o imaginário nativista conferia aos filhos do Reino. Se ele ocupa a posição suprema na comparação planetária de Jaboatão, deve a que, em si mesmo, realizava a síntese do reinol e do mazombo, ou, segundo a expressão consagrada em começos de Oitocentos, dos 'portugueses europeus' e 'portugueses americanos', superando a "diferença de natalício" mediante o ideal que poderia ser chamado do bom mascate, isto é, o português enriquecido em Pernambuco, que, ao contrário da massa dos seus conterrâneos, na "trivial ingratidão em que caem tantos, mais por humor de naturalidade do que por erro de entendimento", adotava como sua 'pátria' a terra que generosamente o recebera, preferindo-a ao Reino ou à vila ou aldeia do seu nascimento.[21] A este papel predispunha-o, aliás a naturalidade madeirense, que o

---

[20] Jaboatão, 'Sermão da restauração de Pernambuco', pp. 375-6.

[21] Jaboatão, *Novo orbe seráfico*, iii, p. 131.

fazia não o reinol castiço da grande maioria dos emigrantes lusitanos, mas o reinol de segunda zona, originário do que constituía uma das primeiras possessões ultramarinas.

A ingratidão mascatal foi uma das tônicas dos escritos do partido de Olinda na guerra civil de 1710-1711. Segundo a queixa, "começou o Recife a fazer-se um Pernambuco novo e alimentado à custa de Pernambuco velho".[22] Este abrigara benignamente, em igualdade de condições com os naturais, um "turbilhão de aventureiros aurissedentos" procedentes das camadas ínfimas da população portuguesa. À proteção que lhes dispensara a nobreza da terra, eles haviam retribuído expoliando-a através do crédito usurário para enriquecerem ao cabo de alguns anos, procurando abatê-la e aniquilá-la e disputando-lhe os cargos públicos e da governação, os hábitos das ordens militares e as honras da república. Nem por isso, contudo, deixavam de votar desprezo à terra, declarando-se do Porto, de Lisboa ou das ilhas mas negando aos mazombos o direito de se dizerem pernambucanos, o que constituiria prova de infidelidade a El-Rei.[23]

Fernandes Vieira escapara de cometer este pecado capital, pois, como assinalara Diogo Lopes de Santiago, embora nascido no Funchal, "era já quase natural e patrício de Pernambuco".[24] Segundo Rafael de Jesus, ele considerava mesmo como sua 'pátria' não a terra do seu nascimento, mas da sua adoção.[25] Jaboatão desenvolveu a idéia, observando que em Vieira "se conservou sempre acesa a flama do bem da pátria (não porque fosse natural de Pernambuco, sim porque nele se tinha conaturalizado), pois sabia, porque assim o mostrou por todas as razões políticas e ainda divinas [que] o homem não deve tanto àquela terra que lhe deu o nascimento como àquela em que se fez homem, e não conhecer este benefício é de ânimos sumamente vis e naturais ingratos",[26] vale dizer, era próprio de mascates. Precisamente o raciocínio que frei Caneca desenvolverá quase um século depois.

---

[22] 'Relação do levante de Pernambuco em 1710', p. 316.

[23] Fernandes Gama, *Memórias históricas*, IV, pp. 56-8 e 294.

[24] Diogo Lopes de Santiago, *História da guerra de Pernambuco*, p. 176.

[25] Rafael de Jesus, *Castrioto lusitano*, p. 198.

[26] Jaboatão, 'Sermão da restauração de Pernambuco', p. 371.

A pátria do cidadão segundo o carmelita, "não é só o lugar em que ele nasceu, como também aquele em que ele fez a sua morada e fixou o estabelecimento", não "tanto o lugar em que nascemos quanto aquele em que fazemos uma parte e somos membros da sociedade". Donde sua conclusão de que "os portugueses europeus estabelecidos em Pernambuco, só pelo fato de nele virem habitar e estabelecer-se, são legítimos compatriotas desta província, e ela sua pátria de direito".[27] Destarte, a dupla condição de reinol de nascimento e de mazombo de adoção habilitava Fernandes Vieira a realizar a síntese que o nativismo nobiliárquico só podia conceber mediante seu acoplamento a Vidal de Negreiros. Ao contrário de Borges da Fonseca, na sua solidariedade de genealogista com os pontos de vista da nobreza, ou de Loreto Couto, que parece reprimir certa reserva para com Vieira, Jaboatão antecipava nesse sermão de mocidade a atitude da geração de 1817.

Pois esta não o rejeitou. Frei Caneca mesmo lhe invocava o exemplo em favor da sua tese: "A quem tinha por pátria João Fernandes Vieira quando na restauração deste Pernambuco se sacrificou a si, às suas riquezas e a todos os seus? A cidade do Funchal, que o viu nascer e mal lhe deu o berço; ou a Pernambuco, que o acolheu e lhe deu esposa e estabelecimento?"[28] Quando a junta governativa da Paraíba resolveu homenagear Amaro Gomes Coutinho, um dos chefes do movimento revolucionário na capitania, invocou não o conterrâneo Vidal de Negreiros, mas o reinol Vieira, confessando ser impossível ver Gomes Coutinho "cada vez que nos aparece lavado em suores e coberto de pó, sem que logo nos salte aos olhos a imagem penetrante do valente campeão João Fernandes Vieira, arruando povos, levantando campos, erguendo fortificações e voando com a impetuosidade do raio a todos os pontos contra os opressores da pátria", razão pela qual o governo autorizou-o a assinar-se Amaro Gomes Coutinho Vieira.[29] Os próprios revolucionários da Praia, sabidamente anti-lusitanos, tampouco desdenharam Vieira: "Mostrai que dos Vieiras descendeis, que quereis vossos brios sustentar".[30]

---

[27] *Obras políticas e literárias de frei Joaquim do Amor Divino Caneca*, II, pp. 199 e 219.

[28] Ibid., p. 198.

[29] DH, 101, pp. 57-8, 191.

[30] *Autos do inquérito da revolução praieira*, Brasília, 1978, p. 348.

No conflito político e ideológico da Independência em Pernambuco, Fernandes Vieira possuía uma funcionalidade que faltava a um mazombo como Vidal de Negreiros, oferecendo o modelo do comportamento nacional que se esperava do português radicado no Brasil frente à atitude anti-brasileira de parte da população de naturalidade lusitana. Bem o compreendeu Gervásio Pires Ferreira, presidente da primeira junta governativa de Pernambuco à raiz da revolução constitucionalista do Porto, o qual invocava freqüentemente Vieira nas proclamações e correspondência oficial.[31] Vieira atendia à necessidade de representação simbólica de uma independência consensual, que satisfizesse também as camadas lusitanas da população colonial, em particular o patriciado comercial do Recife, que vivia o dilema de escolher entre o Reino e a nova terra. A prosopografia dos vereadores recifenses da primeira metade do século XVIII permite divisar a gestação desta nova classe, produto da crescente sedentarização por que passara o comércio português em Pernambuco nos decênios *post bellum*, processo que ali ocorreu tardiamente em comparação com a Bahia, devido, sobretudo, ao interregno da dominação holandesa que ao longo de um quarto de século substituíra uma subordinação comercial por outra. Majoritariamente oriundos da plebe urbana ou rural do norte de Portugal, enriquecidos na terra ao cabo de muitos anos de trabalho duro, os mercadores reinóis também praticaram a endogamia, casando-se em famílias lusitanas já fixadas no Recife; e alguns fizeram-se também senhores de engenho, inclusive como atividade ancilar da mercantil.

Os filhos, contudo, aliaram-se a famílias da terra, encaminhando-se não à vida agrícola, pouco atraente neste período de estagnação prolongada da economia canavieira, nem sequer à gestão dos negócios paternos, confiados a parentes ou

---

[31] Antônio Joaquim de Mello, *Biografia de Gervásio Pires Ferreira*, 2 vols., Recife, 1895, passim. Pretendia George Canning que a escolha do título de 'Defensor Perpétuo do Brasil' dado a D. Pedro I, "mostrava a ausência de motivação revolucionária [no movimento da Independência] e o desejo de levar em conta os sentimentos nacionais de portugueses e brasileiros", tendo em vista que a atribuição não era de "origem nova ou democrática, mas antiga, usada por D. João I e por Vieira, que arrancara o Brasil ao holandês": George Canning a Charles Stuart, 14.III.1825, C. K. Webster, *Britain and the independence of Latin América, 1812-1830*, 2 vols., Oxford, 1938, I, p. 266. O mestre de Aviz tivera efetivamente o título de Regedor e Defensor do Reino mas Fernandes Vieira usara o de governador da guerra de Liberdade Divina.

criados vindos do Reino em detrimento dos herdeiros mazombos tidos por incompetentes, mas às carreiras como o clero, a burocracia, as armas. Acentuou J. A. Gonsalves de Mello "o número de filhos de mercadores do Recife que entraram para a Universidade de Coimbra", constatando serem "os mascates e não a nobreza da terra a deter a totalidade dos estudantes universitários de Pernambuco em Portugal".[32] Por outro lado, a afluência regular de emigrantes destinados ao comércio criava uma diferenciação permanente entre o segmento estável, 'nacionalizado' ou enraizado, cuja fortuna já se diversificara em prédios urbanos, embarcações, engenhos e até fazendas de gado e de algodão; e um estrato ainda lusitano pelo sentimento e desapegado da colônia a que só o retinha o comércio de consignação que o reduzia a mero agente dos grandes negociantes de Lisboa e do Porto.

Desde o século xviii, o nativismo viera conquistando o suporte daquela primeira camada. Decorrido um século da guerra dos mascates, os rebentos das famílias mascatais mostravam-se tão contestatários da ordem colonial quanto outrora os inimigos dos seus avós. Ao longo de Setecentos, depurara-se um patriciado urbano tão cioso do exercício da autoridade e do seu estilo de vida quanto o congênere rural, a ponto de se poder afirmar que as diferenças de atividade econômica quase não repercutiram na vida privada, como compreendeu Gilberto Freyre, para quem a forma de organização da família foi comum à casa-grande e ao sobrado. À endogamia, que os havia separado durante a segunda metade de Seiscentos, se haviam substituído as alianças matrimoniais. Da revolução de 1817, da junta provisória de 1821 e da Confederação do Equador, participaram vários dos seus filhos. A essas famílias, e não às velhas linhagens açucarocráticas, arruinadas por um século e tanto de depressão do preço do açúcar, é que frei Caneca tinha verdadeiramente na conta da gente endinheirada de Pernambuco.[33] A algumas delas, não à nobreza da terra como outrora, é que se acusava de prepotência e de fazerem impunemente "tudo quanto lhes aprazia".[34]

---

[32] Gonsalves de Mello, 'Nobres e mascates', p. 146.

[33] *Obras políticas e literárias de frei Joaquim do Amor Divino Caneca*, ii, p. 372.

[34] DH, 107, p. 231.

Para elas, a figura de Fernandes Vieira tornava-se a senha de uma emancipação levada a cabo não pelo velho nativismo nobiliárquico que, no isolamento tristonho dos engenhos, ainda respirava pelas feridas de 1711, mas por um nativismo ilustrado, com base numa coalizão que incorporasse, é certo, a açucarocracia, mas sob a batuta dos novos estratos urbanos, o patriciado mascate e os quadros militares e burocráticos da capitania, de modo a reduzir à impotência os *die hards*, os intransigentes, o setor do comércio português que, inflexivelmente oposto à cesura dos vínculos coloniais, a correspondência dos cônsules estrangeiros e as narrativas do tempo da Independência e da Regência deixam ver, ao primeiro sinal de bernarda nativista, abandonando precipitadamente seus sobradões do bairro do Recife para refugiarem-se nos navios surtos no porto.

As reservas no tocante a Fernandes Vieira voltaram a ocorrer nos anos quarenta, rescaldo de um nativismo quase que reduzido, entrementes, ao feitio populista do ressentimento contra o monopólio português do comércio a retalho. Assim como a crítica objetiva das mazelas sócio-econômicas da província saíra da pena não de um ideólogo da Praia, mas de intelectual ligado à oligarquia Rego Barros-Cavalcanti, Antônio Pedro de Figueiredo, a rejeição de Vieira ficará por conta de um protegido dessas grandes famílias, José Bernardo Fernandes Gama. Seu programa historiográfico, enunciado na abertura das 'Memórias históricas', consistia, nem mais nem menos, do que em "varrer de nossa idéia até o nome português".[35] E, contudo, a opção conservadora de Fernandes Gama está clara nas comparações entre episódios do passado pernambucano e o situacionismo da Praia, a quem tachava de "mesquinha em todas as suas vistas e concepções".[36] Tratava-se ademais de oficial do exército a cuja família muito ficara devendo a adesão da província a Pedro I.

O nativismo de Fernandes Gama era o velho nativismo nobiliárquico, anacronicamente redivivo numa conjuntura que já não queria entendê-lo, de vez que a açucarocracia o abandonara, desde os dias da Independência, em favor da aliança com o velho inimigo, o comércio português, relegando o anti-lusitanismo ao pa-

---

[35] Fernandes Gama, *Memórias históricas*, I, p. 3.

[36] Ibid., IV, pp. 102 e 251.

pel de paixão eminentemente popular. Da inspiração das 'Memórias históricas', já não comungavam, por conseguinte, aqueles mesmos que, correligionários do autor, não se haviam feito de rogados para custear a impressão da obra. Aliás, quando da sua publicação, havendo quem maliciosamente lembrasse que Fernandes Gama nascera em Lisboa, ele se apressara em explicar tratar-se de mero acidente biográfico, de vez que era pernambucano pelos quatro costados e que continuava a residir na casa da rua do Cabugá, onde sua família vivia há mais de cem anos.[37] Foi Fernandes Gama, não Varnhagen ou Pereira da Costa, quem iniciou a revisão do papel de Fernandes Vieira.

Se a apologética vieirense deixara deliberadamente na sombra a atuação dos naturais da terra, transformando o que se pensava ser uma empresa local em motivo de orgulho português, Fernandes Gama apresentava Fernandes Vieira como um autômato da boa causa, que só agia livremente para fazer o mal, como na colaboração com os holandeses ou na morte de Antônio Cavalcanti. Na restauração, ele servira apenas de *factotum* ou de testa-de-ferro a "todos os proprietários" e as "todos os agricultores pernambucanos", que teriam sido os verdadeiros restauradores. Antônio Cavalcanti, Amador de Araújo e outros naturais é que o teriam separado da órbita neerlandesa na qual gravitara até então; e planejado seu casamento com a filha de Francisco Berenguer de Andrade de modo a colocar seus cabedais à disposição da projetada insurreição. Cavalcanti é, ademais, isentado da suspeita de traição insinuada nas crônicas, pois tencionara apenas derrubar o intruso da chefia do movimento. Fernandes Gama tirou todo o partido possível do colaboracionismo de Vieira, utilizando a crônica de Calado para demonstrar seu envolvimento com o governo holandês do Recife e comparando seu oportunismo com a abnegação dos emigrados pernambucanos. A ação insurrecional de Vieira não fora idéia sua, mas incutida pelos pró-homens, o que não o inibira de descartar-se de alguns que lhe poderiam fazer sombra, para assentar "sua elevação sobre a decadência da principal nobreza do país".[38]

---

[37] Gonsalves de Mello, *Diário de Pernambuco. Economia e sociedade no 2º Reinado*, pp. 139 e 141-2.

[38] Fernandes Gama, *Memórias históricas*, II, pp. 133, 138-40, 142-5, 167 e 178-9.

Embora Fernandes Gama reconheça haver Fernandes Vieira dado provas de generosidade ou admire a sagacidade com que agira em algumas ocasiões, a ponto de cair na contradição de chamá-lo, em certo trecho, o "coração e alma da empresa", seu julgamento final não comportava nuances: Vieira usurpara o papel de outros e, o que era bem mais grave, truncara o destino do movimento restaurador.

> Aos pernambucanos, cabe toda a glória destes feitos, mas a direção que a causa da independência tomou [i. e., a volta do Nordeste à dominação portuguesa], cabe somente a João Fernandes Vieira, o qual os portugueses depois elevaram às nuvens, porque tão assinalados serviços prestara a Portugal. Ao valor de seus filhos deve Pernambuco a glória de ter vencido a mais aguerrida nação daqueles tempos; a Fernandes Vieira, porém, ficou o Reino de Portugal devendo o comércio mais útil, e a Coroa lusitana, a pedra mais preciosa que por mais de dois séculos ainda possuiu.[39]

A restauração constituíra assim uma guerra de independência nacional que Fernandes Vieira frustrara em benefício da antiga potência colonial, ao concordar em transferir a chefia do movimento ao representante d'El-Rei, Francisco Barreto. Não há melhor prova de suas verdadeiras intenções e da sua devoção aos interesses da metrópole do que ver "aquele mesmo que tanto resistira a depor o comando na mão dos pernambucanos que lho disputaram, até tentando contra seus dias, entregá-lo sem a menor hesitação a um português que o Rei despachara". Por tabela, o atentado contra Vieira, que os cronistas haviam atribuído aleivosamente ao propósito de sufocar a insurreição, adquiria o sentido de uma tentativa desesperada de confiar a empresa restauradora a quem a levasse a bom termo, isto é, à independência da capitania.[40] Ironicamente, se Fernandes Gama rejeitava Vieira, tampouco o louvava um 'corcunda' como Abreu e Castro, para quem ele ganhara "o nobre título de *libertador do Brasil*" graças ao uso da sua fortuna pessoal.[41]

---

[39] Ibid., III, p. 273.

[40] Ibid., III, pp. 97, 101, 116, 137, 139 e 176.

[41] Abreu e Castro, *Nossa Senhora dos Guararapes*, II, pp. 24 e 47.

Desde o século XVIII, não faltava quem propusesse canonizações adicionais e substituições de padroeiro. Jaboatão colocara Dias Cardoso ao lado de Camarão e Henrique Dias no terceiro degrau do seu panteão: o imigrante português não poderia aspirar a situação tão elevada quanto a de seu compatriota já fixado na terra ou quanto à do mazombo, devendo contentar-se com a equiparação aos representantes das etnias dominadas. Natividade Saldanha acrescentou uma quarta ode pindárica em louvor de Francisco Rebelo às que compusera para Vidal, Camarão e Dias. E Antônio Joaquim de Melo enxergou em Luís Barbalho Bezerra "o Bayardo olindense", o modelo local do cavaleiro *sans peur et sans reproche*. Melo redescobria um oficial pernambucano que, sem haver militado na restauração e participado apenas da resistência, chefiara a marcha de 1640 através do interior, do Rio Grande do Norte à Bahia, e governara o Rio de Janeiro, atuando em diferentes teatros,[42] o que lhe dava dimensão apropriada ao unitarismo do Império.

Na crítica a Fernandes Vieira, Fernandes Gama resistiu à tentação de descobrir um santo para cobrir outro, como fizeram Varnhagen e Fernandes Pinheiro ao entronizarem Vidal de Negreiros no altar reservado ao outro, sob os protestos da lusofilia de João Francisco Lisboa.[43] Entrava-se assim no terreno dos paralelos e comparações acadêmicas (Vieira *versus* Vidal), muito da predileção da historiografia oitocentista. Em 1873, apenas publicada a *História das lutas com os holandeses no Brasil*, o Instituto pernambucano encarregou Aprígio Guimarães de refutar a tese de Varnhagen, segundo a qual Vieira agira motivado tão somente pelo endividamento com a Companhia das Índias Ocidentais. Havendo o nativismo sacralizado a tetrarquia, tocar num deles era atentar contra todos. Por isso mesmo Aprígio Guimarães explicava que, ao defender Vieira não buscava diminuir Vidal, mas simplesmente "mostrar que estes dois vultos podem estar a par e na mesma linha de Camarão e Dias".[44]

---

[42] Melo, *Biografias*, II, pp. 111, 113 e 147.

[43] Varnhagen, *História das lutas*, pp. 167-8, 170-1, 265-6; J. C. Fernandes Pinheiro, *Estudos históricos*, 2ª ed., Rio, 1980, pp. 182-3; *Obras de João Francisco Lisboa*, 4 vols., São Luís, 1864-1865, IV, p. 122.

[44] Aprígio Guimarães, 'João F. Vieira', p. 24.

Novo ataque a Fernandes Vieira partiu de outro sócio do Instituto Arqueológico. O trabalho de Pereira da Costa nada acrescentou ao que haviam escrito Fernandes Gama e Varnhagen. Ao projetar-lhe sobre a figura a "luz da história e da crítica", o historiador re-ensaiava, sob a aparência dos novos métodos, os velhos preconceitos nativistas. Isto se torna evidente, por exemplo, ao definir as facções do movimento restaurador. A classificação ternária que propõe inspira-se na distinção feita por Fernandes Gama entre a fidelidade das antigas famílias duartinas e o colaboracionismo dos reinóis recentemente fixados na capitania. De modo a levar em conta as circunstâncias da restauração, Pereira da Costa limitou-se a desmembrar o segundo termo em um "partido dos devedores remissos", em que alistou Vieira, e em um "partido anti-nacional".[45]

Já se mencionou que as invocações tetrárquicas eliminaram Francisco Barreto, que havia comandado o exército restaurador de 1648 à vitória final em 1654. O imaginário nativista transformou-o numa *non-person*. Era pouco, aliás, o que se sabia dele além do que registrara o *Castrioto*. Barreto assumira às vésperas da primeira batalha dos Guararapes, tendo sido nomeado pela Coroa preocupada em impor seu controle sobre uma insurreição comprometida pela luta de facções pró e anti-Fernandes Vieira e pelas complicações diplomáticas que suscitava para o Reino. Após três anos de guerra conduzida com margem substancial de autonomia, a designação de Barreto fora mal recebida na terra, inclusive devido à suspeita de que acarretaria a subordinação da capitania ao governo geral, o que, aliás, não se verificou, ficando o novo comandante em chefe sob as ordens diretas da metrópole. Se a ele não se negavam "qualidade, valor e prudência", se imputava a mesma deficiência achacada outrora a D. Luís de Rojas y Borja, a falta de experiência da guerra brasílica.[46] Reproche não inteiramente procedente, de vez que Barreto militara na armada do conde da Torre e tomara parte na expedição de Luís Barbalho Bezerra. Era difícil, porém, perdoar o forasteiro que viera suplantar os governadores da guerra da Liberdade Divina, rebaixando-os ao segundo escalão.

---

[45] F. A. Pereira da Costa, 'João Fernandes Vieira à luz da história e da crítica', RIAP, 67 (1906), pp. 225-6.

[46] Rafael de Jesus, *Castrioto lusitano*, pp. 566-7.

O *Castrioto* relegou Francisco Barreto a um respeitoso segundo plano, apresentando-o, durante a primeira batalha Guararapes, em atitude deferente para com Fernandes Vieira e Vidal de Negreiros, confessando sua inexperiência brasileira, delegando-lhes as grandes decisões e reservando-se modestamente "o domínio de fazer executar as ordens", vale dizer, de um chefe de Estado-Maior. Cabe a Vieira e a Vidal persuadi-lo a assumir de fato o comando das operações. Mesmo então seu papel permanece subsidiário e Rafael de Jesus nada lhe credita de especial.[47] Na segunda Guararapes, a figura de Barreto ganha um pouco de relevo, pois já possuía "a experiência do terreno e das milícias daquelas partes". Contudo, a tática adotada fora a de Vieira e tudo que se narra de concreto a seu respeito resume-se em providenciar o reforço de tropas aos pontos críticos. Nada de heróico ou de temerário, nenhuma das proezas que naquele momento praticavam Vieira e Vidal e os cabos principais. Por fim, a capitulação do Recife nada lhe fica a dever. É Vieira quem o convence das chances da empresa, quem induz a armada da Companhia Geral de Comércio a bloquear a cidade e quem dispõe o plano da conquista das fortificações que a defendiam. Barreto não passa de mero coadjuvante.[48]

Mesmo assim, o tratamento de Francisco Barreto por Rafael de Jesus é mais favorável que o dispensado por Diogo Lopes de Santiago, de cujo manuscrito, escrito sob a supervisão de Fernandes Vieira, o frade não se podia apartar demasiado, sob pena de desgostar o cliente. Nisto, como em quase tudo, a 'verdade histórica' recebida pelo nativismo foi a que Vieira mandara enunciar no *Castrioto*. Estranho à terra, de onde partiu definitivamente após os três anos do seu governo regular (1654-1657), Barreto ficara execrado quando, ao assumir o governo geral, tentou subordiná-la à Bahia, retirando-lhe a jurisdição militar sobre a Paraíba, o Rio Grande e o Ceará. Ele ficou, por conseguinte, à margem da tradição nativista, que não tinha motivos para votar à sua memória a veneração que dedicou aos outros restauradores. Não lhe serviu sequer o haver fundado o culto popular da restauração, ao fazer erigir a capela, depois igreja, de Nossa Senhora dos Prazeres. Jaboatão ignorou-o na sua comparação planetária. Por dever de ofício, os

---

[47] Ibid., pp. 571-3, 584-5, 590.

[48] Ibid., pp. 621, 623, 630, 654, 660, 666-7.

historiadores não podiam fazê-lo, mas o trataram com deliberada indiferença, reconhecendo-lhe apenas "disciplina", isto é, competência profissional, como declaram o tríptico da Câmara de Olinda e o díptico dos Prazeres.[49]

A pentarquia de Jaboatão comportara uma hierarquia de três níveis: Fernandes Vieira no patamar superior; Vidal de Negreiros, no médio; e Dias Cardoso, Camarão e Henrique Dias no inferior, onde se alinhavam assim as três matrizes étnicas, na mesma subalternidade diante do reinol radicado na terra e ao mazombo. Jaboatão baralhava as cartas do que fora a hierarquia do exército restaurador, primeiro, excluindo Barreto; segundo, subordinando a Vieira e Vidal os figurantes portugueses, índios e negros; e por fim incluindo Dias Cardoso, que não exercera o comando de unidade alguma. Tais manipulações num erudito como Jaboatão podem ser creditadas ao propósito de representar a estrutura social da capitania ideada pelo nativismo: a hegemonia de uma camada superior de mazombos e de reinóis mais identificados a Pernambuco do que à metrópole sobre os estratos de colonos portugueses, de negros e de índios.

Ademais, a pentarquia de Jaboatão partilha com as enumerações tetrárquicas a exclusão da mestiçagem. Não se encontra nelas a representação do herói mestiço, como se as etnias vivessem segregadas. É certo que ao tempo da guerra holandesa não se haviam criado regimentos formalmente definidos como de mestiços, como ocorrerá posteriormente. Henriques e camarões foram corpos onde se zelou pela 'pureza' étnica dos seus efetivos. Malgrado haver Henrique Dias usado durante algum tempo a patente de 'governador das companhias de crioulos, negros e mulatos do Brasil' (1638), as fontes designam-no sempre como 'governador dos negros'. Se uma petição sua refere os "pretos e pardos" sob seu comando, de outra feita ele alude apenas aos africanos (minas, ardas e angolas) e aos crioulos, isto é, negros já nascidos no Brasil.[50] No período *post bellum*, o contingente tendeu a rejeitar os mulatos, malgrado tentativas oficiais de promover seu ingresso.[51] É provável, por outro lado, que os mulatos livres se desinteressassem de aceder-lhe às

---

[49] Fernandes Gama, *Memórias históricas*, III, p. 162; e IV, pp. 17-8.

[50] Rafael de Jesus, *Castrioto lusitano*, p. 563; Gonsalves de Mello, *Henrique Dias*, p. 14.

[51] 'Documentos para a história. O governo de Félix José Machado na capitania de Pernambuco', RIAP, 16 (1914), p. 380.

fileiras. Em começos do século XIX, Koster e Tollenare são taxativos: o 'terço velho' e o 'terço novo' dos henriques eram compostos, "do coronel ao último soldado" por "negros puros".[52]

A informação escasseia sobre o recrutamento do regimento dos camarões. Após seu emprego na guerra dos Palmares e na dos mascates, o cargo de governador-geral dos índios foi extinto (1733) e a tropa subordinada na esfera militar ao capitão-mor do distrito onde se localizavam suas aldeias. Destarte, dissolver-se-ia gradualmente seu caráter racial, embora Loreto Couto afiançasse anos depois que "a milícia composta dos índios naturais é imensa, forte, destemida, horrível, leal e constante", dispondo de oficiais que se tratavam "com bizarria" e de soldados que, como os chefes, eram "bem exercitados na ciência e arte militar".[53] Ao tempo da Independência, os índios ainda foram convocados em ocasiões de crise para engrossar as fileiras legalistas que combateram a revolução de 1817 e a Confederação do Equador, mas entregues a seus roçados eles haviam perdido o caráter de corpo profissional, o que não ocorrera com os henriques, aquartelados em centros urbanos.

As milícias mestiças surgiram tardiamente. Em meados do século XVIII, havia o terço dos homens pardos; meio século depois, regimentos auxiliares de mulatos.[54] Mas a realidade é que de mestiços se compunha igualmente o grosso do exército de linha. Desde a guerra dos mascates, o recrutamento maciçamente local destes corpos tornara-os suspeitos à Coroa. Numericamente superiores e mais treinados, eles tendiam a ser politicamente ativos, tornando-se por excelência a massa de manobra das agitações nativistas.[55] Daí que o Conselho Ultramarino propusesse a El-Rei (1715) reforçá-los com efetivos reinóis, "para que com esta gente que sempre será fiel ficar mais segura a obediência dos ditos terços, que por constarem pela

---

[52] Koster, *Travels in Brazil*, p. 396; Tollenare, *Notas dominicais*, p. 119. O que também ocorria com os henriques de Salvador: Santos Vilhena, *Notícias soteropolitanas*, I, p. 254.

[53] Pereira da Costa, *Anais pernambucanos*, V, pp. 328-32; Loreto Couto, *Desagravos do Brasil*, p. 202.

[54] 'Revoluções do Brasil', p. 22.

[55] Ao contrário de henriques e camarões que haviam demonstrado em 1710-1711 fidelidade inabalável aos reinóis, malgrado os partidários de Olinda procurarem pô-los em brio, recordando a empresa comum contra os holandeses: 'Calamidades de Pernambuco', pp. 116, 145 e 160.

maior parte dos naturais, seguem o partido da nobreza".[56] Tal política, contudo, nunca foi seguida de maneira sistemática. No tempo da Independência, embora não se aceitassem negros, "os mulatos e os mestiços de toda casta têm acesso a eles, como os brancos", sendo seu recrutamento "assaz arbitrário" por haverem "poucos alistamentos voluntários".[57] E Koster constatava que os mamelucos ingressavam nestes corpos bem como nos regimentos de pardos.[58]

Koster também notou a gratidão que cercava os henriques pela participação nas guerras holandesas.[59] Sua lembrança permaneceria vivaz após a dissolução do corpo, medida criticada por Abreu e Lima por se tratar de uma "classe de homens [que] tinha em todas as épocas prestado grandes serviços à monarquia e ultimamente à nossa Independência".[60] Já se aludiu a que, por ocasião da visita de D. Pedro II, teve grande êxito o desfile de batalhão alegórico "todo composto de homens pretos comandados por um outro da mesma cor, que, a cavalo e à frente deles, representava o herói pernambucano, terror dos holandeses".[61] Abolida a milícia negra, perduraram seus resíduos institucionais. A administração da igreja de Nossa Senhora da Assunção das Fronteiras continuou em mãos de oficiais do antigo terço, entre eles Francisco José de Melo, revolucionário de 1817 e implicado na guerra dos cabanos (1832-1836). No templo criou-se uma irmandade de homens pretos, que admitia o ingresso de brancos, mas sem direito a voto ou de ser votado para cargos de direção. Ainda nos anos sessenta do século XIX, existia a Sociedade de Henriques, que o Instituto pernambucano associava à celebração das efemérides restauradoras.[62]

Não deixa de ser revelador que o imaginário restaurador não tenha consagrado um mestiço. Camarão foi índio puro, Henrique Dias, negro retinto e se Fernandes Vieira foi mulato, oficialmente sempre passou por branco, graças à sua qualidade

---

[56] DH, 98, p. 240.

[57] Tollenare, *Notas dominicais*, p. 120.

[58] Koster, *Travels in Brazil*, p. 395.

[59] Ibid., p. 396.

[60] J. I. de Abreu e Lima, *Compêndio da história do Brasil*, p. 96.

[61] *O monitor das famílias* (1859), Recife, 1985, pp. 15-6.

[62] Pereira da Costa, *Arredores do Recife*, p. 83; RIAP, 23 (1869), p. 722, e 26 (1870), pp. 22 e 110-11.

de reinol e de pró-homem; ainda há cinqüenta anos, a mera idéia da sua condição mesclada indignava historiadores locais. Encarnando o elemento português na invocação tetrárquica, ele estava condenado a ser caucasiano. Na época, só Ferdinand Denis protestou contra a camuflagem a que se submetera a condição racial do "verdadeiro herói" da restauração e representante das "duas raças ativas".[63] A inexistência de herói mestiço era de molde a tranqüilizar as camadas superiores, pois ele simbolizaria estratos demograficamente ponderáveis que, vivendo à margem da ordem escravocrata, poderiam atuar contra ela, ao passo que um herói negro e índio só sensibilizava a respectiva etnia. Em compensação, o ingresso da maioria mestiça na tropa de linha equivalia a uma promoção social. Assim ela o entendeu, como indica sua recusa a bater continência aos oficiais do terço dos henriques.[64]

Além de excluir o mestiço, o panteão nativista encarnou em um deles a figura do vilão. São conhecidas as expressões Calabar e calabarismo como sinônimos de traidor e de traição, mas seu uso generalizado só parece ter ocorrido em época relativamente recente, datando das lutas políticas dos anos quarenta do século XIX.[65] Os cronistas da guerra holandesa haviam dado Calabar ora como mulato, ora como mameluco, o que levou Loreto Couto a associar seu colaboracionismo à sua origem racial. Calabar não era apenas a exceção que confirma a regra, o único trânsfuga entre os naturais da terra, "porque ainda que foram mais os que desampararam a pátria seguindo o inimigo, nenhum era natural de Pernambuco"; traduza-se: mas de Portugal, o que Fernandes Gama se encarregará de provar. Para Loreto Couto, a deserção de Calabar foi produto do "desejo imoderado de honras não merecidas ou maiores das que se merecem", paixão freqüente, mas a que ele era particularmente vulnerável devido a que "é um mulato sujeito a tal

---

[63] Ferdinand Denis, *Le Brésil*, Paris, 1837, p. 48. Abreu e Lima supôs Fernandes Vieira "nascido na escravidão", o que Salvador Henrique de Albuquerque repetiria *ipsis litteris*: Abreu e Lima, *Compêndio da história do Brasil*, p. 123; Salvador Henrique de Albuquerque, *Resumo da história do Brasil*, Recife, 1848, pp. 173-4. Na realidade, Vieira nascera livre, filho de um fidalgo da Madeira com mulher de cor: Gonsalves de Mello, *João Fernandes Vieira*, I, pp. 7 ss.

[64] Gilberto Freyre, *Sobrados e mucambos*, 3ª ed., 2 vols., Rio de Janeiro, 1961, II, pp. 573-625; AUC, CA, 33, fl. 371v.

[65] F. A. Pereira da Costa, 'Vocabulário pernambucano', RIAP, 34 (1936), pp. 156-7.

condição que qualquer sopro da fortuna o incha e com ventosa inchação lançam muitas vezes as âncoras da sua esperança em um mar de perigos e naufrágios". Tivesse permanecido fiel a El-Rei e não lhe teriam faltado as recompensas com que se premiavam os súditos que conheciam o seu lugar na ordem colonial, como ocorrera a Henrique Dias.[66]

Segundo tal sistema de retribuições, Henrique Dias embranquecera graças à dedicação à boa causa; e já os cronistas da guerra se haviam comprazido no jogo retórico de contrastar a escuridão da sua tez com a alvura das suas ações, citando em especial seu heroísmo na batalha de Porto Calvo (1637), onde vendo destroçada a mão esquerda, mandou ao cirurgião que a cortasse pelo pulso, pois "ainda lhe ficara a direita para se vingar".[67] Reciprocamente, Calabar enegrecera-se pela deslealdade. No século XIX, Fernandes Gama tratará de escurecê-lo fisicamente, dizendo-o mameluco não na acepção de filho de branco e de índio, mas no sentido, também empregado então, de mestiço de negro e de índio, isto é, de curiboca, com o que isentava o segmento branco da sociedade colonial de qualquer responsabilidade genética por ele.[68] Os mais intransigentes procuravam mesmo inocentar a província inteira, como fazia certo juiz de direito que explicava ao Imperador ter sido Calabar natural da Bahia.[69]

Abaixo da pentarquia, Jaboatão colocara as "estrelas de menor grandeza", "os mais cabos e soldados".[70] O nativismo idealizava o exército restaurador como uma plêiade de heróis, e o povo da capitania, como coletivamente definido pelos dons marciais. Consoante os velhos modelos retóricos do 'sobrepujamento' e do elogio dos contemporâneos,[71] os cronistas da guerra haviam-se excedido em compara-

---

[66] Loreto Couto, *Desagravos do Brasil*, pp. 134, 137-8.

[67] Calado, *O valeroso Lucideno*, I, p. 83. Para a dúvida em torno da veracidade do episódio, Gonsalves de Mello, *Henrique Dias*, p. 60.

[68] Fernandes Gama, *Memórias históricas*, I, p. 238.

[69] Pedro II, 'Viagem a Pernambuco', p. 474.

[70] Jaboatão, 'Sermão da restauração de Pernambuco, p. 376.

[71] Ernst Robert Curtius, *Literatura europea y Edad Media latina*, 3ª ed., 2 vols., México, 1981, I, pp. 235-41.

ções desvanecedoras. D. Francisco Manuel de Melo escrevera que a restauração de Pernambuco não tinha imitadores nem entre os antigos nem entre os modernos; e Brito Freyre afirmara que as guerras holandesas se haviam avantajado às de Roma, e no presente, às de Flandres, o mais ilustre teatro bélico da primeira metade de Seiscentos.[72] A gente da terra teria voluntaristicamente suprido com sua bravura a desigualdade de forças,[73] igualando ou excedendo os mais célebres feitos da história universal.

"Na glória das armas [asseverará Loreto Couto] não seria temerária a primazia dos pernambucanos aos romanos", que não haviam combatido contra "uma potência superior nem ainda igual à sua", só guerreando adversários inferiores. Quando se pensava que os mouros haviam levado duzentos anos para conquistar a Espanha e que os espanhóis, por sua vez, haviam gasto quase oito séculos para expulsá-los, "quem não vê a vantagem que a todos faz o valor dos pernambucanos que, aclamando a liberdade, só tardaram cinco anos [sic] em despejar e lançar a golpes, fora da sua pátria, os poderosos holandeses?"[74] Natividade Saldanha celebrou os restauradores em odes pindáricas para que "conheça o mundo todo/ que entre o remoto povo brasileiro/ também se criam peitos mais que humanos/ que não invejam gregos nem romanos".[75] Em meados de Oitocentos, os historiadores ainda repetiam tais comparações, inclusive Varnhagen. Se para D. Francisco Manuel de Melo, a expedição de Luís Barbalho Bezerra, da baía de Touros a Salvador pelos sertões do Nordeste, obscurecera a dos macedônios na Ásia e a dos catalães na Grécia, o autor da *História geral do Brasil* não fazia por menos, considerando-a mais ousada que a dos dez mil na Pérsia descrita por Xenofonte, concluindo em favor dos pernambucanos não só do ponto de vista da elevação dos motivos como das dificuldades físicas da empresa.[76]

---

[72] D. Francisco Manuel de Melo, *Epanáforas de vária história portuguesa*, pp. 372 e 385; Brito Freyre, *Nova Lusitânia*, 'Ao leitor'.

[73] Rafael de Jesus, *Castrioto lusitano*, p. 560.

[74] Loreto Couto, *Desagravos do Brasil*, p. 133.

[75] 'Ode pindárica a Henrique Dias', *Poesias de José da Natividade Saldanha*.

[76] F. A. de Varnhagen, *História geral do Brasil*, 8ª ed., 5 vols., São Paulo, 1975, II, p. 313.

No soneto do revolucionário de 1817, padre João Batista da Fonseca, os "filhos de Olinda", isto é, os naturais da capitania, eram também "filhos de Mavorte", pois "nada de Olinda a heróica gente aterra".[77] E frei Caneca indagava: "Quem haverá que, tendo alguma lição da história de Pernambuco, duvide da nossa asserção sobre o caráter guerreiro e valor militar dos pernambucanos e seus serviços em todo o Brasil?"[78] Fernandes Gama pretendia que o "gênio bélico" da província não teria sido adquirido na luta contra o invasor, mas era dom inato que já se manifestara no século XVI, na expedição enviada ao Rio de Janeiro para expulsar os franceses, à espera da oportunidade que lhe dariam os holandeses de "medir suas armas com inimigos mais hábeis do que os índios".[79] Escritor oitocentista sugeria mesmo que o espelho em que se contemplava a donzela do escudo de armas concedido por Nassau a Pernambuco fosse substituído pela espada, que melhor simbolizaria sua vocação de "Esparta brasileira".[80] O verso do hino estadual ("nova Roma de bravos guerreiros") é apenas o derradeiro eco do imaginário nativista, para quem a bravura era o traço definidor do pernambucano.

À força de reivindicarem um determinado caráter coletivo, nacional, regional ou de classe, as sociedades acabam por se convencer da sua realidade, passando a agir de acordo com tais modelos. Os pernambucanos de outrora não fugiram à regra: aos outros, a vocação de ganhar dinheiro ou de conquistar e exercer o poder ou ainda de distinguir-se nas artes e as letras; a eles, bastava a valentia. A ironia consistiu em que, sem o estímulo de outra guerra contra estrangeiros, essa bravura foi condensar-se na agitação revolucionária, que se inspirou obviamente na continuada vigência da tradição; e tornou-se, com a integração no Império, qualidade meramente individual tanto do homem de bem como do arruaceiro. Na monarquia como na república, foi modesta nossa presença na carreira militar, a respeito da qual a açucarocracia compartilhava os preconceitos das camadas dominantes do país.

---

[77] Amaral, *Escavações*, p. 117.

[78] *Obras políticas e literárias de frei Joaquim do Amor Divino Caneca*, II, pp. 187-8.

[79] Fernandes Gama, *Memórias históricas*, I, p. 131.

[80] H. C. Pereira de Melo, *Pernambucanas ilustres*, Recife, 1879, p. 75.

A fim de provar a vocação mavórtica dos pernambucanos, os escritores arrolaram os teatros em que ela havia brilhado. O livro VI dos *Desagravos do Brasil*, intitulado 'Pernambuco ilustrado pelas armas', dedica nada menos de cinco capítulos aos "naturais de Pernambuco que floresceram em armas fora da pátria", e a inventariar a participação de pernambucanos em Alcácer-Quebir, na conquista do Maranhão e fundação de Belém, na restauração da Bahia, no sítio de Salvador posto por Nassau, na guerra da Catalunha, no ataque a Itaparica ocupada pelos holandeses, na guerra da restauração de Portugal, nos socorros enviados a Angola no decorrer do século XVII, nas expedições à Colônia do Sacramento no XVIII, na expulsão dos franceses de Fernando de Noronha, nas guerras portuguesas na Índia.[81]

Frei Caneca, Antônio Joaquim de Melo e Figueira de Melo atualizaram a relação, acrescentando acontecimentos da segunda metade de Setecentos e primeira de Oitocentos: os conflitos com os castelhanos no sul do Brasil, com os franceses de Caiena, a ocupação da Cisplatina, as lutas da Independência, a guerra com a Argentina e as sedições da Regência.[82] Para Antônio Joaquim de Melo, nem sequer a "paz dourada" do nosso Setecentismo teria conseguido abater o ânimo belicoso dos pernambucanos o que não impede que o ex-revolucionário de 1817 e de 1824, escrevendo ao tempo da integração de Pernambuco na ordem imperial, seja o primeiro a se perguntar se o valor militar dos seus conterrâneos constituiria realmente uma virtude, em face do "açodamento e selvatiqueza com que na província outras vezes se tem com o ferro decidido mesquinhas divergências e passageiros interesses políticos". Parecia-lhe também que a participação em tantas empresas havia exercido efeito negativo sobre a prosperidade pública e privada.[83]

Durante o período colonial como na época da Independência, a utilização do *topos* não fora desinteressadamente literário, estando vinculada às disputas em torno das promoções no exército, que os naturais consideravam inspiradas em

---

[81] Loreto Couto, *Desagravos do Brasil*, pp. 413-38.

[82] *Obras políticas e literárias de frei Joaquim do Amor Divino Caneca*, II, pp. 188-9; Melo, *Biografias*, III, pp. 15 e 28; Figueira de Melo, *Ensaio sobre a estatística civil e política*, pp. 263-4.

[83] Melo, *Biografias*, III, pp. 14-5, 28.

atitude discriminatória da metrópole. Frei Caneca criticava Portugal por haver ignorado o "valor militar que fez o terror de Holanda e a admiração do mundo universo", tanto assim que os soldados da terra "até quase cinqüenta anos a esta parte, se tantos há, nunca chegavam a capitães de infantaria".[84] Invocar a bravura local também se tornou recurso retórico útil à mobilização revolucionária. Proclamação do governo provisório de 1817 referia-se às autoridades portuguesas como "tiranos covardes que ousaram querer calcar os filhos dos vencedores de Tabocas e Guararapes". Outra conclamava a mocidade "a não degenerar do caráter de vossos avós", pois "se eles ficaram tão famosos e honrados na memória dos séculos pelos feitos que obraram em serviço de um tirano [i.e., o monarca português], quanto mais o sereis vós, seguindo o seu exemplo na defesa de uma causa em que só se trata de nos dar a todos um novo ser, a alta dignidade de um povo livre".[85]

Editorial da 'Segarrega', folha federalista, opinava em 1822: "não é de crer que os pernambucanos de hoje sejam outros e tenham degenerado das virtudes de seus pais", tanto mais que dispunham agora de quatro vezes mais recursos do que ao tempo da guerra holandesa. Numa mensagem aos baianos, o comandante do batalhão pernambucano despachado contra as forças portuguesas do general Madeira, aconselhava aos "invejosos europeus que atentaram contra nossos direitos" a se recordarem de que "a Batávia perdeu seus louros quando pretendeu subjugar-nos; e que Portugal só deixou de ganhar vitórias quando teve os brasileiros por inimigos". O líder da Confederação do Equador, Manuel de Carvalho Pais de Andrade, protestava que "nós somos ainda os descendentes dos heróis de 1654, de 1710 e aqueles mesmos que há pouco nos campos de Pirajá fizemos tremer as aguerridas tropas lusitanas".[86] Natividade Saldanha versejou com o mesmo fim.[87]

O governo revolucionário de 1817 inspirou-se, aliás, na guerra holandesa para criar companhias de guerrilhas, embora o êxito alcançado pelos espanhóis contra

---

[84] *Obras políticas e literárias de frei Joaquim do Amor Divino Caneca*, II, pp. 187, 189.

[85] DH, 101, p. 28, 104; p. 86.

[86] Pereira da Costa, *Anais pernambucanos*, VIII, pp. 263 e 483; IX, p. 41.

[87] 'A mocidade pernambucana que se alistou no ano de 1817', *Poesias de José da Natividade Saldanha*.

os exércitos de Napoleão também tivesse influído na decisão. A junta insurrecional teve, contudo, o cuidado de confiar a chefia destes contingentes a pessoas idôneas, religiosos ou senhores de engenho e proprietários rurais, de modo a evitar que a autonomia operacional degenerasse em banditismo.[88] Frei Caneca foi dos que participaram das "guerrilhas eclesiásticas" de que falava Dias Martins, sendo avistado treinando com seu confrade Sacramento Brainer no páteo da igreja da Ordem Terceira do Carmo. Segundo o exemplo de 1817, a junta de Gervásio Pires Ferreira restabeleceu tais corpos, que seriam reorganizados ao tempo da Confederação do Equador e dissolvidos após a derrota.[89]

Sendo a bravura um dom coletivo da gente da terra, não se restringiria ao exército, nem mesmo à população masculina e laica, mas caracterizaria também as categorias convencionalmente destituídas dela, como as mulheres e os eclesiásticos. Já Duarte de Albuquerque Coelho fizera uma concessão à sua misoginia lusitana para admitir que "nem sempre é pusilânime o coração mulheril".[90] O imaginário restaurador virilizará as pernambucanas no propósito de demonstrar que "em nossa terra nem as femininas eram efeminadas",[91] lembrando D. Maria de Souza, que mandara sentar praça aos filhos menores devido à perda dos primogênitos, bem como o valor das mulheres que haviam defendido a castidade frente aos holandeses, procedimento, escusado aduzir, especialmente estimado numa sociedade falocrática.[92] O exemplo de D. Clara Camarão e o das heroínas de Tejucopapo lembravam que as pernambucanas também haviam "florescido em armas" e não apenas em virtudes morais, prendas domésticas ou ilustração nas artes e nas letras. Em Tejucopapo, teriam mesmo excedido em coragem as espartanas, que na guerra dos messênios tomaram as armas para coadjuvar os maridos.[93] E Jaboatão

---

[88] Muniz Tavares, *História da revolução de Pernambuco em 1817*, pp. 155-6.

[89] Dias Martins, *Os mártires pernambucanos*, pp. 336-7; *Publicações do Arquivo Nacional*, 22 (1924), p. 337.

[90] Duarte de Albuquerque Coelho, *Memórias diárias*, p. 258.

[91] Pereira de Melo, *Pernambucanas ilustres*, p. 76.

[92] Jaboatão, 'Sermão da restauração de Pernambuco', p. 380; Loreto Couto, *Desagravos do Brasil*, pp. 463-5, 524-5.

[93] Loreto Couto, *Desagravos do Brasil*, pp. 523-4.

não hesitou em afirmar que as mulheres haviam participado "com muita vantagem aos homens, da grande glória de restauradores".[94]

Foi na figura de D. Clara que o imaginário nativista representou a fêmea varonil, tipo de mulher privilegiado pelos autores do Renascimento.[95] Calado a descrevera "com uma lança na mão", a acompanhar o marido nas empresas bélicas.[96] Embora não haja indícios da presença de cunhãs nos combates, nem sequer no tocante a D. Clara, nada impede que ela tivesse brandido lança ou atuado de maneira excepcionalmente viril. Loreto Couto, que descria da existência das amazonas no Brasil, pretendia, contudo, que "as índias da nação tupinambá, pitiguaras e outras que habitam estas províncias, são mulheres belicosas e destemidas, acompanham a seus maridos em todos os conflitos e pelejas, fazendo-se formidáveis aos seus contrários pelo insigne valor e incrível destreza com que sabem jogar as armas e vencer inimigos". Daí que descrevesse D. Clara "armada de espada e broquel e montada em um cavalo (...) nos conflitos mais arriscados ao lado de seu marido, com admiração do holandês e aplausos dos nossos, [a] obrar gentilezas que deixaram escurecida a memória de Zenóbia, rainha dos Palmiranos, de Camila, rainha dos Volscos, e de Semíramis, rainha de Babilônia,"[97] precedentes que já haviam sido invocados pelo *Castrioto*. Fernandes Gama imaginou D. Clara na batalha de Porto Calvo (1637), a cavalo, "ornada com vestes guerreiras", percorrendo as fileiras "para exortar os soldados a cumprirem seus deveres, afiançando-lhes a vitória e dando assim o exemplo a outras muitas", que "imitavam seu heróico exemplo", atacando também "o inimigo, rompendo cerrados batalhões".[98] E Natividade Sal-

---

[94] Jaboatão, 'Sermão da restauração de Pernambuco', p. 381.

[95] Margaret L. King, 'La femme de la Renaissance', E. Garin [org.], *L'homme de la renaissance*, Paris, 1990, pp. 283 ss.

[96] Calado, *O valeroso Lucideno*, I, p. 81.

[97] Loreto Couto, *Desagravos do Brasil*, pp. 524 e 527. Já frei Vicente do Salvador referira-se a que, por ocasião de um ataque de piratas ingleses à Bahia, avistara-se "uma mulher a cavalo com lança e adarga [...] repreendendo aos que encontrava porque fugiam de suas casas e exortando-os para que se tornassem para elas, do que eles zombavam": *História do Brasil*, p. 273.

[98] Fernandes Gama, *Memórias históricas*, II, pp. 25 e 27. Não há a menor confirmação para tais alegações, que, a serem verdadeiras, provavelmente não teriam escapado às fontes coevas, luso-brasileiras ou holandesas.

danha cantará a "Camila furiosa", que "vibrando a longa espada ao lado marcha do brasílio esposo".[99]

O clero também se houvera com uma belicosidade a que não estava obrigado, antes inibido, pela natureza da sua missão. As ordens religiosas haviam tratado naturalmente de encarecer a extensão de seus serviços à causa restauradora. Jaboatão empenhou-se em historiar a contribuição franciscana, a qual, como vimos, teria ficado deliberadamente na sombra devido ao silêncio intencional do *Lucideno* e do *Castrioto*. Associados aos assaltos, marchas e pelejas, os frades menores teriam sido mais populares junto à gente de guerra do que seus confrades, que, aduzia maliciosamente, "se não acomodavam a estas jornadas, sem ajuda de custo, cavalo e comboios [...], de que nossos frades por pobres não cuidavam".[100] Se a maioria do clero agiu dentro dos limites que lhe fixava seu ministério espiritual, houve religiosos que se destacaram de maneira incompatível com seu papel de homens de Deus, pegando em armas como se fossem soldados, como o muito criticado Manuel de Morais, jesuíta que à frente de uma companhia de índios, pelejara na resistência "com tão notável zelo e ardis como se fora a sua profissão a guerra e milícia", no registro admirativo de Matias de Albuquerque.[101]

No imaginário local, quem melhor encarnou o clérigo aguerrido foi o beneditino frei João da Ressurreição, por alcunha 'frei Poeira' pelo vezo em animar a soldadesca aos gritos de 'Avança, avança, e vá tudo em uma poeira'. Fez-lhe o panegírico seu irmão de ordem, Rafael de Jesus, que o conheceu em Lisboa. Em várias ocasiões, ele se desincumbira dos ofícios de confessor e de miliciano: ao exceder "aos soldados no pulso e aos sacerdotes no zelo", ganhara "dobrada coroa", sendo "o primeiro que acudia a confessar como sacerdote, a ferir como soldado e a animar como capitão".[102] Na sua história do clero pernambucano, Lino do Monte Carmelo Luna absteve-se de creditar a religiosos (inclusive frei Poeira, que não incluiu na sua personália de beneditinos), o mérito de serviços que ultrapas-

---

[99] 'Ode pindárica a D. Antônio Felipe Camarão', *Poesias de José da Natividade Saldanha.*

[100] Jaboatão, *Novo orbe seráfico*, II, p. 94.

[101] Certidão de Matias de Albuquerque, 1.II. 1631; AHU, Bahia, 5.

[102] Rafael de Jesus, *Castrioto lusitano*, pp. 299, 333-4, 400, 434.

savam os deveres sacerdotais. O clero tivera inegavelmente uma "grande e glorio-sa parte" nas guerras holandesas, mas o autor escamoteia as modalidades desta colaboração que podiam chocar a consciência oitocentista, como se dissessem respeito apenas ao exercício de atos inerentes às obrigações eclesiásticas, e, como tais, caracterizados pela "unção evangélica" ou pelo "espírito de caridade", isto é, a assistência espiritual às tropas e a exortação para que se empenhassem em defesa da fé católica.[103]

Frei Poeira careceria de maior interesse se, após a guerra, não tivesse acaudi-lhado o movimento de separação da província beneditina do Brasil, fazendo-se eleger provincial num dos capítulos realizados irregularmente. A tentativa fracas-sou e é mal conhecida. As páginas que frei Miguel Arcanjo da Anunciação dedicou ao período 1658-1684 na sua *Crônica do mosteiro de São Bento de Olinda* foram arrancadas do manuscrito, plausivelmente no fito de preservar o nome da Ordem. Mas das notas compiladas por D. Bonifácio Jansen, do perfil biográfico de frei Poeira por Loreto Couto e de documentos coevos, sabe-se que, por volta de 1671, iniciou-se a campanha visando a desligá-la da Congregação de Portugal, o que a habilitaria a reunir seus próprios capítulos e a prover, sem interferência da me-trópole, o provincialato e os cargos vacantes nos conventos brasileiros. As coisas chegaram a ponto de os frades de Olinda se recusarem a aceitar abades designa-dos no Reino, provocando cisão nas fileiras com repercussões na Bahia e no Rio, a qual se prolongou por muitos anos, só sendo jugulada mediante o uso da tropa. Frei Poeira foi deposto, preso e enviado a Lisboa, o que, segundo Loreto Couto, "causou grande sentimento nas pessoas de maior graduação" da capitania. Daí a prevenção reinante na Ordem contra a casa de Olinda, cujos abades não tiveram acesso ao provincialato baiano,[104] embora ela viesse depois a ficar conhecida pela discriminação contra os mazombos.

---

[103] Lino do Monte Carmelo Luna, *Memória histórica e biográfica do clero pernambucano*, 2ª ed., Recife, 1976, p. 37.

[104] Miguel Arcanjo da Anunciação, *Crônica do mosteiro de São Bento de Olinda*, p. 143; Loreto Couto, *Desagravos do Brasil*, pp. 296-7; Mário Melo, 'Rebelião de frades no século XVII', RIAP, 42 (1949), pp. 37-8; DH, 6, p. 276.

Por sua vez, os franciscanos, mesmo alcançada a autonomia da província do Brasil (1659), envolveram-se em disputas que durante dois decênios ameaçaram desagregá-la em baronias freiráticas, "as chamadas 'bulhas' e melhor dissera guerras civis, que sendo tão perniciosas às repúblicas seculares, nas sagradas e religiosas passam sobremaneira a ser abomináveis".[105] A segunda metade de Seiscentos, quando ainda cicatrizavam-se as feridas da guerra e da ocupação estrangeira, caracterizou-se inclusive pela turbulência das ordens regulares em Pernambuco. O assunto permanece virgem e a documentação não é de molde a encorajar a pesquisa, de vez que preocupado em preservar sua autoridade aos olhos dos laicos, o clero impunha 'perpétuo silêncio' a seus conflitos internos. Os carmelitas tampouco escaparam às disputas desencadeadas pela implantação da reforma turônica, que cindiu seus conventos em reformados e observantes.[106] Mesmo os néris, que até a Independência serão um dos pilares da ordem colonial, exibiram pruridos autonomistas nos seus primeiros tempos na terra, recusando-se inclusive a acatar as modificações que os congregados de Lisboa haviam obtido para seus estatutos e timbrando em seguir a regra originalmente concedida pela Santa Sé.[107]

Mas, se a guerra holandesa produziu frades turbulentos, revelou também vocações de santo, como o futuro oratoriano João Álvares da Encarnação que militou no exército restaurador, tornando-se "um bem alentado soldado" que "nunca rejeitou ocasião", achando-se nas maiores pelejas, adquirindo a estima de seus chefes e a patente de alferes. Ao cabo da experiência castrense e dando-se conta da sua natureza incompatível com a conquista da vida eterna, ingressou na Congregação do Oratório. Seu falecimento no Recife, já com a fama de 'padre santo', provocaria um motim da população, a custo controlada.[108] Outro veterano a morrer em odor de santidade foi o capuchinho Francisco de Santo Antônio, o frei Pretinho, crioulo do terço de Henrique Dias. Igualmente cansado da "milícia do mundo", ao ver

---

[105] Jaboatão, *Novo orbe seráfico*, I, p. 318.

[106] Pereira da Costa, *A Ordem carmelitana em Pernambuco*, pp. 36-9; Gonsalves de Mello, *Um mascate e o Recife*, 2ª ed., Recife, 1981, pp. 25 ss.

[107] Cabral de Mello, *A fronda dos mazombos*, pp. 111 ss.

[108] 'Notícia que dão os padres da Congregação de Pernambuco', pp. 106, 141-2.

o "pouco que mereceram para com os reis da terra os seus trabalhos e serviços", só conseguiu professar graças a uma ordem d'El-Rei, a quem pessoalmente expusera suas queixas. Jaboatão admite a discriminação de que foi vítima, registrando a tradição oral que fez de frei Pretinho quase o igual de São Benedito, ao menos no milagroso privilégio de saltar, dos braços de Nossa Senhora das Neves para os seus, o Menino Jesus da imagem da padroeira do convento de Olinda.[109]

---

[109] Jaboatão, *Novo orbe seráfico*, II, pp. 357-8; III, pp. 823-4.

Capítulo VII

Olinda conquistada

ALÉM DE PROCLAMAR A RESTAURAÇÃO obra exclusiva dos filhos da terra, o nativismo dedicou-se a apurar as responsabilidades pela conquista holandesa, formulando sua própria explicação para a perda do Nordeste. As crônicas luso-brasileiras ofereciam as leituras alternativas então predominantes na historiografia, vale dizer, a providencialista, que é a da crônica de Calado e, com matizes, a das obras de Diogo Lopes de Santiago e de Rafael de Jesus; e a político-militar, que se encontra nos livros de Duarte de Albuquerque Coelho e de Brito Freyre. Ao tentarem compreender uma seqüência de eventos, os autores da época recorriam seja à noção de Providência Divina, herdada da Antigüidade tardia e da Idade Média, seja à idéia da 'roda da fortuna', versão secular que o Renascimento tomara emprestado à historiografia clássica.

Interpretações que não eram excludentes. A versão providencialista não eliminava a recapitulação dos feitos bélicos, mas os integrava numa explicação de dois níveis que pressupunha causas teológicas e causas naturais, as primeiras explicando em geral, e as segundas, em particular.[1] Por sua vez, a leitura político-militar, invocando embora os desígnios de Deus, não permitia que incidissem diretamente na economia da intriga, mantendo-os como referências remotas, mais ou menos como no marxismo sofisticado a esfera econômica detém o papel de 'última instância'. Os historiadores cristãos haviam criado a história eclesiástica e

---

[1] Bernard Guenée, *Histoire et culture historique dans l'Occident médiéval*, Paris, 1980, p. 209.

as biografias de santos, sem procurarem "cristianizar a história política ordinária". Em conseqüência, "os modelos de história política e militar ficaram definitivamente pagãos",[2] permanecendo os mesmos da historiografia greco-romana até, pelo menos, a irrupção da *histoire philosophique* no século XVIII. Ambos os tipos de explicação haviam sido abundantemente testados na narração do declínio e da queda de Roma, tema que veio a adquirir valor paradigmático (*Roma capta*), inspirando quem quer que desejasse narrar as vicissitudes seculares de uma comunidade política.

Calado vira na invasão holandesa o castigo divino pela acentuada deterioração moral da vida pública e privada. O que o *Lucideno* reporta no primeiro capítulo da primeira parte, intitulado 'Da origem da destruição e ruína de Pernambuco', é a história de uma queda, na acepção teológica do termo. Habitantes de um paraíso terreal, os colonos haviam sucumbido à iniqüidade, sendo punidos por Deus mediante as armas dos hereges. Antes da ocupação, Pernambuco fora "a mais deliciosa, próspera, abundante e não sei se me adiantarei muito se disser a mais rica de quantas ultramarinas o Reino de Portugal tem debaixo de sua coroa e cetro". Contudo, "entrou nela o pecado, foram-se os moradores dela, entre a muita abundância, esquecendo de Deus; e deram entrada aos vícios", que Calado discrimina: "usuras, onzenas e ganhos ilícitos", "amancebamentos públicos", "ladroíces e roubos", "brigas, ferimentos e mortes", "estupros e adultérios", práticas judaizantes, corrupção da justiça etc. Revelada a intenção divina, o segundo capítulo passa à invasão neerlandesa, instrumento do propósito celestial.[3]

A interpretação de Calado correspondia ao modelo de providencialismo estrito que fizera do julgamento divino uma categoria histórica desde a obra de Orósio, escrita sob o impacto do saque de Roma (409), e da reflexão de Santo Agostinho na *Cidade de Deus*. A explicação do declínio do Império romano apoiar-se-á doravante no sentimento de culpa da Antigüidade tardia, e embora Orósio tivesse mantido a distinção entre história sagrada e história profana, a noção de julgamento divino presidia a ambas. Nesta ótica, a cada pecado da população do Império correspondia a punição do Céu, segundo uma contabilidade automática.

---

[2] Arnaldo Momigliano, *Problèmes d'historiographie ancienne et moderne*, Paris, 1983, p. 156.

[3] Calado, *O valeroso Lucideno*, I, pp. 18-21.

Como acentuou Santo Mazzarino, "toda a Idade Média contemplou a história com um olhar agostiniano e orosiano".[4] Mas o providencialismo do 'Lucideno' não se nutriu apenas da persistência, em homem da Igreja, dos modelos da história cristã. Calado não escapou à vigência de fenômenos culturais recentes. O primeiro, o da "culpabilização ocidental", estudado por Jean Delumeau, aquela "dominante pessimista de nossa civilização no começo da modernidade", aquele "medo de si mesmo que culmina na Europa no alvorecer dos tempos modernos" e que consistiu na exasperação da idéia de pecado, a que se deu uma extensão e profundidade inauditas, visíveis na sofisticação das técnicas espirituais destinadas a detectá-lo e a combatê-lo. O elenco de faltas descritas no *Lucideno* ajusta-se à tipologia predominante, que privilegiava a condenação de dois conjuntos de comportamentos, os relativos ao dinheiro, à usura e à riqueza material, de um lado, e, de outro, os atinentes à sexualidade e ao casamento.[5]

Outro fenômeno que influenciou o providencialismo de Calado foi o surto do velho messianismo popular que, em Portugal, envolveu a reaquisição da independência nacional, sentimento que a nova dinastia soube canalizar em seu favor ao identificar em D. João IV o 'rei encoberto' das profecias do Bandarra, de modo a ganhar o apoio dos sebastianistas, que, como indicou Raymond Cantel, constituíam "um verdadeiro partido político". Na previsão da longa guerra com a Espanha (1640-1668), a Coroa promoveu a mobilização nacional através de abundante literatura messiânica, sobretudo parenética, que conferia uma interpretação providencialista ao advento dos Braganças, a quem caberia devolver à nação seu glorioso destino.[6] Foi nesta atmosfera ideológica que brotou, para não falar do profetismo do padre Antônio Vieira, o providencialismo de Calado, como sugere o paralelismo entre sua leitura da ocupação de Pernambuco e o modelo que adotou para explicar os sessenta anos de domínio castelhano.

---

[4] Santo Mazzarino, *La fin du monde antique*, Paris, 1973, pp. 56, 58, 70 e 78.

[5] Jean Delumeau, *Le peché et la peur*, Paris, 1983, pp. 211 e 476; e *L'aveu et le pardon*, Paris, 1964.

[6] Raymond Cantel, *Prophetisme et messianisme dans l'oeuvre d'Antonio Vieira*, Paris, 1960, pp. 37-8; João Francisco Marques, *A parenética portuguesa e a dominação filipina*, Porto, 1986 e *A parenética portuguesa e a restauração, 1640-1668*, 2 vols., Porto, 1989.

A privação de rei natural resultara de punição divina pela ingratidão dos portugueses para com Deus. Havendo recebido os dons e os favores que o Senhor lhes prometera no campo de Ourique, ou seja, os frutos da expansão ultramarina, o Reino sucumbira aos vícios e pecados da abundância, donde o castigo representado pela derrota de Alcácer-Quebir, a dominação de dinastia estrangeira, os abusos da administração espanhola e a perda de possessões no Oriente e no Brasil. Contudo, como também prometido em Ourique, a salvação viria com a restauração da independência, que colocou no trono um monarca lusitano, pondo um termo à usurpação dos Habsburgos madrilenos e à perda das colônias. No *Lucideno*, a restauração pernambucana tem como prólogo lógico e cronológico a restauração portuguesa, em que ela se inscreve como parte do desígnio mais vasto de redenção do Reino; e sua narrativa é precedida pelo livro ii, capítulo i, que proporciona a interpretação providencialista da aclamação de D. João iv, o que já não ocorre nas obras de Diogo Lopes de Santiago e de Rafael de Jesus, para quem a restauração portuguesa constitui certamente peripécia relevante para os acontecimentos do Brasil, sem que, contudo, os contenha ou englobe como num plano. Em Calado, a vontade divina, já tendo suficientemente castigado os colonos, passa a operar em prol da sua libertação, voltando-se contra os holandeses, que antes utilizara como açoite.[7]

Para Calado, a queda de Olinda, "cabeça da grande capitania de Pernambuco e das demais da parte do norte", é a prefiguração da perda do Nordeste. Como declara o título do capítulo i do livro i, ela fora a "origem da destruição e ruína de Pernambuco". Olinda e "olindanos" são, nos decassílabos com que o cronista recheia sua obra, expressões utilizadas para designar Pernambuco e os pernambucanos, recurso literário que conhecerá grande voga em finais do século xviii e começos do xix. O tema do seu livro é a "empresa de Olinda libertada", as tropas locais são "a gente de Olinda", Fernandes Vieira "a Olinda libertou", os habitantes são "os atribulados olindanos".[8] No burgo *ante bellum*, habitavam mercadores, dignidades eclesiásticas, funcionários régios, militares, artesãos, e também proprietários rurais, de vez que a açucarocracia ainda não se ruralizara inteiramente. Como a

---

[7] Calado, *O valeroso Lucideno*, i, pp. 167-97.

[8] Ibid., i, pp. 7, 67, 78, 325.

vila integrara os grupos sociais da capitania, sua queda era a punição divina de toda uma população colonial. Mas para o futuro leitor nativista, a significação do episódio será outra, pois no meio século subseqüente à restauração, a rivalidade entre a nobreza da terra e o comércio português traduzir-se-á em separação física, fazendo de Olinda o símbolo daquela e do Recife, a sede deste, mutação que induzirá a uma leitura anacrônica do episódio e, sobretudo, da responsabilidade coletiva por ele, dando-lhe conotação eminentemente anti-senhorial.

No período *ante bellum*, o domicílio duplo havia caracterizado a vida da açucarocracia. Esta tinha então um pé no engenho, outro na vila, como se relutasse a desprender-se de todo dos modelos de existência urbana dos estratos de que procedia no Reino. Da narrativa do padre Cardim (1584) à descrição do *Lucideno* sobre as condições materiais às vésperas do ataque batavo, salta à vista o gasto de ostentação, o consumo conspícuo, que denota a persistência desses modelos em Pernambuco. Referindo-se a Olinda, Feliciano Dourado informava que "quase todos os daquela capitania têm nela casas e outras herdades de que tiravam grandes utilidades e rendimentos".[9] É revelador o contraste entre a arquitetura doméstica olindense e a rural, das casas-grandes, no tocante à qualidade do material de construção, a primeira definida pela nobreza da pedra, do tijolo, da telha; a segunda, pela rusticidade da madeira, da taipa, das folhas de palmeira.[10] São residências, as retratadas por Frans Post, mas erguidas antes da ocupação holandesa, que sugerem o absenteísmo sazonal dos proprietários, o provisório de residências secundárias, habitadas apenas durante os meses de moagem em que se fazia indispensável a presença do senhor, que freqüentemente se deslocava sozinho, deixando a família no conforto da casa de Olinda.

A prazo, tal modelo estava condenado pelo avanço da fronteira agrícola, mas a opção pelo *habitat* rural não se colocava ao senhor de engenho da várzea do Capibaribe ou do Cabo (ou do Recôncavo baiano, cuja açucarocracia reteve suas moradas de Salvador ao longo do século XVII),[11] só se impondo ao possuir-se

---

[9] Consulta do Conselho Ultramarino, 2.III.1658, AHU, Pernambuco, 4.

[10] Robert C. Smith, *Igrejas, casas e móveis*, Recife, 1979, pp. 229, 238.

[11] Grant Smith, *The mercantile class of Portugal and Brazil in the seventeenth century*, p. 277.

fábrica de açúcar em freguesia apartada quando a distância aumentava e o deslocamento tornava-se penoso. A ruralização da açucarocracia já se iniciara antes da invasão neerlandesa, a quem coube acelerá-la e consumá-la. A guerra isolou fisicamente a zona da mata, do novo centro criado pelos holandeses no Recife. As estreitezas a que o conflito bélico reduzira as famílias principais, desfalcadas pela emigração para a Bahia e endividadas, pela reconstrução do sistema produtivos, aos credores judeus e batavos, exigiam a presença quotidiana no engenho, exigência incompatível com a existência urbana. A preocupação de preservar a fé católica e a fidelidade devida a El-Rei, da contaminação trazida pela convivência com hereges, que eram também homens sem Rei, atuava na mesma direção. O incêndio de Olinda destruíra suas aprazíveis vivendas, a reedificação era dispendiosa e o custo de vida no Recife, proibitivo, como demonstrou J. A. Gonsalves de Mello.[12] Quando Nassau procurou incentivar os hábitos urbanos a que os holandeses estavam acostumados na mãe-pátria, a açucarocracia não participou do renascimento fugaz da vida citadina, limitada à população adventícia, salvo uma ou outra ocasião, como as festividades da aclamação de D. João IV, que tocavam o sentimento nacional português.

A ruralização da açucarocracia não atingiu apenas o principal núcleo urbano da capitania. Em ponto pequeno, repetiu-se pelas outras vilas da mata, como sugere o que Jaboatão escreveu acerca de Ipojuca:

> A povoação, quando nela entraram os holandeses [...] era de bastantes vizinhos, com algumas ruas, assim no alto dela como na baixa [...] Muitos anos depois da restauração da terra permaneceu neste mesmo estado e ainda em nosso tempo alcançámos religiosos que davam notícia do que dizemos e viram na rua principal da povoação algumas lojas de mercadores de fazendas dos secos e molhados. Mas o tempo que, conforme as suas tempestades, aumenta umas coisas e diminui outras, assim o fez com esta, que ao presente se acha com poucos vizinhos dos menos abastados, porque os senhores de engenho e lavradores assistem por fora nas suas fazendas e só nas funções de Semana Santa e algumas

---

[12] Gonsalves de Mello, *Tempo dos flamengos*, pp. 83-4.

particulares festas aparecem poucos, porque além de outros inconvenientes, nem casas próprias têm na povoação para a sua residência, como as conservavam para isso os seus ascendentes e antepassados.[13]

Com o fim do domínio holandês, o legado sócio-econômico da guerra, somado a outras dificuldades, completou o processo. Em 1657, escrevia Francisco Barreto que os senhores de engenho mantinham-se "retirados na pobreza de suas fazendas", prevendo que não se poderiam dar ao luxo de residir em Olinda ou no Recife,[14] razão pela qual nada faziam pela reconstrução do burgo, embora, como donos de terrenos e de casas derruídas, o assunto lhes interessasse de perto, gerando pressões para reinstalar-se ali o governo da capitania. Ainda em finais de Seiscentos, Olinda estava reduzida a "500 fogos de gente pobre e casas pequenas, que os ricos todos moram por fora, por suas fazendas"; sua reedificação "há de ser fazendo a nobreza da terra casas nela, o que tudo fazem ao contrário, porque nem assistem [i. e., nem residem] nem obram nada".[15] A tarefa tinha de caber a quem possuía recursos, isto é, às ordens religiosas, à administração municipal, à Coroa e um ou outro magnata como Fernandes Vieira.

Destarte Olinda adquirira feição burocrática e eclesiástica. Após um quarto de século de vida no mato, a açucarocracia deixou-se ficar na sua Corte do engenho, primeiro por necessidade, depois por inércia, gosto, hábito. Quando nos anos sessenta, cobrou-se o imposto para o dote de D. Catarina de Bragança e para a indenização aos Países Baixos pela perda do Nordeste, os senhores de engenho foram taxados nas freguesias rurais, onde continuavam a residir. A relação dos contribuintes olindenses compreende apenas as camadas modestas da sociedade colonial: fora alguns funcionários e militares vivendo dos seus proventos, a maioria era de artesãos e de gente livre, subsistindo à sombra dos conventos e da residência do governador.[16] Se nas representações mentais da segunda metade do

---

[13] Jaboatão, *Novo orbe seráfico*, III, pp. 477-8.

[14] Consulta do Conselho Ultramarino, 2.III.1658, AHU, Pernambuco, 4.

[15] 'Breve compêndio', pp. 281, 282.

[16] Gonsalves de Mello, 'A finta para o casamento', pp. 16-22, 38-44.

século XVII, Olinda adquire o caráter de urbe senhorial diante do Recife dominado pelo comércio lusitano, isto não se deveu não a que a açucarocracia residisse efetivamente na cidade, mas à existência das instituições que encarnavam seu poder, o Senado da Câmara e a Santa Casa da Misericórdia.

A queda de Olinda como castigo divino correspondeu ao *topos* principal da predicação que se fizera ouvir, antes e depois da sua perda, nas igrejas e capelas do Nordeste. Diogo Lopes de Santiago atesta a existência desta parenética, ao lamentar que os moradores de Pernambuco não se tivessem penitenciado a tempo, "como convinha e como aconselhavam muitos varões religiosos com as palavras do profeta: *Hierusalem, Hierusalem, convertere ad dominum Deum tuum*". E aduz o cronista, testemunha, como Calado, da história que narrou:

> Muitos diziam, vendo as exorbitâncias que se faziam: 'Ah! que há de vir fogo do céu e há de abrasar Olinda e o Recife'; e isto uma e muitas vezes, o que depois aconteceu tão clara e evidentemente; e tão temido foi este castigo e tão vaticinado que os pregadores o prognosticavam e diziam em seus sermões, com muitas lágrimas e suspiros, aos ouvintes.[17]

A célebre homilia de frei Antônio Rosado ("de Olinda a Olanda, não há aí mais que a mudança de um *i* em *a*, e esta vila de Olinda se há de mudar em Olanda e há de ser abrasada pelos holandeses antes de muitos dias"), citada pelos cronistas e interminavelmente glosada pelos historiadores, teria sido, numa série de prédicas sobre o tema, a que maior repercussão local obtivera, mercê de várias circunstâncias: a eloqüência do orador sacro, pertencente à ordem predicante por excelência, que eram os dominicanos; o lugar da proferição, o púlpito mais ilustre de Olinda, o da sua igreja-matriz do Salvador; o fato de haver sido pronunciado em novembro de 1629, três meses antes do ataque neerlandês; o jogo de palavras (Olinda, Holanda) que ajudará a memorizá-lo; e finalmente o próprio incidente a que o sermão dera lugar, episódio silenciado pelos cronistas, mas que, um século

---

[17] Diogo Lopes de Santiago, *História da guerra de Pernambuco*, pp. 22-3.

depois, Rocha Pita registraria, baseado provavelmente em tradição oral: certas pessoas gradas, ofendidas pelas críticas do frade, mandaram-no calar, arrancando-o violentamente da tribuna.[18]

Com a capitulação de Olinda, o clero redobrou o uso de um *topos* que ela viera dramaticamente confirmar. Tratava-se então de justificar a mobilização dos recursos locais com vistas à resistência militar, cujo ônus deveria recair em boa parte sobre a gente da terra, no contexto da estratégia de 'guerra lenta' adotada pelas autoridades. A estas convinha uma versão que, ao culpar os colonos, isentava-as de responsabilidade pelo estado de despreparação bélica de Pernambuco, servindo-lhes de convincente álibi na Corte beata de Felipe IV. Que no essencial o *Lucideno* repetia argumento corrente na terra, pode-se também concluir do rasto que ele deixou em outras fontes coevas, como a relação do Dr. Antônio da Silva e Souza, redigida em começos de 1646, ao tempo em que Calado escrevia a sua crônica. Para o magistrado régio, que visitou a capitania à raiz do levante restaurador, não havia dúvida de que "triunfaram as armas da Holanda naquela parte da América em castigo das culpas dos moradores dela".[19]

Até mesmo Cuthbert Pudsey, mercenário inglês a serviço da Companhia das Índias Ocidentais, encampou as críticas aos padrões de moralidade que teriam prevalecido no período *ante bellum*, fazendo finca-pé sobre a freqüência dos casos de incesto. Pecado de tal gravidade tornara-se "tão comum" entre a gente da terra que "o pai dormia com a filha, a mãe com o filho e o irmão com a irmã, e, o que era pior, com a complacência das autoridades, que faziam vistas grossas, deixando estas coisas sem castigo, a ponto de sequer a justiça tratar de investigá-las, achando-se quase todas elas culpadas também destes ou de outros crimes da mesma natureza".[20] A acusação deve, aliás, ser levada na conta de caricatura da endogamia

---

[18] Rocha Pita, *História da América portuguesa*, pp. 171-2. Que algo se passou, indica-o a narrativa de Cuthbert Pudsey, mercenário inglês a soldo da Companhia das Índias Ocidentais: além de espancado, frei Rosado, a quem dá o hábito de São Francisco e não o de São Domingos, teria sido expulso da capitania ou até mesmo assassinado: 'Journal of a residence in Brazil by Cuthbert Pudsey', BNRJ, 12-3-17, fl. 9.

[19] Antônio da Silva e Souza, 'Relação sobre a rebelião de Pernambuco, 1645', ABNRJ, 57 (1935), p. 90.

[20] 'Journal of a residence in Brazil by Cuthbert Pudsey', fl. 8v.

local, o protestantismo reputando incestuosas as alianças entre primos ou entre tios e sobrinhos, razão pela qual a Igreja calvinista pressionará sem êxito o governo batavo para que proibisse tais uniões.[21]

Nos primeiros dias da invasão, a prédica culpabilizante recebera espetacular confirmação com o incêndio, a mando de Matias de Albuquerque, dos armazéns de açúcar do Recife e dos navios surtos no porto. Diogo Lopes de Santiago descreveu a impressão que o episódio causou na imaginação da gente da terra:

> Foi um incêndio este admirável, que parecia o fogo subir à sua esfera, ardendo o açúcar como uma fina pólvora; e em breve espaço ficou o Recife em parte abrasado e destruído e queimadas as embarcações com quanto tinham. Parece que se cumpriu o vaticínio de muitos e [...] diziam que havia de vir fogo do céu sobre o Recife, pelas exorbitâncias que nele se faziam.[22]

Mas foi o incêndio de Olinda pelos holandeses (1631) que ofereceu a prova irretorquível da origem sobrenatural do castigo inflingido à capitania. Como as cidades condenadas da História Sagrada, Olinda fora punida pelo fogo. Sua conquista e abrasamento ficarão indissoluvelmente associados no imaginário local, embora, separados por quase dois anos. A impressão causada fora da terra repercutiu na obra do padre Simão de Vasconcelos e nos sermões de Antônio Vieira. O primeiro comparou, à maneira de Calado, a prosperidade *ante bellum* da vila com seu estado à raiz da ocupação holandesa, "abrasada em vivo fogo, tornada (qual de primeiro) lugar deserto e mata inabitável, sem lustre, sem nobreza, sem polícia, culto, fausto, trato, riqueza (...) As vilas, os lugares, as máquinas, os engenhos, as doces plantas, senhoreado tudo de cultor estranho; os homens, mortos, martirizados, tiranizados, com crueldades tais que excederam às dos Décios e Dioclecianos". O padre cronista referiu também a visão sobrenatural que assaltara um religioso amigo seu, no instante mesmo em que a cidade ardia, o qual, "posto de joelhos, arrasado em lágrimas e levantadas as mãos ao céu", descreveu-lhe pormenorizadamente o

---

[21] F. L. Schalkwijk [ed.], 'A Igreja Cristã Reformada no Brasil holandês. Atas de 1636 a 1648', RIAP, 58 (1993), pp. 148, 152, 162, 174, 200.

[22] Diogo Lopes de Santiago, *História da guerra de Pernambuco*, p. 33.

que se passava, malgrado encontrarem-se em lugar distante, provavelmente na Bahia, onde então residia o autor, e por conseguinte, muito antes de que tivesse chegado a notícia.[23]

No começo de sua carreira de pregador, o padre Antônio Vieira também glosou a queda de Olinda. Como em Pudsey, o elenco de culpas atribuídas aos colonos tende a empobrecer-se em benefício do pecado principal, a falta de justiça reinante na terra. Mas Vieira alarga a perspectiva, ampliando o significado do episódio às dimensões do Brasil, transformando-o em castigo das culpas de toda a América portuguesa. A conquista de Salvador fora um primeiro aviso da Providência, que dera, aliás, sinal aos moradores, tanto assim que, alguns dias antes do ataque, certo jesuíta entreviu Jesus Cristo, "com uma espada desembainhada contra a cidade da Bahia, como quem a ameaçava". No dia seguinte, lhe "apareceu o mesmo Senhor com três lanças, com que parecia atirava para o corpo da igreja". O significado das visões, a iminência de "algum castigo grande", foi imediatamente entendido.[24] Mas enquanto na Bahia o cativeiro holandês não ultrapassara um ano, em Pernambuco já passava de nove, segundo a escrupulosa proporcionalidade observada pela justiça divina.[25] Outro inaciano, Francisco Ferreira, também acreditava que a invasão holandesa resultara dos "pecados do Brasil", e infletindo o argumento em sentido caro aos objetivos da Ordem, lançava a culpa sobre os escravizadores de índios de São Paulo e do sul da colônia,[26] como se uma parte da América portuguesa estivesse pagando pelos pecados da outra.

O incêndio de Olinda inspirou a Antônio Vieira uma das mais belas páginas de eloqüência sagrada, as do 'Sermão décimo segundo', proferido na Sé da Bahia em 1639 e em que aplicava a profecia de Joel à ocupação holandesa do Nordeste:

> Primeiramente diz Joel que virá sobre a terra de que fala uma gente estrangeira muita e forte: *Populus multus et fortis*; e que o seu exército entrará armado de fogo assim na vanguarda como na retaguarda: *Ante faciem ejus ignis vorans et post eum exurens flamma*; e

---

[23] Simão de Vasconcelos, *Crônica da Companhia de Jesus*, 3ª ed., 2 vols., Petrópolis, 1977, I, p. 230.

[24] *Cartas do padre Antônio Vieira*, I, pp. 12-3.

[25] Antônio Vieira, *Sermões*, Porto, 1959, III, p. 382.

[26] Serafim Leite, *História da Companhia de Jesus no Brasil*, V, p. 379.

que por meio destas armas e deste fogo a terra que dantes era um jardim de delícias ficará a solidão de um deserto: *Quasi hortus voluptatis terra coram eo et post eum solitudo deserti.* Quem não vê em toda esta profecia a história de Pernambuco, e o que dantes era e hoje é Olinda? Confesso que quando a vi pela primeira vez entre a nobreza de seus edifícios, templos e torres, ornada toda nos vales e coroada nos montes de verdes e altíssimas palmeiras, não só me pareceu digna do nome que lhe deram e de se mandar retratada pelo mundo, mas um formoso e ameníssimo jardim, o mais agradável à vista. Assim a achou o holandês quando entrou nela: *Quasi hortus voluptatis terra coram eo*; e depois dele, como está? *Et post eum solitudo deserti*: um deserto, uma solidão, uma ruína confusa sem semelhança do que antes era. No princípio se disse que Olinda se convertera em Holanda; mas depois que a impiedade holandesa lhe pôs o fogo e ardeu como Tróia, nem do que tinha sido, nem do que depois era, não se vê hoje mais que o cadáver informe e uma triste sepultura sem nome, para que nela se desenganem e temam todas as do Brasil.[27]

Dado aos estudos de antigüidade e literatura clássica, Diogo Lopes de Santiago foi o primeiro a introduzir matiz secularizante na interpretação providencialista da sorte de Olinda, ao combiná-la com a concepção cíclica de apogeu e declínio da 'roda da fortuna', reposta na moda pelo humanismo italiano que tratara a queda de Roma, nas obras de Flavio Biondo ou de Poggio Bracciolini, como o resultado da "alternância das vicissitudes humanas" e das "variações da fortuna".[28] Diogo Lopes, que lera "Blando Flávio, no livro que escreveu de Roma triunfante e da declinação da sua monarquia", recorre ao antigo *topos* segundo o qual "da abundância e afluência das coisas se originam e nascem os vícios, como se viu, por exemplo, além de outros, na romana monarquia, que estando em sua prosperidade e grandeza, veio a cair em tantos vícios e demasias que, começando a declinar seu império, chegou a ser sujeita e tantas vezes cativa de ínfimas e bárbaras nações".[29] Prevaleceria assim na história o mecanismo auto-regulador mediante o qual o luxo e a riqueza de uma comunidade criariam as causas que a destruiriam,

---

[27] Antônio Vieira, *Sermões*, xi, pp. 233-4.

[28] Santo Mazzarino, *La fin du monde antique*, pp. 79, 81-2.

[29] Diogo Lopes de Santiago, *História da guerra de Pernambuco*, p. 21.

sob a forma dos vícios e abusos que a vulnerabilizavam ao ataque exterior, dos bárbaros no caso de Roma, dos heréticos holandeses no de Pernambuco, primeiro termo da dialética de inimigos externos e de inimigos internos muito do gosto da historiografia clássica e recuperada na obra de Arnold J. Toynbee.

Nesta perspectiva, a Providência Divina e a roda da fortuna não eram excludentes, esta constituindo apenas a aparência incompreensível que tomavam os ditados impenetráveis daquela.[30] Diogo Lopes jogava nos dois tabuleiros explicativos. A ele, deve-se também um registro fadado a ocupar importante lugar no imaginário local: tão devastador teria sido o incêndio de Olinda que dele escapara "uma só casa como testemunha do divino castigo", por sinal, uma casa térrea,[31] cuja função simbólica é a de denotar a extensão e a intensidade do fogo, a gravidade dos pecados coloniais e, finalmente, o rigor da punição, que não poupara nem as vivendas dos poderosos nem os próprios templos, abrindo apenas a exceção da residência de gente modesta.

Rafael de Jesus colocou Calado e Diogo Lopes de Santiago no mesmo saco, como se este tivesse seguido o providencialismo tosco do *Lucideno*. Ao autor do *Castrioto*, a interpretação de ambos parecia teologicamente temerária. Ele estava de acordo em que a conquista holandesa tivera "mais de castigo do céu que de impulso da terra", mas supor que "os pecados e vícios dos moradores de Pernambuco gritaram com voz tão reforçada que, chegando ao céu, obrigaram a divina justiça a decretar-lhes o castigo", era desconhecer o princípio segundo o qual "a Providência Divina governa o mundo deixando obrar de maneira as causas segundas", para só em ocasiões excepcionais atuar diretamente.

> Avaliar tudo por milagres é ignorância; negá-los de todo, herética protérvia; saber distinguir os decretos das permissões é perícia de quem entende a diferença que há entre potência absoluta e ordinária, e como são diversos os milagres que faz parecer tais a contingência do tempo; e os que obra sobre as leis da natureza a onipotência de Deus [...] A vida que se sustenta do vício sempre conduz para a injúria e nunca para a honra, sendo natural efeito das demasias afeminar os ânimos, desatender os castigos e não imaginar nos futuros.

---

[30] Georges Hupert, *L' idée de l' histoire parfaite*, Paris, 1973, p. 46.

[31] Diogo Lopes de Santiago, *História da guerra de Pernambuco*, pp. 30, 32 e 50.

A "desatenção com que todos viviam" servira de "reclamo para a invasão"; "a mesma mão do pecado [foi] a que pegou do açoite para executar o castigo". Nestes termos, Rafael de Jesus expunha o mecanismo auto-regulador que Diogo Lopes não soubera descrever a contento da teologia mais rigorosa. A despeito destas nuances, a conclusão do *Castrioto* não era menos categórica ao rejeitar a responsabilidade da ocupação holandesa sobre a gente da terra: ela fora "castigo de pecados" e, como tal, "ordinária conseqüência e natural efeito dos vícios", não resultando de uma intervenção especial do Todo Poderoso, mas do funcionamento regular do esquema retributivo.[32]

No decurso da segunda metade do século XVII e de quase todo o XVIII, as fontes não nativistas adotaram a leitura da queda de Olinda como castigo divino. O ouvidor Ávila Vareiro, que seguramente lera o recém-publicado *Castrioto*, não duvidou da culpa dos seus moradores ao contemplar a cidade "lastimosamente arruinada do holandês furor", pois "às vezes os pecados são despojo misérrimo dos fados".[33] Para o autor do 'Breve compêndio', "estando logrando [Olinda] o auge de sua felicidade e as delícias de sua vanglória, chegou sobre ela, por pecados, aquele cruel açoite do inimigo holandês, que depois de a saquear de grandes tesouros a queimou e destruiu, com que ficou arruinada de todo".[34] Escusado assinalar que o argumento seria entusiasticamente adotado pelas fontes mascatais para usá-lo contra a nobreza da terra. Segundo o 'Tratado da capitania de Pernambuco',

> o primeiro castigo que padeceu esta terra foi a invasão que lhe fez o inimigo holandês [...] e porque entre as maiores bonanças e fertilidades que logram os homens são mais certas as culpas e vícios, como estes cresceram sobremaneira e ofenderam tanto a lei de Deus, foi Ele servido castigá-la pela entrada que lhe permitiu fizesse o holandês [...] que, invadindo-a, a destruiu e pôs em terra de tal sorte que lhe não ficou pedra sobre pedra, e os seus habitadores perdendo todos os seus edifícios e cabedais.[35]

---

[32] Rafael de Jesus, *Castrioto lusitano*, pp. 17-9.

[33] 'Jornada que fez o desembargador Dionísio de Avila Vareiro', cit.

[34] 'Breve compêndio', p. 281.

[35] 'Tratado da capitania de Pernambuco', cit.

Outro cronista mascatal, o Dr. Manuel dos Santos, escreveria que, "como a dita [vila] foi em que mais se empregou a tirania holandesa, depois de a deixarem quase posta por terra (como hoje se vê), nunca mais se reparou do estrago, nem suponho que o fará, porque em castigo de seus moradores (como ponderaram melhores e mais bem aparadas penas) é que experimentou tão grande ruína".[36] "Nem suponho que o fará". O médico reinol tirava da interpretação providencialista um corolário de relevância imediata para a disputa entre Olinda e o Recife. Tendo sido castigada por decreto do Altíssimo, reconstruir Olinda, repondo-a no estado anterior ao incêndio, como desejava a nobreza da terra, equivaleria a uma transgressão da vontade divina. Ainda na história de Rocha Pita, escrita nos anos vinte do século XVIII, a velha interpretação continuava de pé, a despeito do que continha de inaceitável para o nativismo nobiliárquico:

> Viviam os pernambucanos na maior opulência, com vantagens em grandeza a todos os outros moradores do Brasil, mas tão esquecidos da modéstia que não seguiam outras leis que as da vontade, com escândalo da justiça, cometendo muitos delitos em que, por se ostentarem mais famosos no poder, pareciam menos observantes na religião [...] Estavam decretados vinte e quatro anos de misérias na sujeição aos holandeses, dos pernambucanos, e a verem reduzidos a ruínas os faustos e cabedais com que serviram à vaidade, tão esquecidos da virtude que ainda nos que pareciam mais ajustados na vida lhes era inseparável culpa a soberba, sendo agora castigados da altíssima Providência, que dispôs serem tratados como escravos os que tanta jactância faziam de ser senhores.[37]

Para inverter a responsabilidade pela conquista holandesa, o nativismo dispunha dos autores, como Brito Freyre ou D. Francisco Manuel de Melo, cuja experiência militar os induzira a uma leitura secular do episódio em termos de poder e de lucro. Eles haviam explicado a perda do Nordeste em decorrência da expansão neerlandesa, da situação internacional nos começos de Seiscentos e da investida das nações do norte da Europa contra o monopólio ibérico. Segundo Brito Freyre,

---

[36] 'Calamidades de Pernambuco', p. 14.

[37] Rocha Pita, *História da América portuguesa*, pp. 171-2, 185.

"a fama da riqueza foi à causa da guerra do Brasil".[38] Recorria-se ademais ao despreparo militar da colônia, à estratégia de 'guerra lenta' adotada pela Corte de Madri e à desproporção de forças, circunstâncias que punham em causa a Coroa castelhana mas não a portuguesa, que já havia readquirido a independência quando aqueles autores escreviam. Nessas obras, o argumento providencialista fica reduzido a referências anódinas. Brito Freyre, por exemplo, repetia de passagem que as armas holandesas haviam sido o instrumento da divindade ofendida.[39] Era, contudo, algo da boca para fora, pois aos historiadores militares a explicação pela 'roda da fortuna' acudia naturalmente, a guerra revelando, de maneira mais dramática do que qualquer outra atividade, a inconstância e variedade da sorte.

A interpretação providencialista continha implicação derrogatória para a noção central do imaginário nativista, segundo a qual a restauração fora alcançada 'à custa do nosso sangue, vidas e fazendas'. Se a ocupação batava constituíra punição divina pelos pecados da terra, a recuperação do Nordeste reduzia-se à reparação de uma perda que a Coroa sofrera por culpa de vassalos seus. Neste caso, El-Rei nada devia à pretensa generosidade dos restauradores, que apenas o haviam reintegrado na posse de um bem usurpado em conseqüência de faltas cometidas por eles mesmos. No século XVIII, Loreto Couto dará o troco à explicação providencialista, sendo o primeiro a repelir as asseverações dos cronistas e a propor causas naturais para a invasão holandesa.[40] Nos *Desagravos do Brasil*, a conquista de Pernambuco decorre de um "concurso de causas naturais": a ofensiva neerlandesa contra o monopólio ibérico e a despreparação militar; em última análise, da ambição de conquista, motivo recorrente na história clássica. Graças à precariedade do sistema de defesa, a ocupação fora "facilíssima". Como Rafael de Jesus, Loreto Couto julgava temerário indagar as razões divinas do "acrescentamento e declinação dos impérios, das vitórias e destroços dos exércitos, da exaltação e abatimento das repúblicas". Mas a partir daí, ele se afastava do *Castrioto*. Onde este enxergara causas segundas, Loreto Couto escudava-se no argumento da inescrutabilidade do plano divino.[41]

---

[38] Brito Freyre, *Nova Lusitânia*, p. 33.

[39] Ibid., pp. 175 e 209.

[40] Gonsalves de Mello, *Estudos pernambucanos*, p. 159.

[41] Loreto Couto, *Desagravos do Brasil*, pp. 75-6, 90 e 92.

Ele rompeu assim com o providencialismo tosco de Calado e com a interpretação teologicamente correta do *Castrioto*. Para explicar as causas seculares da conquista holandesa, bastava-lhe invocar o "descuido do Príncipe", isto é, a negligência da potência colonial. Com efeito, para que "excogitar de causas afrontosas da nossa desgraça, se a temos no descuido do Príncipe, natural e manifesta?" Aos autores providencialistas, ele atribuía motivação lisonjeira ou adulatória, pois no fito de isentar os monarcas, só enxergavam as culpas dos súditos, para quem escreviam "um epitáfio de opróbrios e um padrão de ignomínias". Em favor dos conterrâneos, lembrava Loreto Couto que, salvo Mariana, os historiadores da conquista da Espanha pelos árabes haviam-se abstido de imputá-la à punição divina pela decadência moral do reino visigodo, buscando causas que não afrontassem os espanhóis. Ao passo que "todos os autores se empenham em desculpar, em semelhantes casos, a seus naturais; e para as suas adversidades têm as suas culpas, desculpa [...] para os pernambucanos não houve desculpa, porque na opinião desses historiadores eram as suas culpas sem desculpa". Destarte, "sobre ser Pernambuco infeliz, tem o pesar de que o julgue o mundo que com depravados costumes causa a sua própria infelicidade".[42] O autor fechava o círculo da explicação nativista em sentido duplamente crítico da metrópole. Esta, anteriormente acusada de faltar com apoio à restauração, era agora responsabilizada pela ocupação estrangeira, com o resultado de que, além de vítima dos erros da Coroa, a gente da terra os emendara reconquistando Pernambuco pelos próprios esforços. Não havia, porém, viés anti-lusitano no argumento, de vez que a imputação de negligência podia ser comodamente jogada sobre os Felipes de Espanha, sob cuja dominação em Portugal os Países Baixos haviam logrado arrebatar o Nordeste. Portugal é mesmo inocentado, na medida em que também pagara a fatura de um conflito a que seus interesses eram alheios, a guerra de Oitenta Anos entre a república neerlandesa e os Habsburgos madrilenos.

Sem demonstrar pelo tema o interesse de Loreto Couto, Jaboatão deu-lhe, contudo, tratamento sintomático. No *Sermão*, aludiu de passo aos "altos decretos da Providência" que haviam levado Pernambuco a carregar "o pesado jugo do do-

---

[42] Ibid., pp. 92-3, 95.

mínio holandês", mas, como tampouco desejasse escrutá-los, optou também pela explicação secular. Olinda chegara "a tanta opulência e riqueza, a tanto comércio e lucro, que este se fez invejado de muitas potências e pretendido de várias nações". A Holanda fora a primeira, "ou por menos considerada ou por mais atrevida".[43] Mas na sua obra da maturidade, o franciscano desloca o argumento na direção do declínio inerente a toda grandeza:

> O nome de Olinda que lhe deram, assim como foi presságio feliz da sua futura grandeza, foi também anúncio triste da sua vindoura fatalidade em que, só com a breve e ligeira mudança de uma letra, se havia [de] tornar Olanda a que era Olinda; destino fatal e que acompanha de ordinário as coisas grandes que com o seu mesmo crescimento acrescentam e acarretam a própria ruína.[44]

Daí que também Jaboatão se recusasse a culpar os conterrâneos. Mas, diferentemente de Loreto Couto, preferiu fazê-lo subliminarmente, demolindo a lenda do incêndio arrasador que teria destruído Olinda ao emitir reservas sobre a virulência da calamidade e a extensão do estrago. Não se tratava apenas de escrúpulo de crítica histórica, mas de disputar a validade da leitura teológica do episódio. No tempo de Jaboatão, o imaginário culpabilizante arraigara na mentalidade popular a representaçao da casa térrea que escapara milagrosamente às labaredas. Registrara-a Rafael de Jesus.[45] Na segunda metade de Setecentos, Miguel Arcanjo da Anunciação colheu-a na oralidade do burgo decadente. "Acrescenta a tradição [escrevia o dom abade de São Bento] que só uma casa ficara ilesa", localizada nas cercanias da igreja de São João, ao pé do caminho que levava a Nossa Senhora do Monte.[46] Em meados do século xix, provavelmente já derruído o pardieiro, ele perdurava na memória olindense, que passara a identificá-lo com prédio adjacente à Misericórdia, identificação ainda viva nos anos trinta do século xx.[47]

---

[43] Jaboatão, 'Sermão da restauração de Pernambuco', pp. 366 e 371.

[44] Jaboatão, *Novo orbe seráfico*, ii, p. 143.

[45] Rafael de Jesus, *Castrioto lusitano*, p. 65.

[46] Miguel Arcanjo da Anunciação, *Crônica do mosteiro de São Bento de Olinda*, p. 28.

[47] Abreu e Castro, *Nossa Senhora dos Guararapes*, i, p. 26; Gilberto Freyre, *Olinda*, p. 124.

Jaboatão formulou a hipótese mais provável de que os templos e conventos situados na periferia urbana tivessem escapado à voracidade das chamas, tanto assim que no convento franciscano de Nossa Senhora das Neves certo número de minoritas continuara a residir até sua expulsão pelo governo neerlandês, vários anos depois do incêndio. Idêntica sorte tivera o convento de Santo Antônio do Carmo, erguido em sítio ainda mais apartado. Também poupada teria sido a igreja de São João, pois servira de matriz até à reconstrução da igreja do Salvador (1669). Concluía Jaboatão que, ao menos às casas de Deus, não havia o holandês posto fogo deliberadamente, ou este não teria sido tão avassalador. Os estragos teriam decorrido, sobretudo, da sua utilização como quartel no período entre a conquista da vila e o incêndio.[48]

O assunto é difícil de destrinçar, em conseqüência do começo de reconstrução de Olinda que teve lugar no governo de Nassau.[49] O predicante Soler afirmava àquela altura que "os papistas [...] praticam suas superstições em cinco templos na vila de Olinda".[50] Recorrendo ao 'Lucideno', Pereira da Costa inventariou as igrejas em que se voltara a dizer missa em 1645 (São Bento, Nossa Senhora do Rosário, São Pedro Mártir, São Francisco, Amparo, Guadalupe e Misericórdia),[51] mas é impossível discriminar o que estava de pé por haver sido poupado pelas labaredas e o que fora reedificado pela devoção dos fiéis. No tocante à igreja do Colégio dos jesuítas, já por ocasião do incêndio os padres haviam acudido com os índios; "e assim não ficou com muito dano".[52] O Serviço do Patrimônio Histórico e Artístico Nacional concluiria que o estrago limitara-se ao altar-mor, ao forro, ao madeiramento da cobertura, ao coro e às janelas da fachada, mas que os altares colaterais são ainda as construções de fins de Quinhentos e que, em vez de reedificação da segunda metade de Seiscentos, como se pensava, a igreja de Nossa Senhora da Graça "é de fato a primitiva".[53] Quanto ao convento do Carmo, a igreja

---

[48] Jaboatão, *Novo orbe seráfico*, II, pp. 403-6.

[49] Gonsalves de Mello, *Tempo dos flamengos*, pp. 67-71.

[50] *Dezessete cartas de Vicente Joaquim Soler, 1636-1643*, Rio de Janeiro, 1999, p. 58.

[51] F. A. Pereira da Costa, 'Reabilitação histórica do conde de Nassau', RIGHB, 71, II (1908), p. 26.

[52] Diogo Lopes de Santiago, *História da guerra de Pernambuco*, pp. 49-50.

[53] Lúcio Costa, 'A arquitetura dos jesuítas no Brasil', *Arquitetura religiosa*, São Paulo, 1978, p. 25.

anexa corresponde, na sua maior parte, ao primitivo edifício, sendo, aliás, a única no Brasil onde ainda se pode detectar influência da arquitetura renascentista.[54]

Na teologia cristã, o fogo divino é uma noção polissêmica, podendo conotar alternativamente o fogo punitivo, o fogo purificador e o fogo probatório.[55] Enquanto os predicadores do tempo da guerra tiraram partido do primeiro efeito, o nativismo setecentista privilegiou o segundo e o terceiro. Loreto Couto apresentou o episódio em termos do fogo regenerador, umbral de uma vida nova, simbolizado na Fênix renascida das próprias cinzas:

> Quem não vê que nesta prodigiosa ave temos um perfeito jeróglifo de Pernambuco, um adequado símbolo da sua restauração? Era Pernambuco pomposo na gala, alta e majestosa Olinda sua cabeça e nas excelências única, matizavam as suas asas douradas penas. Com as suas preciosidades formou-se fogueira em que se acendeu o fogo da ambição holandesa, foi homicida de si mesmo pelo remisso da sua defesa. Acabou nos incêndios e das suas cinzas, novamente animado, renasceu com melhor gala, nele se viram as metamorfoses dos séculos. Zombou da morte porque a soube fazer ministra da sua vida. Mãe e filha de si mesmo, porque abaixo de Deus, deve Pernambuco tudo que hoje é a si próprio.

Noutro trecho, o autor utilizou o argumento do fogo probatório, com que a Providência quisera testar a têmpera da gente da terra:

> A fortuna feriu Pernambuco, mas como fosse árvore de raízes muito profundas, ainda quando mais impetuoso o assaltou o vento das perseguições, estas nem o dobraram por frágil nem o renderam por fraco. Conheceu que os trabalhos são o golpe com que se descobre o brilhante ouro da constância, e que Deus pela medida do valor e virtude corta os trabalhos; e recebeu estes como aplicados por aquela Divina Mão, que com as penas toca o instrumento que forma a suave harmonia do céu [...] No crisol das maiores tribulações, quis Deus entre as chamas de tantos trabalhos descobrir os quilates de ouro dos pernambucanos.[56]

---

[54] Germain Bazin, *L'architecture religieuse baroque au Brésil*, 2 vols., Paris, 1956-1958, I, pp. 49 e 52.

[55] Jacques Le Goff, *La naissance du purgatoire*, Paris, 1981, p. 22.

[56] Loreto Couto, *Desagravos do Brasil*, pp. 131, 133 e 144.

O tratamento dado por Fernandes Gama ao tema da perda de Olinda permite avaliar as mutações introduzidas pelo nativismo oitocentista no imaginário da restauração. Quase nada restou da visão providencialista. Se ele alude ao episódio em termos de castigo divino, é apenas para registrar a opinião dos contemporâneos. É certo que, referindo-se à execução de Calabar, concordou em que se ele fora poupado até então, isto se devera a que "o Ente Supremo o tinha destinado para castigo dos pecados de Pernambuco", mas recorre reveladoramente à expressão maçônica e iluminista como convinha a um historiador liberal de Oitocentos, que repudiava as crenças supersticiosas de idades pretéritas. Noutro trecho, Fernandes Gama alude à profecia de frei Antônio Rosado e a reação a que dera lugar.[57]

Para ele, já não havia desígnios a escrutar nem pecados a punir. A ocupação neerlandesa devera-se a um conjunto de circunstâncias seculares, entre as quais o objetivo de assenhorear-se das riquezas locais. À cobiça batava, juntaram-se as carências morais da terra, como o arrefecimento do "espírito guerreiro" dos povoadores duartinos, resultante do "destruidor luxo" gerado pela "mesma opulência de Olinda". Tais carências, "a lascívia, o fausto, a intemperança, a vaidade, a usura, a emulação, as vinganças, os ódios, as aleivosias", a corrupção da justiça e da administração,[58] traduziam apenas o fenômeno, bem conhecido na história, do declínio espiritual que aparentara Olinda menos às cidades ímpias do Velho Testamento do que à 'pérfida Cápua' da história romana, uma 'pérfida Cápua' tropical que, ao invés da clássica, tivesse dirigido contra os próprios filhos seus efeitos deletérios. Aqui também o paradigma historiográfico é o declínio de Roma, o tema da *inclinatio*, reposto na moda pelo Renascimento e segundo o qual a decadência dos povos resultava do abandono dos antigos costumes, só podendo assim ser sanada pelo retorno à tradição.[59]

Se a justiça divina, segundo os velhos cronistas, valera-se dos holandeses, inimigos externos, para punir os pernambucanos, ela havia recorrido também à ação de indivíduos e grupos locais, inimigos internos, que se haviam torna-

---

[57] Fernandes Gama, *Memórias históricas*, I, pp. 179, 291.

[58] Ibid., pp. 192-3.

[59] Santo Mazzarino, *La fin du monde antique*, p. 86.

do os agentes do invasor e, por conseguinte, instrumentos da Providência. Para os cronistas, a principal categoria de colaboracionistas fora os cristãos-novos, mas desde o século XVIII a política de tolerância do Pombal para a comunidade marrana de Portugal esvaziara a respeitabilidade ideológica do tema do sefardita como o adversário por excelência, tanto assim que já Loreto Couto se abstivera de responsabilizá-lo. Portanto, as *bêtes noires* de Fernandes Gama serão outras. O interesse da sua narrativa reside na inflexão anti-lusitana que impôs à identificação dos culpados pela situação que prevalecia às vésperas da ocupação, pois malgrado saírem da pena de um autor de Oitocentos, cioso de sua ilustração, as *Memórias históricas* também contêm sua demonologia, que se distingue das crônicas do século XVII apenas pela origem nacional e social dos demônios. De acordo com a sensibilidade do nativismo oitocentista, a nova categoria de culpados teria de ser os reinóis, os 'marinheiros', o português recém-fixado na terra e destituído de sentimento patriótico.

Fernandes Gama completou a inversão de responsabilidades que Loreto Couto iniciara mas cujo pleno conteúdo nativista só podia ser alcançado pela historiografia pós-Independência. Ao passo que a condenação dos cronistas luso-brasileiros havia recaído sobre o conjunto da população, Fernandes Gama imprimia-lhe sentido anti-lusitano, retratando os colaboracionistas do período holandês à maneira dos comerciantes portugueses do século XIX consoante a versão disseminada pelo nativismo. Fernandes Gama é categórico: a "maior parte dos portugueses ricos" praticara uma política de colaboração. Tratava-se dos reinóis instalados na capitania no começo do século XVII, quando já os povoadores duartinos haviam realizado, ao preço de enormes sacrifícios, a conquista da Nova Lusitânia às tribos indígenas. Tratava-se daqueles "portugueses que, tendo deixado a sua pátria para fazer fortuna em Pernambuco, nenhum amor tinham a este país; e porque a guerra os privava do lucro que vieram procurar, pouco se importavam eles que Pernambuco estivesse sujeito ao estrangeiro, contanto que os deixassem lucrar e locupletarem-se à custa do suor e da liberdade dos mesmos pernambucanos". Foram eles que ganharam com a guerra, vendendo na terra "os gêneros europeus por um preço enorme" e comprando "os produtos do país por menos de seu valor"; eles, os que entretinham relações com o holandês ou contrabandeavam com o Recife; eles os que haviam organizado o atentado contra Matias de Albuquerque, que habilmente desistira de apurar o fato de modo a "evitar a desunião entre portugueses e pernambucanos". Bem se avalia a atitude desta gente através de certo indivíduo que, vindo apenas a "adquirir riquezas afim de desfrutá-las na Europa [...] contribuiu o mais possível para fazer entrar toda a capitania da Paraíba no domínio holandês, esperando por este meio vil conservar intactas todas as suas riquezas". Procedimento que o autor contrastava com o dos descendentes dos colonos duartinos, que não haviam recusado seu concurso à resistência e, após o malogro dela, haviam emigrado para a Bahia, num, paradoxalmente, "exemplo raro de aferro à pátria".[60]

As *Memórias históricas* utilizavam ademais o *topos* da corrupção dos citadinos e da pureza dos rústicos, que assim como fora acomodado outrora na Península ibérica à distinção entre cristãos-novos e velhos, eram enxertado agora na distinção entre negociantes reinóis e senhores de engenho mazombos.

> Os costumes austeros de nossos maiores eram apenas lembrados e como que horrorizados se refugiaram nos campos, onde ainda se conservavam nossas antigas virtudes [...] [razão pela qual] a principal força do exército pernambucano consistia em camponeses (matutos) e lavradores que, para tomar armas, suspendiam os trabalhos campestres, mas que as não largavam senão para outra vez as empunhar; de sorte que, voltando e tornando sempre renovavam, por assim dizer, o exército de que eram os mais firmes esteios [...] Se nos soldados e seus chefes o patriotismo e espírito nacional se desenvolveu de uma maneira que nos fará sempre eterna honra, nos proprietários [rurais], cujos interesses eram os mais feridos, não se observou menor entusiasmo.[61]

No historiador eclesiástico, padre Lino do Monte Carmelo Luna, encontra-se a formulação tardia do tema do castigo divino. O que particularmente o interessava era a violência feita pelos pró-homens ao predicante dominicano, o que ilustrava outro velho argumento da história religiosa, resquício da repressão sofrida pela Igreja até à conversão de Constantino: a vingança celestial contra os persecutores

---

[60] Fernandes Gama, *Memórias históricas*, I, pp. 219, 224-5, 237, 266; II, p. 20.

[61] Ibid., I, pp. 192-3, 212-3.

do Cristianismo. A *Memória histórica e biográfica do clero pernambucano* (1857), apologia do papel da Igreja católica na história da província, foi escrita sob a impressão do que o autor reputava "época assustadora" decorrente das "mudanças revoltantes" introduzidas pela política religiosa da Regência. A primeira parte ocupa-se das vicissitudes por que passara o estado eclesiástico especialmente na Espanha, Portugal e México, devido à abolição das ordens e à nacionalização dos seus bens pelos governos liberais da primeira metade do século XIX. A seus olhos, o Pernambuco *ante bellum*, com sua falta de respeito pela "sublime dignidade da Igreja" e com seus habitantes que "desacatavam a Casa de Deus e lançavam injúrias e sarcasmos sobre os levitas sagrados", correspondia a uma dessas fases de irreligiosidade.[62] O inimigo que ele tinha em vista era a maçonaria.

Se a perda de Olinda é a história de uma queda, o período fundacional da Nova Lusitânia tinha de ser a de um paraíso perdido. Não surpreende, portanto, que a idealização do primeiro século pernambucano tenha-se iniciado com a obra de Calado, cujo exemplo será seguido pelos autores nativistas que invariavelmente o mitificaram. "Não parecia esta terra senão um retrato do terreal paraíso": com esta sentença, o *Lucideno* rematou a descrição do Pernambuco *ante bellum*. Contudo, os aspectos por ele privilegiados não eram os convencionalmente associados às representações edênicas, que davam preferência às categorias atinentes à natureza física, como a fertilidade e salubridade da terra, a temperança do clima, a abundância de víveres, a variedade da flora e da fauna, a riqueza do subsolo.[63] Calado destacou tão somente a prosperidade material ("o açúcar [era] tanto que não havia embarcações para o carregar") bem como suas repercussões sobre o estilo de vida dos povoadores, caracterizado pelo gasto ostentatório: "delícias de mantimentos e licores", "fausto e aparato das casas", "o ouro e a prata [...] sem número", "finas telas e ricos brocados", "jóias [...], perolas, rubis, esmeraldas e diamantes", "adereços custosos de espadas e adagas", "banquetes quotidianos", "escaramuças", "jogos de canas".[64]

É no livro de Diogo Lopes de Santiago que encontraremos os elementos convencionais do *topos*. O capítulo II, do livro I, da sua crônica contém "breve

---

[62] Lino do Monte Carmelo Luna, *Memória histórica e biográfica do clero pernambucano*, pp.36, 40.

[63] Sérgio Buarque de Holanda, *Visão do paraíso*, 2ª ed., São Paulo, 1969, p. 237.

[64] Calado, *O valeroso Lucideno*, I, p. 19.

descrição das capitanias de Pernambuco e outras coisas tocantes ao Estado do Brasil". Após alusão à América portuguesa sob forma paradisíaca, esboçam-se as qualidades da terra, segundo os aspectos que Calado negligenciara: "bons ares", "excelentes águas" abundantes de pescado, extensas pastagens, caça fácil, "matas densas" que dão frutos de "sabor muito excelente e suave", além de "madeiras grossas e altíssimas", fertilidade excepcional do solo, o qual, ademais das drogas ordinárias, como o açúcar, o algodão, o fumo, o gengibre e outras, produz "gomas e raízes" apropriadas à tinturaria e à medicina, "muitas sortes de pedras", cristal, "minas de ouro e outros metais", "salitre e outras pedras preciosas", "sal nativo" etc.[65] Em Calado, a descrição de Olinda *ante bellum* visara criar o contraste com a destruição provocada pela ocupação holandesa, de maneira a reforçar a leitura providencialista; nele, a idéia de paraíso terreal serve apenas ao argumento teológico. Em Diogo Lopes, cuja cultura era secular, a representaçao edênica conforma uma exposição corográfica, sabido que, desde a Idade Média, o tema do *locus amenus*, aparentado ao do paraíso terreal mas procedente da Antigüidade clássica, não da cultura religiosa, inspirava as introduções geográficas que os cronistas antepunham às suas narrativas.[66]

O paraíso terreal e o *locus amenus* prestavam-se à intenção apologética do nativismo setecentista, na sua ânsia de afirmar a valia da América portuguesa e de desagravar o Brasil, cuja natureza e cujos habitantes, nativos ou de origem européia, em nada seriam inferiores ao Reino e aos 'portugueses europeus'. O século XVIII encetou acirrado debate sobre as diferenças entre o Velho e o Novo Mundo, no qual se sustentaria não só a inferioridade da natureza americana, como em Buffon, mas também a dos filhos de espanhóis nascidos nas Índias de Castela, desfavoravelmente comparados aos naturais da Península Ibérica. Feijó tomara a defesa dos *criollos*, invertendo em seu favor a tese ofensiva.[67] Mas, se no Brasil a polêmica não teve maior repercussão, o antagonismo entre mazombos e reinóis alimentava-se em preconceitos idênticos.

---

[65] Diogo Lopes de Santiago, *História da guerra de Pernambuco*, pp. 17-8.

[66] Guenée, *Histoire et culture historique*, p. 167.

[67] Antonello Gerbi, *La disputa del nuevo mundo*, 2ª ed., México, 1982, pp. 233, 236.

A crônica de Loreto Couto, redigida após anos de residência em Portugal, onde vivera o quotidiano de tais críticas, visava inclusive refutar as calúnias e as suspeitas improcedentes com que se escrevia ou falava dos "nossos índios".[68] Quando Jaboatão retomou o elogio da natureza pernambucana, sua motivação já destoava da de Diogo Lopes de Santiago, cem anos antes,[69] embora este tipo de louvor também pudesse ter segundas intenções colonialistas, tanto assim que, no período da Independência, o autor desconhecido das 'Revoluções do Brasil' concluía a descrição geográfica da capitania com uma digressão que, no seu entusiasmo, nada ficava a dever aos predecessores, dos quais diferia, porém, em que, enquanto para eles tratara-se de fazer o elogio dos recursos inexplorados, para o nosso anônimo o Brasil era o Éden enriquecido pela labuta do colono lusitano, o qual, não se contentando em tirar partido dos produtos autóctones, cultivava também os que trouxera de fora, da própria metrópole, da Ásia e da África.[70]

A representação da Nova Lusitânia pelo imaginário nativista foi, sobretudo, a da nobreza do primitivo estoque de povoadores, como já mencionado, e o da abundância material em que teriam vivido. Aqui e ali, a Olinda *ante bellum* é um *locus amenus*, como na passagem, já transcrita, do sermão de Antônio Vieira, ou na narrativa de Pudsey, que a descreve como "uma cidade famosa pelo seu interessante sítio, pelas suas agradáveis perspectivas e suntuosos edifícios, dotados de jardins deliciosos e de fontes de águas excelentes [...] construída sobre a vertente de uma colina, contemplando o mar".[71] Ou ainda em Brito Freyre:

> Desprezou dos primeiros fundadores o antigo nome de Marim e admitiu o de Olinda para maior indicação da amenidade do sítio, em que, lavada do mar por uma parte e do rio Beberibe por outra, entre perpétua e agradável verdura, coroa cinco montes, mais moderados que altos.[72]

---

[68] Loreto Couto, *Desagravos do Brasil*, p. 7.

[69] Jaboatão, *Novo orbe seráfico*, I, pp. 141-2.

[70] 'Revoluções do Brasil', pp. 9-10.

[71] Pudsey, 'Journal of a residence', fl. 8.

[72] Brito Freyre, *Nova Lusitânia*, p. 84.

À palavra 'opulência' é a que, com maior freqüência se recorre para descrever a vila e a capitania. Duarte de Albuquerque Coelho viu seus vassalos "entorpecidos com a riqueza, delícia e ócio".[73] Brito Freyre pintara a Nova Lusitânia "tão opulenta agora pelas riquezas como depois [i. e., a partir da invasão holandesa] foi célebre pelas armas", muito embora admitisse que o consumo conspícuo já tivesse empobrecido a muitos.[74] A retórica do padre Simão de Vasconcelos também fixará de preferência a prosperidade:

> Crescerá [Olinda], subirão aos ares suas máquinas [i.e., suas construções], chegará a ser a cabeça de um dos potentados do orbe, soberba em edifícios, ilustre em cidadãos, esmerada em polícia, culto, fausto, trato, riqueza; conhecida, aplaudida, buscada de todas as partes do mundo por suas ricas drogas. Será seu corpo agigantado, florente, povoado de grandiosas vilas, cheio de grandes máquinas de engenhos, revestido de verdes e louros canaviais, rico, grandioso, um quase paraíso da vida humana.[75]

No mesmo sentido, o autor do 'Breve compêndio' reportava-se à urbe duartina:

> Esta cidade foi antigamente muito populosa, rica e autorizada, com grandes e formosos casarios de pedra e cal, todos de dois e três sobrados [i. e., andares], e famílias muito nobres, donde havia grande e considerável negócio e muito abastada de riquezas pelos muitos navios que vinham de Buenos Aires carregados de patacaria. É a maior e a mais bem fundada que houve em toda a América, que era comparada a Lisboa.[76]

Como indícios da opulência da Olinda *ante bellum*, citavam-se a fábrica urbana e, em especial, os monumentos religiosos que haviam perdurado ou sido reconstruídos após a restauração. Segundo Loreto Couto, o burgo fundado pelo primeiro donatário crescera tanto que "chegou a ser antes êmula que inferior às

---

[73] Duarte de Albuquerque Coelho, *Memórias diárias*, p. 84.

[74] Brito Freyre, *Nova Lusitânia*, p. 168.

[75] Simão de Vasconcelos, *Crônica da Companhia de Jesus*, I, p. 229.

[76] 'Breve compêndio', p. 281.

mais ricas e deliciosas cidades da América, habitada de ilustres cidadãos e imenso povo; com duas nobres paróquias, quatro suntuosos conventos, dez magníficos templos, muitos autorizados edifícios, freqüência de comércio, abundância de riqueza, fausto e pompa, que a fazia aplaudida e cobiçada".[77] A Jaboatão e ao autor, provavelmente secretário do governo de José César de Menezes, que compilou a 'Idéia da população da capitania de Pernambuco' (1778), impressionou, sobretudo, o número de vias públicas da antiga urbe, nada menos de setenta e duas, sem contar os becos e travessas.[78] No século XIX, Fernandes Gama afirmaria que, para se distinguirem dos menos afortunados, os pró-homens haviam chegado ao ponto de exibirem "nas portas de suas casas fechaduras e pregos de prata", o que lhe valeu a crítica de um leitor para quem a existência de tais fechaduras no domicílio de "um ou outro particular" não provaria a opulência da vila.[79]

A grandeza da Olinda *ante bellum* funcionará como um clichê confortável que habilitava os autores do século XVIII e do XIX a caracterizar, de um traço, todo um período a respeito do qual sabiam, na verdade, apenas o que constava em Brito Freyre, Rafael de Jesus e Rocha Pita. Ignorância decorrente em parte da destruição pelo incêndio dos arquivos locais do período 1535-1630. Tal limitação inibiu seriamente a historiografia nativista, inclusive a dos poucos que, como Jaboatão e Borges da Fonseca, tinham o gosto da pesquisa, não se contentando com as fontes éditas; ou mesmo de quem, como Fernandes Gama, pôde dispor de documentos copiados em Portugal. Que Loreto Couto e Jaboatão tenham ampliado o conhecimento acerca da Nova Lusitânia, deveu-se ao fato de haverem podido provavelmente consultar o manuscrito da *História do Brasil*, de frei Vicente do Salvador, ou ler extratos da mesma. O desconhecimento da nossa história *ante bellum* contribuiu assim para reforçar o aspecto mítico e lendário que o primeiro século pernambucano já possuía graças à condição de época fundacional.

O *topos* da opulência impregnou o imaginário popular, especialmente mediante a representação de fantásticos tesouros de moedas e metais preciosos, enterra-

---

[77] Loreto Couto, *Desagravos do Brasil*, p. 145.

[78] Jaboatão, *Novo orbe seráfico*, II, p. 143; 'Idéia da população da capitania de Pernambuco', p. 32.

[79] Fernandes Gama, *Memórias históricas*, I, p. 179; Gonsalves de Mello, *Diário de Pernambuco. Economia e sociedade no 2º Reinado*, pp. 119, 127.

dos em subterrâneos, ora por iniciativa de particulares ou de ordens religiosas, ora pelos próprios holandeses. Pudsey menciona que, após o incêndio, Olinda fora segunda vez saqueada, pois, em meio aos escombros, os soldados neerlandeses "encontravam diariamente tesouros escondidos".[80] Na segunda metade do século XVIII, o cronista do mosteiro de São Bento de Olinda procurava desfazer as ilusões dos contemporâneos que atribuíam aos frades da vila, sobretudos a eles, beneditinos, impopulares na terra, uma riqueza que já não possuíam mas cuja fama os prejudicava, desestimulando o fluxo das doações pias e dos legados de mão-morta, outrora tão generoso. Ele argumentava com a escassez de numerário de que sofrera o Pernambuco *ante bellum*, como indicava o fato de que a metade dos vencimentos dos funcionários e das ordinárias dos conventos era paga em dinheiro de contado, a outra metade em açúcar.[81] Contudo, tais alegações não eram todas quiméricas, quando se conhece a importância que assumiu, naquele período, a entrada dos *reales de a ocho* peruanos em Pernambuco.[82] Jaboatão referiu a estória de frei José, o Santinho, outrora comerciante na vila, o qual ocultara seus haveres ao retirar-se às pressas quando do ataque batavo. Havendo ingressado na Ordem franciscana, retornara à capitania após a restauração "para ver se podia descobrir entre as ruínas de Olinda o lugar em que havia enterrado o dinheiro", o que veio a conseguir, não sem as dificuldades decorrentes da identificação do sítio onde se erguera sua morada.[83] Por sua vez, Calado alegou que o jesuíta Francisco de Vilhena viera a Pernambuco ao tempo do governo nassoviano para reaver a prata que seus colegas de roupeta e os irmãos Matias e Duarte de Albuquerque haviam deixado "enterrada e escondida em mãos secretas".[84]

Os governadores do período *post bellum* estavam sempre atentos a estes rumores. Aires de Souza e Castro mandou tirar devassa sobre o dinheiro desenterrado

---

[80] Pudsey, 'Journal of a residence', fl. 10.

[81] Miguel Arcanjo da Anunciação, *Crônica do mosteiro de São Bento de Olinda*, p. 19.

[82] Vitorino Magalhães Godinho, *Os descobrimentos e a economia mundial*, 2ª ed., 2 vols., Lisboa, 1985, II, pp. 101-2.

[83] Jaboatão, *Novo orbe seráfico*, II, pp. 345-8.

[84] Calado, *O valeroso Lucideno*, I, p. 237.

nas vizinhanças da igreja da Penha, no Recife, por iniciativa de certo piloto português que recebera o 'mapa da mina' de um holandês que residira em Angola. O marquês de Montebelo expediu idêntica ordem ao saber que os escravos dos jesuítas de Olinda andavam cavando, a horas mortas, para as bandas da igreja do Amparo, ordenando, de outra feita, a apuração de atividades suspeitas no adro da igreja do convento de Santo Antônio do Recife.[85] Em missão epigráfica ao Nordeste (1887), Alfredo do Valle Cabral encontrou vestígios de escavações na igreja de Nossa Senhora dos Prazeres de Maranguape (1625), ao longo do caminho do engenho Paulista, na igreja de Santo Amaro em Água Fria e na capela-mor da igreja da Misericórdia de Igaraçu.[86] E Gilberto Freyre ainda escutou as lendas de tesouros guardados em subterrâneos olindenses, levantando a geografia destas imaginárias galerias, cuja construção era imputada quer aos frades e aos jesuítas, quer aos neerlandeses. Uma delas ligaria o convento franciscano à igreja do Bom Sucesso, comunicando-se com o Colégio da Companhia; outra iria da igreja de Santo Amaro à do Monte; uma terceira conectaria o convento do Carmo ao mosteiro de São Bento.[87] Que os frades e moradores ricos tivessem enterrado seus bens, nada mais plausível, mas é improvável que os neerlandeses tivessem cruzado a vila de subterrâneos dispendiosos, quando apenas a ocuparam durante menos de dois anos, entregando-a às chamas.

Acerca da tradição de tesouros holandeses no Recife, dizia-se que o governador José César de Menezes fizera demolir o antigo paço nassoviano, "sonhando com riquezas fabulosas nele enterradas".[88] Em Itamaracá, acreditava-se que os batavos haviam ocultado dinheiro e objetos de valor na fortaleza de Orange, construindo o indefectível subterrâneo; outras lendas da ilha referiam-se a uma botija depositada no poço do Cobre.[89] Em Alagoas, eram também freqüentes essas lendas.[90]

---

[85] AUC, CA, 31, fl. 340v.; BNL, Coleção Pombalina, 239, fls. 88-9 e 398.

[86] J. A. Gonsalves de Mello, 'Epigrafia pernambucana', *Diário de Pernambuco*, 24.VI.1950.

[87] Gilberto Freyre, *Olinda*, pp. 80, 82 e 165.

[88] *Memórias da viagem de Suas Majestades Imperiais*, II, p. 15; Pereira da Costa, *Anais pernambucanos*, IV, pp. DXXXVII-DXXXVIII.

[89] José Teófilo de Albuquerque, 'As lendas de Itamaracá', RIAP, 29 (1930), pp. 40-1.

[90] Moreno Brandão, 'População de Alagoas', RIAGA, 19 (1936-1937), p. 15.

Da região açucareira, elas estenderam-se a partes do interior que os invasores nem sequer haviam trilhado. De 1799 a 1808, o padre Francisco Correia Teles de Menezes percorreu tão obstinada quanto infrutiferamente os sertões do Nordeste, à cata de metálico e de alfaias abandonadas ou por eles ou pelos jesuítas, cuja expulsão ao tempo de Pombal viera avivar as crenças na existência dessas riquezas.[91] Em meados de Oitocentos, Freire Alemão encontraria no Ceará a convicção generalizada de que todo seu território estava "minado de metais preciosos, e cheio de tesouros escondidos pelos flamengos, jesuítas, etc".[92] As expedições batavas à procura de minas de ouro e prata, estudadas por Alfredo de Carvalho,[93] também alimentaram o imaginário popular, como, por exemplo, o 'buraco do flamengo', no engenho Itapirema (Goiana), que ainda em finais do século XIX exibia vestígios de antigas galerias.[94] No interior, as inscrições lapidares de origem indígena eram reputadas indicações relativas à localização de tesouros: assim em Passo de Camaragibe (Alagoas), ou Santana (Ceará).[95] Ainda no começo do século XX, a mole de granito, em formato de galeão, existente na vertente ocidental da serra de Garanhuns (Pernambuco), obsedava a população circunvizinha, que chegou a dinamitá-la.[96]

---

[91] Alfredo de Carvalho, *Pré-história sul-americana*, Recife, 1910, pp. 96, 99-100 e 105.

[92] 'Os manuscritos do botânico Freire Alemão', ABNRJ, 81 (1961), p. 311.

[93] Alfredo de Carvalho, *Aventuras e aventureiros no Brasil*, Rio de Janeiro, 1929, pp. 109-28.

[94] Pereira da Costa, *Anais pernambucanos*, I, pp. 383-4.

[95] 'Efemérides do município de Camaragibe', RIAGA, 17 (1933), p. 49; João Franklin de Alencar Nogueira, 'Letreiros antigos. Notícia sobre os caracteres do serrote da Rola', Revista do Instituto do Ceará, 15 (1901), pp. 84-5.

[96] Ruber van der Linden, 'Arqueologia pernambucana. A pedra do navio', RIAP, 30 (1930), pp. 233-5.

Capítulo VIII

A terrena obra e a celeste empresa

Se o domínio holandês fora punição de Deus, a resistência tinha de ser uma empresa inútil, perdida de antemão. O movimento restaurador, pelo contrário, estava fadado a triunfar, ao se definir como 'guerra da liberdade divina', pretendendo realizar os desígnios do Altíssimo contra a heresia calvinista. Calado o designaria de "terrena obra, mas celeste empresa". No *Lucideno*, a mesma intervenção providencial que reconquistara a independência portuguesa restituía o Nordeste à suserania lusitana, manifestando-se em ambos os casos através de avisos sobrenaturais. O duque de Bragança, D. Teodósio, pai do futuro D. João IV, tivera a visão dos três cavaleiros ricamente vestidos, montados em corcéis brancos, os quais lhe vaticinaram a ascensão do filho ao trono usurpado. Na Bahia, cinco meses antes da notícia da aclamação de rei natural, havia-se avistado um destes animais marchar sobre a cobertura das casas da ribeira sem lhes fazer dano, pouco depois de certo castelhano haver zombado que Portugal ficaria independente no dia em que os cavalos andassem pelos telhados sem quebrarem as telhas.[1] E Diogo Lopes de Santiago estabeleceu o paralelo entre o milagre ocorrido em Lisboa, onde o braço do Crucificado despregara-se misteriosamente da cruz, sinal de que o Senhor tomava a seu cargo a defesa da liberdade do Reino; e o episódio das portas da capela do engenho de Vieira, o qual patenteara a intenção de Santo Antônio de socorrer os restauradores pernambucanos.[2]

---

[1] Calado, *O valeroso Lucideno*, I, pp. 211-4.

[2] Diogo Lopes de Santiago, *História da guerra de Pernambuco*, p. 210.

Buscava-se assim legitimar a empresa bélica a ser encetada, função de que haviam carecido os sucessos prodigiosos da resistência. Diogo Lopes pretenderia que o projeto restaurador recebera a aprovação do Alto, como se Fernandes Vieira tivesse concluído um pacto com a Divindade. Ele narra, reproduzindo a versão do próprio madeirense, que "um dia, entre outros muitos, desvelados com este cuidado e impulso da liberdade, havendo discursado com seu bom juízo e entendimento muitas coisas tocantes a este ponto, [Vieira] se recolheu só a uma bem ornada câmara de sua casa, em que estavam um painel e nele pintadas as três divinas pessoas e um só Deus verdadeiro e, sobre um bufete que abaixo do painel estava posto, um devoto crucifixo, e, pondo-se de joelhos, derramando muita cópia de lágrima", improvisou uma prece protestando sua "verdadeira intenção e vontade", sem "respeito a interesses ou glórias mundanas", de fazer guerra aos hereges e libertar o povo católico do cativeiro. "Tendo feito a breve oração, parece que por impulso divino, ficava com tanto ânimo e alentado espírito que lhe parecia que o coração lhe estava dizendo que cometesse a desejada empresa da liberdade; e assim, daquele dia por diante, começou a dispor e ordenar as coisas necessárias para tão gloriosa ação e feito digno de eterna memória".[3]

A fim de mobilizar a adesão nacional ao trono ocupado pelo duque de Bragança, o clero português criara a atmosfera de maravilhoso que em ponto menor envolveu restauração pernambucana. Na Bahia, o minorita Francisco do Rosário profetizara a restauração do Reino e a do Brasil; e no Rio, o jesuíta João de Almeida, tendo antevisto a reconquista de Angola quando ainda se ignorava a sorte da expedição de Salvador de Sá, flagelava-se altas horas da noite, lançando imprecações contra a presença batava em Pernambuco.[4] A intervenção da Providência não se revelava apenas através do inusitado ou do excepcional mas operava também mediante o desenrolar dos acontecimentos, que submete a um círculo virtuoso. Na batalha das Tabocas, mesmo os soldados luso-brasileiros que desertam aproveitam à vitória, pois sua fuga desabalada surpreende e confunde as tropas ini-

---

[3] Ibid., pp. 180-1.

[4] Jaboatão, *Novo orbe seráfico*, III, p. 125; João Lúcio de Azevedo, *História de Antônio Vieira*, 2 vols., Lisboa, 1918, I, pp. 408-9.

migas.[5] Em sermão incorporado à crônica, provavelmente recitado nas primeiras semanas da insurreição, Calado demonstrava que, na guerra, Deus favorece de tal maneira os justos que eles vêm a colher o triunfo, sem necessidade de esforço,[6] argumento que bom para teólogos e devotos, era arriscadamente desmobilizador. A ajuda sobrenatural transparece igualmente em fatos aleatórios, como a descoberta da traição maquinada pelos mercenários estrangeiros incorporados ao exército restaurador à raiz da rendição do Cabo de Santo Agostinho.[7]

Calado também enumera as provas da origem sobrenatural da vitória das Tabocas: a desproporção das tropas, 2.300 holandeses contra 1.200 luso-brasileiros; de armamentos, ao menos 1.500 armas de fogo contra 200 espingardas (nenhuma das quais arrebentaria ou falharia, a despeito de dispararem cinco horas a fio), a grande maioria do exército restaurador dispondo somente de dardos, facões, espadas, rodelas e paus tostados; de munição, cuja partilha fora confiada a certo Jacinto de Teves, que andando no meio da batalha, sem nada sofrer, a distribuir a mera libra de pólvora que trazia num cabacinho, ainda encontrou ao fim da luta o recipiente a meio, malgrado todos os pedidos que atendera. Outros sinais do celestial favor foram à disparidade entre as perdas neerlandesas, 154 mortos, contra 11 da nossa parte; as balas heréticas que perdiam impulso, caindo aos pés dos soldados católicos sem magoá-los sequer; e a aparição da Virgem e de Santo Antão aos holandeses.[8] Malgrado sua crítica ao providencialismo tosco de Calado, Rafael de Jesus carregaria ainda mais nas tintas.

> Por espaço de cinco horas continuadas, atirou cada uma de nossas espingardas mais de cinqüenta cargas (tão esquentado o ferro que o não sofria a mão) e nenhuma se rompeu. Davam as balas inimigas (todas de mosquetes e clavinas reforçadas) nos nossos soldados e muitas fariam sinais nas roupas e nos corpos, sem chegarem a ferir; e as que feriam não puderam matar, sendo palanquetas e ervadas. Nos últimos combates, deram os nossos

---

[5] Calado, *O valeroso Lucideno*, II, p. 10.

[6] Ibid., pp. 261-2.

[7] Ibid., p. 218.

[8] Ibid., pp. 15-8.

espingardeiros mais de mil tiros, só com as balas que se fizeram de dois pratos de estanho, e a todos sobejaram balas. Com duas libras de pólvora, cevaram as espingardas as vezes referidas e ficaram com pólvora para mais cargas. [9]

A inofensividade dos projéteis batavos seria também alegada pelos cronistas. No ataque a Itamaracá (1645), Fernandes Vieira havia recebido "uma bala nos peitos, a qual sem fazer dano milagrosamente lhe caiu aos pés, e com outra lhe levaram uma madeixa dos cabelos da cabeça"; "ao mestre-de-campo André Vidal de Negreiros lhe deram com uma bala nos fechos da pistola que tinha nas mãos e lhe quebraram a caixa".[10] Na primeira batalha dos Guararapes, "a muitos [soldados luso-brasileiros] deram balas nos peitos e outras partes sem fazerem dano", outros, "com muitas grandes feridas escaparam com vida", sofrendo um destes "dezesseis feridas de chuços e alfanjes". Na segunda Guararapes, "topou uma bala ao mestre-de-campo João Fernandes Vieira que, suposto o não passou, feriu-o", o que identicamente ocorreu a Vidal de Negreiros, coincidência donde se concluiu que "como eram camaradas e deles dependia o bem da guerra, por serem as duas colunas dela, as balas lhes faziam salvas e tinham em certo modo respeito, pois tocavam e não passavam". Diogo Lopes de Santiago iria buscar à Antigüidade clássica e à história portuguesa os precedentes de pequenos exércitos aguerridos desbaratando legiões numerosas. [11]

O sobrenatural da restauração foi, sobretudo, elaboração ou registro de Calado, que viveu próximo à religião popular que cultivou por cálculo, piedade sincera ou mais provavelmente por ambos motivos. Confrontados a seu providencialismo ingênuo, Diogo Lopes de Santiago e Rafael de Jesus, situados nas vertentes laica e eclesiástica da cultura elitista, assumiram atitude defensiva. O *Castrioto* procurou mesmo justificar a religiosidade lusitana, queixando-se de os estrangeiros a taxarem de "nimiamente crédula", atribuindo tudo a milagres, "como se não fora virtude e obrigação atribuir à mão de Deus os favores e bens que dela recebemos".

---

[9] Rafael de Jesus, *Castrioto lusitano*, pp. 310-1.

[10] Calado, *O valeroso Lucideno*, ii, p. 167.

[11] Diogo Lopes de Santiago, *História da guerra de Pernambuco*, pp. 21, 512, 550.

Os acontecimentos tidos por prodigiosos, ele os reporta, e, por vezes, os dramatiza. Mas, no final das contas, o sobrenatural é banalizado mediante a depuração dos resíduos ou conotações maravilhosas e prosaicamente assimilado a tudo o que acontece de bom. Pelo pecado, o homem está condenado a colher apenas o castigo; por eliminação, os prêmios que recebe são imerecidos e decorrem da bondade divina, pois se trata de "preceito da nossa fé que nos ensina [que] o que somos e o que a Deus devemos é que todos os bens da vida lhe atribuamos, e a nós mesmos, os males que padecemos".[12]

Ao contrário do abade de São Bento de Lisboa, Calado não se sentira obrigado a justificar o sobrenatural da restauração, que flui ao longo do *Lucideno* com uma espontaneidade pasmosa, sem reservas críticas nem inibições teológicas. Na batalha das Tabocas, apenas os soldados começam a rezar a Salve Rainha, o inimigo, até então na ofensiva, começa a bater em retirada. A intervenção divina ocorre mesmo em ocasiões secundárias na hierarquia dos sucessos bélicos que decidiram a sorte da insurreição. Uma hoste sitia os holandeses do São Francisco (Penedo), mas como estes demorem em capitular, eis que "se ouviu o som de uma campainha" e "uma música em tom de ladainha", além de enxergar-se "uma clara luz", segundo o capitão "as almas dos fiéis defuntos que nos vêm socorrer" e a quem ele acabara de oferecer as preces quotidianas. Dito e feito: na manhã seguinte, após a missa, indo os soldados acionarem suas armas de fogo, "em sinal de alegria e festa", inesperadamente "disparou o inimigo da fortaleza uma peça de artilharia e toda a nossa infantaria lhe respondeu com uma carga cerrada de mosquetaria e tornou a secundar com outra ao levantar o cálice consagrado, e tão grande foi o estrondo que o inimigo ficou admirado". "Caso miraculoso", concluía Calado, pois terminada a celebração, eis que os holandeses anunciam sua disposição de renderem-se.[13]

A versão de Diogo Lopes de Santiago diverge da do *Lucideno*: a capitulação devera-se a um oficial holandês que, de passagem para a Bahia feito prisioneiro, aconselhara o comandante da fortaleza a que se entregasse, já não havendo auxílio

---

[12] Rafael de Jesus, *Castrioto lusitano*, p. 335.

[13] Calado, *O valeroso Lucideno*, II, pp. 14, 150-1.

a esperar do Recife. "Deste requisito [...], não tratou no seu livro o padre frei Manuel", talvez por não estar informado, preferindo relatar, critica Diogo Lopes, "outras coisas (...) que é necessário passar em silêncio, pois há muito que duvidar nelas".[14] Quanto a Rafael de Jesus, que adotou a explicação de Diogo Lopes, aproveita a ocasião para refletir sobre as modalidades da interferência extraterrena nos destinos humanos. Embora desculpando Calado, o cronista invoca o relato de testemunha presencial que não referiu fatos milagrosos, por ignorá-los ou por julgá-los falsos, alternativa pela qual se inclina, pois Deus não faz milagres sem quê nem para quê. Quando Ele quer conceder os fins, dá também os meios, cuja eficácia dispensa as explicações sobrenaturais. Ora, os milagres têm por objetivo, segundo a boa doutrina, ou persuadir os incréus ou ajudar os fiéis nas dificuldades que não podem superar por si mesmos. Nenhuma destas duas condições ocorrera naquele episódio: a alegada intervenção divina ficara ignorada dos holandeses; e a fortaleza fora ganha mediante recursos ordinários. [15]

Contudo, em se tratando de acontecimento desfavorável aos inimigos de Fernandes Vieira, Rafael de Jesus não hesitava em por de lado os escrúpulos teológicos para seguir nos passos de Calado. Assim no tocante ao misterioso incêndio que aniquilara a casa de Sebastião de Carvalho, a qual, segundo o *Lucideno*, apesar de sólida construção, ficara abrasada por fogo inexplicável, com "o madeiramento feito em pó e cinza, as paredes caídas e feitas em pedaços, as telhas em migalhas, a escada de pedra de cantaria feita em carvão". Estrago tão completo e em tão breve tempo não podia proceder de mão de homem, donde a suspeita de que "aquele fogo ou havia descido do céu ou saído do inferno", sendo punição ordenada por Deus em castigo da felonia do proprietário ao delatar às autoridades holandesas a conspiração restauradora; ou prova do seu envolvimento com o demônio.[16] Escrevendo no período *post bellum*, quando Carvalho e parentes ainda residiam na capitania, Diogo Lopes de Santiago nem endossou a acusação (Carvalho, "dizem", denunciara a conjura) nem derrapou em especulações ofensivas sobre a

---

[14] Diogo Lopes de Santiago, *História da guerra de Pernambuco*, p. 325.

[15] Rafael de Jesus, *Castrioto lusitano*, pp. 376-8.

[16] Calado, *O valeroso Lucideno*, II, pp. 212-3.

origem sobrenatural do incêndio, constatando apenas a extensão dos desgastes, a impossibilidade de origem natural e a "geral admiração" que causara.[17] Rafael de Jesus, porém, afirma enfaticamente a culpa de Carvalho (modernamente confirmada pelas fontes neerlandesas), mas cala a hipótese de interferência diabólica para imputar o castigo ao Céu.[18] Como no caso da destruição de Olinda, trata-se de punição divina pelo fogo que, num episódio, destrói implacavelmente a urbe corrompida, e, no outro, a morada do delator.

Exemplo do gosto de Calado pela religião popular é o episódio ocorrido na praia de Tamandaré, onde Fernandes Vieira se ocupava na construção de fortaleza:

> Um morador pobre e tido em conta de virtuoso sonhou em três noites continuadas que na praia do mar entre umas pedras achava uma imagem de São João Batista. Deu conta a um sacerdote da paróquia, com quem de ordinário se confessava, o qual suspeitando ser aquilo algum milagroso segredo de Deus, convocou algum povo e foram todos ao lugar que o homem tinha apontado, e entre umas pedras acharam uma imagem mui formosa do glorioso São João Batista e a trouxeram com grande devoção para a igreja.

Particularmente satisfeito teria ficado Vieira, por tratar-se do seu santo onomástico, de quem procurara fazer padroeiro da 'guerra da liberdade divina', razão pela qual haveria prometido construir-lhe uma igreja, caso tivesse êxito na empresa restauradora.[19] Mas Diogo Lopes de Santiago e Rafael de Jesus, hagiógrafos mais autorizados, não registraram o acontecimento. Não sendo crível que tivessem silenciado tão memorável exemplo da piedade de Vieira, caso a este interessasse a divulgação, é provável que ele tenha desautorizado a versão de Calado.

O espetáculo de um exército que, carente de tudo, imobilizava durante nove anos as forças de uma grande potência era de molde a alimentar as crenças providencialistas. Para o padre Antônio Vieira, a restauração pernambucana constituiu acontecimento rigorosamente milagroso, contrário a toda humana previsão e só

---

[17] Diogo Lopes de Santiago, *História da guerra de Pernambuco*, pp. 361-2.

[18] Rafael de Jesus, *Castrioto lusitano*, p. 442.

[19] Calado, *O valeroso Lucideno*, ii, p. 342.

condizente com a natureza especialíssima das relações entre o Todo Poderoso e Portugal, fundadas no pacto de Ourique que confiara ao pequeno reino peninsular a realização do Quinto Império, a despeito ou talvez até graças à modéstia dos seus recursos nacionais.[20] Opondo-se a todas as expectativas, a restauração desmentira a previsão do próprio jesuíta, que no 'Papel forte' aconselhara D. João IV a entregar o Nordeste, argumentando com a esmagadora superioridade batava. Rafael de Jesus comparou o malogro das armadas enviadas ao Brasil durante a resistência com o êxito da restauração alcançada quase sem apoio militar do Reino, concluindo que a Providência quisera reservar à gente da terra os trabalhos e a glória da liberdade.[21] Loreto Couto afirmará que o auxílio divino fora não só a causa da vitória mas também "nosso maior brasão", invocando os milagres legitimadores de Santo Antônio e de Santos Cosme e Damião, da aparição da Virgem em Tabocas e nos Guararapes e da imagem de Nossa Senhora na Casa Forte. O frade distinguiu também a parte de Deus e a dos soldados, reservando à Providência as empresas impossíveis e aos restauradores as ordinárias e as difíceis, de modo que a restauração constituíra um teatro em que "maravilhas do esforço humano" alternavam-se com "maravilhas da virtude divina".[22]

Se a resistência fora contrária ao propósito divino de punir os pernambucanos mas a restauração inspirada no objetivo de salvá-los, a Providência devia manifestar-se diferentemente em ambas ocasiões. Daí que a resistência não tenha contado com legitimação sobrenatural, apesar de se haver procurado improvisá-la; os signos de intervenção celeste em favor do exército de Matias de Albuquerque estão ausentes das fontes narrativas. Calado não refere um único exemplo de proteção sobrenatural a seus soldados, de quem, como no poema de Carlos Pena Filho, até Deus se afastara, deixando-os sozinhos na batalha. Durante estes anos, as coisas se passam como se a Divindade se tivesse limitado a castigar os sacrilégios cometidos pelos invasores, sem levantar um dedo contra o sucesso de suas armas. Estas ofensas haviam sido de três gêneros: contra a pessoa de religiosos, contra as igrejas e conventos e contra as imagens sagradas.

---

[20] *Obras de João Francisco Lisboa*, IV, p. 690.

[21] Rafael de Jesus, *Castrioto lusitano*, p. 197.

[22] Loreto Couto, *Desagravos do Brasil*, pp. 130-1, 133, 144.

Do amparo do Altíssimo aos seus representantes, há vários casos: a libertação pela Virgem de dois frades menores atados pelos neerlandeses a uma árvore, lenda fixada em tela da sacristia do Convento de Nossa Senhora das Neves (Olinda)[23]; a sorte que coubera à autoridade batava, trucidado por ladrões após haver torturado e extorquido dinheiro a um capelão de engenho, e ao índio que mirrara, ao executar a ordem de cortar a cabeça ao religioso;[24] e a impotência das balas inimigas contra frei Luís da Anunciação, que morreria em odor de santidade.[25] A fama de milagreiro também aureolaria a memória do jesuíta siciliano Antônio Bellavia, morto pelo invasor quando confessava um soldado moribundo e a quem o comando militar procurou promover a mártir da resistência. Vencida a escaramuça, "vinham todos do lugar onde ela se houve para este Arraial, bradando e dizendo que o santo padre Bellavia nos dera a vitória, alcançando-a de Deus no céu, e até o senhor Matias de Albuquerque o disse em vozes altas pelos lugares públicos deste Arraial. Todos os mais nos diziam o mesmo e pela maior parte desta capitania correu fama de que o santo padre Bellavia nos alcançara a vitória e disto fizeram algumas poesias e sonetos em português". [Na capelinha do Arraial do Bom Jesus, seus despojos ficaram expostos à visitação pública, "chorando[-se] muito e particularmente o senhor Matias de Albuquerque e aclamando-o todos por santo.][26]

Durante a ocupação neerlandesa, os sacerdotes católicos que haviam permanecido no Brasil holandês sentiram a necessidade de se resguardarem do pouco respeito que lhes tributavam os invasores calvinistas, demonstrando-lhes o favor sobrenatural de que gozariam. A esta necessidade, ligou-se o episódio narrado num manuscrito do convento de Santo Antônio de Ipojuca. Sendo levada ali uma mulher possessa para ser exorcizada, "estando na igreja,

---

[23] Fr. Bonifácio Mueller, *Convento de Santo Antônio do Recife*, p. 48.

[24] Diogo Lopes de Santiago, *História da guerra de Pernambuco*, p. 113.

[25] Jaboatão, *Novo orbe seráfico*, III, pp. 325, 328.

[26] Apud Serafim Leite, *História da Companhia de Jesus no Brasil*, v, pp. 352-3.

achando-se presentes alguns dos holandeses que estavam de guarda, começou o demônio a falar a língua holandesa pela boca da moça e a dizer aos holandeses os pecados que eles tinham cometido cá no Brasil e na sua terra, de que eles ficaram mui admirados e disseram que sem dúvida alguma aquele era o diabo". Purgada da presença diabólica, ela teria cuspido um anel de azeviche, colocado, como prova do milagre, sobre o altar de Nossa Senhora da Conceição. E concluía a narrativa: "O demônio saiu fora daquele corpo e nunca mais tornou a ele, e os holandeses dali por diante tiveram grande veneração e respeito aos nossos religiosos".[27]

A proteção celestial aos templos impunha-se em face dos excessos iconoclásticos da tropa batava, de que a pesquisa arqueológica detectou indícios na decapitação de imagens na igreja de Nossa Senhora da Graça em Olinda, prática que também ocorrera em Salvador.[28] Jaboatão registra que imagens de Santo Antônio da igreja da Casa Forte e da capela do engenho Velho no Cabo verteram sangue, sob as cutiladas de espadas heréticas.[29] Sacrilégios que serviriam para afiançar o apoio sobrenatural à restauração num dos discursos que Rafael de Jesus pôs na boca de Fernandes Vieira: não devia duvidar da vitória final "quem tem Deus em seu favor", tanto mais que "sabemos que pelejamos com gente que faz gala de ofender a Deus". No final das contas, "os pedaços das imagens sagradas, as pedras dos templos destruídos, os corpos dos católicos despedaçados, os agravos dos sacerdotes escarnecidos" seriam outras tantas "armas que o Céu nos dá para destruir estes hereges".[30]

O imaginário da resistência guardou a lenda dos neerlandeses subitamente mortos ao roubarem as telhas da matriz de Santos Cosme e Damião, de Igaraçu, representada em painel do século XVIII;[31] ou o castigo implacável inflingido a

---

[27] Jaboatão, *Novo orbe seráfico brasílico*, III, pp. 485-6.

[28] Marcos Albuquerque, 'Holandeses en Pernambuco. Rescate material de la história', José Manuel Santos Pérez y George F. Cabral de Souza [eds.], *El desafío holandés al dominio ibérico en Brasil en el siglo XVII*, Salamanca, 2006, pp. 114-5.

[29] Jaboatão, *Novo orbe seráfico*, III, p. 483.

[30] Rafael de Jesus, *Castrioto lusitano*, p. 295.

[31] Clarival Valladares, *Nordeste histórico e monumental*, I, nº 554.

Johan Blaer, assassinado em Sirinhaém, e a Ippo Eysens, morto numa escaramuça na Paraíba, notórios por saques de igrejas.[32] Refugiando-se nos templos nas ocasiões de peleja, a população luso-brasileira se teria beneficiado do amparo divino concedido às Casas de Deus, como no episódio da retirada das tropas batavas em Una, atribuída à intercessão de São Gonçalo, orago da igrejinha ali erigida e à qual se acolhera amedrontada a gente das redondezas.[33] Ao tempo do governo nassoviano, o Senhor continuou a velar sobre igrejas e conventos, uns abandonados e arruinados, outros convertidos ao uso degradante de quartéis e estábulos, como no caso do misterioso frade do convento de Ipojuca, de que os soldados holandeses haviam feito não só "a sua estalagem, mas também estrebaria dos seus cavalos, acomodando-os pelas quadras do claustro em suas manjedouras". Jaboatão recolheu a tradição de que eles teriam por vezes avistado um monge desconhecido, na realidade o próprio Santo Antônio, que enxotava os animais, sem que estranhamente procurassem impedi-lo.[34]

Somente no decurso da restauração, a Providência manifestou-se por meio de milagres legitimadores, isto é, de indícios sobrenaturais e inequívocos de apoio ao movimento que alegava realizar seus desígnios. Estes sinais disseram respeito à intervenção da Virgem e de Santo Antônio. A tradição relativa à aparição de Nossa Senhora sofreu, do século XVII ao XIX, uma mutação substancial no tocante ao local da visão, ao seu conteúdo e aos seus beneficiários. Os cronistas luso-brasileiros deram praticamente a mesma versão do ocorrido. No decurso da batalha das Tabocas, soldados holandeses teriam visto

andar entre os portugueses uma mulher muito formosa, vestida de azul e branco, com um menino nos braços, e junto a ela um velho venerando, em hábitos de ermitão, os quais davam armas, pólvora e bala aos nossos soldados [...] Era tanto o resplendor que a mulher e o menino tinham, que os olhos se lhes ofuscavam e não podiam olhar para

---

[32] Diogo Lopes de Santiago, *História da guerra de Pernambuco*, pp. 115, 225.

[33] Calado, *O valeroso Lucideno*, I, pp. 76-7. Sobre a devoção a São Gonçalo em Pernambuco, Rachel Caldas Lins e Gilberto Osório de Andrade, *São Gonçalo Garcia. Um culto frustrado*, Recife, 1986.

[34] Jaboatão, *Novo orbe seráfico*, II, p. 373.

eles de fito [...] Isto lhes meteu tanto temor e espanto que lhes fez logo virar as costas e retirarem-se descompostamente. [35]

Na 'mata do Brasil', ao longo da ribeira do Capibaribe e do seu afluente, o Tapacurá, ali onde Fernandes Vieira recrutara boa parte dos contingentes que haviam triunfado em Tabocas, implantara-se há tempo o culto a Nossa Senhora da Luz. Foi entre eles que surgiu a lenda da visão sobrenatural cuja luminosidade cegara os batavos. Mas outras devoções também entraram em jogo. Durante a batalha,[36] Vieira encomendara-se a Maria Santíssima, fazendo o voto de erguer igrejas a Nossa Senhora de Nazaré e a Nossa Senhora do Desterro. No mais aceso da contenda, rezara-se o Salve-Rainha, a que se seguira a debandada do inimigo. Para Calado e Diogo Lopes de Santiago, não havia dúvida de que se tratara de aparição da Virgem e do Menino Jesus, a quem acompanhava certo velhote, que não seria outro senão Santo Antão, orago de uma ermida das vizinhanças, a quem os moradores festejavam anualmente pela proteção dispensada a seus gados, embora Diogo Lopes emita a hipótese de que, em vez do anacoreta do Egito, fosse o mártir Santo Estevão, em cujo dia, 3 de agosto, ferira-se a batalha. Santo Antão estaria a ajustar contas com os hereges, que lhe haviam destruído a imagem existente na capelinha. Decorrido um século, Loreto Couto se inclinará por São José, cuja devoção recente fora promovida pelos jesuítas, fazendo da visão das Tabocas a da própria Sagrada Família.[37]

---

[35] Calado, *O valeroso Lucideno*, II, p. 16. A carta escrita por Fernandes Vieira a D. João IV pouco depois do acontecimento contém o primeiro registro do episódio: "Posso afirmar a Vossa Majestade pela informação que tirei dos [holandeses] rendidos, que a Virgem Nossa Senhora, a quem roubaram seus vestidos, foi o general deste exército, porque afirmam que uma pessoa de vestiduras brancas e resplandecentes os destruía. E assim se confirma porque entrando na pendência com um único cabaço de pólvora, provi meus soldados uma, duas e três vezes dela e no fim da peleja me achei com pouca menos, que tudo me deu grande ânimo para continuar minha facção": Gonsalves de Mello, *João Fernandes Vieira*, I, p. 184.

[36] Calado, *O valeroso Lucideno*, II, pp. 12, 14, 16-7; Diogo Lopes de Santiago, *História da guerra de Pernambuco*, p. 258.

[37] Loreto Couto, *Desagravos do Brasil*, p. 130; Jean Delumeau, *Rassurer et protéger. Le sentiment de securité dans l'Occident d'autrefois*, Paris, 1989, pp. 340-2. Para o culto de São José, vd. também João Francisco Marques, 'A tutela do sagrado: a proteção sobrenatural dos santos padroeiros no período da restauração', Francisco Béthencourt e Diogo Ramada Curto [eds.], *A memória da nação*, Lisboa, 1991, pp. 281-6.

Rafael de Jesus identificou a Virgem das Tabocas com Nossa Senhora do Desterro, provavelmente para agradar Fernandes Vieira, embora Calado lhe tivesse também atribuído, como vimos, a promessa de erguer outro templo a Nossa Senhora de Nazaré. Curiosamente, o que Calado e Diogo Lopes de Santiago haviam referido como ato pessoal de Vieira e que, portanto, só a ele obrigava, aparece no *Castriolo* como um engajamento coletivo a que o madeirense induzira os soldados. O detalhe pode ser útil para a decifração do pequeno enigma da inexistência de prova documental, inclusive no seu testamento, no sentido de que se deva a Vieira a edificação da igreja de Nossa Senhora do Desterro, que somente no século XVIII será associada ao voto feito nas Tabocas.[38] Na falta de apoio financeiro da parte dos veteranos da restauração, teria Vieira se esquivado a pagar a promessa que não fora só sua, donde o cuidado de Rafael de Jesus em frisar-lhe o caráter coletivo? Neste caso, quem teria levantado a igreja dos arrabaldes de Olinda? Sua viúva, D. Maria César, como sugeriu J. A. Gonsalves de Mello, a qual nela se enterrou?

A segunda intervenção da Senhora teria ocorrido na batalha da Casa Forte, decidindo, como em Tabocas, o resultado da refrega. Também aqui convergem a versão dos cronistas. Na descrição de Calado,

> entrou pelo meio do pasto do engenho um homem pobre do Arraial, chamado Frazão, com uma imagem em vulto da Virgem Nossa Senhora do Socorro, a quem os holandeses haviam despojado de seus vestidos e quebrado os braços, a qual imagem vinha suando muitas gotas de água e gritando o dito Frazão: "Milagre, milagre, que a imagem da Virgem Maria está suando". Acudiram logo muitos de nossos soldados e, vendo suar a sagrada imagem, lhe alimparam as gotas do suor com os lenços e os guardaram como santas relíquias, e em lhe acabando de alimpar umas, brotavam logo outras (caso milagroso); [e] tanto que a imagem da puríssima Virgem Maria entrou em nosso esquadrão, logo os inimigos enfraqueceram de tal sorte que começaram a deitar pelas janelas da casa panos brancos em sinal de paz e de que se queriam render.[39]

---

[38] Rafael de Jesus, *Castrioto lusitano*, pp. 301, 311; Diogo Lopes de Santiago, *História da guerra de Pernambuco*, p. 251; Calado, *O valeroso Lucideno*, II, p. 12; Gonsalves de Mello, *João Fernandes Vieira*, II, p. 267.

[39] Calado, *O valeroso Lucideno*, II, p. 58.

A imagem foi colocada no altar-mor da capela de São Sebastião, do engenho do Curado, o mesmo onde Vieira e suas tropas haviam pernoitado na véspera desta segunda vitória. Ainda em começos do século XVIII, festejava-se a santa a 8 de setembro, dia da Natividade de Nossa Senhora, mantendo-se vivo seu culto, de vez que ela continuava a conceder aos contemporâneos o auxílio que dera no passado aos avós restauradores. [40]

No tocante às batalhas dos Guararapes, desconhece-se menção coeva quer à aparição da Virgem, como em Tabocas, quer ao milagre realizado por imagem sua, como na Casa Forte. É certo que Diogo Lopes de Santiago e Rafael de Jesus atribuíram ambas as vitórias ao favor de Nossa Senhora dos Prazeres, em cuja véspera se obteve o primeiro triunfo (19.iv.1648), de acordo com a voz pública manifestada desde o dia seguinte à pugna e com a inscrição aposta por Francisco Barreto na capela que mandou erguer no oiteiro. Havendo vencido com a ajuda da santa, Barreto recorreu novamente a ela por ocasião do segundo combate em fevereiro de 1649.[41] Contudo,nem as crônicas de Diogo Lopes e de Rafael de Jesus, nem os relatos do comando restaurador referem qualquer promessa feita nos Guararapes e muito menos a ocorrência de fato sobrenatural. Barreto tampouco manifestou-se a respeito, seja na escritura de doação da ermida ao mosteiro de São Bento de Olinda, seja na parte militar que redigiu após a batalha.

A lenda da aparição da Virgem dos Prazeres pode ser datada de finais do século XVII, inserindo-se no culto que lhe promoveram os beneditinos em torno da festa anual, prevista pelo fundador, e das romarias em busca dos favores de uma imagem considerada milagrosa. Quando no segundo decênio de Setecentos, frei Agostinho de Santa Maria coligiu os materiais para o volume da sua obra referente ao Brasil, a lenda já estava formada: a Senhora dos Prazeres teria sido avistada pelos próprios holandeses, "no meio da batalha, animando aos portu-

---

[40] Agostinho de Santa Maria, *Santuário mariano*, IX, pp. 274-5.

[41] Diogo Lopes de Santiago, *História da guerra de Pernambuco*, pp. 509-10; Rafael de Jesus, *Castrioto lusitano*, p. 595. Assim tinham agido os maranhenses, seguindo o exemplo dos que haviam outrora expulsado os franceses, ao invocar Nossa Senhora da Vitória na batalha do oiteiro da Cruz (1642), que liquidara a efêmera presença holandesa naquela parte do Brasil: *Obras de João Francisco Lisboa*, II, p. 182.

gueses e intimidando aos hereges", asseveração que Loreto Couto repetiu. Após mencionar as intervenções da Virgem em Tabocas e Casa Forte, este último aludia à presença de Maria Santíssima nos Guararapes, "animando os pernambucanos por entre seus esquadrões, com pasmo, horror, assombro e confusão dos hereges, que contra esta belíssima Senhora disparava o seu ódio, balas, que a Mãe de Deus recebia em seu precioso manto para as repartir com os seus fiéis escravos".[42] O episódio das Tabocas emigrara para a primeira Guararapes. Como em Tabocas, a Virgem municiou os soldados, com a variante que se trata desta vez dos projéteis que os neerlandeses disparavam inutilmente contra ela; a intensidade da sua luz já não os impedia de alvejá-la.

Lendo o que o cronista da Ordem, Rafael de Jesus, escrevera sobre a aparição em Tabocas, os beneditinos de Olinda transportaram-na para os Guararapes, de modo a afervorar o florescente culto popular em torno da Senhora dos Prazeres. A lenda ficara subutilizada em Tabocas, sítio remoto e, portanto, desencorajador das devoções multitudinárias, como sugeria o fato de que a igreja de Nossa Senhora do Desterro acabara sendo construída nas vizinhanças de Olinda; e inaproveitada também na matriz de Nossa Senhora da Luz que, como veremos, se apropriara da lenda com melhores títulos que a ermida dos Guararapes. À celebração popular da restauração tampouco viera associar-se à igreja de Nossa Senhora do Desterro ou à capela que à mesma santa mandara edificar Vidal de Negreiros em Goiana e que em 1679 dera a invocação à freguesia de Nossa Senhora do Desterro de Itambé. A todas preteriu a capela dos Guararapes, melhor localizada para transformar-se em foco do culto patriótico e religioso. Aliás, até então, Nossa Senhora dos Prazeres nunca fora em Pernambuco objeto de particular veneração, tanto assim que, no período *ante bellum*, não havia um único engenho que a tivesse por orago.

Somente à raiz da expulsão dos holandeses, ela passará a ser cultuada, graças inclusive a Fernandes Vieira, que nos anos setenta obteve do Vaticano o breve declarando o 19 de abril dia de preceito, com jubileu de quarenta e oito horas.[43] Na sua propriedade de Maranguape, ele lhe levantara outro templo, o qual, após

---

[42] Agostinho de Santa Maria, *Santuário mariano*, IX, p. 280; Loreto Couto, *Desagravos do Brasil*, p. 131.

[43] Rafael de Jesus, *Castrioto lusitano*, p. 200.

seu falecimento, deu invocação e matriz à nova freguesia de Nossa Senhora dos Prazeres de Maranguape.[44] Encontram-se ademais outros vestígios do culto. Quando na primeira metade de Setecentos erigiu-se fortaleza na praia vizinha de Pau Amarelo, onde um século antes os holandeses haviam desembarcado, ela foi naturalmente chamada de Nossa Senhora dos Prazeres: tendo favorecido a derrota dos hereges, deveria empenhar-se doravante em lhes fechar, como a outros estrangeiros, a porta de entrada da capitania. Em Igaraçu, onde existira a igreja de Santa Cruz destruída pelos batavos, viria levantar-se ermida à Senhora dos Prazeres.[45] Desde 1725, o abade de São Bento mandara-lhe construir, na igreja do convento de Olinda, capela própria decorada com retábulo e imagem ricamente paramentada.[46] Tivesse a Ordem do Patriarca se disseminado em Pernambuco como a de São Francisco e não se houvesse segregado na solidão elitista do seu convento olindense, Nossa Senhora dos Prazeres teria seguramente conhecido uma fortuna histórica ainda mais brilhante.

Paralelamente à apropriação da lenda pelos beneditinos, verificou-se a tentativa de recuperá-la para Nossa Senhora da Luz, que contava com melhores títulos, a começar pela luminosidade da visão que cegara o inimigo, embora Rafael de Jesus tenha omitido o detalhe, no intuito talvez de atribuir a aparição a Nossa Senhora do Desterro, cujo auxílio, como vimos, fora invocado por iniciativa de Fernandes Vieira. A favor da Senhora da Luz, militava também a proximidade da sua igreja ao sítio da batalha, para não mencionar a antiguidade do culto naquelas paragens da Muribara, embora ele não retrocedesse a 1540, isto é, a poucos anos após a fundação de Olinda, como se pretendeu com base no livro do tombo da matriz, versão a que Gonsalves de Mello opôs sérias dúvidas.[47] Em 1691, existia em oiteiro homônimo das Tabocas (que não é o mesmo onde se travou a refrega, embora a coincidência dos nomes deva ter induzido ao equívoco) uma capela

---

[44] Sebastião Galvão, *Dicionário corográfico, histórico e estatístico de Pernambuco*, A-O, pp. 18, 378.

[45] 'Idéia da população da capitania de Pernambuco', p. 29.

[46] Fr. Rafael Arcanjo da Anunciação, *Crônica do mosteiro de São Bento de Olinda*, pp. 88, 90.

[47] Lino do Monte Carmelo Luna, 'Memória sobre o monte das Tabocas', p. 224; Pereira da Costa, *Anais pernambucanos*, I, p. 213, e IV, pp. 365 e DXLV.

Rubro Veio: o imaginário da restauração pernambucana   269

"antiga e arruinada" aonde viera orar Fernandes Vieira, quando refugiado com a tropa no sítio do Covas, dias antes da batalha. Sobre a ermida, ergueu-se nos primeiros anos do século XVIII uma igreja que a incorporou como capela-mor. Segundo a tradição recolhida no livro do tombo que remonta a meados de Setecentos, o templo primitivo fora levantado com vistas a abrigar uma imagem de Nossa Senhora da Luz no mesmo lugar onde fora misteriosamente descoberta, graças ao "admirável e repetido clarão de incêndio que parecia arder, sem abrasar, a mata virgem deste monte da Luz e novo Horeb do Brasil".[48]

Edificada a igreja, Nossa Senhora da Luz passou a ser objeto de romarias que, sem ter o vulto das que se dirigiam aos Guararapes, atraíam gente de Olinda e do Recife. Ainda se via então a imagem da "prodigiosa restauradora de Pernambuco", como a denominava o autor anônimo da citada descrição, "coroada de ouro e vestida de azul-celeste, em pé, com o Menino Jesus nos braços (...) sem decadência alguma, nem ainda causada pela sua imemorial antiguidade". Mercê da sua intercessão, obtivera Fernandes Vieira seu triunfo inicial contra as armas heréticas, donde reivindicar-se sua precedência sobre Nossa Senhora dos Prazeres, de vez que o monte das Tabocas, "primeiro que o dos Prazeres e dos Guararapes, foi o teatro dos nossos prazeres e o largo campo da memorável batalha [...] na qual, por milagre e visível socorro de Maria Santíssima Senhora da Luz, ela com sua luz cegou, confundiu e venceu a tão poderoso inimigo; e desta maneira, alcançamos a mais prodigiosa vitória e, por conseguinte, a nossa liberdade e restauração de Pernambuco."[49] Embora não datasse de meados do século XVI, o culto de Nossa Senhora da Luz naquelas bandas da ribeira do Capibaribe enraizara-se antes da ocupação holandesa, como indica o fato de que o dia de sua festividade, 2 de fevereiro, coincide com a da Candelária ou da purificação de Maria, e não com o 3 de agosto, que é o da batalha.

---

[48] 'Descrição da paroquial igreja de Nossa Senhora da Luz e da sua devotíssima imagem e nobre santuário', Lino do Monte Carmelo Luna, 'Memória sobre o monte das Tabocas', p. 227.

[49] Agostinho de Santa Maria, *Santuário mariano*, IX, p. 302; 'Descrição da paroquial igreja de Nossa Senhora da Luz', pp. 227, 228.

Ao longo de Setecentos, a devoção manteve-se viva. A mediação da Virgem nas Tabocas oferecia o tema dos sermões e poemas congratulatórios oferecidos na ocasião, como os versos que ficaram escritos no livro do tombo da matriz assegurando que "a sacra luz de Maria nas / Tabocas vencedora / foi nossa restauradora, / fez da noite claro dia".[50] As rimas cheiram a composição jesuítica, podendo-se conjecturar que ao colégio da Companhia de Jesus no Recife se deva a promoção do culto. Até sua expulsão (1759), a Companhia possuiu por ali o engenho de Nossa Senhora da Luz, fundado pelos inacianos em finais de Seiscentos e mais conhecido por engenho do Colégio.[51] Outras ordens possuíram bens na freguesia sem se associarem à devoção: os franciscanos de Olinda, que por ali tinham um hospício, o Mosteirinho, construído ao tempo da ocupação holandesa sob o patrocínio de São Francisco, de Nossa Senhora do Rosário e de São Miguel; e os beneditinos, senhores dos engenhos Mussurepe e São Bernardo e que administravam uma ermida de Nossa Senhora dos Remédios.[52] Quanto à festa anual de Nossa Senhora da Luz, só se dispõe de descrição tardia de Donato Barrucco, que a ela assistiu na segunda metade do século XIX, constando de *Te Deum* e procissão, de que participavam os alunos da escola pública, a confraria dos pretos, com suas opas brancas, e a do Santíssimo Sacramento, com suas opas vermelhas, além de cavalhada na praça da igreja matriz.[53]

O tríptico da Câmara de Olinda representou Nossa Senhora e o Menino Jesus presidindo no alto, à esquerda de cada painel, às batalhas de Tabocas e dos Guararapes; e o díptico da igreja de Nossa Senhora dos Prazeres os deslocaria para o centro superior das telas. Graças à ambigüidade da técnica, muito utilizada em ex-votos, contentavam-se ambas as vertentes da sensibilidade religiosa, a culta, segundo a qual as vitórias se haviam devido à Virgem Maria, e a popular, que dava crédito à lenda da aparição mariana. Neste sentido, é inegável que as representações plásticas contribuíram poderosamente para fixar a tradição oral na memória

---

[50] Pereira da Costa, *Folclore pernambucano*, pp. 94-5.

[51] Serafim Leite, *História da Companhia de Jesus no Brasil*, v, pp. 478-9.

[52] Jaboatão, *Novo orbe seráfico*, II, p. 401; 'Idéia da população da capitania de Pernambuco', p. 36.

[53] Donato Barrucco, *Dodici anni de residenze en el Brasile*, Bolonha, 1903, pp. 82-4.

coletiva, que foi quem a preservou até o século xix, e até a enriqueceu, de vez que, sob a forma recolhida em meados de Oitocentos, a intervenção de Nossa Senhora nos Guararapes passara por notável elaboração quando comparada ao registro de Agostinho de Santa Maria ou de Loreto Couto, já não consistindo apenas na deslocação do milagre ocorrido nos tabocais do Tapacurá.

O que se conhece desta versão revista e ampliada é o que recolheram, em meados do século xix, Abreu e Castro e Lino do Monte Carmelo Luna. Havia, em primeiro lugar, o núcleo usurpado a Tabocas e constituído pela visão luminosa que encandeara os soldados holandeses, que "ficavam tão aterrados que os nossos cortavam neles como eu corto talhadas de macaxeira", na descrição gráfica ouvida a uma mulata velha das cercanias dos Guararapes. Esta aparição da "mulher de cabelos grandes" a imobilizar hereges do alto da colina das Barreiras, ao norte do oiteiro onde se construiu a igreja, era obviamente a de Nossa Senhora dos Prazeres, cuja imagem mandada vir de Portugal era tida na conta de milagrosa. Uma variante, ouvira-a aos pais o monsenhor Muniz Tavares. Nela, a Virgem aparecera não aos inimigos, mas aos soldados luso-brasileiros, exatamente no local onde se erguera o templo votivo.[54] Já não se tratava assim da Senhora deambulando entre a tropa na companhia do ermitão, como nos cronistas, muito menos da Virgem distribuindo aos restauradores as balas inimigas que recolhia em seu manto, mas provavelmente da visão extática e beatífica do rosto de Maria Santíssima, "o Vosso Claro Rosto", como no soneto de Joaquim Cardozo.

À aparição radiosa somara-se a promessa de Francisco Barreto, a que se seguiram o estrondo inexplicável, a estrela luminosa e a voz anunciadora. Segundo escutara o padre Lino, iniciada a primeira batalha, Barreto fizera, no alto de um dos oiteiros, a promessa de erigir uma capela à Virgem em caso de vitória.

> Também é tradição oral que, na ocasião dessa fervorosa súplica, um estampido forte se ouvira no cimo da montanha, o qual surpreendera por demais a todos, e em seguida fora vista uma exalação que fazia seu curso na azulada esfera, fenômeno este que deixando a todos com os cabelos hirtos e tomados de susto, sugerira ao mesmo tempo a idéia feliz

---

[54] Abreu e Castro, *Nossa Senhora dos Guararapes*, i, p. 634, ii, p. 96; RIAP, 1 (1864), p. 74.

e despertava o belo presságio de um triunfo assinalado para os intrépidos beligerantes sobre a coorte batava.[55]

O relato de Abreu e Castro é quase o mesmo do padre Lino. Tão logo Barreto pronunciara seu voto, na presença de Fernandes Vieira e de Vidal de Negreiros,

um grande estrondo surpreende os três bravos guerreiros, que ao ouvi-lo se julgam atacados, e quando atentos aplicam seus ouvidos para descobrirem a causa deste fenômeno, observam que uma estrela mais brilhante do que o portador da luz corre velozmente e segue sobre suas cabeças e, um pouco antes de lhes ficar perpendicular, desce verticalmente, estacando na distância de uma milha. Com os cabelos hirtos e transidos de susto, fixam suas vistas no novo astro que lhes aparece e distintamente ouvem uma voz que diz: 'Dom Francisco, a proteção com que contas, te será outorgada. Combate e vencerás'. [56]

Santo Antônio de Lisboa foi o outro grande patrocínio sobrenatural da restauração. No Reino, sua popularidade datava de finais do século xv, sendo originalmente um fenômeno puramente lisboeta.[57] No Brasil, segundo Jaboatão, o culto ganhou intensidade, pois "além das muitas igrejas paroquiais de que é titular, são inumeráveis as capelas e ermidas consagradas ao seu nome". Ademais, "não há algumas das outras que, nos seus altares, não coloque uma e muitas imagens deste santo; não há casa que o não venere no seu oratório". Por fim, "não satisfeita ainda com isto a comum devoção dos fiéis, cada um quer ter só para si o seu Santo Antônio".[58] Em Pernambuco, ela chegara ao ponto de degenerar em fetichismo, consoante observador estrangeiro:

Não há muitos anos [escrevia Horace Say em 1839], via-se em todas as residências da província de Pernambuco uma pequena imagem de Santo Antônio, na qual se personi-

---

[55] Lino do Monte Carmelo Luna, 'Memória sobre os montes Guararapes e a igreja de Nossa Senhora dos Prazeres', pp. 266-7.

[56] Abreu e Castro, *Nossa Senhora dos Guararapes*, i, pp. 79-80.

[57] Joaquim Veríssimo Serrão, *História de Portugal*, iv, Lisboa, 1979, p. 398.

[58] Jaboatão, *Novo orbe seráfico*, ii, pp. 371-2.

ficava toda a idéia da Divindade; era o Deus doméstico, o bom e o mau gênio; a ele se atribuía o bem como o mal; quando as orações nada conseguiam, recorria-se às ameaças e às sevícias; o ídolo era pendurado de cabeça para baixo, até que, devido a uma mudança súbita, fosse recolocado com todas as honras sobre o altar e paramentado com novos ornamentos.[59]

A devoção pernambucana a Santo Antônio antecedeu a ocupação holandesa graças ao esforço concertado da Custódia franciscana do Brasil, colocada sob o padroado do taumaturgo lisboeta. Entre 1585 e 1650, dos quinze conventos fundados na América portuguesa pela Ordem dos Frades Menores, nada menos de oito lhe haviam sido consagrados, dos quais quatro no Nordeste, Santo Antônio de Igaraçu, Santo Antônio da Paraíba, Santo Antônio do Recife, que logo daria o nome à ilha em que se localizou, e Santo Antônio de Ipojuca. Jaboatão pretenderia que o culto começara quando da fundação de Olinda, ao se lhe edificar uma ermida no sítio onde em finais de Quinhentos viria a erguer-se o convento do Carmo, donde a obrigação contraída pelos carmelitas, que a receberam em doação, de colocarem sua imagem no altar-mor de sua igreja, de festejarem seu dia e de batizarem a casa conventual de Santo Antônio do Carmo.[60]

No período *ante bellum*, a devoção a Santo Antônio pode ser avaliada pela freqüência da sua escolha como orago das capelas de engenho, a vários dos quais transmitiu o nome, disputando a primazia com Nossa Senhora do Rosário, seguidos de perto por São João.[61] Antônio Vieira testemunhou o fato no sermão de 1638 em que concitou Santo Antônio a libertar Pernambuco do domínio holandês, lembrando-lhe "dos muitos templos e altares em que éreis venerado e servido naquelas cidades, naquelas vilas e em qualquer povoação, por pequena que fosse;" e dos "empenhos e grandiosas festas com que era celebrado o vosso dia e, sobretudo, da devoção e confiança com que a vós recorriam todos".[62] Uma destas capelas,

---

[59] Horace Say, *Histoire des rélations commerciales entre la France et le Brésil*, Paris, 1839, p. 232.

[60] Jaboatão, *Novo orbe seráfico*, II, p. 372.

[61] Adriaen van der Dussen, *Relatório sobre as capitanias conquistadas no Brasil pelos holandeses (1639)*, Rio de Janeiro, 1947.

[62] Antônio Vieira, *Sermões*, VII, p. 57.

a do engenho Velho, do Cabo, possuía uma imagem tida por milagrosa desde os primeiros tempos da freguesia, segundo tradição corrente na família dos proprietários. Ao levantar-se a fábrica, ela fora encontrada no mato, onde, especulava-se, algum devoto devia tê-la escondido a fim de poupá-la a algum desacato do gentio recém-expulso das paragens. Abrigada por três vezes numa ermida de São José, ela desaparecera outras tantas, como se estivesse exigindo casa própria, a qual finalmente lhe fora erguida.[63]

O patrocínio da insurreição pernambucana por Santo Antônio impôs-se naturalmente. Fernandes Vieira, que planejara deflagrar o levante a 24 de junho, dia de São João Batista, deste quisera fazer o padroeiro da 'Guerra da Liberdade Divina',[64] pela vaidade e cortesania de dar à sublevação o patronato do santo que era também o do seu nome e do nome d'El-Rei. Anos antes, ao adquirir o engenho Nossa Senhora do Rosário, o madeirense substituíra-a por São João como orago, com o que a propriedade em que residia viera a ser designada por engenho de São João. Santo Antônio não fora até então santo militar, pois nada na existência de Fernando de Bulhões predispusera-o para o papel, seu ministério havendo sido sempre o ensino e a predicação. Esta mudança imprevista, que se processava desde os últimos tempos do domínio espanhol, decorreu provavelmente da sua condição de santo nacional, 'o nosso português Santo Antônio', e também da sua função, no catolicismo popular, de 'achador das coisas perdidas' e de protetor delas, a quem se recorria nas dificuldades quotidianas, vezo que Antônio Vieira já criticava no Maranhão.[65] No século XIX, o padre Lopes Gama indignava-se que o santo estivesse transformado até mesmo em capitão do mato, a ele recorrendo-se também para agarrar "quanto escravo foge a seus senhores".[66] Ainda hoje, "de todos os taumaturgos da igreja latina, nenhum dispõe de clientela tão numerosa".[67]

---

[63] Jaboatão, *Novo orbe seráfico*, III, pp. 461-2.

[64] Calado, *O valeroso Lucideno*, II, p. 360.

[65] Antônio Vieira, *Sermões*, VII, p. 242.

[66] Lopes Gama, *O Carapuceiro*, I, p. 329.

[67] Omar Englebert, *La fleur des saints*, Paris, 1984, p. 196.

Além de "paráclito universal", Santo Antônio era, sobretudo, como assinalava Antônio Vieira, um santo 'deparador', ou, recuperador das coisas perdidas, embora essa função não fosse originalidade lusitana, tanto assim que servira de tema à sátira de Erasmo.[68] Sermão pregado na Sé de Lisboa quando Pernambuco já fora invadido pelos holandeses, apelava à sua especialidade sacra para que 'achasse' Portugal.[69] Há também o célebre 'Sermão de Santo Antônio', recitado na Bahia pelo padre Vieira, à raiz do fracasso do sítio a que Nassau submetera a cidade (13.vi.1638). É certo, segundo dizia, ter havido a intervenção providencial do santo, manifesta na resistência da 'trincheirinha de Santo Antônio', a qual, a despeito de "arruinada, aberta e quase rasa com a terra", não se rendera como os fortes do Rosário e Monserrate e o reduto de Água dos Meninos. Destarte não se creditava a intercessão a qualquer vocação mavórtica do santo, mas à sua condição de 'achador'. O mesmo Vieira recorria ao malabarismo teológico segundo o qual, sendo a Bahia cidade de Todos os Santos, a todos os santos cabia a defesa dela; ora, Santo Antônio, "sendo um só, é todos os santos", pois ocupara lugar principal em cada uma das hierarquias em que eles se classificavam, na sua condição simultânea de patriarca, profeta, apóstolo, mártir, confessor e virgem.[70] Santo 'achador', estava especialmente habilitado a ser o padroeiro do movimento pernambucano. Deus dera o Brasil a Portugal; o batavo herege usurpara-o; Santo Antônio o restituiria a seu dono.

Se um sermão pregado em 1628 na Sé de Lisboa já o proclamara defensor da monarquia,[71] o culto militar de Santo Antônio só pôde verdadeiramente surgir com a Restauração portuguesa. O milagre legitimador do movimento de 1640, o desprendimento do braço da imagem de Cristo na igreja lisboeta de Santo Antônio, já indicava quem seria o executor da vontade divina. Poucos dias decorridos do primeiro de dezembro, ele já fora consagrado "alferes mor do exército espiritual, formado pelos eclesiásticos para a defesa do Reino".[72] A partir de então,

---

[68] Antônio Vieira, *Sermões*, VII, pp. 147, 283; Marcel Bataillon, *Erasmo y España. Estudios sobre la historia espiritual del siglo XVI*, 2ª ed., México, 1982, p. 197.

[69] João Francisco Marques, *A parenética portuguesa e a dominação filipina*, p. 180.

[70] Antônio Vieira, *Sermões*, VII, pp. 32, 44.

[71] João Francisco Marques, *A parenética portuguesa e a dominação filipina*, p. 166.

[72] Idem, *A parenética portuguesa e a restauração*, I, p. 145.

começam as referências a milagres antonianos obrados em ocasiões bélicas, como em Olivença, onde fora avistado a fazer ofício de general e de artilheiro, e artilheiro exímio, haja vista a grande precisão dos seus tiros. Certo teólogo não hesitava em proclamá-lo protetor do Alentejo, em cuja fronteira se fazia sentir o poderio militar de Castela.[73] E ao longo da guerra contra a Espanha, continuou-se a recorrer à sua intervenção.

Cumpria assim alistá-lo em Pernambuco. Para um luso-brasileiro do século XVII, que se propunha a empresa tão arriscada como a expulsão dos batavos, não era de somenos importância a escolha do dia. Junho oferecia a opção entre Santo Antônio (13), São João (24) e São Pedro (29), dos quais os primeiros eram populares na terra. Tratava-se de algo tão óbvio para um católico que os delatores da insurreição previram-na para qualquer destas datas.[74] Como o governo neerlandês, à vista das informações que recebia, não desejasse correr o risco de esperar pelo acontecimento, buscou precaver-se, enviando, de 12 para 13 de junho de 1645 patrulhas destinadas a prender os cabeças, o que obrigou Fernandes Vieira a antecipar a rebelião. Destarte, mediante a colaboração involuntária de hereges, Santo Antônio preteriu São João, tornando-se padroeiro do movimento. Malgrado a preferência de Vieira, a dos conspiradores ia toda para Santo Antônio, tanto assim que a tentativa inicial de consagrá-lo antedatou de um mês o início da revolução. Além do São João, Vieira possuía os engenhos do Meio e o Santo Antônio; e na capela deste ocorreriam os 'avisos' por meio dos quais o santo patenteou sua proteção aos insurretos. São João saiu perdendo, mas Vieira receberá ao menos a satisfação de saber que os milagres haviam ocorrido em propriedade sua.

Diogo Lopes de Santiago e Rafael de Jesus narraram o primeiro desses anúncios, a que Calado fez referência de raspão. Em maio de 1645, o zelador observou haverem amanhecido abertas as portas da capela, que deixava sempre fechadas à chave. Como o fato insólito se repetisse nos dias seguintes, comunicou-o a outros, que puderam constatá-lo; e, convocando-se religiosos e pessoas idôneas, fez-se

---

[73] Gastão de Melo de Matos, 'Notas sobre Santo Antônio militar', Boletim do Arquivo Militar Português, 10 (1940), pp. 153-5.

[74] Calado, *O valeroso Lucideno*, I, p. 370.

a experiência de selar a fechadura, o que não impediu que, na manhã seguinte, elas estivessem novamente escancaradas mas com o selo intacto. O prodígio não comportou, aliás, interpretação unívoca. Para uns, Santo Antônio aconselhava os rebeldes a saírem campo afora, às claras, a enfrentar o inimigo, o que estrategicamente era um péssimo conselho, como sabia Fernandes Vieira, que procurava evitar a confrontação com as tropas holandesas antes de lhe chegarem reforços. Para outros, o santo prometia seu apoio, indicando que suas portas estariam sempre franqueadas, decifração que, conforme Rafael de Jesus, era a autêntica. Havia ainda quem opinasse que Santo Antônio os incitava a abandonar suas casas e a refugiarem-se em lugar seguro, com famílias e pertences.[75]

O segundo sinal ocorreu na própria manhã de 13 de junho de 1645, na mesma capela que tinha Santo Antônio por orago. Terminada a missa em celebração da sua data, despregou-se repentinamente o dossel ou sobrecéu que ornamentava o altar, dobrando-se diante da sua imagem para surpresa de todos. Não se atinando com o significado do sucesso ou concluindo-se que "queria dizer o santo que cada um se vigiasse e pusesse seu fato em cobro", transferiram-se os festejos para a matriz da Várzea, sem que pudessem comparecer os chefes da insurreição por já haverem ganhado os matos à notícia da presença de patrulha holandesa nas vizinhanças. Ajuntou-se o povo para ouvir nova missa, que teve sermão de Calado consagrando o padroado antoniano do movimento e interpretando o significado dos milagres, "como se dissesse [o santo] aos moradores de Pernambuco que não temessem de acometer a empresa, pois ele lhes abria as portas de sua igreja para os amparar e ajudar, e que cada qual dobrasse o seu fato e o pusesse em salvo e tratasse de estar desembaraçado e preparado para a guerra". Naquele momento, Fernandes Vieira abandonava seu esconderijo para reunir-se no engenho de São Jerônimo aos demais conspiradores, cruzando seu Rubicão pessoal numa marcha que culminará na vitória das Tabocas.[76]

A ambas as ocorrências ele ficara aparentemente alheio. Nem Calado, nem Diogo Lopes de Santiago mencionam sua presença, em vista de que, para evitar a

---

[75] Diogo Lopes de Santiago, *História da guerra de Pernambuco*, p. 210; Rafael de Jesus, *Castrioto lusitano*, pp. 255-7.

[76] Calado, *O valeroso Lucideno*, I, pp. 375-7.

prisão, ele dormia há algum tempo em diferentes lugares, apenas aparecendo no São João para supervisionar os serviços,[77] os quais, naqueles meses de entressafra, não eram intensos. O *Castrioto*, porém, fez Fernandes Vieira intervir no milagre das portas. Preocupado em distinguir a intervenção sobrenatural e a mera superstição, Rafael de Jesus quis obter confirmação para as vagas referências de Diogo Lopes ao testemunho de "alguns homens fidedignos e sacerdotes".[78] Tendo-se provavelmente carteado com eles, o cronista aduzia que Vieira, "como senhor da capela", fora informado do que se passara e que o sinete aposto ao selo com que se vedara a fechadura fora o dele, estando guardado "aonde nenhuma pessoa o pudesse tirar".[79] Vieira posava assim de avalista do milagre, como depois procurará ser o único fiador dos méritos dos soldados no tocante à recompensa régia dos serviços prestados durante a guerra. Natural ou sobrenatural, a verdade da restauração tinha de ser a sua. Devido a uma leitura extrapolante deste passo do *Castrioto*, Jaboatão descreverá Vieira fechando pessoalmente as portas e selando a fechadura.[80]

Calado registrou terceira intervenção de Santo Antônio, ocorrida de 16 para 17 de agosto de 1645, vale dizer, na véspera da batalha da Casa Forte, episódio tanto mais intrigante quanto Diogo Lopes de Santiago e Rafael de Jesus silenciaram a respeito, malgrado conter-se nele o motivo provável da decisão que levaria Fernandes Vieira à segunda vitória restauradora. De regresso da junção das suas tropas com as de Vidal de Negreiros, Vieira deteve-se no engenho do Curado para repousar. Adormecendo de cansaço, Santo Antônio apareceu-lhe, repreendendo-o asperamente por haver interrompido a marcha para a várzea do Capibaribe, onde os holandeses praticavam tropelias contra as famílias dos proprietários luso-brasileiros. Tachando-o de "descuidado" e de "pouco zeloso do serviço de Deus e das necessidades e aflições de seus próximos", ordenou-lhe o santo que despertasse e partisse no encalço do inimigo, prometendo-lhe auxílio em recom-

---

[77] Ibid., p. 360.

[78] Diogo Lopes de Santiago, *História da guerra de Pernambuco*, p. 210.

[79] Rafael de Jesus, *Castrioto lusitano*, pp. 255-6.

[80] Jaboatão, *Novo orbe seráfico*, II, pp. 373-4.

pensa dos obséquios que Vieira lhe fizera, promovendo suas festas e dotando suas confrarias. Vieira acordou "aflito e perturbado com este sonho ou para melhor dizer inspiração divina; e depois de revolver várias imaginações e pensamentos, já parecendo-lhe que poderia isto ser ilusão do demônio, já que poderia ser obra do Céu, desceu pela escada abaixo dizendo 'Santo Antônio me manda, eu hei de lhe obedecer'".[81] Precipitação que lhe permitirá surpreender e derrotar a tropa neerlandesa acampada na Casa Forte.

Ao explicarem a pressa de Fernandes Vieira, Diogo Lopes de Santiago e Rafael de Jesus referiram apenas a notícia que ele recebera acerca da perseguição às famílias principais. A passagem por Curado verificou-se posteriormente.[82] Essa eliminação do sonho é curiosa, quando se sabe que, enquanto o *Lucideno*, redigido durante o primeiro ano de guerra, terá escapado à censura de Vieira, entregue às suas responsabilidades militares, os textos de Diogo Lopes e de Rafael de Jesus, escritos após a expulsão dos holandeses, terão merecido a atenção de quem dispunha do lazer indispensável à gestão da própria lenda. Teria Calado inventado o episódio? Ou incorporado confidência de Vieira, suscetível de comprometê-lo perante as autoridades eclesiásticas com prática reputada supersticiosa? A revelação pelo sonho foi sempre tida pelo catolicismo na melhor das hipóteses como inferior à revelação em estado de lucidez, e, na pior, como embuste, devido ao êxito da oniromancia como técnica pagã redescoberta pelos círculos cultos do Renascimento.[83] Já vimos que ambos os autores também descartaram a narrativa de Calado acerca da aparição da imagem de São João Batista em Tamandaré, outro episódio envolvendo Vieira com manifestação onírica. Quando Diogo Lopes escreveu sua história, o *Lucideno* já caíra sob a censura do Vaticano, da qual só saiu em 1667.

Segundo Diogo Lopes de Santiago, Santo Antônio manifestou-se mais uma vez durante a batalha da Casa Forte. A imagem existente na capela do engenho de Fer-

---

[81] Calado, *O valeroso Lucideno*, II, pp. 49-50.

[82] Diogo Lopes de Santiago, *História da guerra de Pernambuco*, pp. 269-72; Rafael de Jesus, *Castrioto lusitano*, pp. 322, 324-5.

[83] 'Songe', Paul Poupard [ed.], *Dictionnaire des réligions*, Paris, 1984, pp. 1607-8.

nandes Vieira, a mesma que dera os sinais para o levante, fora vista por "muitas pessoas dignas de fé (...) como que estava o santo cansado e suando infinito", devido à intercessão que fazia junto ao Altíssimo pela vitória dos restauradores. Nesta ocasião, contudo, Santo Antônio não agira sozinho, pois também constatara-se haver abundantemente transpirado a imagem de Nossa Senhora do Socorro, já referida, e a de São Sebastião, orago do engenho do Curado.[84] Já em setembro de 1645, documento holandês alude ao santo lisboeta como sendo o padroeiro dos rebeldes, a que se refere como "porcos de Santo Antônio", de vez que o exército luso-brasileiro incluíra nas bandeiras a efígie do santo, como no estandarte que Ramalho Ortigão veria em finais do século XIX no Palácio Real de Amsterdã.[85] Tradição do fim do século XVII assegurava que, de passagem pela fazenda de gado dos beneditinos em Jaguaribe (Ceará), frei Poeira, outrora capelão do exército restaurador, deixara ali uma imagem de Santo Antônio, a qual, após a evacuação da área pelos luso-brasileiros, ficara esquecida numas barracas, onde seria recuperada tempos depois.[86]

Já por motivo do primeiro aniversário do levante, Fernandes Vieira promovia a celebração do 13 de junho com festa solene, sermão, missa cantada a três coros pelos melhores músicos da terra, procissão e salva de mosquetes e da artilharia do Arraial Novo. Após a restauração, manteve-se a conotação político-militar do ato, que a Câmara de Olinda encarregou-se de promover anualmente na igreja da Sé, precedente seguido pela Câmara do Recife.[87] À proteção do santo foi confiada a fortaleza do Buraco, situada no istmo que liga Olinda ao Recife, proteção proclamada em lápide sobre o portão.[88] A 'Guerra da Liberdade Divina' consolidou a

---

[84] Diogo Lopes de Santiago, *História da guerra de Pernambuco*, pp. 278, 281-2.

[85] 'Diário ou breve discurso acerca da rebelião e dos pérfidos desígnios dos portugueses do Brasil', RIAP, 32 (1887), pp. 144-5; Ramalho Ortigão, *A Holanda*, 8ª ed., Lisboa, 1935, pp. 62-3. Pela altura da 'guerra de Pernambuco', os bandeirantes paulistas faziam o mesmo, seguindo a prática reinol das corporações de ofícios, que gravavam em seus pavilhões a imagem dos respectivos patronos: Jaime Cortesão, *Introdução à história das bandeiras*, 2 vols., Lisboa, 1964, pp. 318-9.

[86] 'Breve compêndio', p. 268.

[87] Calado, *O valeroso Lucideno*, II, pp. 345-6; Pereira da Costa, *Anais pernambucanos*, VI, p. 187.

[88] 'O Museu do Instituto Arqueológico', p. 257.

preeminência de Santo Antônio em Pernambuco, como assinalou Barbosa Lima Sobrinho. E quando o partido reinol, manipulando a vaidade do governador Sebastião de Castro e Caldas, tentar substituí-lo por São Sebastião como padroeiro do Recife recém-erigido em vila (1710), a Coroa desautorizará o gesto que julgou escandaloso.[89]

O culto militar de Santo Antônio traduziu-se no seu 'alistamento', em 'promoções' e no pagamento de soldo e fardamento à Ordem franciscana. Em meados do século XVIII, a praxe generalizara-se nos domínios ultramarinos.[90] O primeiro recrutamento em Portugal datou dos últimos anos da guerra contra a Espanha, sendo feita no terço de Lisboa pouco antes de iniciar-se a campanha de 1665. Três anos depois, o Regente D. Pedro ordenou fosse o santo alistado como soldado do segundo regimento de infantaria de Lagos (Algarve), onde chegou a capitão.[91] A cronologia dos diplomas 'sentando praça' a Santo Antônio em várias guarnições da América portuguesa indica que o mais antigo (1685) correspondeu aos preparativos de expedição contra os Palmares organizada pelo governo de Pernambuco, embora desde 1668 pelo menos, ele vencesse soldo na capitania. Ignora-se quando se tornou soldado em Salvador, mas se conhecem as sucessivas 'promoções' que teve ali a partir de 1705. Se em Pernambuco e na Bahia, sua carreira militar começou por baixo, em outras partes do Brasil ele acedeu diretamente às patentes superiores, talvez devido a que Fernando de Bulhões fora de ascendência nobre.[92]

Em Igaraçu, em Itamaracá e na Paraíba, a devoção a Santo Antônio encontrou a resistência de outro culto, por ele preterido apesar de mais antigo em Pernambuco, o dos Santos Cosme e Damião, padroeiros da primeira vila fundada por Duarte Coelho e ali venerados pela vitória que haviam dado no conflito inicial com o gentio; em 1584, a igreja de ambos em Igaraçu já era centro de religiosidade popular.[93] Os moradores da Paraíba que aderiram à insurreição restauradora pro-

[89] Barbosa Lima Sobrinho, 'Santo Antônio, padroeiro de Pernambuco', RIAP, 38 (1943), pp. 285-7.

[90] Jaboatão, *Novo orbe seráfico*, III, p. 341.

[91] Ibid., I, p. 533; Gastão de Melo de Matos, 'Notas sobre Santo Antônio militar', pp. 156-8.

[92] J. C. de Macedo Soares, *Santo Antônio de Lisboa, militar no Brasil*, Rio de Janeiro, 1942; Pereira da Costa, *Anais pernambucanos*, IV, p. 26.

[93] Pereira da Costa, *Anais pernambucanos*, I, p. 533.

curaram afirmar a autonomia do seu movimento, colocando-o sob o patrocínio dos oragos da capela do engenho onde se verificara a batalha de Inhobim (1645). Calado não refere o milagre atribuído a Cosme e Damião, em tudo idêntico ao da capela do engenho de Fernandes Vieira. A Diogo Lopes de Santiago, que então residia na vizinha capitania, é que se deve o registro de que "no tempo em que se começou a pendência, se abriram por si as portas e janelas da igreja dos Santos Cosme e Damião, que ali perto estava em Inhobim". O triunfo só foi possível graças a providencial aguaceiro que molhou a pólvora dos holandeses.[94] É inegável a intenção de produzir um evento que pusesse a restauração paraibana em pé de igualdade com o movimento pernambucano, fazendo de Inhobim o equivalente de Tabocas, e o milagre de Santos Cosme e Damião, do de Santo Antônio.

No século XVIII, sobrevivia a lembrança do patrocínio dispensado em Inhobim pelos dois santos, cujas imagens quinhentistas eram reputadas milagrosas. Jaboatão reporta a versão de serem as mesmas que, havendo ornado o altar da igreja de Igaraçu, teriam sido transferidas para o Inhobim por iniciativa dos fundadores da capela,[95] o que a faz bem anterior à ocupação batava, pois o engenho Inhobim ou dos Santos Cosme e Damião levantara-o Ambrósio Fernandes Brandão, o autor dos *Diálogos das grandezas do Brasil*, antes de 1609.[96] Eles teriam sido também decisivos para a vitória de Tejucopapo (1646) na capitania de Itamaracá. No mais áspero da refrega, quando o holandês abrira uma brecha no reduto, "acudiram as mulheres e com dardos e lanças lhe impediram a entrada, e todas de mão comum clamaram pelos Santos Cosme e Damião". Novamente produziu-se o milagre pois "tanto que [elas] invocaram os Santos Mártires, deram os nossos trinta mancebos uma surriada ao inimigo por um lado, o qual, suspeitando que aos cercados lhe vinha chegando socorro, desistiu da empresa, e apesar da sua soberba se retirou infamemente, fugindo para o porto, ao qual em chegando se embarcou com

---

[94] Diogo Lopes de Santiago, *História da guerra de Pernambuco*, pp. 316-7.

[95] Jaboatão, *Novo orbe seráfico*, I, p. 409, III, p. 368.

[96] 'Relação das praças-fortes, povoações e coisas de importância', RIAP, 57 (1984), p. 194; J. Capistrano de Abreu, *Ensaios e estudos*, 4 vols., Rio de Janeiro, 1975-1976, I, p. 232; Calado, *O valeroso Lucideno*, II, p. 323.

muita pressa e se afastou para o mar, deitando em terra muitas armas e todos os petrechos que haviam trazido para arrancar e carregar mandioca".[97] Após o triunfo, seis romeiros foram enviados a Igaraçu pagar os votos em representação dos moradores de Teijucopapo, depondo na igreja de Santos Cosme e Damião as armas tomadas aos hereges. Nos decassílabos com que rematou sua narrativa da contenda, Calado aduz elementos que sugerem a irradiação do culto.[98]

O imaginário da restauração abrangeu por fim os massacres executados em Cunhaú e Uruaçu (1645) pelos índios aliados dos neerlandeses. O que se conhece do primeiro, deve-se a Diogo Lopes de Santiago; Calado relatou-o em forma sumária, sem nada mencionar de sobrenatural e enganando-se no tocante à data de 29 de junho que lhe atribuiu,[99] no propósito talvez de acomodar o sacrifício dos moradores ao martírio de São Pedro e São Paulo. Foi Diogo Lopes quem sublinhou os aspectos miraculosos do homicídio do padre André do Soveral, ancião que habitava o Rio Grande do Norte desde o primeiro decênio de Seiscentos. Quando por ele advertidos para não cometerem sacrilégios na igreja do povoado,

> ficaram os tapuias tão admirados e confusos que não quiseram dar morte ao padre, antes se apartaram dele; mas os potiguares, zombando dos tapuias, fizeram pedaços ao sacerdote e foi coisa admirável e estupendo caso que aos mesmos bárbaros causou espanto porque, secando em brevíssimo tempo os braços dos que ao padre mataram, acabaram as vidas raivando, e os que o ameaçaram ficaram com os braços tolhidos, conhecendo o erro que fizeram.

Outro fato notável foi gravar-se em sangue na porta da igreja a mão em que Soveral cambaleante apoiara-se. E quando meses depois uma tropa de restauradores chegou ao teatro da matança, ainda encontrou no interior e no adro do templo o sangue das vítimas, "tão vivo e fresco como se naquela hora fora derramado".[100]

---

[97] Calado, *O valeroso Lucideno*, II, p. 323.

[98] Ibid., pp. 335-7.

[99] Ibid., p. 41.

[100] Diogo Lopes de Santiago, *História da guerra de Pernambuco*, p. 237.

O morticínio de Uruaçu, também no Rio Grande do Norte, comportou signos ainda mais eloqüentes, colhidos ao vivo, à maneira de reportagem, na relação redigida por Lopo Curado Garro dias depois do acontecimento. Calado reproduziu-a na íntegra.[101] Segundo o autor, estes sinais (músicas e odores agradáveis) provavam o acesso dos mártires à bem-aventurança. Na mesma noite do sacrifício, a mulher portuguesa de Joris Garstman, o comandante holandês do forte Ceulen, e suas escravas, ouviram "uma música no Céu", indicação certeira de que os anjos acompanhavam as almas das vítimas. No local do martírio, "houve grande cheiro de incenso", o qual "durou muito tempo e foi patente a todos, sem se saber donde o dito cheiro procedia senão do Céu". Na sepultura do padre Ambrósio Ferro, imolado na ocasião, o sangue continuava fresco, quinze dias depois, como se acabasse de ser vertido. Os martirizados se haviam, aliás, preparado com numerosas penitências, jejuando, usando cilícios e fazendo procissões. Não faltou sequer a aparição da Virgem sob a forma de uma desconhecida que, com um azorrague na mão, prometeu o castigo dos culpados. [102]

Castigo que quando Lopo Curado Garro escreveu ainda estava por vir, produzindo no seu texto a lacuna que será preenchida na narrativa de Diogo Lopes de Santiago da morte violenta dos holandeses e índios pelos campanhistas luso-brasileiros e do assassinato de Jacob Rabe pelo comandante do forte Ceulen, cujo sogro tombara em Uruaçu. Diogo Lopes adicionou alguns detalhes: a música celestial teria sido ouvida também por Garstman, por alguns batavos que o acompanhavam e até pelas viúvas dos mártires que se haviam refugiado na sua casa, graças à proteção da consorte lusitana. Os cadáveres não só exalavam suave odor, mas se achavam, duas semanas depois do sacrifício, "intactos de bichos e aves [...] sendo que ali não faltavam".[103] Decorridos três séculos, a oralidade ainda identificava, pelo topônimo 'porto do flamengo' o local da tragédia, apontando mesmo a sepultura do padre Ferro.[104]

---

[101] Calado, *O valeroso Lucideno*, II, pp. 184-92.

[102] Ibid., II, pp. 190-1.

[103] Diogo Lopes de Santiago, *História da guerra de Pernambuco*, pp. 351-3.

[104] Luís da Câmara Cascudo, *História do Rio Grande do Norte*, Rio de Janeiro, 1955, p. 84.

Ao passo que secularizou a leitura da conquista de Pernambuco, o nativismo setecentista deixou intocada a noção da interferência providencial na restauração. A derrota ficava relegada ao profano; só o triunfo era merecedor do sagrado. Secularização de uma, sacralização da outra: a assimetria bem visível na obra de Loreto Couto era talvez ainda mais enaltecedora do Divino do que a concepção que o fizera responsável também da ocupação holandesa. Mas ao contrário dos outros *topoi* do imaginário local, elaborados e reelaborados até finais do século xix, o discurso escrito não enriqueceu a história sobrenatural da guerra holandesa, deixando que ela estancasse quase na fonte. Loreto Couto e Jaboatão foram os derradeiros a repetir os milagres referidos pelos cronistas de Seiscentos ou a acolher a tradição de fatos extraordinários ainda vivos na memória coletiva. Doravante, a história sobrenatural isolar-se-á na oralidade da religião popular, depuração elitista promovida pelas autoridades eclesiásticas, sob a pressão dos movimentos de reforma católica atuantes desde o fim do século xvii e, sobretudo, no decorrer do xviii, os quais aprofundaram o fosso entre as formas de devoção cultas, individualistas e ascéticas, e as práticas populares, coletivistas e indiferenciadas. [105]

No Brasil, à religião popular portuguesa, tão densa e rica e suspeita de infiltração judaica, somar-se-iam os aportes africanos e indígenas, o que complicava sobremaneira a tarefa depuradora. A tensão entre a religião popular e a culta é bem visível na diferença de atitude entre Calado e Rafael de Jesus, na descontração com que o *Lucideno* acolhe os prodígios e nos escrúpulos esmiuçadores com que o *Castrioto* os reporta; ou ainda no providencialismo tosco de um e sofisticado de outro. Mas foi no século xviii que o patrulhamento teológico cobrou todo seu vigor, mobilizando o ativismo outrora empregado no combate aos cristãos-novos. Episódio revelador ocorreu em Pernambuco ao tempo do bispo D. José Fialho, que restringiu a prática exorcista aos poucos prelados que julgava aptos para tão delicado mister.[106] Tratava-se da oração que Santo Antônio, de volta à terra em

---

[105] 'Réligion populaire', Poupard, *Dictionnaire des réligions*, p. 1429.

[106] Frei João da Apresentação Campely, 'Epítome da vida, ações e morte do Ilmo. e Revmo. Bispo de Pernambuco', Revista Eclesiástica Brasileira, 14, 1 (1954), p. 97.

seu hábito de frade menor, entregara a um soldado endemoninhado de Ipojuca, oração preservada no arquivo do convento e a que recorriam os franciscanos da capitania: "em 1726, sendo prelado maior desta província um padre escrupuloso em matéria de milagres e tendo cá por dentro dos nossos claustros religiosos doutos que lhe podiam tirar este escrúpulo, o foi consultar com o padre reitor do Colégio [jesuíta] do Recife [...] e por resolução e doutrina sua, arrancou do livro do cartório do convento as folhas em que estavam escritas as palavras, que os mais antepassados seus conservaram por tantos anos".[107]

No século XIX, o padre Lino do Monte Carmelo Luna encarregou-se de desmistificar a origem do fulgor que se divisava pairando sobre a famosa imagem de Nossa Senhora da Luz da sua igreja matriz, brilho que à gente das redondezas parecia sobrenatural. Como ele verificara pessoalmente, a luminosidade "não passa de ser a reverberação dos raios do sol ou claridade que dá no vidro do caixilho que fecha o nicho, aonde está colocada a mesma imagem, os quais produzem, à primeira vista, o brilho que se assemelha a uma estrela".[108] Por outro lado, se a lenda da aparição da Virgem pôde ser objeto de registro pela memória escrita, devemo-lo não aos escritores eclesiásticos, zelosos em defender o que julgavam ser a dignidade da fé católica contra a intrusão do que fosse crendice popular ou superstição boçal, mas a um exilado português, que miguelista de convicção, reagia contra os valores ideológicos do liberalismo triunfante em Portugal. Como o ermitão da sua novela, Abreu e Castro lamentava que seus contemporâneos só vissem na história o obscurantismo dos chamados "tempos góticos" e, nos homens do passado, uns "bárbaros" e "fanáticos", devotos de "santos e proteções sobrenaturais".[109]

Se a evacuação do sobrenatural na obra de Fernandes Gama parece menos radical do que se devia esperar de um historiador oitocentista, deve-se a que, expulso da narrativa pela janela da incredulidade, o maravilhoso retornava pela da imparcialidade historiográfica e da curiosidade etnográfica. Ao versar a batalha

---

[107] Jaboatão, *Novo orbe seráfico*, III, p. 485.

[108] Lino do Monte Carmelo Luna, 'Memória sobre o monte das Tabocas', p. 227.

[109] Abreu e Castro, *Nossa Senhora dos Guararapes*, I, p. 76.

das Tabocas, ele admite ter sido "patente" a proteção divina aos insurretos, que se batiam pela "única verdadeira religião", mas sua leitura dispensa por completo a intervenção do Além na economia dos acontecimentos. Do relato, não constam os signos registrados pelos cronistas, cujo gosto pelo prodigioso Fernandes Gama critica, e se não desdenha reproduzir algumas dessas manifestações, justifica-se com o argumento de que, em seu ofício, estava na obrigação de recolher com isenção todos relatos de um mesmo episódio, tanto mais que a crença nos milagres ilustrava a mentalidade dos restauradores.[110]

Semelhantes escrúpulos não afetavam, contudo, a convicção última acerca da possibilidade de separar o natural e o sobrenatural, a verdade objetiva e a ganga do extraterreno, deixando a cada leitor exercer sua preferência. Ao repetir a versão do *Castrioto* sobre o massacre de Uruaçu, Fernandes Gama acentua que, de acordo com a sensibilidade do seu tempo, Rafael de Jesus recheara a narrativa com milagres, o que, a seu ver, não comprometia a realidade dos fatos naturais, pois àqueles se podia prestar o crédito que as convicções pessoais sugerissem. O historiador propunha-se assim escrever para todos, para quem acreditava no Céu e para quem não acreditava, como no verso de Aragon. A respeito do episódio da Casa Forte, ele observa que "o *Castrioto lusitano* assim como o *Lucideno* acharam milagres nesta batalha, e eu, fiel ao gênero da obra que me propus publicar, não me furto a transcrever essas narrações, cujo crédito depende de uma fé tão robusta como a daqueles autores".[111] Suas reservas sobre a veracidade deste e de outros episódios, ele as exprime expungindo-os da trama narrativa para segregá-los em notas infrapaginais ou reproduzindo textualmente a versão dos cronistas.

Os signos prosaicos da intervenção divina podiam, aliás, ser excluídos sem comprometer o que era essencial para a sensibilidade católica, a idéia de que "a mão oculta que regula e dirige os destinos dos povos" (Salvador Henrique de Albuquerque) dera a vitória sobre os holandeses. Sem esta ajuda, o triunfo tornava-se ininteligível ante a disparidade das forças em presença.[112] A contro-

---

[110] Fernandes Gama, *Memórias históricas*, ii, p. 164, iii, p. 36.

[111] Ibid., ii, p. 228, iii, pp. 17 e 69.

[112] RIAP, 23 (1870), p. 137.

vérsia apaixonada que provocara em Portugal o tratamento crítico dispensado por Alexandre Herculano ao milagre de Ourique indicava os limites que a historiografia não devia ultrapassar. Em 1866, Raposo de Almeida dava uma nota de alarme. Tratava-se, é certo, de um historiador eclesiástico mas que conhecia a cozinha eminentemente positiva do ofício. Em memória escrita por solicitação do Instituto Arqueológico sobre "o processo mais fácil de investigar, colecionar e organizar os materiais da história", ele advertia contra o naturalismo, que embora indispensável à verificação da verdade histórica, era passível, quando empregado de maneira sistemática, de "matar uma crença religiosa, que é ao mesmo tempo uma glória nacional". O argumento cívico vinha em socorro do sobrenatural: na guerra holandesa, fora tal a solidariedade da religião católica e do espírito nacional que era impossível separá-los. E Raposo de Almeida concluía desejando que "Deus nos livre [de] que, quando na história brasileira, se tratar da crença popular da intervenção divina nas vitórias alcançadas pelos católicos contra os heréticos holandeses, venha uma crítica rude e severa pretender banir essa miraculosa convicção, como fez o Sr. Alexandre Herculano com a aparição da Cruz a Afonso Henriques antes da batalha de Ourique."[113]

[113] F. M. Raposo de Almeida, 'Breve memória sobre o processo mais fácil de investigar, colecionar e organizar os materiais da história', RIAP, 11 (1866), p. 453.

Capítulo IX

Nostalgia nassoviana

Ao assumir em 1902 a secretaria do Instituto Arqueológico e Geográfico Pernambucano, o historiador Alfredo de Carvalho deu um balanço nos quarenta anos de atividade da instituição. A fase inicial, em que "zelou-se exclusivamente de glorificar os heróis da guerra da restauração e em deprimir os invasores batavos, empenho em que um falso patriotismo desprezou a verecúndia dos fatos", substituíra-se um período de signo oposto, durante o qual, graças à influência das pesquisas de José Higino Duarte Pereira nos Países Baixos, "o Instituto fez-se holandês e dele emanou uma corrente de opinião, tão espúria quanto a primeira, expressa por uma vaga e mal definida nostalgia do domínio neerlandês, cuja ruína era de bom tom carpir-se". Chegara o tempo em que a entidade, desvencilhando-se de "preferências ou idolatrias", compreendera que "sua missão não consistia somente na apoteose de guerreiros ilustres ou na discussão estéril das vantagens do triunfo de colonizadores tardios, cuja incompetência para empreendimentos coloniais na zona tórrida a experiência de três séculos tem de sobejo demonstrado". Superado o falso dilema, a faina do Instituto devia estender-se a outras etapas mediante "a investigação sistemática do passado pernambucano, esmerilhando com interesse igual os períodos iluminados por fulgurantes feitos d'armas e as quadras calmas em que obscuros obreiros laboraram inconscientes para a nossa sociogenia".[1] Só então se inauguraria a verdadeira história, a história científica que Alfredo de Car-

---

[1] Alfredo de Carvalho, 'Relatório apresentado pelo Primeiro Secretário do Instituto Arqueológico', RIAP, 57 (1903), p. 304.

valho aprendera dos alemães e que viria sepultar a velha historiografia nativista, esgotada pela pobreza dos seus métodos e pela trajetória ideológica que a levara da apoteose da restauração à nostalgia nassoviana.

Na realidade, a reabilitação do Brasil holandês não começara com a missão de José Higino Duarte Pereira aos Países Baixos (1885-1886). Na esteira do imaginário nativista, encetara-a a historiografia local de Oitocentos dentro de suas limitações, a primeira, o desconhecimento das fontes batavas, com uma ou outra exceção como Barleus, Piso e Markgraf; a segunda, a ideologia do Estado imperial, herdeiro do Estado português. A Independência aceitara várias das hipotecas ideológicas do passado colonial, como o cerceamento da reflexão crítica pela metrópole e pela ortodoxia católica, ambas infensas ao exame objetivo do domínio de uma nação republicana e calvinista. A geração de 1817-1824 absteve-se de invocar o republicanismo dos Países Baixos no século XVII, sua prática do regime representativo e seu gosto pelo livre exame e pela liberdade de consciência, preferindo recorrer à idéia de uma segunda restauração de Pernambuco, cara ao patriotismo local. Para o pernambucano da primeira metade de Oitocentos como para seus pais e avós setecentistas, só o governo nassoviano escapava à condenação geral da experiência neerlandesa.

Não tinha razão Pereira da Costa quando acusou o *Lucideno* de haver pintado um retrato negativo de Nassau, pois ele sai engrandecido e humanizado da crônica de Calado, como perceberam Barbosa Lima Sobrinho e Mário Neme.[2] Ao *Lucideno* deve-se a dicotomia entre sua ação clarividente e o comportamento rasteiro da administração batava,[3] oposição predominante na historiografia nativista até Fernandes Gama. Com efeito, seu João Maurício corresponde à noção convencional do 'bom príncipe', justiceiro e bondoso, embora mal servido pelos conselheiros, noção pela qual o sentimento monárquico do Antigo Regime buscara imunizar a realeza, canalizando a impopularidade contra os ministros do

---

[2] Pereira da Costa, 'Reabilitação histórica do conde de Nassau', p. 3; Barbosa Lima Sobrinho, *O centenário da chegada de Nassau e o sentido das comemorações pernambucanas*, Recife, 1936, p. 6; Mário Neme, *Fórmulas políticas no Brasil holandês*, São Paulo, 1971, p. 16.

[3] Barbosa Lima Sobrinho, *O centenário da chegada de Nassau*, p. 5. Também na comunidade neerlandesa, costumava-se contrastar a atitude conciliatória de João Maurício e o comportamento arbitrário dos administradores do Brasil holandês: J. A. Gonsalves de Mello, 'Vincent Joachim Soler in Dutch Brazil', E. van den Boogaart, *A humanist prince in Europe and Brazil*, pp. 251-2.

momento. Segundo esta ficção, os abusos praticados pelo poder não decorreriam do ocupante do trono mas da ignorância ou do engano em que o mantinham dolosamente os seus privados. A noção sobreviveu residualmente na própria monarquia constitucional do século XIX, ao consagrar o princípio da irresponsabilidade jurídica do monarca pelos atos praticados pelo governo, mesmo quando, como nas monarquias constitucionais de fachada, a exemplo da brasileira, as decisões houvessem sido realmente tomadas ou inspiradas pelo soberano.

O *Lucideno* descreve Nassau como "bem inclinado" e "benigno de natureza", pois "o sangue real donde procedia o inclinava ao bem". Aos luso-brasileiros, lhes "parecia que tinham nele pai", o que lhes "aliviava muito a tristeza e dor de se verem cativos". Noutro trecho, Calado chama-o de o Santo Antônio da gente da terra, o que não era pequeno elogio de um calvinista alemão na pena de um católico português. Reflexo da sua bondade, Nassau exibia sempre "alegre semblante [...] para todos". Em vários passos, a crônica apresenta João Maurício no exercício da função que, no imaginário da realeza, constituía por excelência a tarefa do príncipe, a de corrigir as injustiças e remediar os males. Naturalmente para Calado, o ponto forte do governo nassoviano haviam sido os esforços para assegurar à população local a prática da religião católica, esforços nem sempre bem sucedidos.

Nem podia ser negativo o retrato de um homem de quem Calado mesmo era devedor. "Mui afeiçoado" a ele, Nassau fizera-o vir de Porto Calvo, dando-lhe entrada franca nos seus paços, protegendo-o da expulsão e o ouvindo na intimidade sobre assuntos da comunidade luso-brasileira. A única mancha lançada na imagem nassoviana pelo *Lucideno* são as acusações relativas à certa operação de contrabando de escravos, à aceitação de presentes, sobretudo cavalos de qualidade e caixas de açúcar, à construção da ponte do Recife, acusações coroadas pela afirmação de que o conde adquirira "a mãos lavadas" grande "cópia de ouro", sem se deixar implicar, pois a execução das tramóias estivera a cargo de Gaspar Dias Ferreira, seu testa-de-ferro, ou fora compartilhada com o Supremo Conselho. Por fim, há a imputação de "aleivosia" no tocante à ordem dada por Nassau para a conquista do Maranhão, de Sergipe e de Angola, tão logo inteirara-se das negociações de trégua entre Portugal e os Países Baixos.[4]

---

[4] Calado, *O valeroso Lucideno*, I, pp. 92, 100-4, 111, 114, 133-5, 137, 248, 266, 272, 276, 279, 366; II, p. 247.

Nem Diogo Lopes de Santiago nem Rafael de Jesus distinguiram entre Nassau e a administração holandesa. O que no primeiro é falta de entusiasmo, no outro é hostilidade. A *História da guerra de Pernambuco* é lacônica ao tratar da figura e das realizações do conde, que surge apenas no bojo dos sucessos bélicos: nenhuma referência à sua atuação em prol do comércio livre, à Assembléia de 1640, ao mecenato artístico e científico, às realizações arquitetônicas e urbanísticas, vale dizer, aos tópicos que se tornarão associados ao imaginário nassoviano. Narrando seu retorno à Europa, limita-se Diogo Lopes a reportar, à maneira de Calado, que Nassau demonstrara "sentimento de se apartar e ir de Pernambuco", o que a gente da terra também lastimara, "porque sempre os favorecia por ser bem inclinado, e assim era benquisto de todos". Trata-se de eco do *Lucideno* mais que a expressão do pensamento do autor, que, em outro trecho, reduz o alcance da intervenção nassoviana em favor da população luso-brasileira: é certo que, graças à sua amizade interesseira, as violências haviam parcialmente cessado durante seu governo mas Nassau carecia de poderes suficientes para impedir as autoridades holandesas de praticarem muitos abusos.[5]

Rafael de Jesus lhe é abertamente hostil, rejeitando a imagem nassoviana do *Lucideno* e repudiando a história de Barleus, que "escreveu e pintou e pintou em tudo o que escreveu", sendo, portanto, autor inidôneo que "em todas as ocasiões falta à verdade por não faltar à opinião dos seus". O *Castrioto* silencia as realizações de Nassau, exceto a ponte do Recife, que serviria para ilustrar sua ganância. O João Maurício, de Rafael de Jesus, não é nem o príncipe justiceiro, nem o príncipe renascentista, mas um indivíduo dominado pela paixão do ganho e pela vaidade imatura. Se, por exemplo, concedeu passaportes aos habitantes de Alagoas, não o fez por liberalidade mas por conveniência pessoal. A expedição contra a Bahia resultou de um erro de avaliação causado pela vanglória a que o induzira o êxito da campanha de Porto Calvo. A partida do conde deixou "a todos saudoso, não pelo que [lhe] deviam mas pelo que receavam [de seus sucessores]". Num julgamento categórico, o cronista abolia a comparação favorável, nivelando Nassau na mesma condenação das administrações colegiadas do Brasil holandês, de vez que "nele

---

[5] Diogo Lopes de Santiago, *História da guerra de Pernambuco*, pp. 146, 152.

achavam os moradores só a diferença que lhes representava a comparação de um para muitos tiranos".[6]

Ao distinguir entre Nassau e os demais governantes, entre sua tolerância e sabedoria política e a prepotência e o imediatismo das autoridades e da própria comunidade de origem neerlandesa, Calado não o isentara da cobiça, que não é, porém, o traço predominante do seu caráter, ao passo que constitui o único motor a atuar entre os invasores. Nada tinha de original a percepção do temperamento batavo veiculada pelos cronistas luso-brasileiros, pois era moeda corrente em escritos de autores europeus, bastando citar, no caso de Portugal, a correspondência de Antônio Vieira ou do embaixador Francisco de Sousa Coutinho. Dela partilhava, aliás, o próprio Nassau que nas recomendações aos sucessores, aconselhava não tocar nos bens dos súditos dos Países Baixos, "pois que eles sentem nisso maior dano do que o da própria vida e facilmente esquecem por isso o respeito para com todo o mundo", enquanto dos portugueses sabia "por experiência que se trata de um povo que faz mais caso de bom acolhimento e cortesia do que de bens".[7] Daí que propusesse aos Estados Gerais a concessão de títulos nobiliárquicos aos pró-homens luso-brasileiros, de modo a angariar "sua simpatias e devotamento de maneira mais segura do que com o ouro e a prata, com o que eles não têm o que fazer".[8]

Começando pelo que parece ter sido um sermão destinado a provar que "a pobreza e desapegamento dos bens transitórios" pode oferecer caminho mais seguro à salvação do que o próprio dom taumatúrgico, o capítulo I do livro III do *Lucideno* procura demonstrar que a *sacra auri fames* bastava para explicar a atuação holandesa no Brasil. Os neerlandeses "nunca trataram de outra coisa mais que adquirir para si, roubar e destruir toda a substância da terra; e quanto mais furtavam, muito mais desejavam de furtar, como faz o hidrópico doente, que com o beber lhe cresce maior secura". Calado reproduz o manifesto de justificação do levante de 1645, no qual se compilaram diversas violências e abusos inspirados pela ganância. A proclamação, que o *Lucideno* complementa com a narrativa de

---

[6] Rafael de Jesus, *Castrioto lusitano*, pp. 142, 148, 221-2.

[7] Gonsalves de Mello, *Fontes*, II, pp. 401, 403, Barleus, *História dos feitos*, pp. 313-4.

[8] Johan Carl Tolner aos Estados Gerais, 15.VII.1642, Documentos holandeses, 2, IHGB.

outros vexames, advertia a D. João IV que não devia confiar no seu novo aliado na guerra contra a Espanha, pois que "são inimigos mortais da Cristandade, endereçados todos a um negócio mercantil, em que só idolatram seu trato, sem respeito a Deus, à verdade nem à razão, porque como o fundamento se origina de uma companhia de mercadores, como há esta de fazer cabedal de vergonha para a satisfação?" A olhos lusitanos, um governo composto de negociantes era simplesmente escandaloso, pela mesma razão pela qual, meio século depois, será intolerável para a nobreza da terra a pretensão dos mascates de acederem aos cargos municipais. A junta que sucedeu a Nassau estava formada por "quatro mercadores cegos do interesse", que haviam intrigado contra o conde para ficar com os proventos que antes lhe iam parar ao bolso; este, aliás, os alertara de que, não procedendo "de troncos ilustres, a que são inerentes o respeito e a veneração, devem, pois, suprir esta falta por suas ações". Da cobiça nascia a corrupção administrativa, inclusive das autoridades judiciárias. Como Nassau, Calado compara os padrões de comportamento de ambas as nações, escrevendo dos portugueses que, aturando "todos os agravos e perdas de seus bens e ainda de suas vidas", não toleravam "desacatos feitos às suas mulheres e filhas", agravos que "por nenhum modo sabem sofrer, sem tomar vingança".[9]

Para Diogo Lopes de Santiago, o que caracterizava o caráter holandês era a "insaciável sede e cobiça do alheio, que lhe parece que o que os outros possuem é seu *de jure*". Como neles o sentimento do ganho substituíra o da honra, não cumpriam os pactos nem a palavra dada. A este furor, não escapavam sequer os indivíduos socialmente designados para encarnar os valores antitéticos do pundonor, os chefes militares. Certo senhor de engenho só conseguira do coronel Schkoppe a revogação das represálias contra a população do Cabo contra a promessa de que lhe administraria o engenho que o oficial acabava de comprar, e de que o poria moente e corrente.[10] Correlata era a noção segundo a qual a ânsia do lucro deformara o temperamento holandês no sentido de indispô-lo para o trabalho agrícola, donde não haverem "acertado o modo de lavrar os açúcares",

---

[9] Calado, *O valeroso Lucideno*, I, pp. 285-6, 289, 291-2, 327; *Fontes*, II, p. 396.

[10] Diogo Lopes de Santiago, *História da guerra de Pernambuco*, pp. 33, 36, 49,71, 110.

tese que Gaspar Dias Ferreira e o padre Vieira sustentaram quando da negociação do frustrado acordo de paz de 1648, e que foi reiterada por D. Francisco Manuel de Melo.[11] Asserções decorrentes também da idéia equivocada de que os Países Baixos constituíam nação exclusivamente comercial e financeira, que vivia de comprar e de revender as produções alheias, por ser destituída de riquezas próprias. Na realidade, a Holanda achava-se na vanguarda da revolução agrícola que criava uma economia de mercado integrando cidade e campo, substituindo a cultura extensiva, especialmente de grãos, que o país podia obter a preços mais baixos no Báltico, pela horticultura e pela pecuária intensiva destinada à fabricação de laticínios e de carne.[12] A rápida ascensão internacional dos Países Baixos, ratificada tardiamente pelo tratado de Munster, causara nos países da Contra-Reforma o mal-estar resultante de que, pela primeira vez, uma comunidade nacional propunha-se prioritariamente realizar não os objetivos tradicionais de defesa da fé, de expansão do poder do Estado ou de esplendor da dinastia mas o enriquecimento e a prosperidade material dos seus habitantes.

Na rejeição cultural do neerlandês pelo luso-brasileiro atuavam, além do preconceito religioso, o sentimento monárquico e o orgulho de classe. Uma coisa era ser súdito da realeza, outra bem diferente, de um governo de comerciantes. A Nassau, Calado justificou a assimetria do trato que lhe dispensara o governador-geral da Bahia na correspondência oficial: "Vossa Excelência representa aos Dezenove da Companhia das Índias Ocidentais, que são uns mercadores e alguns deles, judeus", ao passo que António Teles da Silva encarnava a autoridade

---

[11] Francisco Manuel de Melo, *Epanáforas de vária história portuguesa*, p. 390.

[12] Jan de Vries e Ad van der Woude, *The first modern economy. Sucess, failure and perseverance of the Dutch economy, 1500-1815*, Cambridge, 1997. A Europa católica atirara sobre outro povo, os judeus, conhecido pelo tino comercial, a mesma pecha de incapacidade para a lavoura, atividade enobrecedora, advinda de um alegado apego à mercancia, atividade envilecedora. Na Península ibérica, identificava-se o autêntico cristão-velho não com a nobreza, penetrada de sangue semita, mas com os lavradores, que no seu isolamento rural haviam permanecido incontaminados pelos contactos judaizantes. Era o fenômeno que Américo Castro designou por "rustificação", aquela "inversão violenta no sistema das valorações sociais", que explicaria, segundo ele, o vigor dos preconceitos anti-intelectuais na Espanha e em Portugal e da segregação em que viveram *vis-à-vis* da modernidade européia: Américo Castro, *De la edad conflictiva*, 3ª ed., Madri, 1972, pp. 185-6.

régia.[13] A aceitação de Nassau pelos pró-homens da terra derivou em boa parte da sua condição de aristocrata e do desvanecimento de se verem governados por um fidalgo da Casa de Orange, malgrado tratar-se de fato do representante de empresa comercial. João Maurício bem o percebeu, estimulando, por vaidade e por política, o tratamento de príncipe que lhe davam mas a que então ainda não tinha direito. Entre os motivos da insurreição de 1645, Diogo Lopes de Santiago mencionava obviamente a fidelidade luso-brasileira ao senhor natural, D. João IV, aduzindo, porém, que "os moradores de Pernambuco, que foram sempre homens de grande timbre e opinião", ressentiam-se de "verem-se sujeitos a quatro mercadores [referência à composição da junta que sucedera Nassau], que se fora a outro rei e príncipe não sentiriam tanto sua servidão". Ao aliciar os pró-homens, Fernandes Vieira batia na mesma tecla, comparando a situação passada destes indivíduos, outrora "muito ricos", mandando "com notável arrogância tudo [...] obedecidos e respeitados", mas reduzidos agora à pobreza e à sujeição "a quatro pícaros flamengos e a quatro judeus infames, que os tratam pior do que vossas mercês a seus escravos, e os fazem andar como mulheres, sem armas".[14]

O repúdio ao domínio holandês não excluiu nem o apreço por Nassau, como no *Lucideno*, nem pela engenharia militar dos batavos, como em Diogo Lopes de Santiago e D. Francisco Manuel de Melo. Caso à parte é o de Brito Freyre, pois não tendo ultrapassado na sua narrativa o início da administração nassoviana, limitou-se ao elogio do seu "benévolo proceder", à urbanidade do trato dispensado aos adversários, à nobreza do seu sangue e à fama militar do seu nome, embora o critique por haver permitido represálias contra a população do Recôncavo baiano quando do sítio de Salvador. Como governador de Pernambuco (1660-1664), o autor da *História da guerra brasílica* conhecera as realizações do governo nassoviano. Brito Freyre foi "talvez, o primeiro admirador da ação cultural e política do conde de Nassau", citando a este respeito seus esforços visando à preservação do palácio de Vrijburg e de outras obras neerlandesas; e sua decisão de readotar as medidas destinadas a garantir o aprovisionamento da farinha de mandioca me-

---

[13] Calado, *O valeroso Lucideno*, I, p. 260.

[14] Diogo Lopes de Santiago, *História da guerra de Pernambuco*, pp. 170, 190.

Rubro Veio: o imaginário da restauração pernambucana 299

diante o plantio obrigatório de número certo de covas pelos senhores de engenho e lavradores de cana.[15]

Na palavra escrita, a rejeição do período holandês continuou até meados do século XIX. Os autores eclesiásticos, como Loreto Couto ou Lino do Monte Carmelo Luna seguiram a linha intransigente do *Castrioto*, não a do *Lucideno*, abstendo-se de referências positivas a Nassau. Malgrado haver provavelmente conhecido a obra de Barleus, o autor dos *Desagravos* ignora o governo nassoviano, pulando da retirada do exército de resistência para a Bahia (1637) à insurreição restauradora (1645). Há raras alusões a João Maurício, em conexão com sua chegada ao Brasil, com o escudo de armas conferido a Pernambuco, com a designação de Cidade Maurícia dada à ilha de Antônio Vaz e com o ataque à Bahia. O frade refere-se mesmo a Vrijburg sem mencionar o conde, ao invés do que faziam os textos da era colonial. Não é só. Quando pinta a situação da capitania após a conquista batava, recorre aos tons mais carregados da sua prosa, remanescentes dos que utilizara a velha história eclesiástica para descrever a perseguição aos cristãos no Império Romano. O quadro fora, portanto, sombrio: "sujeitos a todo rigor das armas e da tirania herética", os pernambucanos sofreram a repressão implacável do culto católico, a corrupção da justiça e a imoralidade avassaladora dos hereges.[16]

No livro quarto, Loreto Couto volta com vagar ao assunto. Seu propósito é o de edificação, donde o elogio dos "muitos pernambucanos que padeceram ilustre martírio em ódio da religião católica e defesa da fé". Do mesmo modo pelo qual não houvera pernambucano inconfidente a El-Rei, desconhecia-se também quem houvesse prevaricado na religião. O autor reconta episódios do *Lucideno* e do *Castrioto* como o massacre de Cunhaú e traça o inventário das medidas repressivas contra o catolicismo: destruição e profanação de templos, iconoclastia, expulsão de religiosos, propaganda herética etc. Delineia também a tipologia das torturas a que teriam sido submetidos os luso-brasileiros, consoante a retórica da propaganda da Contra-Reforma, na sua concreção descritiva, destinada a atuar, intimidante e eficazmente, sobre o leitor da obra ou o ouvinte da prédica. "Es-

---

[15] Gonsalves de Mello, posfácio a Brito Freyre, *Nova Lusitânia*.

[16] Loreto Couto, *Desagravos do Brasil*, pp. 92, 132, 147, 156, 415-6.

tranhos modos de matar" que o autor não encontrou nas crônicas do período, importando-os do abundante martirológio barroco que ainda no século XVIII alimentava a cultura religiosa portuguesa das próprias elites: rodas que moíam os ossos das vítimas, tábuas de pregos que as traspassavam, trichetes que as desmembravam. Dos *Desagravos*, o domínio holandês saía irrevogavelmente condenado, não se lhe reconhecendo o módico de humanidade que seria de esperar de uma nação que, apesar de haver abandonado o grêmio do catolicismo, continuara a ser um povo cristão. Não se lhe fazia sequer a concessão de equipará-la aos turcos, como previsível em se tratando de perseguição aos filhos da Igreja. A comparação é feita com os índios, cuja crueldade, "comparada com as tiranias dos holandeses, ficaria a perder de vista".[17]

Nem todos os contemporâneos de Loreto Couto endossavam esta 'leyenda negra', inspirada no proselitismo católico. Para muitos, como para os pais e avós, o Brasil holandês serviu freqüentemente de referência crítica ao domínio português, malgrado o desconhecimento da obra de Barleus e o silêncio imposto na palavra escrita às realizações nassovianas. Pereira da Costa acusará os funcionários da Coroa de haverem promovido a demolição sistemática dos monumentos batavos que testemunhavam a mediocridade e o atraso da administração lusitana.[18] A acusação, exagerada, contém seu grão de verdade. Na realidade, eles agiram de maneira astuta, tratando, por um lado, de preservar o que convinha ao domínio português, como o sistema de fortificações que os neerlandeses haviam deixado no Recife, mas destruindo, por outro, a epigrafia holandesa, vale dizer, a palavra escrita em sua forma eminentemente pública. Que ficassem os monumentos, porém em nenhum caso as legendas que proclamavam sua origem. J. A. Gonsalves de Mello verificou que, nos primeiros anos sessenta do século XVII, tais inscrições ainda existiam mas delas, só se conhecem hoje os dizeres recolhidos por Calado, da que fora colocada na ponte do Recife.[19]

---

[17] Ibid., pp. 233-45.

[18] "Instituto Arqueológico e Geográfico Pernambucano. Discurso lido pelo Sr. Francisco Augusto Pereira da Costa na ocasião de tomar posse como sócio correspondente", Jornal do Recife, 17.VI.1876.

[19] Gonsalves de Mello, posfácio a Brito Freyre, *Nova Lusitânia*.

As crises políticas incentivaram esporadicamente paralelos contestatários. Quando das alterações de Goiana de finais do século XVII, certo pró-homem local declarara que El-Rei "era tirano", lembrando que "ainda eram vivos os holandeses". Por ocasião da guerra dos mascates, constatava-se que, derrotados pelos pernambucanos, os neerlandeses lhes haviam dado reputação imperecível, embora usurpando-lhes os bens, ao passo que os mercadores do Recife lhes haviam roubado tanto as fazendas quanto o nome; e um memorial de cinqüenta senhoras da capitania afirmava que os excessos da administração lusitana faziam empalidecer os desmandos das autoridades batavas, de que, recordavam ameaçadoramente, "souberam despicar-se os pais e avós dos que agora se vêem presos e afrontados".[20] Mesmo oralmente uma menção abonadora ao domínio holandês podia custar caro, como indica o exemplo do desconhecido denunciado em 1723: "homem bem político" e "noticioso", aparecera em engenho da Paraíba discorrendo sobre "matérias de Estado", o que provocara a suspeita de tratar-se de "inconfidente, pela alegria com que várias vezes falou na república da Holanda". O governador de Pernambuco procurou havê-lo à mão, e o mesmo ordenou El-Rei.[21]

Ao longo do período colonial, os regimes republicanos não ficaram ignorados. A versão da historiografia nativista do século XIX e dos seus epígonos do XX acerca do projeto de Bernardo Vieira de Melo não parece tão infundada como se pretendeu. Não há dúvida de que um setor radical embora minoritário, cogitou no começo de Setecentos de uma independência sob forma republicana, inspirada em Veneza e na Holanda. A pretendida influência holandesa sobre o precoce republicanismo pernambucano foi sugerida inicialmente por autores ou viajantes estrangeiros, a começar por Southey.[22] Maria Graham, que o lera, distinguia, de um lado, a assimilação de "algumas das noções de governo democrático através de seus antigos dominadores holandeses", e, de outro, a consciência de que, "por seus próprios sacrifícios, sem qualquer auxílio do governo, haviam eles expulsado es-

---

[20] Francisco de Barros Falcão de Lacerda a D. Pedro II, 15.VII.1694, AHU, Pernambuco, 11; Fernandes Gama, *Memórias históricas*, IV, pp. 237 e 272.

[21] Francisco Pedro de Mendonça Gurjão a D. João V, 20.II.1732, AHU, Paraíba, cx. 5.

[22] Robert Southey, *História do Brasil*, III, p. 58.

tes conquistadores e restituído à Coroa a parte norte de seu mais rico domínio".[23] Spix e Martius, que não puderam visitar o Recife devido à revolução de 1817, lobrigaram nas suas "perturbações civis" menos o indício de cultura política do que a presunção de "certas famílias ricas e influentes, que se atribuem grandes méritos na libertação do Brasil do jugo dos holandeses, o que se deve julgar inconsiderada manifestação de idéias políticas mal entendidas",[24] com o que estiveram mais próximos da realidade do que a viajante inglesa.

O debate sobre as relações entre a ocupação neerlandesa e o republicanismo pernambucano descambou para generalizações do tipo das de Arthur Orlando ao escrever que "o contacto com os filhos da Holanda deixou incutidos no pensamento de nossos antepassados ideais que mais tarde deviam fazer explosão", ou ao asseverar que "dentro de pouco tempo o pensamento livre da Holanda se apossou da inteligência e do coração dos pernambucanos".[25] As fontes históricas induzem a conclusão diferente: a convivência com os batavos transmitira aos luso-brasileiros da capitania uma insuperável repugnância pela sua cultura, religião, estilos de vida, reativando seus preconceitos de católicos e de monarquistas. Por conseguinte, não deixa de ser irônico que o elogio do domínio holandês pelo nativismo oitocentista tenha partido dos descendentes dos que outrora tinham assumido atitude de inflexível rejeição a toda espécie de influência batava, de modo a impermeabilizar-se à influência de hereges. Os luso-brasileiros encararam invariavelmente suas relações com os batavos em termos de incompatibilidade radical, que hoje diríamos cultural, razão pela qual enxergar-se na restauração pernambucana os pródomos da consciência nacional *brasileira* soa a anacronismo.

O movimento foi antes a reação da consciência portuguesa dos colonos, consciência ainda envolta, em Portugal como no Brasil, num casulo religioso e dinástico, e reavivada entre nós pelo domínio estrangeiro e pela restauração da independência portuguesa. Somente após a expulsão do invasor, o episódio passou a ser

---

[23] Maria Graham, *Diário de uma viagem ao Brasil*, São Paulo, s/d, pp. 62-3.

[24] J. B. von Spix e K. F. P. von Martius, *Viagem pelo Brasil*, 2ª ed., São Paulo, s/d, II, p. 269.

[25] Arthur Orlando, *Ensaios de crítica*, Recife, 1904, p. 380.

interpretado em termos nativistas e, depois, nacionalistas. Quanto à preferência pela república, não passava de manifestação extrema do gosto do mando dos pró-homens e da convicção de que Pernambuco lhe pertencia por direito de conquista; e da expressão dos mesmos instintos cruamente oligárquicos que os levava a repudiar a existência de contra-poderes, fosse ele o da Coroa ou o dos comerciantes do Recife. Como percebeu Handelmann, esta mentalidade exclusivista, não convicções ideológicas, é que predispusera à compreensão precoce das vantagens da independência. Daí a probabilidade de que, ideologicamente, o republicanismo de 1710 derivasse não da experiência do domínio holandês, mas do mito de Veneza, que correspondia melhor às aspirações da oligarquia municipal de Olinda.[26]

A contribuição do domínio holandês para a exploração de novas fontes de riqueza ou para o desenvolvimento econômico da colônia ficaria ignorada até mesmo no ambiente menos sufocante do reformismo iluminista, truncado e tardio, do conde de Linhares e da chamada 'geração dos anos noventa', inclusive por alguém como o bispo de Olinda, Azeredo Coutinho, fundador do seminário que produziria uma plêiade de clérigos revolucionários.[27] Apenas o naturalista Arruda da Câmara demonstrou interesse pelo assunto. Na sua 'Dissertação sobre as plantas do Brasil' (1810), ele assinalaria, com base na obra de Piso, que os neerlandeses, "mais apreciadores dos produtos naturais e mais industriosos do que nós", haviam sabido aproveitar-se da piteira "para fazer ótimos panos". Com a sua expulsão, "caiu este ramo de indústria em desuso, de modo que hoje nem os pescadores fazem deste linho suas linhas e redes". Arruda da Câmara acrescentava, ironia compreensível na pena de um *défroqué* carmelita, que os colonos do Brasil só utilizavam o produto para fazerem "os cordões de que vemos cingidos os religiosos da 3ª Ordem de São Francisco, chamados comumente de Jesus, obra no seu gênero assaz bem feita".[28]

---

[26] H. Handelmann, *História do Brasil*, Rio de Janeiro, 1931, p. 400; Evaldo Cabral de Mello, 'O mito de Veneza no Brasil', *Um imenso Portugal. História e historiografia*, São Paulo, 2002, pp. 156-162.

[27] Kenneth R. Maxwell, 'The generation of the 1790's and the idea of Luso-Brazilian empire', Alden *Colonial roots of modern Brazil*, pp. 107-44; J. J. da Cunha de Azeredo Coutinho, *Obras econômicas*, São Paulo, 1966.

[28] Arruda da Câmara, *Obras reunidas*, p. 178.

Ainda durante o período colonial, redescobriu-se na *História natural do Brasil* a contribuição da medicina batava. A ela deviam-se as primeiras observações sobre a febre amarela. Em fins do século XVII, o Dr. João Bernardes de Morais, comentando o livro do seu colega João Ferreira da Rosa sobre a terrível enfermidade, estranhava que até então não se dispusesse de trabalho científico a respeito, exceto a descrição de Piso, comparando "a curiosidade holandesa em poucos anos que ocupou essa capitania [Pernambuco] entre estrondos militares" com "a nossa ignávia e desatenção em tantos anos pacíficos e em matéria tanto da utilidade da república". Aliás, nem o Dr. Ferreira da Rosa, nem seu colega lusitano também fixado na capitania, o Dr. Simão Pinheiro Morão, demonstraram apreço especial pela *História natural do Brasil*, possivelmente por "despeitos não apenas nativistas, [como] também médicos, acerca dos holandeses", como sugeriu Gilberto Osório de Andrade, que acentuou a satisfação com que o autor do *Tratado da constituição pestilencial de Pernambuco* registrou a omissão por Piso da utilidade do maracujá-mirim na preparação de clisteres.[29] O Dr. Morão mostrou-se mais deferente pela autoridade do sábio neerlandês, de quem cita o conselho de moderação nas purgas destinadas ao tratamento das impigens.[30] À raiz desta falta de entusiasmo pela obra de Piso, achar-se-ia, sobretudo, o apreço que ele revelara pela medicina indígena, base da prática de curandeiros e empíricos da terra e contra a qual arremetia principalmente o saber doutrinário de Ferreira da Rosa e de Morão. Quando, um século mais tarde, Luís dos Santos Vilhena sugerir a vinda de naturalistas do Reino para inventariarem as riquezas vegetais da América portuguesa, com o fim de promover, na medida do possível, a substituição da farmacopéia lusitana pela nativa, logo recomendará a *História natural do Brasil* como a fonte científica imprescindível à tarefa.[31] O fato é que, no Nordeste colonial, a medicina representaria, como já fizera a arte militar ao tempo das guerras batavas, um

---

[29] Eustáquio Duarte e Gilberto Osório de Andrade (eds.), *Morão, Rosa e Pimenta*, pp. 135 e 233.

[30] Simão Pinheiro Morão, *Queixas repetidas em ecos dos arrecifes de Pernambuco*, p. 62.

[31] Santos Vilhena, *Notícias soteropolitanas e brasílicas*, I, p. 164.

dos campos privilegiados de afirmação de uma *praxis* local diante da modelos reinóis julgados inaplicáveis ao Novo Mundo.

Do magma da oralidade, a memória do período holandês começou a desprender-se, em começos de Oitocentos, por obra e graça dos livros de viajantes estrangeiros, aptos a registrarem um discurso subterrâneo. Àquela altura, a imaginação popular transformara o domínio batavo em 'tempo dos flamengos', tempo antes mítico que histórico, em que a terra fora assenhoreada por "uma raça antiqüíssima, fabulosamente rica, dotada de prodigioso engenho e capaz de realizar obras colossais".[32] Em oposição a ele, o imaginário pernambucano identificava outra faixa cronológica, o 'tempo do Onça', isto é, uma época de arcaísmo e de atraso, de limites temporais pouco nítidos mas que corresponderia *grosso modo* ao século XVIII, algo que em Portugal e mesmo no Brasil denotava o 'tempo do Rei Velho', isto é, o Antigo Regime, com uma conotação ademais de arbítrio e prepotência.[33] Notava Tollenare que "toda vez que aqui se observa alguma construção importante, sabe-se ser obra dos holandeses", parecendo-lhe ainda visíveis os vestígios da "grande prosperidade" do período nassoviano, cuja memória era venerada.[34] Pela mesma época, autoridade régia admitia a Henderson que o quarto de século de ocupação neerlandesa realizara mais obras do que toda a administração lusitana nos cento e setenta anos posteriores. Henderson procurou descobrir os restos do palácio de Vrijburg, obtendo a informação correta de que correspondiam ao prédio do Erário régio, que reproduziu numa das gravuras do seu livro. Ele também supôs que os coqueiros das cercanias do convento de Santo Antônio fossem os que Nassau plantara no jardim botânico anexo ao seu paço. Estranhava o viajante inglês que um governante que em tão curto tempo tanto fizera pela terra não tivesse a memória homenageada por monumento erigido naquele local,[35] observação ingênua pois não passaria pela cabeça das autoridades portuguesas cultivar a lembrança da outra dominação.

---

[32] Alfredo de Carvalho, *Frases e palavras*, p. 57.

[33] Ibid., p. 48.

[34] Tollenare, *Notas dominicais*, p. 38.

[35] James Henderson, *A history of the Brazil*, Londres, 1821, pp. 382 e 392-3.

Via de regra, a noção da superioridade holandesa exprimia-se em discurso astutamente oblíquo, vale dizer, não mediante comparação explícita, como no interlocutor de Henderson, que, funcionário grado, podia dar-se ao luxo de uma confissão ilustrada, mas através da atribuição sistemática ao período batavo de qualquer obra cuja concepção ou feitura escapasse à modéstia dos meios do mestre-de-obras português ou nativo. Pretendeu Câmara Cascudo que a origem holandesa "é a explicação popular do que se ignora".[36] O fato é que se atribuíam ao invasor até mesmo os trabalhos executados pela administração lusitana. A regularização da linha de arrecifes que fecha o porto da capital levara-a a cabo Antônio Fernandes de Matos em finais de Seiscentos, embora se informasse ter sido realizada pelos batavos, asserção repetida pelo engenheiro José Mamede Alves Ferreira, diretor da repartição das obras públicas em meados do século XIX.[37] Com o endosso do mesmo serviço, impingia-se como obra batava a represa do Varadouro, edificada na primeira metade do XVIII.[38] Neerlandesas seriam também as estradas suburbanas do Recife, ampliadas ou abertas no governo de Luís do Rego Barreto.[39] As ruínas do molhe do 'porto velho' de Olinda, de começos de Setecentos, eram tidas por vestígios holandeses, assim como os alicerces encontrados em Itapissuma, que teriam pertencido à ponte projetada para unir Itamaracá ao continente; e o calçamento em pedras da rua principal de Igaraçu.[40]

---

[36] Câmara Cascudo, *Geografia do Brasil holandês*, p. 57.

[37] Maria Graham, *Diário de uma viagem ao Brasil*, p. 101; Alfredo de Carvalho, 'O Recife em 1813', RIAP, 12 (1906), p. 312; Rodrigo Teodoro de Freitas, Elisiário Antônio dos Santos e José Mamede Alves Ferreira, *Memória sobre o porto de Pernambuco e seus melhoramentos*, Rio de Janeiro, 1849, p. 4; Gonsalves de Mello, *Um mascate e o Recife*, pp. 51-8.

[38] Tollenare, *Notas dominicais*, p. 31; Gilberto Osório de Andrade, *Montebelo, os males e os mascates*, Recife, 1969, pp. 149-50; 'Reparos do varadouro de Olinda', Obras públicas (1842), APP.

[39] Conde de Suzannet, *Souvenirs de voyages*, p. 407; 'Cartas pernambucanas de Luís do Rego Barreto', RIAP, 52 (1979), p. 103.

[40] Freitas, Santos e Ferreira, *Memória sobre o porto de Pernambuco*, p. 4; J. A. Gonsalves de Mello, 'O chamado Foral de Olinda, de 1537', RAPP, 11-28 (1957-1974), p. 52; M. A. Vital de Oliveira, *Roteiro da costa do Brasil, do rio Mossoró ao rio de São Francisco do Norte*, Rio de Janeiro, 1864, p. 137; P. Boileau, 'Coup d'oeil sur le pays que traverse la grande route du Récif à Goiana e à Paraíba', 23.x.1826, MAE (Paris), 'Correspondance consulaire, Pernambouc, 1825-1833'.

O mesmo ocorria com outros vestígios, como o padrão colocado no litoral rio-grandense pela expedição portuguesa de reconhecimento de 1501-2, ou o forte do Mar, que já guarnecia a entrada do Recife antes da ocupação holandesa, ou o dos Reis Magos, que também datava do período *ante bellum*, a cujo respeito corria a lenda de haver sido levantado numa única noite. [41] Havendo utilizado para fins militares a igreja e o convento de São Francisco, da Paraíba, os holandeses ganharam a fama de tê-los edificado.[42] Diques ou aterros, valas e canais, pedras lavradas dos arrecifes, cascos abandonados de navios, tudo era indiscriminadamente atribuído ao 'tempo dos flamengos'.[43] No Ceará, o botânico Freire Alemão observou que "tudo o que existe [...] mais antigo querem que fosse obra de holandeses; assim a antiga fortaleza do rio Ceará, o porto de desembarque, com seu aterrado, são obras holandesas". Um interlocutor indagou-lhe mesmo se "uma corrente de ferro que se diz existir fechando a barra do Rio de Janeiro" não teria a mesma origem "porque, dizia, os portugueses não acredito que fossem capazes de a fazer".[44] José Lins do Rego lembrava-se de que, na sua infância paraibana, "obra de holandeses era um elogio para significar obra eterna. O próprio meu avô, quando queria dizer que uma casa estava bem construída, só tinha um elogio: 'Parece obra dos holandeses'".[45]

As velhas barragens de açude eram comumente apontadas como relíquias da época. A tradição dos beneditinos de Olinda assim identificava os restos da tapagem e da comprida levada que ainda em fins de Setecentos trazia água à moenda do seu engenho de Mussurepe.[46] Hóspede do engenho Camaragibe, Vauthier foi

---

[41] Moacyr Soares Pereira, *A navegação de 1501 ao Brasil e Américo Vespúcio*, Rio de Janeiro, 1984, p. 191; Daniel P. Kidder, *Reminiscências de viagens e permanências no Brasil (províncias do norte)*, São Paulo, 1972, p. 77; Câmara Cascudo, *História do Rio Grande do Norte*, pp. 14, 102.

[42] Ferreira Pinto, *Datas e notas para a história da Paraíba*, I, p. 54.

[43] Câmara Cascudo, *História do Rio Grande do Norte*, p. 77; Kidder, *Reminiscências de viagens*, p. 138; 'Efemérides do município de Camaragibe', RIAGA, 77 (1933), p. 49; John C. Branner, 'Recifes de pedra do Estado de Pernambuco', RIAP, 79 (1912), p. 89; Mário Campelo, 'Corografia geral do município de Mamanguape', Revista do Instituto Histórico e Geográfico da Paraíba, 8 (1935), p. 31.

[44] 'Os manuscritos do botânico Freire Alemão', ABNRJ, 81 (1961), p. 316.

[45] José Lins do Rego, *Meus verdes anos*, p. 1.230.

[46] Miguel Arcanjo da Anunciação, *Crônica do mosteiro de São Bento de Olinda*, p. 75.

logo levado a ver o 'açude dos holandeses', designação que ainda perdurava em finais do século xix, começos do xx.[47] Quando da jornada de D. Pedro ii pela mata meridional de Pernambuco, apontaram-lhe outros pretensos açudes holandeses em ao menos cinco dos engenhos por onde passou.[48] Por fim, atribuiu-se ao 'tempo dos flamengos' qualquer elemento diferencial ou insólito que provocasse a surpresa do curioso, como os carros de duas rodas puxados por um único boi e os hieróglifos e figuras rupestres dos indígenas.[49] A D. Pedro ii, indicaram no Cabo os restos de uma 'casa do holandês'.[50]

Em meados do século xviii, certo aventureiro que jornadeava pelo Cariri à cata de ouro, transmitia ao governador de Pernambuco informações de índios da região a respeito de "bosques, serras e montes donde se acham ferramentas e socavões de holandeses" e de "uma casa de pedra de abóbada, com sua porta forte", de construção batava, às margens de riacho com fama de aurífero. Duas entradas haviam sido feitas nesta direção, uma procedente do Urubu pelo riacho Jacaré, afluente do São Francisco; outra, que seguira pelo riacho da Brígida, também afluente do grande rio. "Nas cabeceiras destes dois riachos (que à vista dos deste Cariri são grande rios) dizem estar a dita casa", ornada de inscrições ilegíveis, "vários letreiros em pedras grandiosas de tinta vermelha, alguns já quase apagados que nem uns nem outros se percebem". Para o nosso explorador, os batavos se tinham revelado melhores sertanistas do que os lusitanos, pois malgrado ocuparem o Nordeste por breve período, conseguiram penetrar "as partes mais esquisitas", mercê da amizade dos tapuias, que "dos mais ocultos lugares os faziam cientes, o que não têm logrado os portugueses, sendo os primeiros conquistadores".[51]

As obras de origem holandesa tinham em comum a utilidade de servirem ao homem, ao contrário dos monumentos lusitanos, que se destinavam à glória de

---

[47] 'Diário íntimo de Louis Léger Vauthier', p. 621; Pereira da Costa, *Anais pernambucanos*, viii, p. 495.

[48] D. Pedro ii, 'Diário de viagem a Pernambuco', pp. 468, 477-8.

[49] Sá da Bandeira, *Diário da guerra civil*, 2 vols., Lisboa, 1975, i, p. 102; Alfredo de Carvalho, *Pré-história sul-americana*, pp. 99, 100 e 105.

[50] D. Pedro ii, 'Diário de viagem a Pernambuco', p. 439.

[51] Antônio Jacó Viçoso a Luís José Correia de Sá, 27.iii.1757, AHU, Papéis avulsos, Pernambuco, cx. 69. Para as atividades de Viçoso, Luiz dos Santos Vilhena, *Cartas soteropolitanas e brasílicas*, ii, p. 701.

Deus e dos santos. Quando em meados de Oitocentos, o Recife, como as outras grandes cidades litorâneas do Império, conheceu a voga dos 'melhoramentos materiais', Antônio Joaquim de Melo saiu em defesa dos colonizadores portugueses, acusados de não haverem erguido obras produtivas.

> Os tempos remotos dos nossos avós poucas obras grandes e melhoramentos materiais nos apresentam, fora os templos, as fortalezas e casas de piedade. Mas o que se pode deduzir daí? Que eles desconheciam as suas vantagens? Que absolutamente não tinham gênio e gosto para a grande arquitetura, fontes, pontes, canais e estradas? Nada disto, pois aí estavam quanto ao civil, o calçamento da cidade de Olinda, o seu maravilhoso Varadouro, já hoje tão diverso ou extinto, os seus chafarizes, as suas admiráveis cisternas, o desaparecido palácio dos governadores, a Casa da Câmara e a ponte da vila de Igaraçú; quanto ao militar, as soberbas fortalezas que ainda existem e outras demolidas; e no tocante à religião, os admiráveis e suntuosos templos e conventos.

Se os portugueses mais não haviam feito, fora porque não quiseram ou não sentiram a necessidade:

> No primeiro século da capitania de Pernambuco, desde a vinda do primeiro donatário [...] até à invasão dos holandeses [...], os povoados eram pequenos e em meio da uberdade espantosa de uma natureza virgem, que à mão lhes oferecia a madeira, a caça, a pesca e a fruta quase sem trabalho. Que fábricas magníficas e monumentos mundanos ou laicais podiam ou careciam eles então empreender? O corpo ou as necessidades temporais tão facilmente acomodadas e fartas, faltavam asilos e conforto às almas: elevaram-nos. Não douraram teatros, não embelezaram artificiais passeios públicos deleitosos mas sublimaram a igreja da Misericórdia e o seu conjunto hospital em Olinda.[52]

Excepcionalmente, ao passo que se atribuíam aos holandeses até mesmo os marcos da presença portuguesa, perdeu-se a lembrança da origem da embarcação que dominou a cabotagem ao longo do litoral nordestino entre meados do sécu-

---

[52] Antônio Joaquim de Melo, *Biografia de João do Rego Barros*, pp. 10-1.

lo XVII e do XIX. No período batavo, o caravelão fora abandonado em favor da sumaca, surgida nos Países Baixos, de onde passara à costa oriental da Inglaterra e à Escócia, bem como ao norte da Alemanha. Barco de dois mastros, dotado de vela redonda e de outra triangular, deslocando entre 50 e 100 toneladas, a sumaca exigia pouco calado, graças a seu fundo chato, que lhe permitia combinar a navegação fluvial com a marítima, reduzindo os custos de operação. As primeiras referências a seu uso em águas brasileiras encontram-se não em fontes holandesas, que sob a designação de *barcken* confundiam os vários tipos de pequenas embarcações, mas nas fontes luso-brasileiras, que aportuguesaram o vocábulo holandês (*smak*-esmaca-sumaca).[53] Na sua expedição hidrográfica (1819-1820), o almirante barão de Roussin constatara ser embarcação muito conhecida entre nós, a que o cônsul francês no Recife atribuía mesmo origem local.[54] Em Portugal, a sumaca era desconhecida: de passagem pelo Recife (1828), Sá da Bandeira dar-se-ia ao trabalho de descrevê-la, aparentando-a aos iates que faziam a ligação marítima entre Lisboa e o Porto.[55] Sua substituição pela barcaça datou de meados de Oitocentos.[56]

Mas nem só de tesouros fantásticos ou de obras de engenharia alimentou-se a memória coletiva do período holandês; às vezes também, de embarcações tão fictícias quanto os depósitos misteriosos de moedas de prata e ouro. Tollenare dá exemplo expressivo. Em visita ao Pontal de Nazaré (Suape), estranhou que o transporte de açúcar dos engenhos vizinhos para o Recife ficasse por conta de umas pobres jangadas; explicaram-lhe que os holandeses haviam posto a pique três navios, tornando a barra impraticável. A explicação não satisfez ao viajante, que sugeriu a remoção do obstáculo por iniciativa dos proprietários das redondezas. Concluía Tollenare:

---

[53] J. A. Gonsalves de Mello, *A rendição dos holandeses no Recife (1654)*, Recife, 1979, pp. 37, 102-3, 107, 111 e 129.

[54] Barão de Roussin, *Le pilote du Brésil*, Paris, 1827, p. 140; P. Boileau ao visconde de Chateaubriand, 12.v.1823, MAE (Paris), "Correspondance consulaire, Pernambouc, 11".

[55] Sá da Bandeira, *Diário da guerra civil*, 1, p. 98.

[56] Evaldo Cabral de Mello, 'Aparição da sumaca', *Um imenso Portugal*, pp. 188-220.

Qual não foi a minha surpresa quando ouvi de um oficial, incumbido pelo governo português de levantar as cartas das costas de Pernambuco, que a entrada do porto de Nazaré não se acha impedida por obstáculo de espécie alguma, e que as sondagens por ele feitas indicam ser ainda acessível a embarcações de 150 toneladas!

Tollenare também obteve, provavelmente do mesmo oficial, o capitão Diogo Jorge de Brito (autor de uma 'Planta hidrográfica do porto do Recife' e de uma descrição do mesmo oferecida ao conde da Barca), a planta de Suape, com a indicação inclusive da barreta, situada ao sul da principal entrada, através da qual "o célebre mulato Calabar teve a temeridade de fazer entrar uma esquadra holandesa".[57]

A liquidação do monopólio colonial, a hegemonia comercial da Inglaterra, a independência dos Estados Unidos, a presença francesa e a conseqüente reeuropeização da vida e da sociedade brasileira ao longo da primeira metade do século XIX, foram circunstâncias que vieram revelar a inferioridade, na Europa capitalista, liberal e burguesa, de um Portugal arcaicamente Antigo Regime, mal disfarçado detrás da fachada monárquico-constitucional. Tais preocupações deviam repercutir na investigação histórica e levar à redescoberta do que não fora português no passado nacional. Embora a experiência batava houvesse durado tempo suficiente para estimular paralelos, só o fez de maneira hesitante e tardia. Veja-se, porém, o exemplo de Abreu e Lima, significativo devido a que, ademais das suas atividades historiográficas, cultivou a reflexão e a ação políticas. Para ele, a colonização portuguesa hipotecara perduravelmente o desenvolvimento do Império. Na epístola ao general Páez (1868), o velho revolucionário condenava de modo veemente o passado lusitano, afirmando que "o Brasil seria hoje tão importante como os Estados Unidos se não fôssemos descendentes de portugueses".[58] Já no *Bosquejo histórico* (1835), defendendo a inviabilidade de regime democrático no Brasil, ele assinalava que nossos ancestrais lusitanos nos haviam legado "todos os seus vícios, sem nenhuma de suas virtudes", de modo que "somos portugueses,

---

[57] Tollenare, *Notas dominicais*, pp. 69-71.

[58] O texto da carta a Paez em Vamireh Chacon, *Abreu e Lima, general de Bolívar*, Rio de Janeiro, 1983, p. 234.

porém já degenerados". "Descendentes de uma nação mesquinha em conhecimentos, pobre de ciências e de artes, não podemos elevar-nos à categoria de outros povos educados no centro de uma vasta erudição", donde estarem os brasileiros "muito mais atrasados" do que os habitantes dos Estados Unidos ou mesmo da América espanhola.[59]

No *Compêndio da história do Brasil* (1842) como na *Sinopse* (1845), Abreu e Lima continuou a tradição de privilegiar a figura de Nassau no confronto com o governo neerlandês. Havendo dedicado sua atenção aos "melhoramentos interiores", João Maurício tivera de enfrentar a desconfiança da metrópole, que terminou por sacrificá-lo. Com a sua partida, iniciara-se o declínio do Brasil holandês.[60] Mas no *Compêndio*, o autor atreveu-se a formular pela primeira vez, embora de maneira sumária, um julgamento do domínio batavo globalmente positivo, que não se limitava a valorizar a administração nassoviana.

> Se a invasão dos holandeses prejudicou a Portugal e ao Brasil pelas devastações que se seguiram em conseqüência de uma guerra quase de extermínio, é igualmente incontestável que eles, transportando às possessões de ultramar a ordem e a atividade que os distinguia na Europa, muito concorreram para o aumento e civilização deste país. Muitos vestígios da sua indústria atestam ainda hoje no Brasil a verdade desta asserção, e por muito tempo as observações de Piso e de Markgraf foram as únicas que podiam servir de guias na história natural destas regiões.[61]

Se os Estados Unidos podiam-se dar ao luxo de confiar ao Estado papel "apenas conservador ou regulador", devia-se ao "vigor e energia da raça saxônia", com "todos os elementos do progresso social, porque nele obra o instinto do seu natural engrandecimento pelo hábito e pela educação". No Brasil, ao invés, o poder público devia atuar de modo "eminentemente criador e reformador", de vez que a nação achava-se "na infância, pode-se assim dizer, da ilustração, sem usos do

---

[59] J. I. de Abreu e Lima, *Bosquejo histórico e literário do Brasil*, Niterói, 1835, pp. 59, 61-4, 73-4.

[60] Abreu e Lima, *Compêndio da história do Brasil*, pp. 108-9; *Sinopse ou dedução cronológica*, pp. 100-1.

[61] Idem, *Compêndio da história do Brasil*, p. 134.

Rubro Veio: o imaginário da restauração pernambucana   313

trabalho e da indústria, sem energia, sem vigor, não vive vida própria e apenas vegeta por hábito segundo a rotina dos seus progenitores, os portugueses, um dos povos mais atrasados da Europa".[62]

A obra de Fernandes Gama exprime a ambivalência inerente à visão nativista do Brasil holandês, dilacerada entre o mito restaurador e a nostalgia nassoviana. Por um lado, ela aprofunda o juízo favorável de que Nassau se beneficiara nas crônicas de Calado e de Brito Freyre. "Príncipe guerreiro, administrador hábil e homem de Estado", João Maurício fizera "inclinar a balança para o lado dos invasores, ou a falar exatamente, para o lado deste príncipe". A despeito de certos aspectos menos brilhantes, como decisões militares "despojadas dessa generosidade e grandeza de que dera exemplo", ele deixara em Pernambuco "a lembrança de uma administração suave e benéfica", em conseqüência do que "os povos tiveram que chorar a sabedoria do seu governo". O autor enxergava a paz nassoviana através das lentes do liberalismo oitocentista, atribuindo-lhe o propósito de implantar instituições representativas, a exemplo da Assembléia de 1640. Nassau mostrara-se "digno de ser o fundador de um Império mais permanente", como, aliás, já acentuara Southey. A frustração nativista com a Independência de 1822 descobria no governo nassoviano uma das ocasiões perdidas de outra e precoce independência: "Os vastos desígnios de Maurício iam-se realizando e já se duvidava de que o desejo de por a coroa do Brasil na cabeça não tivesse conduzido os seus passos à América e não exaltasse a ambição que o sustentava nos seus projetos de invasão, e a moderação que acompanhava o gozo das províncias sucessivamente conquistadas." Sua destituição teria sido assim motivada pela suspeita nos Países Baixos de que "ele pretendia erigir para si no Brasil uma soberania independente".[63]

Fernandes Gama iniciou a reabilitação historiográfica do domínio batavo, segregada na clandestinidade da tradição oral, derrubando a compartimentação entre a figura de Nassau e o Brasil holandês. À primeira vista, o veredicto continuava a ser negativo para o conjunto do período. Mesmo sob João Maurício, os pernambucanos "sofreram tantos dos subalternos deste príncipe, que o nome holandês jamais deixará de ser execrado em Pernambuco". Embora tratando com

---

[62] Abreu e Lima, *O socialismo*, p. 52.

[63] Fernandes Gama, *Memórias históricas*, II, pp. 21-2, 38-9, 54, 111 e 114.

senso crítico muitas das asseverações dos cronistas, sobretudo no que envolvesse "questões religiosas", "excêntricas do meu objeto", o autor tendia a endossar as versões sobre as atrocidades contra a população local, louvando-se nas páginas do *Lucideno* ilustrativas dos abusos da administração batava, na convicção de que a natureza da sua obra exigia a exposição objetiva dos acontecimentos mas também sua apresentação segundo a visão dos contemporâneos. Ao ocupar-se da aliança entre os invasores e os tapuias, Fernandes Gama relutara em acreditar que "um povo civilizado, como o holandês, se unisse a entes, aos quais, apenas a muito custo, concedia o nome de homens". E noutro passo explicava os excessos batavos com o argumento de que não eram só hereges como também corsários.[64]

Contudo, ao longo da narrativa, ocorrem sensíveis atenuações, devido, em primeiro lugar, à admiração oitocentista do autor pelo "espírito ativo, industrioso e perseverante" do povo holandês, que o habilitou a realizar, no espaço de uma geração, "a revolução assombrosa" da independência dos Países Baixos, que os transformara em potência colonial. Esta avaliação do "gênio criador dos holandeses" sugeria a Fernandes Gama o veredicto com que encerrou a narração do período batavo, julgamento que resumia a visão nativista do Brasil holandês no século XIX: "Vinte e quatro anos gemeu a nossa pátria sob o jugo dos conquistadores; mas em abono da verdade, confesse-se que os holandeses aumentaram muito o nosso país", em todo o caso, leia-se, incomparavelmente mais que os portugueses, que exerceram um poder muito mais duradouro. E o historiador aduzia que, também "em abono da verdade", tinha-se de admitir que, "se [os holandeses] tivessem mais política e menos ambição, talvez que os pernambucanos, formando com eles um só povo, em lugar de os expulsarem do seu país, cuidassem somente em sacudir o jugo europeu".[65]

Por conseguinte, se a dominação estrangeira, em vez de pautar-se por orientação estreitamente mercantilista, se tivesse baseado em visão política de longo prazo, como a que animara Nassau, ele e o colonato luso-brasileiro poderiam ter alcançado um compromisso destinado a realizar a emancipação do Brasil holandês não

---

[64] Ibid., I, pp. 202, 255-6; II, pp. 39, 88, 115; III, pp. 68-9.

[65] Ibid., I, pp. 181-2; III, pp. 226 e 273.

só dos Países Baixos e da Companhia das Índias Ocidentais como também diante das reivindicações recolonizadoras de Portugal. Provavelmente à luz desse trecho das *Memórias históricas*, Pereira da Costa, como vimos, veio a incluir a demissão de Nassau no rol das oportunidades desperdiçadas de independência regional; e Joaquim Nabuco a se inspirar para a nostalgia nassoviana que lhe atribuiu Gilberto Freyre.[66] Fernandes Gama recapitulava por fim os ambiciosos projetos da administração neerlandesa frustrados pela restauração, atribuindo aos Estados Gerais a intenção de substituírem-se à Companhia das Índias Ocidentais na colônia, liberalizar o comércio, reduzir os impostos e atrair a imigração, criar uma universidade e uma academia de ciências, treinar os indígenas nas artes e ofícios, distribuir terras à população livre, estabelecer relações mercantis com o Oriente, e, finalmente, transformar o Recife, "tão favoravelmente situado, [n]o depósito geral de todas as mercadorias da Europa". Melhoramentos ainda irrealizados em pleno Oitocentos devido à inexistência de governo que se interessasse pela prosperidade e felicidade públicas,[67] verrina de conservador contra o situacionismo praieiro então dominante em Pernambuco.

Consoante Afonso de Albuquerque Melo, ventilava-se freqüentemente na província a questão de "se seríamos mais felizes se ficássemos holandeses", opinião que contava com muitos adeptos que criticavam a "falta de discernimento nos pernambucanos que defenderam o domínio português contra a conquista estrangeira". A despeito de haver articulado a mais abrangente crítica das instituições monárquicas do país sob perspectiva nativista, o autor de *A liberdade no Brasil* discordava da opinião. Ao invés de Fernandes Gama, não alimentava ilusões sobre a possibilidade de um pacto entre batavos e luso-brasileiros sob o patrocínio de Nassau. Caso o Brasil holandês houvesse vingado, os colonos de extração neerlandesa teriam imposto sua dominação, substituindo uma opressão colonial por outra, com a desvantagem de que ela assumiria ademais conotações nacionais, raciais e religiosas. Albuquerque Melo também advertia contra o anacronismo da opção

---

[66] Gilberto Freyre, 'Johan Maurits van Nassau-Siegen from a Brazilian viewpoint', E. van den Boogaart, *A humanist prince in Europe and Brazil*, pp. 239-40.

[67] Fernandes Gama, *Memórias históricas*, IV, pp. 9-10.

pelo domínio estrangeiro, de vez que "naqueles tempos, não havia o que preferir da raça holandesa à portuguesa", pois embora Portugal já houvesse ultrapassado a fase criadora da sua história, seu povo "era credor de muito maiores glórias do que o holandês". Este, inegavelmente mais capaz e empreendedor, usufruía de liberdades públicas ainda impraticáveis em Portugal, mas esta mesma disparidade teria operado no sentido de aprofundar o fosso entre as duas comunidades, reduzindo os luso-brasileiros à condição de "explorados colonos de companhias de mercadores". As diferenças culturais decorrentes da religião teriam produzido um conflito insuperável, sem falar em que não se podia prever a sorte que aguardava o Brasil independente sob a monarquia do Rio, nem imaginar que, "provindo de um povo forte e distinto, pudéssemos hoje, tão depressa, apenas fomos um povo à parte, cair em tão grande degeneração".[68]

A nostalgia nassoviana também se manifestou sob a forma da invocação poética. Nossos árcades de fins de Setecentos e começos de Oitocentos haviam-se comprazido na utilização retórica de Olinda como sinônimo de Pernambuco; e de olindenses, como de pernambucanos, à maneira do soneto com que o padre Manuel de Souza Magalhães saudara a vinda do bispo Azeredo Coutinho ("Vem, Cristo do Senhor, consola Olinda"),[69] seguindo o exemplo do chefe da escola, o próprio Antônio Diniz da Cruz e Silva, que na sua ode a Fernandes Vieira entrevira "roto em cem partes o suntuoso manto, / que próspera trajava, / triste chuva de pranto / de Olinda as belas faces inundava; / e sobre ela lançando o tempo irado / dos férreos anos o esquadrão armado, / lhe dava em larga taça / a gostar toda a fúria da desgraça. / De sangue e de riqueza, / em sede ardendo o belga e de ira, cheio, / lhe rasga sem piedade o gentil seio".[70] Olinda seria mesmo invocada (blasfêmia a ouvidos nativistas) nos versos do vigário Francisco Ferreira Barreto, 'corcunda' impenitente, na sua louvação não só de Luís do Rego Barreto, último

---

[68] Albuquerque Melo, *A liberdade no Brasil*, pp. 15-7.

[69] *A gratidão pernambucana*, p. 12.

[70] *Odes pindáricas de Antônio Diniz da Cruz e Silva*, Londres, 1820, pp. 31-40.

capitão-general, a quem dissera "Dá-te Olinda um altar, um templo a fama", como na de D. Pedro I, a quem desejara que "cultos e incensos te prepare Olinda".[71]

Em meados de Oitocentos, contudo, o Recife, ou antes, a Cidade Maurícia, passou a ser o beneficiário das alusões poéticas, como por ocasião da visita do segundo Imperador. Já vimos que as festividades celebraram abundantemente a gesta restauradora; e Antônio Joaquim de Melo, árcade na juventude, não se esqueceu de assegurar ao monarca que "sob este amável, puro céu de Olinda, / mãe famosa de heróis, não degeneram / valor antigo, lealdade e honra". Mas uma nova geração de vates estava a postos, a qual preferia dar as boas vindas ao Imperador em nome da "terra de Nassau", que o saudava "sob este puro céu que Mauricéia ostenta". Como outrora Olinda, o topônimo também podia designar a província inteira: "Vilas, cidades, povoações guerreiras, / d'antiga Mauricéia".[72]

---

[71] *Obras religiosas e profanas do vigário Francisco Ferreira Barreto*, 2 vols., Recife, 1874, II, pp. 3 e 15.

[72] *Memórias da viagem de Suas Majestades Imperiais*, II, pp. 56 e 139; *O monitor das famílias*, pp. 24, 75-6.

CAPÍTULO X

Olinda ou Holanda

As idéias refutadas por Afonso de Albuquerque Melo não serão objeto de debate historiográfico antes dos anos setenta do século xix, meio século decorrido da Independência, da fundação do Império e da Confederação do Equador. A demora, à primeira vista intrigante, torna-se compreensível quando se atenta para a conjuntura provinciana de meados de Oitocentos. O nativismo, que há pouco voltara a explodir na revolução praieira (1848-1849), era tido na Corte como mais perigoso do que realmente se apresentava, à luz do novo alinhamento político predominante em Pernambuco desde o período regencial. Embora a Praia tivesse sido o canto do cisne do nativismo histórico, por uma espécie de inércia na avaliação do que realmente se passava ali, a província, ao longo de quase toda a história do Império, viveu sob a suspeita, fundada ou não mas pertinaz, de republicanismo e de separatismo, mesmo quando tais aspirações haviam perdido força mobilizadora e mesmo quando os liberais históricos, praieiros inclusive, haviam dado provas suficientes de sentimento monárquico e nacional, sem sacrifício das suas convicções reformistas no plano político e social.

Típicos desses temores eram os que manifestava, na discrição da correspondência particular, um dos mais influentes jornalistas do Segundo Reinado, Justiniano José da Rocha, que nos anos cinqüenta se consagrou, com seu panfleto "Ação, reação e transação", o ideólogo da Conciliação promovida pelo marquês de Paraná. Muito bem informado dos bastidores da política geral, ele escrevia em 1843 a Firmino Rodrigues Silva, outro jornalista e, depois, Senador do Império, que "o Norte está muito inquieto. Pernambuco, que quer separar-se, ameaça e mui seriamente". E como o destinatário não levasse muito a sério suas apreensões, Justiniano voltava à carga: "Tu zombas com o que te disse de Pernambuco. Olha as notícias que de lá vêm, olha o discurso das localidades do Peixoto de Brito e o de Urbano [Sabino Pessoa de Melo]. Pernambuco quer sua independência". Tal aspiração seria comum a conservadores e a liberais, pois "o cavalcantista trabalha para isso há muito tempo e agora o chimango entra na dança". Não o assustavam, porém, tais veleidades: "o que perde o Império com a separação do Norte se houver juízo?", isto é, se o objetivo fosse alcançado por via monárquica e dinástica e se os chefes secessionistas conseguissem controlar a situação de cima para baixo. Noutra ocasião, Justiniano voltava ao assunto, indagando a opinião do confrade sobre o "vice-reino do Norte": "Ainda zombas desta idéia? Olha a oposição, ou antes, atrapalhação pernambucana a pretexto do ministério local [sic]; o que significa isso senão que essa gente quer dar a lei ou então não recebê-la".[1]

Mesmo esmagada a revolução praieira, estes receios continuaram vivos, como atesta a correspondência de Varnhagen que, de regresso a Madri de viagem ao Rio, apressava-se em encarecer ao Imperador a urgência de sua visita às províncias do Norte, pois "as coisas vão-se figurando muito mal e nada pode já acudir a certas tendências senão a Presença Augusta de Vossa Majestade Imperial", que deveria transferir-se por algum tempo para aquela parte do Brasil, levando consigo o Parlamento e a administração central.[2] Varnhagen recrutou o apoio da princesa de Joinville, que escreveu ao irmão no mesmo sentido. Eram preocupações partilhadas até por antigos chefes liberais, como Antônio Borges da Fonseca, que alertava João Maurício Wanderley sobre os progressos do separatismo, o qual "só a mim encontra em oposição nestas paragens, porque a minha república não compreende a divisão deste grande Império".[3] E também por viajantes estrangeiros, como Avé-Lallemant, que chegando ao Recife pouco antes da visita do Imperador (1859), observava que a unidade nacional em nenhuma parte parecia tão precária quanto

---

[1] Nelson Lage Mascarenhas, *Um jornalista do Império (Firmino Rodrigues Silva)*, São Paulo, 1961, pp. 94, 99 e 102.

[2] F. A. de Varnhagen, *Correspondência ativa*, Rio de Janeiro, 1961, pp. 171, 188 e 212.

[3] Apud J. Wanderley Pinho, *Cotegipe e seu tempo*, São Paulo, 1937, pp. 473-4.

em Pernambuco, embora fosse "convicção geral que uma mudança convulsiva das coisas, um processo sedicioso, visando um futuro melhor, seria de resultados muito duvidosos".[4]

É certo que dois anos depois, no decurso de outra viagem, Varnhagen notava, com alívio, que "a opinião pública cá pelo norte manifesta-se em geral mais moderada que outra coisa",[5] mas só nos anos setenta, reputou-se de todo afastado o perigo republicano e separatista. Em 1854, William Hadfield, de volta ao Recife onde residira durante o Primeiro Reinado, observava que o "espírito marcial" dos pernambucanos, que lhes permitira expulsar os holandeses e se mostrava "apto a ameaçar a tranqüilidade pública quando canalizado em direção errada", como que se desvanecera, deixando em paz a província, onde "felizmente o desejo de comerciar e de ganhar dinheiro parece ser agora o sentimento predominante e devemos esperar que ele seguirá influenciando a população". Quando de nova visita vinte anos depois, o comerciante britânico constatava que a aspiração republicana estava enterrada em Pernambuco, que reencontrava "leal e satisfeito", embora sem conseguir manter "a reputação de empreendedor de que gozara anteriormente".[6] Outro observador, Herbert H. Smith, exprimia-se quase nos mesmos termos: o ressentimento contra a Corte ainda era perceptível mas subjaziam o "amor da paz e da ordem" e um "patriotismo inabalável", de modo que a aspiração separatista já não se manifestaria "em revolta aberta", atuando apenas "subrepticiamente".[7]

Em vista da suspeita que pesava sobre a província, o elogio da ocupação holandesa equivalia a questionar a união do Império, que constituía para os homens do Segundo Reinado a forma subversiva por excelência do discurso político, como indica, aliás, a praxe de tolher, no Parlamento ou na imprensa, as expressões de conflitos de interesse regional ou provincial, os quais, ao mesmo título que a figura do Imperador, deviam permanecer excluídos do debate.[8] A diferença regional

---

[4] Robert Avé-Lallemant, *Viagem pelo norte do Brasil no ano de 1859*, 2 vols., Rio de Janeiro, 1961, I, pp. 287-8.

[5] Varnhagen, *Correspondência ativa*, p. 281.

[6] William Hadfield, *Brazil and the river Plate*, Londres, 1854, p. 106; 2ª ed., Londres, 1877, p. 18.

[7] Herbert Smith, *Brazil, the Amazons and the coast*, p. 441.

[8] Evaldo Cabral de Mello, *O Norte agrário e o Império*, 2ª ed., Rio de Janeiro, 1999, pp. 20-1.

era encarada como potencialmente desagregadora do regime, desafiando o que a ideologia imperial inculcava como o bem supremo das instituições monárquicas, a unidade do Brasil. A preferência pela colonização neerlandesa podia também mascarar tendências republicanas, dada a forma de governo dos Países Baixos à época da ocupação do Nordeste, e de exigências de pluralismo religioso e de liberdade de consciência, contrárias ao caráter oficial da religião católica. Por fim, ela punha em causa a valia do legado português, que dera ao Império a dinastia reinante, fiadora dos laços que, feita a Independência, deviam continuar a vincular ambas nações, de modo a preservar o estatuto de país europeu do Brasil e o domínio da camada branca da sua população, a qual, sem a imigração portuguesa, única então viável em escala significativa, temia naufragar no oceano da grande maioria mestiça.

Desde 1854, a historiografia de Varnhagen traçou os limites da reflexão sobre o tema. Ao invés da leitura nativista, que entrevia na guerra holandesa a base do que hoje se chamaria identidade regional, Varnhagen a encarava na perspectiva exclusiva da construção do Estado imperial. Na *História geral do Brasil* mas não na *História das lutas com os holandeses no Brasil*, onde evitou o assunto, Varnhagen indagou se a ocupação neerlandesa produzira "proveito ao Brasil". A resposta é cuidadosamente qualificada: a guerra tivera, com efeito, "resultados benéficos" (a guerra, não a dominação batava como em Abreu e Lima ou Fernandes Gama), segundo a teoria da função civilizadora do conflito bélico, pois "é um axioma comprovado pela história que, às vezes, estas [as guerras] são civilizadoras e que trazem energia e atividade a povos entorpecidos pela incúria, a preguiça e o ilhamento". A esta "lei indeclinável", o Brasil tivera de pagar tributo como condição de grandeza, uma espécie de prova iniciática das nações. A primeira conseqüência positiva fora a coesão das classes, associadas na luta, e a cooperação entre reinóis e naturais, ao aproximarem-se o "soldado europeu do brasileiro ou do índio amigo". A segunda, a integração colonial, gerando "a tolerância dos povos de umas capitanias para as outras", em detrimento dos particularismos locais, "de modo que quase se pode assegurar que dessa guerra data o espírito público mais generalizado por todo o Brasil". A unidade da América portuguesa, prefiguração do Império, saíra reforçada pelo devassamento e ocupação do país em função da guerra, e isto "não só nas capitanias do norte, onde os povos estavam em contacto com indivíduos de uma nação mais ativa e industriosa, como até nas do sul", graças ao bandeirantismo, o que acarretara evidente progresso das comunicações e da "cultura do Brasil em geral". Ademais, a guerra fomentara as correntes migratórias portuguesas, mercê dos "grandes e continuados reforços de colonos ativos e vigorosos de vários terços ou regimentos que vieram da Europa e cujos indivíduos pela maior parte ficaram no Brasil". Por fim, o conflito tornara o Brasil conhecido na Europa. Somente do ponto de vista religioso, é que o balanço de Varnhagen é desencorajador, devido à imposição de uma crença sobre outra.[9]

O leitor terá observado a referência de raspão aos contactos com "uma nação mais ativa e industriosa", mas ela não significa que Varnhagen defendesse a colonização holandesa. Apenas creditava-lhe a promoção comercial dos nossos produtos no norte da Europa, promoção que, no caso do açúcar, predatava, como é sabido, a ocupação batava. Ao governo nassoviano, Varnhagen dedica três ou quatro páginas de síntese das realizações arquitetônicas, administrativas e culturais, referindo também à liberdade de comércio. Por fim, ele inverte cronologicamente a comparação nativista. Esta, como se viu, contrastava o desenvolvimento material do Brasil holandês com o atraso e a inércia do domínio português, entre a restauração e a Independência. Varnhagen fê-lo com a modéstia das realizações lusitanas do período *ante bellum*: "Por todo o Brasil não houvera anteriormente [a Nassau] obras tão consideráveis e tão habilmente executadas", o que lhe devia parecer não o indício de uma superioridade de civilização mas apenas da longa experiência de que dispunha um país que, "à ciência hidráulica, deve a existência de algumas de suas províncias".[10]

O Império era o Estado sucessor de Portugal na América e somente a colonização lusitana poderia ter garantido a unidade nacional, o que bastava à historiografia imperial para desqualificar as outras experiências coloniais. Nos *Apontamentos para a história do Maranhão* (1858), João Francisco Lisboa traçava o paralelo entre a colonização francesa e a holandesa, a lusitana sendo para ele *hors concours*. A efêmera ocupação batava do Maranhão (1642-1644) representara

---

[9] Varnhagen, *História geral do Brasil*, III, pp. 97-9.

[10] Ibid., II, pp. 287-90.

um "cortejo de horrores, agravados pelas paixões ruins dos conquistadores". "As devastações, incêndios, matanças e suplícios são o único espetáculo que oferece a história da ocupação holandesa", carente de quaisquer medidas que denotassem "religião, humanidade e civilização, sempre inerentes às empresas dos primeiros povoadores", vale dizer, destituída da ideologia colonial das potências católicas com sua ênfase na conversão do gentio e na proteção da indiada diante da cobiça dos colonos. João Francisco Lisboa reconhecia, porém, que em Pernambuco fora diferente, pois ao passo que "os holandeses não deixaram entre nós rasto ou memória alguma que denunciasse intenções benéficas", assinalando-se "somente pelos estragos e ruínas que fizeram", ali "deram eles vigoroso impulso ao comércio e à agricultura, e foram parte para que o Brasil, até então completamente ignorado, se revelasse de algum modo à Europa".[11] Contudo, na *Vida do padre Antônio Vieira*, o autor resumirá numa veia inteiramente negativa até mesmo o domínio batavo em Pernambuco.[12]

Para ele, a colonização francesa no Maranhão oferecia um contraste brilhante com a neerlandesa, já que, em vez de arrebatar traiçoeiramente "uma cidade edificada por outra nação amiga", ambicionara "cultivar uma terra abandonada e deserta, pois os seus únicos habitadores, os selvagens tupinambás, precisavam eles mesmos de mais cultura que a terra que pisavam". Se os franceses tampouco se haviam alheado de objetivos comerciais, "é impossível desconhecer o zelo e fervor religioso que os animava, se atentarmos para o grande e dispendioso aparato de missionários que trouxeram e para os importantes trabalhos que empreenderam, não menos que para os resultados conseguidos". O balanço da França equinocial dera lucro: exploração do litoral e dos rios Itapicuru e Mearim; conversão e civilização dos indígenas; colonos dotados de sentimentos humanitários, filantrópicos e inteligentes. Julgava João Francisco Lisboa que se no seu tempo a experiência francesa era apenas conhecida dos homens de letras, ao invés da holandesa, que ainda vivia na memória do povo, devia-se a que, enquanto os franceses tinham ocupado área pouco habitada e entretido relações amistosas com tribos já desapa-

---

[11] *Obras de João Francisco Lisboa*, II, pp. 165-6, 169-70.

[12] Ibid., IV, p. 118.

recidas, os neerlandeses se haviam instalado em região povoada e, ao violentarem a cultura de uma comunidade já enraizada, como a luso-brasileira em Pernambuco, haviam deixado nela, "de geração em geração, senão o ódio, certamente a recordação do mal".[13]

Da idealização do domínio francês, João Francisco Lisboa não tirava, contudo, razão para alimentar uma nostalgia ravarderiana que representasse a contraparte da nostalgia nassoviana, como faziam os maranhenses que lamentavam "não descendermos de franceses".[14] Ele mostra-se cético sobre as possibilidades de êxito da colonização francesa, sempre infeliz no Novo Mundo; no Rio ou no Maranhão, ela fora ainda mais precária que a dos neerlandeses. A deterioração nas relações entre franceses e indígenas, de um lado, e entre os colonos católicos e huguenotes, de outro, fazia prever para a França equinocial fim idêntico ao da França antártica. Segundo o autor, só os portugueses foram capazes de fundar na América "um império tão vasto como compacto, o segundo porventura deste continente, onde somente aos Estados Unidos cede a primazia". Mas a consideração decisiva para ele consistia em que, "se vingasse o estabelecimento francês, não existiria hoje esta nação brasileira a que pertencemos; ou, pelo menos, não faríamos parte dela, nós, os atuais maranhenses", que estariam reduzido à condição de habitantes de "nova Caiena", isto é, de uma colônia penitenciária, ou da Luisiânia, objeto de compra e venda no leilão das grandes potências.[15]

A unidade do Império era o legado da colonização portuguesa; e o Brasil, a prolongação do reino europeu. Se pelas vicissitudes da história, este viesse a desaparecer, havia-se de "perpetuar por muitos séculos mais na linguagem, religião, idéias, usos e costumes dos seus descendentes". Na *Vida do padre Antônio Vieira*,

---

[13] Ibid., II, pp. 170-1, 180-2.

[14] Antônio Francisco Leal, 'Notícia acerca da vida e obras de João Francisco Lisboa', *Obras de João Francisco Lisboa*, I, p. CXXXVI.

[15] *Obras de João Francisco Lisboa*, II, pp. 185-7. O biógrafo de João Francisco Lisboa perguntava qual a colônia francesa que tivesse prosperado a ponto de emancipar-se, aduzindo a reflexão pragmática da desvantagem que para a independência do Brasil teria oferecido o poderio militar da França, suficiente para jugulá-la, ao passo que Portugal não oferecera resistência digna de nota: Antônio Henriques Leal, *Lucubrações*, São Luís, 1874, pp. 113-4.

o historiador repisava a idéia a propósito de Fernandes Vieira, que reputava o verdadeiro herói da restauração. As acusações de que fora objeto, "pode a história afoita responder, apontando simplesmente para a vasta mole, inteiriça e homogênea, sob o ponto-de-vista social e territorial, cuja mutilação pendeu tantas vezes do delgado fio das sombrias maquinações diplomáticas", este Império "onde se perpetua a dinastia de Bragança e se renova a raça dos primitivos conquistadores e onde floresce um grande povo e as grossas correntes de imigração já acham asilo". O Brasil era a única das conquistas lusitanas a preservar "o selo da metrópole"; e nele os portugueses teriam "um último e seguro abrigo se as grandes transformações e catástrofes, de que o nosso século oferece tantos exemplos, violando a sua independência e nacionalidade, os obrigar a abandonar em grandes massas o solo sagrado da pátria".[16]

Escusado assinalar que a apologia da colonização portuguesa por João Francisco Lisboa tinha a ver com as tendências políticas do autor. Em discurso na Assembléia provincial do Maranhão, no qual defendia a anistia para os envolvidos na revolução praieira em Pernambuco, confessava que, entre as facções do Partido Liberal, a Praia era-lhe a mais antipática, devido ao "anacronismo estúpido e bárbaro da propaganda contra estrangeiros e, sobretudo, contra portugueses". Para o historiador, que transitara do radicalismo para a moderação, o sentimento anti-lusitano, compreensível durante as lutas pela emancipação, tornara-se coisa do passado, "mero fato histórico, arredado de nós por um quarto de século", representando agora "vergonha e desdouro para uma nação generosa e civilizada".[17] O patriotismo de boa parte das camadas dirigentes não se pensava contra Portugal, tanto mais que continuavam a integrar os elementos bem sucedidos da imigração lusitana, persistindo em ver o Brasil como América portuguesa e a si mesmos como "os portugueses da América", conforme a definição de Martinho Campos na tribuna do Parlamento do Império. Para estes estratos, o grande mas inconfessado perigo da nacionalização do comércio a retalho, pedra de toque do anti-lusitanismo populista, consistia em fazer cessar a imigração portuguesa. E

---

[16] *Obras de João Francisco Lisboa*, ii, p. 187; iv, pp. 122-3.

[17] Ibid., iv, pp. 635-6.

Rubro Veio: o imaginário da restauração pernambucana   329

em Pernambuco mesmo, os 'mata marinheiro' e a revolta praieira haviam incentivado a partida de reinóis para Angola e Moçambique.[18]

Como devido à escravidão, o país não poderia dispor de correntes populacionais suficientemente densas, oriundas de outras nações européias, só a imigração portuguesa impediria a longo prazo a concretização do pesadelo, raramente mencionado de público mas sempre presente, de uma haitização em larga escala do Brasil, com o desaparecimento das camadas brancas nas massas negras e mestiças. Somente a entrada contínua dos excedentes populacionais da antiga metrópole garantiria o equilíbrio racial e a ordem social. Demograficamente Portugal era a amarra precária mas insubstituível que atava o Brasil à Europa. João Francisco Lisboa, que no seu discurso de 1849 fizera a apologia da imigração lusitana, advertia nos *Apontamentos* contra o "falso patriotismo *caboclo*" que caluniava a colonização portuguesa, atiçava rivalidades esquecidas que "uma política ilustrada aconselha pelo contrário a apartar e adormecer", e, mal dos males, "embaraça, retarda e empece os progressos da nossa pátria, em grande parte dependentes da emigração da raça empreendedora dos brancos e da transfusão de um sangue mais ativo e generoso". [19]

Mesmo quem admite a superioridade da colonização batava ou emite juízo favorável à administração nassoviana, não ultrapassa os condicionamentos ideológicos da ordem imperial. No estudo intitulado 'Brasil holandês', publicado em 1860 pelo cônego Fernandes Pinheiro, do Instituto Histórico e Geográfico Brasileiro, ele não disfarça seu entusiasmo pelo governo de Nassau, que a longo prazo teria forjado uma nação mais próspera, superando os antagonismos nacionais e religiosos, promovendo a fusão de neerlandeses e luso-brasileiros, dotando o interior de canais e estradas e de outros melhoramentos do seu "gênio empreendedor" para fazer do Brasil "a inveja do mundo". "Ainda assim, não devem os pernambucanos lamentar a ruína do poderio batavo", antes considerá-la "um favor do Céu, evidente prova de que a Terra de Santa Cruz merece, como outrora

---

[18] Joaquim Nabuco, *Um estadista do Império*, I, p. 107; J. A. Gonsalves de Mello, 'Bernardino Freire e o primeiro romance pernambucano', Abreu e Castro, *Nossa Senhora dos Guararapes*, I.

[19] *Obras de João Francisco Lisboa*, II, p. 271.

a de Israel, sua especial proteção", pois Pernambuco disporia inegavelmente de civilização mais avançada, mas teria perdido a vantagem suprema de pertencer ao Império e de gozar dos benefícios da unidade nacional: "uma só religião [...] uma só língua [...] um só monarca".[20]

A nostalgia nassoviana tampouco será alentada pelo autor que, com Varnhagen, mais influenciou a reflexão histórica durante o Império, Robert Southey, cuja obra, publicada na Inglaterra entre 1810 e 1819, só teve tradução brasileira em 1862. Salvo referências críticas à religião católica (que o cônego Fernandes Pinheiro tratou de esconjurar nas notas de rodapé, alertando o leitor para que, como protestante, Southey não perdia "ocasião de achincalhar a nossa santa crença"), a *History of Brazil*, produto da reação romântica e conservadora ao racionalismo revolucionário e jusnaturalista, confortava as inclinações ideológicas dos grupos dirigentes empenhados na consolidação do Estado unitário.[21] Seu tratamento do período batavo estava longe de simpático. Bom conhecedor das crônicas luso-brasileiras, Southey, que endossava a noção do neerlandês como indivíduo exclusivamente motivado pelo ganho, encampava alegremente as acusações contra a crueldade batava, aludindo à "secura nacional do caráter holandês" e lembrando, a pretexto do episódio da rendição do Arraial do Bom Jesus, que haviam sido os mesmos métodos que, empregados no Oriente e Ocidente, haviam tornado infame o colonialismo batavo. Julgamento que mereceu de Fernandes Pinheiro o reparo de que o autor deixara-se levar por ciúmes de inglês contra os seus grandes concorrentes comerciais de outrora.[22]

Por outro lado, Southey opôs, como outros o haviam feito, a sabedoria de Nassau ao imediatismo batavo. "Bem foi a Portugal que rasteiros ciúmes e baixas considerações neutralizassem a influência deste grande homem", pois "se lhe tivessem seguido os planos, seria hoje o Brasil uma colônia holandesa", ou talvez, como se inclinava a pensar o anotador brasileiro da sua obra, teria, "pelo contrário, acelerado a nossa independência". Southey concordava em que a derrocada do

---

[20] Fernandes Pinheiro, *Estudos históricos*, pp. 186-7.

[21] Southey, *História do Brasil*, I, p. 319; Maria Odila Silva Dias, *O fardo do homem branco*, pp. 6-7.

[22] Southey, *História do Brasil*, I, pp. 373-4, II, p. 39.

Brasil holandês decorrera da defasagem entre a visão do governador e a miopia neerlandesa. Ele principiara a construir o Recife "como se trabalhasse para uma nação cujas idéias fossem tão vastas e atrevidas como as dele".[23] Noutro passo, o historiador propunha interpretação mais conforme à concepção de Edmund Burke, e, em geral, do romantismo, a qual, a contrapelo do racionalismo iluminista, via no desenvolvimento dos Estados um processo de crescimento orgânico, de sedimentação demorada, contra a qual nada poderiam as transformações revolucionárias que queriam ingenuamente fabricar nações "da noite para o dia".[24]

Não duvidava Southey da superioridade da civilização dos Países Baixos, "país mais ditoso do que Portugal [...] mais industrioso e mais ilustrado, [onde] vivia o povo debaixo de um governo livre e de uma religião tolerante, gozando da regular administração de boas leis". A questão colocava-se noutro plano: as instituições, a vida social, o caráter nacional em suma não eram adaptáveis a outros meios físicos ou transmissíveis a povos diferentes, donde ser raro "poder uma nação ampliar as próprias vantagens às suas conquistas estrangeiras". Numa referência irônica à predileção de Nassau pela jardinagem, acentuava Southey que ele "podia transplantar florestas e árvores frutíferas mas não as benéficas instituições da sua própria pátria, que são coisas que têm suas raízes na história e nos hábitos e sentimentos daqueles a par de quem foram crescendo, e a cujo crescimento se acomodaram". Mesmo na hipótese do êxito da política nassoviana, o malogro teria sido inevitável, de vez que "a língua, a religião, os costumes, o caráter e orgulho nacional dos portugueses eram outros tantos obstáculos, fortes em si mesmos e, na sua união, insuperáveis". Ora, a conquista visara objetivo estritamente mercantil, fora "mera especulação comercial, em que era o lucro da Companhia o único fito, a estrela polar de toda a política". A conclusão tinha de ser taxativa: "Ainda que melhor espírito houvesse dirigido o governo, o proceder dos seus subalternos o teria inutilizado".[25]

---

[23] Ibid., I, pp. 393 e 413.

[24] Maria Odila Silva Dias, *O fardo do homem branco*, pp. 84-5, 102-3.

[25] Southey, *História do Brasil*, II, pp. 37-8.

O sentimento local também contribuiu para tolher o revisionismo. No imaginário nativista, a restauração constituíra o primeiro capítulo da tradição autonomista da província: a expulsão dos batavos, a guerra dos mascates, a revolução de 1817 e a Confederação do Equador correspondiam a momentos de um mesmo processo. Conseqüentemente, manifestar reserva no tocante a qualquer deles, sobretudo ao acontecimento fundador, equivalia a questionar o conjunto, sobre o qual velava desde 1862 o Instituto pernambucano, sob a presidência do revolucionário e historiador de 1817, monsenhor Muniz Tavares, para quem o 27 de janeiro de 1654 só devia ficar abaixo do 7 de setembro no nosso calendário cívico.[26] Por conseguinte, ao longo do primeiro decênio da entidade, a tese da superioridade da colonização holandesa não mereceu acolhida.

Para dar um basta nos revisionistas, nos anos sessenta o Instituto encarregava Raposo de Almeida, conhecido pelas suas opiniões conservadoras, de redigir parecer sobre a questão de se "Pernambuco seria mais próspero sob o ponto-de-vista religioso, moral e material continuando sob o domínio da Holanda".[27] Não se chegou, contudo, a debater o assunto, provavelmente para evitar controvérsia de conotações políticas. Mas Raposo de Almeida reabriu a questão em 1870 no Instituto Histórico de Goiana, cidade que no período da Independência fora um centro de nativismo exaltado, expondo seu julgamento, em primeiro lugar, sobre o conjunto da experiência da colonização batava, que "não podia ser de proveito nem à civilização em geral nem ao progresso do país em particular", pois "não nos deixaram [...] um só monumento que ateste a sua civilização e sua indústria em proveito do país". Mas sua rejeição do 'tempo dos flamengos' não ficava aí, pondo em causa o próprio governo nassoviano: "[D]a preconizada administração do príncipe Maurício de Nassau, embora pese ao seu panegirista Barleus e a todos os escritores antigos e modernos, inclusive o Sr. Varnhagen, que pede para sua memória uma estátua, pode-se dizer em vista dos fatos severos da história, que o príncipe na guerra era cruel, na política imprevidente, contraditório e dissimulado, na administração fútil, incoerente e superficial".[28] Sob a máscara do antigo

---

[26] Muniz Tavares, 'Discurso', RIAP, 3 (1864), p. 72.

[27] RIAP, 15 (1867), p. 146

[28] Revista do Instituto Histórico de Goiana, 1(1871), pp. 59 e 78.

Rubro Veio: o imaginário da restauração pernambucana   333

nativismo, era o primeiro rebate da ofensiva católica e tradicionalista, que vinha inserir-se na mesma atmosfera ideológica dos últimos anos sessenta e primeiros setenta que assistiram à polêmica entre Abreu e Lima e monsenhor Pinto de Campos em torno da divulgação da Bíblia protestante, e à 'questão religiosa' deflagrada pela campanha do bispo de Olinda, D. Vital Maria Gonçalves, contra a infiltração maçônica nas irmandades religiosas.

A réplica do liberalismo democrático não se fez esperar. Orador do Instituto pernambucano quando da inauguração da coluna comemorativa do Arraial Novo (1872), Aprígio Guimarães, lente de direito civil e de economia política na Faculdade de Direito do Recife e cujo percurso intelectual o levara do catolicismo de Montalembert e de Lacordaire ao evolucionismo spenceriano, participou ativamente da luta contra o ultramontanismo que culminará na prisão do bispo de Olinda e na expulsão dos jesuítas.[29] Embora rendesse preito aos restauradores, que permaneceram "fiéis às tradições com que haviam sido criados", ele não hesitava em condenar a restauração. Após constatar que, na história local, "a lavra do historiador filósofo ainda não começou", Aprígio Guimarães enveredava por um elogio difuso da colonização batava, chegando a atribuir à sua superioridade o fim do Brasil holandês, pois fora "por não quererem exterminar-nos (como os portugueses exterminaram os aborígines) [...], foi por guardarem uma política humana e civilizadora que os holandeses perderam as suas possessões brasileiras". Nas águas de Fernandes Gama, recapitulava os ambiciosos planos que a restauração viera frustrar, de vez que "o povo que, sustendo com uma mão o mar, com a outra fez nos domínios do mar um grande empório, sabia converter os seus projetos em realidades, e disto deixou-nos provas ainda hoje vivas", ao passo que "os nossos gloriosos antepassados" vegetavam no atraso e na abjeção do absolutismo dos Bragança.[30]

---

[29] Pereira da Costa, *Dicionário biográfico*, pp. 197-8; Clóvis Bevilacqua, *História da Faculdade de Direito do Recife*, 2ª ed., Brasília, 1977, pp. 331-3.

[30] Aprígio Guimarães, 'Discurso lido na inauguração da coluna comemorativa do Arraial Novo', RIAP, 23 (1869), pp. 714-6.

Aprígio Guimarães também tentou levar o Instituto pernambucano a debater a restauração para determinar se fora "fator de prosperidade futura para o Brasil" do ponto-de-vista da "civilização e do progresso" e também do ponto de vista religioso.[31] Novamente o Instituto aprovou a proposta e mais uma vez evitou tratar do assunto, substituindo-o pelo das conseqüências da restauração para a independência nacional, o que levava de volta a discussão para terreno incontroverso. As atas não registraram o debate, consignando apenas que a maioria opinara que a restauração apressara a emancipação.[32] Foram também ventiladas as causas da expulsão dos holandeses, por sugestão de Afonso de Albuquerque Melo, que lembrou também a necessidade de se investigarem "as razões por que os portugueses, em lugar de se retirarem por ocasião da independência do Brasil, como fizeram os holandeses pela restauração, aqui ficaram, quando tinham mais motivos para temer-nos do que os holandeses".[33]

As tendências dominantes nos últimos decênios do Império e primeiros da República também vitimaram por tabela a colonização portuguesa. O evolucionismo, o germanismo da Escola do Recife, o liberalismo econômico, o abolicionismo, o republicanismo, a propaganda imigratória continham, ao menos implicitamente, o repúdio do passado lusitano. Para os prosélitos do espírito crítico, a herança portuguesa encarnara a ortodoxia católica, o obscurantismo da aliança do poder temporal e do espiritual. Para os sequazes do livre câmbio, ela representara o monopólio comercial que segregara o Brasil do comércio mundial. Para os abolicionistas, ela se confundia com a abominação do trabalho servil, que viciara duradouramente a sociedade brasileira, indispondo-a para a civilização de Oitocentos. Para os adeptos do regime republicano, ela nos transmitira a monarquia que, absoluta ou constitucional, pervertera a vida política do país. Para os partidários das doutrinas de superioridade racial, ela implantara a miscigenação, que comprometera o futuro nacional. A nostalgia do Brasil holandês nutriu-se de todos estes tópicos, creditando-se à modernidade da experiência batava haver

---

[31] Aprígio Guimarães, 'Discurso', RIAP, 24 (1869), p. 798.

[32] RIAP, 25 (1869), pp. 3 e 6.

[33] RIAP, 26 (1870), p. 8.

Rubro Veio: o imaginário da restauração pernambucana

trazido para o Norte do Império os valores da civilização dos Países Baixos, o livre exame, que lhe legara o protestantismo, o regime republicano de que então gozara a metrópole, a liberdade de comércio, que lhe havia conferido uma incomparável prosperidade, a energia e a capacidade de uma raça que mantivera sua pureza.

Não se deveu, contudo, ao arauto de qualquer destes "ismos" triunfantes mas a um epígono da velha historiografia nativista a primeira tentativa revisionista que, ultrapassando o reconhecimento da primazia da civilização material neerlandesa, reabilitava o conjunto do domínio batavo, proclamando sua superioridade global sobre a colonização portuguesa. Além de preservar a inspiração ideológica do nativismo, Pereira da Costa tinha um apetite voraz de antiquário por todos os aspectos do passado provincial e, dentro das limitações de formação metodologicamente acanhada, certo conhecimento dos critérios da história positivista. Daí que seu trabalho se situe em posição peculiar, a jusante da historiografia nativista e a montante da nova historiografia científica de Alfredo de Carvalho e Oliveira Lima. No discurso de posse no Instituto pernambucano (1876),[34] ele levou às últimas conseqüências a visão nativista do Brasil holandês, em forma a que não se atrevera sequer Fernandes Gama, embora constituísse trabalho de mocidade, que provavelmente o autor já não assinaria anos depois, ao menos nas suas asserções radicais.

Era às exigências da crítica histórica que Pereira da Costa recorria para impugnar as atividades da instituição, que se haviam concentrado no propósito de diabolizar a presença batava e de idealizar a ação de Fernandes Vieira, tornando odiosa "a rápida e luminosa passagem dos holandeses por esta província". E Pereira da Costa invocava um ideólogo conservador espanhol, Jaime Balmes, para indagar o que seria da verdade histórica se os conflitos entre nações européias fossem narrados apenas segundo a ótica de um dos lados. Ao historiador teria sobrado razão, caso tivesse formulado seus reparos menos em termos da influência do *Lucideno*, inferior à do *Castrioto*, do que da dependência pura e simples das fontes luso-brasileiras e do desconhecimento das holandesas, salvo Barleus, limi-

---

[34] 'Instituto Arqueológico e Geográfico Pernambucano. Discurso lido pelo Sr. Francisco Augusto Pereira da Costa', Jornal do Recife, 17.VI.1876. As referências ao discurso e à polêmica a que deu lugar deve-as o autor à amabilidade de J. A. Gonsalves de Mello.

tações que só o estudo do idioma dos antigos invasores teria permitido superar, como naqueles anos setenta indicava o exemplo de José Higino Duarte Pereira, ao encetar a tradução dos *Anais dos feitos*, de Johan de Laet.

Como Fernandes Gama, Pereira da Costa indignava-se que a restauração houvesse frustrado a independência, desfecho natural do triunfo alcançado sem ajuda do Reino. Era inconcebível que lutasse "um povo inteiro", comprando "com o seu sangue uma terra que já lhe pertencia", para, em seguida, "submeter-se de novo à dominação portuguesa". Ele repudiava, portanto, o 27 de janeiro, que correspondendo à capitulação batava, o Instituto comemorava como a data máxima do calendário cívico da província. Para Pereira da Costa, "o 27 de janeiro não nos pertence. Pertence-nos tanto como o 1o. de dezembro de 1640 quando passamos do domínio espanhol para o português". Afinal de contas, na guerra dos mascates ou na revolução de 1817, "Portugal enlutou e cobriu de sangue esta generosa terra, que podia ser livre porque se fez, e que seria nação independente se a 27 de janeiro desse o grito de liberdade". A restauração não constituíra apenas a substituição de uma metrópole por outra ainda "pior"; e "a expulsão dos holandeses foi de tão graves prejuízos para o Brasil como foi para a Espanha a expulsão dos mouros". Neste particular, ele tinha em vista o retrocesso decorrente da partida de uma raça reputada por sua superioridade tecnológica e científica e por sua laboriosidade e proficiência em meio a populações, como a peninsular ou a luso-brasileira, tidas na conta de faltas de sentido prático e de conhecimento das artes e ofícios.

Os nativistas da velha guarda haviam acreditado, como seus avós, que a restauração constituíra o episódio mais brilhante da história provincial. Tão nativista quanto eles, Pereira da Costa vinha dizer-lhes que, pelo contrário, ela fora um erro histórico de dimensões trágicas, pois a dominação holandesa representara "a página mais esplendorosa" da história brasileira. Politicamente, os batavos haviam implantado o *nec plus ultra* das instituições representativas, dando à colônia "o seu Parlamento, onde os brasileiros tinham assento", e, sobretudo, promovido a instrução pública que, no ideário oitocentista e republicano da educação gratuita e obrigatória, oferecia a preparação indispensável ao exercício da cidadania. Quando mais nada houvessem realizado em Pernambuco, bastaria aos Países Baixos, "para eterno padrão da sua glória, a imprensa, o livro e a escola". Neste particular, que haviam feito os portugueses? Ao passo que "os holandeses desen-

Rubro Veio: o imaginário da restauração pernambucana 337

volviam as artes em Pernambuco e estabeleciam a imprensa [...], os portugueses no século XVIII mandavam quebrar as forjas dos ourives, prender os seus artífices, fechar uma tipografia que se havia aberto no Recife e queimar todos os seus impressos, e isto mesmo se repetiu no século atual, no 'século das luzes'. Quando os holandeses abriam escolas, consentiam o livre comércio dos livros e pretendiam criar uma biblioteca pública, os portugueses fechavam as escolas, proibiam a entrada dos livros no Brasil e sujeitavam-nos à censura da Mesa da Consciência e Ordens! Quando os holandeses pretendiam criar no Brasil uma universidade, os portugueses apontavam-nos a sua célebre Universidade de Coimbra!"

No plano econômico, o domínio holandês encarnara a liberdade de comércio contra o arcaísmo do monopólio colonial português; o fomento das atividades manufatureiras, que Portugal tenazmente reprimira entre nós; a aclimatação no Brasil de plantas úteis e drogas do Oriente, também proibidas pelo Reino no caso do gengibre e do anil, de modo a preservar a produção das suas colônias do Oriente; e a adoção de melhoramentos materiais que estavam fora do alcance da tecnologia lusitana: "palácios como ainda hoje não os possuímos; pontes, canais e estradas públicas [...] magníficas fortificações [...] o traçado da Cidade Maurícia com a sua regularíssima edificação em ruas direitas e cruzadas". Do ponto de vista religioso, a colonização neerlandesa significara a liberdade de consciência e de culto diante do fanatismo e à intolerância católicos. Escusado aduzir que neste como noutros aspectos, o autor incorria numa idealização desmedida do Brasil holandês.

A superioridade da colonização holandesa, ele a derivava não de diferenças inatas ou raciais, o que seria, aliás, conforme às inclinações intelectuais da época, mas da fortuna histórica de ambos países no século XVII. Enquanto "Portugal começava a decair", "a Holanda era um gigante que despertava". A restauração roubara, portanto, um futuro radioso ao Brasil. Se tantos progressos haviam sido realizados sob a tutela de uma empresa privada, a Companhia das Índias Ocidentais, o que não se teria alcançado com a incorporação do Brasil holandês ao Estado? "Que o digam Java e todas as outras colônias holandesas da Oceania". Em suma, "já agora podemos dizer que o Brasil seria muito mais feliz e seria mesmo hoje a primeira potência da América se tivéssemos sido colonos holandeses". Ao invés, "expulsamos os holandeses e fomos curvar a nossa fronte engrinaldada de louros àqueles que mandavam assassinos, ladrões e prostitutas para povoar o Brasil, quando os holandeses mandavam os seus príncipes e os homens mais notáveis nas ciências e nas artes". Portugal só deixara à colônia "a ignorância, o fanatismo, o comércio da carne humana, o tráfico dos africanos livres".

Pereira da Costa concluiu sua peça iconoclástica pedindo desculpas àqueles a quem houvesse chocado. Ela conhecerá efetivamente um provinciano *succès de scandale* devido não só à condenação do domínio português como também às suas conotações anti-católicas. Malgrado a anistia aos bispos, havia o ressentimento causado pela vitória maçônica na questão religiosa. Nos anos setenta do século XIX, o sentimento anti-português ganhara novo alento devido aos motins nativistas de Goiana em 1872 e 1875, que haviam trazido de volta a agitação em prol da nacionalização do comércio a retalho. O discurso de Pereira da Costa sistematizava várias das acusações formuladas durante a polêmica em torno do artigo das *Farpas*, de Ramalho Ortigão e de Eça de Queiroz, relativo à visita de D. Pedro II a Portugal, e estudada por Paulo Cavalcanti.[35] Naquela ocasião, os panfletários nativistas haviam posto na conta da colonização portuguesa "o sistema aberrativo da forma monárquica", "a mancha negra da escravidão", "a prostituição, o adultério, a poligamia, o onanismo", a moeda falsa, a falência dolosa e "a religião do jesuitismo e a inquisitorial", apontando o atraso lusitano na Europa. Os autores das 'Frechas', por exemplo, assinalaram o papel lamentável que o país desempenhara nas exposições industriais em que o triunfante capitalismo oitocentista exibia os avanços da sua técnica e do seu conhecimento científico, indagando: "O que há, pois, de maravilhoso em Portugal que cause admiração e inveja aos outros povos? Nada, absolutamente nada". O país não contribuíra com uma só idéia nova para o desenvolvimento da civilização ou para o enriquecimento da cultura universal, nem em política com "uma revolução social". Suas "únicas glórias [...] – se glória se pode chamar ao incêndio, ao estupro, ao adultério, ao roubo e aos assassinatos – são as conquistas da Guiné e do Brasil, matando-se os índios e reduzindo-os à escravidão".[36] Nem mesmo os foliculários praieiros haviam-se mostrado tão virulentos.

---

[35] Paulo Cavalcanti, *Eça de Queiroz, agitador no Brasil*, 2ª ed., São Paulo, 1966, pp. 162-9.

[36] Ibid., pp. 86-88.

Em vista da existência de rica e influente colônia portuguesa no Recife, a reação ao discurso de Pereira da Costa não se fez esperar. Certo Alípio Augusto Ferreira protestou pela imprensa, acentuando que "tem sido e continuará sendo, enquanto o amor da justiça, da igualdade e fraternidade não vier substituir o ódio de raça e baixos preconceitos de parte da mocidade brasileira contra os portugueses, tema constante atribuir ela a Portugal a origem de todos os males que afligem o Brasil, como se os 55 anos de vida independente que conta o Império não bastassem para seus filhos terem já evitado e remediado todos esses males reais ou imaginários," dos quais, aduzia com otimismo, Portugal mesmo já soubera desvencilhar-se em apenas quarenta anos de monarquia constitucional. "Mas não: o pecado original serve ainda na mente de alguns 'patriotas' pernambucanos para insultar uma nação que lhes devera merecer respeito [senão] como mãe, ao menos como irmã mais velha". Estranhava o artigo que o Instituto não houvesse desautorizado o sócio atrevido, "insultador de suas convicções e da memória dos heróis cujas façanhas comemora todos os anos com patrióticos discursos e pompa oficial". A querela ameaçava extrapolar os limites da disputa historiográfica. Além da réplica de Pereira da Costa e da tréplica de Alípio Ferreira, correra em defesa do "luminoso e histórico discurso do Sr. Costa" alguém que se escondia sob o pseudônimo sedicioso de Ratcliff, mártir da Confederação do Equador.[37] Um colega do Instituto encarregou-se de refutar Pereira da Costa em dois trabalhos dos quais só o primeiro foi divulgado.[38]

Maximiano Lopes Machado começava por negar originalidade à tese de que o domínio holandês teria sido mais vantajoso para o Brasil, proposição que "tem sido repetida de algum tempo a esta parte, na Corte e em outros lugares". O

---

[37] Alípio Augusto Ferreira, 'O novo sócio correspondente do Instituto Arqueológico e Geográfico Pernambucano, Sr. Francisco Augusto Pereira da Costa, e sua opinião sobre o caráter, qualidades e inteligência dos portugueses', Jornal do Recife, 22.VI.1876; Ratcliff, 'Ao Sr. Alípio Augusto Ferreira', Jornal do Recife, 25.VI.1876; F. A. Pereira da Costa, 'O Sr. Alípio Augusto Ferreira e o meu discurso recitado no Instituto Arqueológico e Geográfico Pernambucano', Jornal do Recife, 4.VII.1876; e também Jornal do Recife, 7 e 8.VII.1876.

[38] 'Discurso lido pelo Sr. Dr. Maximiano Lopes Machado na sessão do Instituto de 20 do corrente, em refutação ao Sr. Francisco Augusto Pereira da Costa', Jornal do Recife, 22.VII.1876.

exemplo de Java não colhia, pois a fortuna da ilha não decorrera da "indústria holandesa" mas simplesmente da "sua posição de centro de todo o comércio com a Europa, China, Japão e Índia", apontando a contraprova da existência medíocre que arrastava o Surinã. Lopes Machado entreviu vários dos pontos vulneráveis da argumentação do confrade, muito embora seu conhecimento do período batavo não lhe permitisse tirar todo o partido possível. No tocante à liberdade de comércio, negava que o comércio do Brasil holandês tivesse estado aberto às nações estrangeiras.[39] Lembrava que também os neerlandeses haviam praticado em larga escala o tráfico de africanos; e discordava de que o Brasil holandês houvesse conhecido autêntica liberdade religiosa, lembrando a conversão de templos católicos, como a matriz do Corpo Santo, em calvinistas, e a incorporação do convento de Santo Antônio no sistema de fortificações do Recife. Lopes Machado também levava a melhor quando duvidava de que os holandeses tivessem introduzido a tipografia no Brasil, sugerindo a apocrifia do colofão do *Brasilsche gelt sack*, que o declarava impresso entre nós, sugestão que virá a ser confirmada pelas pesquisas de Alfredo de Carvalho.[40] Neste particular, Pereira da Costa pisara terreno minado e até mesmo Alípio Augusto Ferreira sentia-se seguro para desafiá-lo, reptando-o a provar a existência de tipografia no Brasil holandês.[41]

O clima anti-lusitano dos anos setenta explica muito da contra-ofensiva cultural que foi a celebração do tricentenário do falecimento de Camões pelo Gabinete Português de Leitura, comemorado também no Rio e noutras cidades do Império. A instituição recifense queixava-se, por exemplo, da [forçada e convencional

---

[39] Era um desentendimento semântico: Pereira da Costa designara por liberdade de comércio o fato de a Companhia das Índias Ocidentais não ter mantido o exclusivo do comércio brasileiro, sendo obrigada a abri-lo aos negociantes particulares, neerlandeses e outros, desde que acionistas da empresa, que se contentou com o monopólio do tráfico de escravos, do pau-brasil e de munições; Lopes Machado compreendia a idéia na acepção oitocentista de livre câmbio, isto é, do regime comercial que o Brasil conhecia desde a abertura dos portos (1808)

[40] Alfredo de Carvalho, 'Da introdução da imprensa em Pernambuco pelos holandeses', RIAP, 11 (1903-1904), pp. 710-6.

[41] Alípio Augusto Ferreira, 'Ainda o Sr. Francisco Augusto Pereira da Costa, o seu discurso e a resposta ao meu primeiro artigo', Jornal do Recife, 8.VII.1876.

injustiça que usam e com que julgam as coisas portuguesas uns grupos ou antes umas seitas, felizmente diminutas em número, sempre prestes a amesquinhá-las, a emprestar-lhes feições disparatadas. Para uma destas seitas, tudo o que é português moderno é mesquinho, e nós, os portugueses, particularmente os que residimos no Brasil, os representantes do mercantilismo sórdido ou do materialismo que rebaixa o senso moral até ao extremo onde não germina uma idéia boa, elevada e nobre.][42]

Um dos oradores da solenidade de 8 de junho de 1880 não hesitou em admitir que, se era verdade que "a principal missão de Portugal já foi cumprida" e que ele agora vivia das "recordações do nosso passado heróico", não estacionara "na senda dos melhoramentos e progressos da atualidade, que bem acompanhamos na nossa relatividade". O fenômeno da decadência abatera-se sobre os maiores povos da história, como os gregos e os romanos, mas também, acrescentava o orador, sobre a Holanda, a qual, havendo "rivalizado com as nações mais adiantadas nas conquistas e navegações de épocas não muito remotas [...] arriou dos topes dos seus navios a vassoura indicativa da sua proeminência marítima", preferindo recolher-se "às suas lagoas".[43] Destarte, a comparação entre ambas as experiências colonizadoras não fornecia argumento conclusivo em favor da superioridade batava.

Nos seus anos maduros, Pereira da Costa dedicaria um estudo ao governo de Nassau, no qual, voltando aos temas do discurso de juventude, recuava de algumas das suas posições. A apologia já não é a do domínio holandês mas a da administração nassoviana, que procurava reabilitar do que reputava versão apaixonada e malévola dos cronistas, destituídos de atitude crítica. Também se abstinha de confrontar as duas colonizações, deixando claro, desde o início, que "condenamos absolutamente e sem reservas a invasão holandesa, aplaudimos o generoso movimento da restauração de Pernambuco, que firmou a integridade territorial da pátria brasileira e exaltamos a memória dos legendários heróis dessa cruzada

---

[42] Gabinete Português de Leitura, *O centenário de Camões em Pernambuco*, Porto, 1880, p. 14.

[43] Ibid., p. 44.

patriótica". A ocupação batava fora "bárbara e cruel", nem poderia deixar de ser, tendo em vista que fora levado a cabo por uma empresa mercantil, cujo único objetivo consistia no lucro. Ademais, à época da invasão, o Brasil era parte do império colonial de uma nação, a Espanha, a quem os Países Baixos arrancavam a própria independência em guerra sangrenta, em que sofreram os "mais horríveis massacres" e os "mais atrozes sofrimentos".[44]

Pereira da Costa concentrou sua atenção nos temas da liberdade de religião e de comércio e na defesa da probidade administrativa de Nassau. No tocante à primeira, ele se afastava do que escrevera antes, apoiando-se agora na documentação holandesa, na parte já traduzida e divulgada por José Higino.[45] A análise de Pereira da Costa ainda é demasiado rósea, mesmo no tocante à fase nassoviana. Quanto à liberdade de comércio, ele continuava a confundi-la com a mera derrogação do monopólio da Companhia, equívoco em que também incorreu na época alguém, como Joaquim Nabuco, melhor equipado intelectualmente. Quanto à defesa da probidade de Nassau, havia muito de anacrônico na tentativa de ajustar o comportamento de um administrador colonial do século XVII às prescrições vigentes para os homens públicos de Oitocentos. Em 1876, Pereira da Costa contrapusera as vantagens do domínio batavo às desvantagens do domínio português; em 1908, os males daquele eram contrastados com a sabedoria de Nassau, a quem credita "a paz, a tranqüilidade, o respeito e obediência às leis, o livre exercício da religião do povo oprimido e conquistado, a liberdade de comércio e tantos outros benefícios, pelo que se tornou querido e amado do povo que governou e digno de respeito e homenagem da posteridade, isenta de ódios, de paixões e prevenções e que o sabe encarar pelo prisma da verdadeira orientação da crítica histórica".[46]

A conexão entre as atitudes modernizantes de finais de Oitocentos e a apologia da colonização holandesa está particularmente visível em discurso de Joaquim Nabuco na Câmara dos Deputados quando da discussão do projeto do ministério

---

[44] Pereira da Costa, 'Reabilitação histórica do conde de Nassau', pp. 3-5.

[45] O leitor já dispõe de trabalho fundamental a respeito: Frans Leonard Schalkwijk, *Igreja e Estado no Brasil holandês, 1630-1654*, Recife, 1986, pp. 335 ss.

[46] Pereira da Costa, 'Reabilitação histórica do conde de Nassau', pp. 47 e 51.

Sinimbu sobre a imigração de *coolies* para a lavoura cafeeira (1879). Confessava Nabuco refletir freqüentemente sobre o destino do Norte do Império, caso não se tivesse verificado a restauração pernambucana.

> Eu imagino muitas vezes o que teria sido a sorte deste país se não fosse expulsa aquela raça ousada que no século XVII trouxe consigo os dois princípios a que ela deve a sua independência, dois princípios hoje tão desprezados pelo governo liberal, a liberdade de consciência e a liberdade de comércio [...] Esses dois princípios a raça holandesa os trouxe para esta terra no século XVII quando eles não floresciam, por assim dizer, ainda neste continente; foi na costa de Pernambuco que essas duas liberdades foram primeiro acesas e que primeiro elas alumiaram, como as luzes cambiantes de um grande farol, os mares da América.[47]

Em aparte, outro liberal pernambucano, Antônio de Siqueira Cavalcanti, proclamou, entre apoiados e protestos, que "a vitória dos portugueses foi uma fatalidade para o Império",[48] sem perceber, aliás, o contra-senso que cometia, pois a sobrevivência do Brasil holandês teria comprometido definitivamente a unidade nacional e, com ela, o Império.

A afirmação de Nabuco e o aparte do conterrâneo chocaram a Câmara, colocando o orador na embaraçosa necessidade de negar que houvesse exprimido o desejo de preferir o Brasil sob a sujeição neerlandesa, de vez que, alegava de maneira pouco convincente, "no estado de adiantamento em que a Holanda encontrou este país, ele já tinha meios de desenvolver-se e prosperar por si só: não se tratava, pois, de uma nova raça que viesse conquistar e subjugar a brasileira". Ela, contudo, trouxera-nos "certos princípios generosos"; daí que "a nossa evolução social foi demorada pela pronta terminação do domínio holandês". Nabuco reformulará sua opinião como orador das comemorações do centenário de Camões pelo Gabinete Português de Leitura, do Rio (1880), em que apresentou o Brasil e *Os Lusíadas* como "as duas maiores obras de Portugal". Em *O abolicionismo* (1883),

---

[47] Joaquim Nabuco, *Discursos parlamentares*, Rio de Janeiro, 1949, p. 165.

[48] Ibid., p. 179.

o problema nacional será interpretado em termos das deformações políticas e sócio-econômicas produzidas pelo regime servil, não pela colonização portuguesa *per se*, embora coubesse a Portugal a responsabilidade de haver introduzido o sistema entre nós. Ele concordava com Oliveira Martins em que a escravidão fora o preço a pagar pela ocupação da América, mas lembrava que "esse preço quem o pagou e está pagando não foi Portugal, fomos nós; e esse preço a todos os respeitos é duro demais, e caro demais, para o desenvolvimento inorgânico, artificial e extenuante que tivemos [...] a africanização do Brasil pela escravidão é uma nódoa que a mãe pátria imprimiu na sua própria face, na sua língua e na única obra nacional verdadeiramente duradoura que conseguiu fundar". Se a escravidão constituíra o pecado capital da formação brasileira, era impossível concluir que um Brasil escravocrata sob tutela holandesa ou francesa teria sido preferível ao Brasil escravocrata dos portugueses. Parecia-lhe, contudo, inegável que, entre um Brasil escravocrata e um Brasil sem instituição servil," a colonização gradual do território por europeus, por mais lento que fosse o processo, seria infinitamente mais vantajosa para o destino dessa vasta região".[49]

Ainda no tocante à vinculação entre as tendências modernizantes do ocaso do Segundo Reinado e o redescobrimento do Brasil holandês, caberia citar José Higino Duarte Pereira.[50] Embora não tenha realizado obra historiográfica própria, o estudo científico do período batavo começou com sua missão de pesquisa aos Países Baixos (1885-1886). No relatório em que apresentou ao Instituto os resultados do trabalho, ele tampouco furtou-se à comparação entre as duas colonizações. Enquanto os batavos "formaram-se na escola dos homens livres", viviam "sob uma legislação já penetrada desse espírito liberal dos tempos modernos", ainda desconhecido em Portugal, "intervinham nos negócios públicos, usavam largamente do direito de representação, sabiam defender com firmeza os seus direitos nos tribunais e resistir às prepotências das autoridades", recorrendo à justiça e à imprensa, "a colônia portuguesa, pelo contrário, tinha vivido até então no mais completo obscurantismo, sob a suserania dos donatários, e nesse obscurantismo

---

[49] Joaquim Nabuco, *O abolicionismo*, São Paulo, 1949, pp. 121-2, 146.

[50] Clóvis Bevilacqua, *História da Faculdade de Direito do Recife*, p. 344.

Rubro Veio: o imaginário da restauração pernambucana   345

continuou depois do domínio holandês, submissa ao jugo dos governadores, pró-cônsules do cesarismo português".

Mas uma vez reconhecida a diferença, a formação sociológica de José Higino imunizava-o contra as ilusões acerca da sobrevivência do Brasil holandês, invocando o testemunho de Gaspar Dias Ferreira que em parecer a Nassau (1645) havia analisado o lado vulnerável da conquista batava. Como ele, José Higino acreditava que, em termos de empresa colonial, regular e rotineira, de longo prazo, a colonização neerlandesa estava fadada ao malogro, parecendo-lhe "vão o intento de fundar uma colônia em províncias cultivadas por portugueses, distanciadas dos conquistadores por língua, crenças, costumes e instituições, e de cujo concurso dependia, aliás, a prosperidade da mesma colônia".[51] Por caminho distinto, José Higino chegara à conclusão de Southey. A historiografia científica começava a agir como dissolvente sutil da nostalgia nassoviana. Não tardará muito e Alfredo de Carvalho, que se familiarizara na Europa com os novos métodos históricos e geográficos consagrados pelos alemães, porá em dúvida a competência dos nacionais dos Países Baixos para a colonização das regiões tropicais.[52]

Entre os discípulos da Escola do Recife, Martins Júnior planejou versar a influência batava no direito colonial como parte das suas investigações sobre a formação do direito brasileiro, projeto que seria tentado por Júlio Pires Ferreira em tese apresentada à Faculdade de Direito do Recife (1895).[53] Quanto ao positivismo, ao menos o ortodoxo, contra o qual se pretenderia que o germanismo de Tobias Barreto vacinara a província, enfileirar-se-á de bom ou mau grado com a reação católica e tradicionalista na sua rejeição da experiência neerlandesa. Aproximava-os a mesma visão autoritária do passado brasileiro. Em 1883, Aníbal Falcão, militante republicano ligado à igreja positivista do Rio,[54] exporia no Gabinete Português de Leitura do Recife um esboço histórico do Brasil holandês deduzido

---

[51] Relatório de José Higno Duarte Pereira, RIAP, 30 (1886), pp. 23-4, 67.

[52] Alfredo de Carvalho, 'Relatório apresentado pelo Primeiro Secretário do Instituto', p. 305.

[53] J. I. Martins Júnior, *História do direito nacional*, 4ª ed., Recife, 1966, p. 276; Júlio Pires Ferreira, *Institutos jurídicos coloniais. Influência holandesa*, Recife, 1895.

[54] Clóvis Bevilacqua, *História da Faculdade de Direito do Recife*, p. 364.

346 Evaldo Cabral de Mello

do sistema comtiano. Numa província que era vítima do centralismo imperial, seu republicanismo, do tipo puro e duro como o castilhismo gaúcho, advogava não a descentralização dos liberais do Segundo Reinado mas, ao invés, um regime dotado de executivo forte e capaz de liquidar o parlamentarismo inoperante e de anular as disparidades crescentes no desenvolvimento regional.[55] Sua rigidez doutrinária impediu-o previsivelmente de aprofundar uma análise que lhe serviu apenas para aplicar à história brasileira a lei comtiana dos três estados e para atacar Tobias Barreto e os germanistas.

Aníbal Falcão concluía, portanto, em favor da colonização portuguesa contra a batava, inerentemente viciada pelo individualismo protestante e pelo caráter anárquico do livre exame. O próprio Comte afirmara a superioridade moral e social da Espanha da Contra-Reforma relativamente às nações protestantes, que só disporiam das vantagens da atividade industrial e do conhecimento científico, o que o levara à convicção de serem as carências ibéricas mais facilmente remediáveis que as dos países do norte da Europa. Ademais, a civilização da Península escapara, graças à centralização monárquica, aos perigos da desagregação igualitária, que obviamente teriam repercutido no Novo Mundo. Segundo Aníbal Falcão, os frutos do período batavo eram sobretudo os da guerra, que gestara elementos essenciais à unidade nacional, argumento já esgrimido por Varnhagen. "Viu-se então dum modo impressivo e cabal realizada a incorporação dos fetichistas amarelos e negros à civilização ibérica", de modo que "desde esse dia, o destino a que concorriam as diversas raças que iam constituir a nova pátria estava traçado e começara a ser valentemente preparado; e a forma desse destino era e é: o prolongamento americano da civilização ibérica, a que cada vez mais se assimilarão, até a reunificação total, os índios e os negros importados ou os seus descendentes". Destarte, Aníbal Falcão confortava ideologicamente a colônia portuguesa, garantindo-lhe que poderia "venerar ciente e conscientemente a memória dos heróis que [nos] defenderam contra as agressões dos invasores e nos legaram admirável e completo o conjunto dos antecedentes ibéricos".[56]

---

[55] Marc Hoffnagel, *From monarchy to republic in Northeastern Brazil: the case of Pernambuco, 1868-1895*, University Microfilms International, Ann Arbor, 1975, pp. 145-7, 169-70.

[56] Aníbal Falcão, 'Fórmula da civilização brasileira deduzida da apreciação dos seus elementos essenciais definitivamente reunidos pela luta holandesa', RIAP, 12 (1906), pp. 463-4, 468-9.

Esse culto, preservado pela "tradição popular", resistiria impávido aos ataques da "metafísica revolucionária dos nossos doutores germânicos, desgarrados na admiração de uma civilização que volta cada vez mais ao regime militar". Aos restauradores, coubera realizar o que Comte denominara a "linha gradual pela qual segue o destino humano". Donde Aníbal Falcão investir também contra a imigração alemã no sul do Brasil e contra a admiração dos nossos democratas pelos Estados Unidos.[57] Governador da província no governo de Floriano, o positivista Barbosa Lima repudiará a experiência holandesa nos mesmos termos: os restauradores haviam preservado a religião católica contra o "criticismo dissolvente do luteranismo", que substituíra a disciplina eclesiástica "pelas ilusórias vantagens do individualismo orgulhoso e árido do livre exame, que engendrou a anarquia das mil e uma variações protestantes".[58]

Nos anos trinta do século xx, a querela ressurgirá na esteira do conflito entre as democracias e os regimes totalitários, a pretexto das comemorações do tricentenário da chegada de Nassau (1937). Embora a controvérsia extrapole os limites cronológicos deste livro, cumpre mencioná-la dada a virulência da reação católica e tradicionalista promovida pela revista 'Fronteiras', órgão da extrema direita acaudilhada pelo jesuíta goense Antônio Fernandes, que no Colégio Nóbrega do Recife exerceu grande influência durante a interventoria Agamemnon Magalhães (1937-1945). A ponta de lança da campanha consistiu na publicação do *Contra Nassau*, de Manuel Lubambo (1936). O interesse do panfleto reside no caráter, proclamado pelo autor, de polêmica ideológica, de vez que, segundo escrevia, "Maurício de Nassau não constitui na história do Brasil um tema propriamente histórico mas antes uma tese político-ideológica". Cabe reconhecer que, malgrado seu ânimo sectário, ele apontou, muito antes de Mário Neme, algumas ilusões da apologética nassoviana, como a idéia de transplantação de instituições parlamentares e de adoção do comércio livre.

---

[57] Ibid., pp. 447-8.

[58] Citado por Pereira da Costa, *Anais pernambucanos*, iii, p. 97.

O velho nativismo condenara a experiência batava mas reabilitara Nassau; Abreu e Lima e Fernandes Gama haviam abalado a distinção; Pereira da Costa recuperara o conjunto da dominação batava. Lubambo executou a operação contrária. Rafael de Jesus, Loreto Couto, o nativismo clerical (ainda vivo como indicam as notas de rodapé apostas em 1943 pelo cônego Xavier Pedrosa à edição da crônica de Diogo Lopes de Santiago), todos haviam condenado o episódio neerlandês. Por que Nassau escaparia à sentença? Lubambo indagava: "Como, pois, separar a 'obra de Nassau' da 'obra dos flamengos'? Onde a distinção?", para concluir de maneira categórica contra os festejos comemorativos: "A obra de Nassau tem assim de ser assimilada à obra dos flamengos [...] A invasão é um todo de que ninguém, do ponto-de-vista nacional, isto é, do ponto-de-vista dos nossos interesses fundamentais, quer materiais quer morais (a nossa terra, os nossos haveres, a nossa família, os nossos costumes, as nossas tradições) pode ser exculpado. Nem os maus nem os brilhantes. Todos são invasores. Todos inimigos. Distinguir aqui é trair". Lubambo, aliás, não fazia mistério do fato de que visava dar "uma satisfação ao pensamento tradicionalista de Portugal e Espanha, a que estamos ligados por quatro séculos de hispanismo", assumindo "uma atitude de fidelidade à cultura tradicional e de repugnância pelas caraminholas 'nórdicas' que por pouco não nos encheram de humilhação e ridículo". Com meio século de permeio, o positivismo republicano e o integralismo convergiam na mesma rejeição do germanismo e do anglo-saxonismo. Na mesma veia, Lubambo propunha-se rever também os movimentos de 1710 e 1817, vale dizer, o conjunto da tradição nativista, intenção que não chegou a realizar.[59]

A reabilitação histórica de Calabar tinha de ser o corolário da apologética batava. A este extremo, não quis chegar, contudo, o nativismo tardio. Apenas em Alagoas, donde fora natural, pretendeu-se nos últimos anos de Oitocentos homenagear-lhe a memória, dando seu nome a uma rua de Maceió, com a justificativa de que ele visara "servir à pátria colonial, na persuasão de que o Brasil teria mais

---

[59] Manuel Lubambo, *Contra Nassau*, passim. A defesa das comemorações nassovianas foi então feita por Barbosa Lima Sobrinho, *O centenário da chegada de Nassau*, cit.

Rubro Veio: o imaginário da restauração pernambucana   349

a lucrar passando de colônia portuguesa a colônia holandesa". Opinião que provocou a reação de Gomes Calaça, engenheiro pela 'Ecole de Ponts et Chaussées', de Paris, e para quem teríamos "perdido a língua, a religião e o sangue do grande povo lusitano", com "o dissabor de ver a terra de Santa Cruz dividida em pedaços, formar nacionalidades diversas e rivais". Os holandeses haviam sido apenas "uns mercadores felizes", que, em sã consciência, não podiam ser comparados aos portugueses, sentimento que Gomes Calaça dizia compartilhar com "todos os que têm por divisa – Deus, pátria e família".[60]

Da segunda metade do século XIX data o interesse pela figura do mestiço de Porto Calvo, que tendo apenas pensado em fugir à sorte avara a que o regime escravocrata condenava o *lumpenproletariat* de mamelucos e mulatos livres, acabaria sendo transformado em arauto incompreendido da modernidade brasileira. Atendo-nos à bibliografia recenseada por José Honório Rodrigues, caberia mencionar que, no Brasil, Calabar foi tema de um drama poético do baiano Agrário de Souza Menezes (Salvador, 1868), de uma apologia de Goetz de Carvalho, *Calabar perante a história* (Manaus, 1899); e de um romance do escritor português Mendes Leal Júnior (Rio de Janeiro, 1863), o qual, no mesmo ano, publicou em Lisboa uma novela também inspirada na guerra holandesa, as *Infaustas aventuras de mestre Marçal Estouro, vítima duma paixão*.[61] Nos seus verdes anos, Euclides da Cunha projetou escrever um drama histórico em verso sobre os holandeses no Brasil, do qual chegou até nós o fragmento intitulado 'Calabar'.[62]

Os historiadores de Oitocentos não se haviam distanciado da versão dos cronistas luso-brasileiros sobre o papel e os motivos de Calabar. Abreu e Lima e Fernandes Gama, militares ambos, haviam demonstrado o mesmo repúdio corporativo pelo desertor. Varnhagen exprimira-se de maneira tão categoricamente condenatória quanto o *Lucideno* ou o *Castrioto*. Com sua solenidade habitual, ele pensara anunciar o veredicto definitivo, ao escrever que "a história, a inflexível história,

---

[60] F. J. Gomes Calaça, *Calabar*, Maceió, 1898, pp. 4-5, 12 e 18.

[61] José Honório Rodrigues, *Historiografia e bibliografia do domínio holandês no Brasil*, Rio de Janeiro, 1949, nᵒˢ 917, 920 e 962.

[62] Euclydes da Cunha, *Obra completa*, 2 vols., Rio de Janeiro, 1966, I, pp. 646-7.

lhe chamará infiel, desertor e traidor, por todos os séculos dos séculos".[63] Mas como a história não é tão severa assim, dentro de alguns anos ela passara a olhar com outros olhos a figura de Calabar. Em 1860, um confrade de Varnhagen no Instituto Histórico e Geográfico Brasileiro, o cônego Fernandes Pinheiro, protestaria contra o rigor daquele julgamento, dispensando-lhe tratamento nuançado, que impugnava as razões que lhe haviam emprestado as opiniões tendenciosas de Calado e de Duarte de Albuquerque Coelho, e sugerindo que a atitude de Calabar teria resultado das preterições que, devido à sua condição mestiça, sofrera como soldado. Sem aprovar seu comportamento, Fernandes Pinheiro pedia que se procurasse compreendê-lo sem se deixar levar por idéias preconcebidas:

> Não buscaremos, para atenuar o culpável feito de Calabar, razões políticas; não faremos dele um vidente lendo nas páginas do futuro a independência do Brasil e pondo a sua espada ao serviço da Companhia das Índias para preparar a emancipação do pátrio torrão, preferindo as instituições liberais da Neerlândia aos pesados grilhões espanhóis. Não; era muito ignorante o mameluco [sic] para nutrir semelhantes idéias: ligava-o seu sangue à raça portuguesa; nem uma veleidade de independência passou-lhe pelo espírito; detestava os holandeses como estrangeiros e hereges, e serviu-os unicamente para saciar uma vingança que sua alma inculta e mal purificada pela religião nunca soubera perdoar.[64]

Na *História das lutas com os holandeses no Brasil*, inspirada pela atmosfera patriótica da guerra do Paraguai, Varnhagen respondeu indiretamente a Fernandes Pinheiro para reiterar seu juízo de 1854 e criticar a "mal entendida generosidade" que vinha agora, contra a veracidade das fontes coevas e as regras da crítica histórica, absolver um traidor, pois "a reabilitação de Calabar não seria mais justificável do que a de qualquer oficial inferior que, por cometer alguma falta ou por mera ambição, desertasse para o inimigo paraguaio".[65]

---

[63] Varnhagen, *História geral do Brasil*, II, p. 263.

[64] Fernandes Pinheiro, *Estudos históricos*, pp. 171-2.

[65] Varnhagen, *História das lutas*, p. 58.

De início, a descoberta literária de Calabar decorreu do indianismo, nada tendo a ver com o interesse modernizante pela colonização holandesa. O drama de Agrário de Souza Menezes atribuiu-lhe outros motivos que os convencionais, interpretando o episódio segundo "as regras especiais da poesia e da arte". Para o autor, Calabar fora um trânsfuga arrependido, como teria demonstrado quando da sua execução. Souza Menezes contrasta seu comportamento com o de uma personagem fictícia, o índio Jaguarari. Vítimas ambos da colonização portuguesa, reagem, contudo, de maneira oposta, o primeiro traindo, o segundo permanecendo fiel. O dramaturgo baiano explicava a conduta de Calabar pelo ressentimento amoroso. Rejeitado por uma índia em favor de oficial lusitano, sua defecção tinge-se de nativismo. "O lusitano! Tredo, vil, covarde, / caia sobre ele o raio da vingança." A frustração sentimental leva-o à consciência política. Para Calabar, monta tanto, tanto monta, Olinda quanto Holanda. "Que jus têm ao Brasil os holandeses? Nenhum, dirás; nenhum, direi contigo; / pois assim são também os lusitanos, / aventureiros ambos alentados / só pela sede de ouro e de riquezas, / ambos querem mandar pela conquista! / Holanda e Portugal são nesta guerra / abutres esfaimados que se agarram / por sugarem o sangue do gigante". Com um ou com outro, para os filhos da terra só restará a ignomínia e a submissão: "Holanda ou Portugal, senhores ambos, / ambos tiranos, roubam-nos a pátria! / Escravo aqui, ali, deste ou daquele, / que importa? A escravidão é sempre a morte!"

Eis Calabar anticolonialista, mas sua pátria é outra, não aquela com que sonharão, dentro de alguns decênios mais, os mazombos em conflito aberto com os reinóis, mas a dos indígenas, embora Souza Menezes não explique porque seu herói, declarando-se mulato, esteja especialmente destinado a promover-lhe o advento, nem porque poderia realizá-lo melhor através da colaboração com os holandeses do que com os portugueses. "A pátria, a pátria, é sempre vil escrava! / Vítima da cobiça e da rapina, / nós pugnamos por ela e os lusitanos / suplantam-lhe a cerviz como senhores. / Os meus somente são os brasileiros, / sois vós, vós os indígenas da terra, / senhores natos de um país imenso, / reduzidos a servos de estrangeiros". Na decisão de aliar-se aos batavos, o ressentimento social e étnico desempenha papel ancilar da frustração amorosa: "Não há lugar no mundo para o mulato / além do que lhe aponta o cativeiro? / Era grande a injustiça, revoltei-me! / Quis também ser partícipe dos gozos / no opíparo banquete da existência". Ao personagem, não anima qualquer convicção sobre as vantagens da colonização holandesa. E A. Álvares da Silva, no 'Juízo crítico lido perante o Conservatório Dramático da Bahia', apressou-se em louvar a posição do autor, ao se abster de imputar a Calabar "estas opiniões do dia, efêmeras como as circunstâncias que as produzem, suspeitas e anacrônicas na boca de um guerreiro selvagem em 1631". Pelo contrário, é Jaguarari quem proclama não a superioridade neerlandesa, mas o declínio lusitano, fazendo, na esteira de Fernandes Gama, a comparação entre os portugueses dos primeiros tempos da colonização e os coevos, os quais "já não vivem para a glória" mas para "a cobiça, a sede de ouro".[66]

A novela intitulada *Calabar*, de Mendes Leal Júnior, escritor lusitano radicado no Brasil, constituiu a primeira parte de um díptico que ambicionava utilizar o episódio holandês para dar à América meridional a obra que correspondesse à de Fenimore Cooper na outra América. Mas Calabar não é verdadeiramente seu herói, papel reservado a Fernandes Vieira, em quem o romancista enxergava "o vulto supremo da guerra da independência (...) um daqueles indivíduos excepcionais que Deus fundiu de um jato, arrojando para longe o molde". Calabar é a expressão brutal da natureza brasileira cuja força encarnava, fazendo a síntese das três raças a que o autor supõe que ele pertencia. Como em Souza Menezes, move-o o ressentimento amoroso, causado, desta vez, pela preferência de D. Maria César por Fernandes Vieira. Mas ao contrário do Calabar do autor baiano, o de Mendes Leal Júnior não exprime suas frustrações sociais e étnicas em termos de anticolonialismo ou de desígnios políticos. Embora reconheça que seus interesses não coincidem com os dos colonizadores lusitanos, pois "a minha raça é outra", Calabar é um individualista que só trabalha para si mesmo e que só conta com as próprias forças de "homem das florestas".[67]

O nativismo pernambucano como também Varnhagen o haviam sumariamente condenado; Fernandes Pinheiro, Souza Menezes e Mendes Leal Júnior, procu-

---

[66] Agrário de Souza Menezes, *O Calabar (drama em verso e em cinco atos)*, Salvador, 1868, pp. XI, 41, 83, 142, 175.

[67] J. da Silva Mendes Leal Júnior, *Calabar. História brasileira do século XVII*, Rio de Janeiro, 1863, pp. 16 e 100.

rado entendê-lo. Sua metamorfose em herói nacional será feita, já sob o regime republicano, em ensaio de Goetz de Carvalho. Pondo-se à vanguarda da "corrente de opinião que de mais em mais se avoluma, favorável à reabilitação da memória do sentenciado de Porto Calvo", ele confere a Calabar motivação eminentemente política. Humilhado pela situação colonial, juntou-se aos batavos para melhorar a própria sorte e a dos "seus espoliados patrícios", libertando-os do "cruel jugo que aos naturais impunha a velha metrópole", mediante uma aliança com "povo trabalhador e forte" e com nação mais adiantada. Destarte, Calabar se transforma no "mais inteligente e prático de todos os nossos revolucionários que o patíbulo ou o degredo dos tempos coloniais tragaram".[68] Curioso anti-colonialista este, que discrimina entre os bons e os maus colonizadores, optando não pela independência mas pela submissão ao mais forte e ao mais próspero. Mas a dificuldade não inibiu Goetz de Carvalho de rematar seu elogio calabariano, fazendo de Domingos Fernandes um dos elos do processo de emancipação, que o autor acredita só concluído com a implantação do regime republicano.

> A Confederação dos Tamoios, os Palmares, mascates em Pernambuco e emboabas em Minas, os patíbulos de Beckman e Tiradentes, o punhal de Cláudio [Manuel da Costa] e a viuvez de [Tomás Antônio] Gonzaga, a lira de Alvarenga [Peixoto] e a execução do padre Roma, o fuzilamento de frei Caneca e o degredo de [José] Bonifácio foram, além de outros, os grandes palcos deste drama de sangue e de lágrimas. Calabar foi, pois, o produto da reação que vinha de longe, que passou por sobre o seu cadáver, para, de explosões em explosões, gerar o 7 de setembro, desmoronar o Primeiro Império, constituir o 13 de maio e poder a geração presente, sobre os escombros de um trono quase secular, levantar o belo e indestrutível edifício da República.[69]

À sua maneira pragmática, Calabar também encarnara "as aspirações nacionais". Seu objetivo fora o mesmo dos fundadores da nação, embora recorrendo naturalmente aos meios que sua época oferecia.

---

[68] Goetz de Carvalho, *Monografias pátrias. I. Calabar perante a história*, Manaus, 1899, pp. 6, 11, 17-8.

[69] Ibid., p. 18-9.

Bibliografia

ABREU, João Capistrano de, *Capítulos de história colonial*, 5ª ed., Rio de Janeiro, 1969.

_____. *Ensaios e estudos*, 4 vols., Rio de Janeiro, 1975-1976

ALBUQUERQUE, Cleonir Xavier de, *A remuneração de serviços da guerra holandesa*, Recife, 1968.

ALBUQUERQUE, Francisco de Brito Bezerra Cavalcanti de, *Catálogo das Reais Ordens existentes no arquivo da extinta Provedoria de Pernambuco, formado pelo bacharel* (...), Biblioteca Nacional do Rio de Janeiro, I-4, 1,14.

ALBUQUERQUE, José Teófilo de, "As lendas de Itamaracá", *RIAP* 29 (1930).

ALBUQUERQUE, Salvador Henrique de, *Resumo da história do Brasil*, Recife, 1848.

ALDEN, Dauril (ed.), *Colonial Roots of Modern Brazil*, Los Angeles, 1973.

ALMEIDA, Francisco Manuel Raposo de, "Breve memória sobre o processo mais fácil de investigar, colecionar e organizar os materiais da história", *RIAP* 2/11 (1866).

AMARAL, Francisco Pacífico do, *Escavações, fatos da história de Pernambuco*, 2ª ed., Recife, 1974.

AMARAL JÚNIOR, Rubem, "Guerras navais contra os holandeses no Brasil. Iconografia espanhola do século XVII", *RIAP* 55 (1983).

_____ e MELLO, Evaldo Cabral de, "Um folheto popular do século XVII sobre a armada do conde da Torre", *RIAP* 52 (1979).

Anais do Parlamento Brasileiro. Câmara dos Senhores Deputados (1879), vols. IV e V, Rio de Janeiro, 1879.

Anais da medicina pernambucana (1842-1844), 2ª ed., Recife, 1977.

ANDRADE, Gilberto Osório de, e LINS, Rachel Caldas, *João Pais, do Cabo: o patriarca, seus filhos, seus engenhos*, Recife, 1982.

_____ *São Gonçalo Garcia. Um culto frustrado*, Recife, 1986.

ANDRADE, Gilberto Osório de, *Montebelo, os males e os mascates*, Recife, 1969.

ANDRADE, Manoel Correia de, *A terra e o homem no Nordeste*, 4ª ed., São Paulo, 1980

Anônimo a D. João IV, Pernambuco, 5.IV.1646, Arquivo Histórico Ultramarino (Lisboa), Pernambuco, papéis avulsos, caixa 3 A.

ANUNCIAÇÃO, frei Miguel Arcanjo da, *Crônica do mosteiro de São Bento de Olinda até 1763*, Recife, 1940.

ARAUJO, José Thomaz Nabuco de, *Justa apreciação do predomínio do Partido Praieiro ou história da dominação da praia*, Recife, 1847

ARMITAGE, João, *História do Brasil*, São Paulo, 1972.

AVÉ-LALLEMANT, Robert, *Viagem pelo Norte do Brasil no ano de 1859* (trad.), 2 vols., Rio de Janeiro, 1961.

AZEVEDO, João Lúcio de, *História de Antônio Vieira*, 2 vols., Lisboa, 1918.

BANDEIRA, Sá da, *Diário da guerra civil*, 2 vols., Lisboa, 1975.

BARDWELL, Ross L., *The Governors of Portugal's South Atlantic Empire in the Seventeenth Century*, University Microfilms International, Ann Arbor, 1975.

BARLEUS, Gaspar, *História dos feitos recentemente praticados durante oito anos no Brasil* (trad.), 2ª ed., Recife, 1980.

BARRETO, Francisco Ferreira, *Obras religiosas e profanas do vigário (...)*, 2 vols., Recife, 1874.

BARRUCCO, Donato, *Dodici anni de residenze en el Brasile*, Bolonha, 1903.

BATAILLON, Marcel, *Erasmo y España. Estudios sobre la história espiritual del siglo XVI*, 2ª ed., México, 1982.

BAZIN, Germain, *L'Architecture religieuse baroque au Brésil*, 2 vols., Paris 1956-1958.

BÉRINGER, Emile, "O porto de Pernambuco e a cidade do Recife no século XVII", *APMR* 2 (1942).

BEVILACQUA, Clóvis, *História da Faculdade de Direito do Recife*, 2ª ed., Brasília, 1977.

Biblioteca Brasiliense Seleta, Recife, 1916.

BOOGAART, Ernst van den (ed.), *Johan Maurits von Nassau-Siegen (1604-1679), A Humanist Prince in Europe and Brazil*, Haia, 1979.

BOXER, Charles R., *The Dutch in Brazil, 1624-1654*, Oxford, 1957.

_____, *The Dutch Seaborne Empire, 1600-1800*, New York, 1965.

_____, *Portuguese Society in the Tropics*, Madison, 1965.

[Brandão, Ambrósio Fernandes], *Diálogos das Grandezas do Brasil* (ed. J. A. Gonsalves de Mello), 2ª ed., Recife, 1966.

BRAUDEL, Fernand, *Civilisation Matérielle, Economie et Capitalisme*, 3 vols., Paris, 1979.

_____, *La Dynamique du Capitalisme*, Paris, 1985.

_____, *La Mediterranée et le Monde Mediterranéen à l'époque de Philippe II*, 2ª ed., 2 vols., Paris, 1966.

"Breve compêndio do que vai obrando neste governo de Pernambuco o senhor Antônio Luís Gonçalves da Câmara Coutinho", *RIAP* 51 (1979).

BRITO, Domingos de Abreu e, *Um inquérito à vida administrativa de Angola e do Brasil*, Coimbra, 1931.

CALAÇA, F. J. Gomes, *Calabar, dissertação feita no Instituto Arqueológico e Geográfico Alagoano*, Maceió, 1898.

CAMARA, Manoel Arruda da, *Obras reunidas* (ed. J. A. Gonsalves de Mello), Recife, 1982.

CAMPELY, frei João da Apresentação, "Epítome da vida, ações e morte do Ilmo. e Revmo. Bispo de Pernambuco", *Revista Eclesiástica Brasileira*, 12/2 (1952), 14/1 (1954), 16/3 (1956), 17/2 (1957).

CANECA, frei Joaquim do Amor Divino, *Obras políticas e literárias de (...)*, (ed. Antônio Joaquim de Mello), 2 vols., Recife, 1875.

CANTEL, Raymond, *Prophetisme et messianisme dans l'oeuvre d'Antônio Vieira*, Paris, 1960.

CARDOZO, Joaquim, "Observações em torno da história da cidade do Recife no período holandês", *RSPHAN* 4 (1940).

Carta de Conrado Jacob de Niemeyer a Luís do Rego Barreto, Sirinhaém, 3 set. 1821, coleção Obras Públicas 1817-1828, Arquivo Público do Estado de Pernambuco (Recife).

Cartas de Duarte Coelho a El-Rei (ed. J. A. Gonsalves de Mello e Cleonir Xavier de Albuquerque), Recife, 1966.

"Cartas pernambucanas de Luís do Rego Barreto", *RIAP* 52 (1979).

"Cartas de Robert Southey a Theodore Koster e a Henry Koster", *RIHGB* 178 (1943).

"A carteira", *Diário de Pernambuco* 23.II.1857, 18 e 25.II.1860.

CARVALHO, Alfredo de, *Aventuras e aventureiros no Brasil*, Rio de Janeiro, 1929.

_____, *Frases e palavras*, Recife, 1906.

_____, *Horas de leitura*, Recife, 1907.

_____, "Da introdução da imprensa em Pernambuco pelos holandeses", *RIAP* 11 (1903-1904).

_____, *Pré-história sul-americana*, Recife, 1910.

_____, "O Recife em 1813", *RIAP* 12 (1906).

_____, "Relatório do 1º Secretário do Instituto Arqueológico", *RIAP* 5 (1903).

CARVALHO, Goetz de, *Estudos pátrios: I Calabar perante a história*, Manaus, 1899.

CASCUDO, Luís da Câmara, *Dicionário do folclore brasileiro*, 2 vols, Rio de Janeiro, 1972.

_____, *Geografia do Brasil holandês*, Rio de Janeiro, 1956.

_____, *História do Rio Grande do Norte*, Rio de Janeiro, 1955.

CASTORIADIS, Cornelius, *L'Institution imaginaire de la sociéte*, Paris, 1975.

CASTRO, Americo, *De la edad conflictiva*, 3ª ed., Madri, 1972

CASTRO, Antônio Barros de, "Brasil, 1610: mudanças técnicas e conflitos sociais", *Pesquisa e Planejamento* 10 (1980).

CASTRO, Bernardino Freire de Figueiredo Abreu e, *Nossa Senhora dos Guararapes*, 2ª ed., Recife, 1980.

"Catálogo de manuscritos sobre Pernambuco existentes na Biblioteca Nacional", *ABN* 71 (1951).

"Catalogue of the Spanish and Portuguese Portion of the Library of the Late Robert Southey, Esq., LLD., poet laureate", *RIHGB* 178 (1943).

CAVALCANTI, Paulo. *Eça de Queirós, agitador no Brasil*, 2ª ed., São Paulo, 1966.

O centenário de Camões em Pernambuco, Porto, 1880.

Certidão de Diogo Gomes Carneiro, Lisboa 25.I.1673. Arquivo Nacional da Torre do Tombo (Lisboa), coleção Raul Duro Contreiras, maço 1, documento nº 21.

CHACON, Vamireh, *Abreu e Lima, general de Bolívar*, Rio de Janeiro, 1983.

COELHO, Duarte de Albuquerque, *Memórias diárias da guerra do Brasil* (trad.), 3ª ed., Recife, 1981.

"Coleção das obras feitas aos felicíssimos anos do Ilmo. e Exmo. Senhor José César de Menezes", *RIAP* 43 (1950-1953).

CORTESÃO, Jaime, *Introdução à história das bandeiras*, 2 vols., Lisboa, 1964.

COSTA, Francisco Augusto Pereira da, "O Sr. Alípio Augusto Ferreira e o meu discurso recitado no Instituto Arqueológico e Geográfico Pernambucano", *Jornal do Recife*, 4.VII.1876.

_____, *Anais pernambucanos*, 2ª ed., 10 vols., Recife, 1983-1985

_____, *Arredora do Recife*, Recife, 1981.

_____, *Dicionário biográfico de pernambucanos célebres*, Recife, 1882.

_____, *Folclore pernambucano*, Rio de Janeiro, 1908

_____, "Discurso lido pelo sr. (...) na ocasião de tomar posse como sócio correspondente , na sessão do 1º do corrente", *Jornal do Recife*, 17.VI.1876.

_____, "João Fernandes Vieira à luz da história crítica", *RIAP* 67 (1906).

_____, *Notícia biográfica do Dr. Antônio de Moraes Silva*, 2ª ed., Recife, 1910.

_____, *A Ordem Carmelitana em Pernambuco*, Recife, 1976.

_____, "Reabilitação histórica do Conde de Nassau", *RIHGB* 71/2 (1908)

_____, "Vocabulário pernambucano", *RIAP* 34 (1936)

COSTA, Lúcio, "A arquitetura dos jesuítas no Brasil", *Arquitetura religiosa (textos escolhidos da RSPHAN)*, São Paulo, 1978.

COUTINHO, J. J. da Cunha de Azerevo, *Obras econômicas de (...)* (ed. Sérgio Buarque de Holanda), São Paulo, 1966.

COUTO, D. Domingos do Loreto, *Desagravos do Brasil e glórias de Pernambuco*, 2ª ed., Recife, 1981.

CUNHA, Euclides da, *Obra completa*, 2 vols., Rio de Janeiro, 1966.

CURTIUS, Ernest Robert, *Literatura europea y edad media latina*, 3ª ed., 2 vols., México, 1981.

DELUMEAU, Jean, *Le sentiment de securité dans l'Occident d'autrefois*, Paris, 1983.

_____ *Rassurer et protéger. Le sentiment de securité das l'Occident d'autrefois*, Paris, 1989.

DENIS, Ferdinand, *Le Brésil*, Paris, 1837.

"Diário ou breve discurso acerca da rebelião e dos pérfidos desígnios dos portugueses do Brasil" *RIAP* 3, 2 (1887).

"Diário do governador Correia de Sá, 1746-1756", *RIAP* 56 (1983).

Diário de Pernambuco, 2.IX.1867, 28.X.1874, 19.I.1877, 9.X.1880, 7.XII.1883.

DIAS, Maria Odila da Silva, *O fardo do homem branco: Southey, historiador do Brasil*, São Paulo, 1974.

"Documentos para a história. O governo de Félix José Machado na capitania de Pernambuco", *RIAP* 16 (1914).

Documentos históricos da Biblioteca Nacional do Rio de Janeiro, 1928.

DUARTE, Eustáquio, e ANDRADE, Gilberto Osório de (eds.), *Morão, Rosa e Pimenta (Notícia sobre os três primeiros livros em vernáculo sobre a medicina no Brasil)*, Recife 1956.

DUBY, Georges, *Le Trois Ordtres ou l'imaginaire du feodalisme*, Paris, 1979.

DUSSEN, Adriaen van der, *Relatório sobre as capitanias conquistadas no Brasil pelos holandeses (1639)* (trad.), Rio de Janeiro, 1947.

DUTRA, Francis, "Centralization vs. Donatarial Privilege: Pernambuco, 1602-1630", in Dauril Alden (ed.), *Colonial Roots of Modern Brazil*, Los Angeles, 1973.

_____, *Matias de Albuquerque: a Seventeenth Century Capitão-Mor of Pernambuco*, University Microfilms International, Ann Arbor, 1969.

ENGLEBERT, Omar, *La fleur des saints*, Paris, 1984.

FALCÃO, Aníbal, "Fórmula da civiliação brasileira deduzida da apreciação dos seus elementos essenciais definitivamente reunidos pela luta holandesa", *RIAP 12* (1906).

FERREIRA, Alípio Augusto, "Ainda o Dr. Francisco Augusto Pereira da Costa, o seu discurso e a resposta ao meu primeiro artigo", *Jornal do Recife* 8.VII.1876.

_____, "O novo sócio correspondente do Instituto Arqueológico e Geográfico Pernambucano, Sr. Francisco Augusto Pereira da Costa, e sua opinião sobre o caráter, qualidades e inteligência dos portugueses", *Jornal do Recife*, 22.VI.1876.

FERREIRA, Júlio Pires, *Institutos jurídicos coloniais, Influência holandesa*, Recife, 1895.

FONSECA, Antônio José V. Borges da, *Nobeiarquia pernambucana*, 2 vols., Rio de Janeiro, 1935.

FRANÇA, Eduardo d'Oliveira e SIQUEIRA, Sônia A., "Segunda visitação do Santo Ofício às partes do Brasil", *AMP* 17 (1963).

FREITAS, Rodrigo Teodoro de, SANTOS, Elisário Antônio dos, e FERREIRA, José Mamede Alver, *Memória sobre o porto de Pernambuco e seus melhoramentos*, Rio de Janeiro, 1849.

FREYRE, Gilberto *Assombrações do Recife Velho*, 2ª ed., Rio de Janeiro 1970.

_____, "Johan Maurits van Nassau Siegen from a Brazilian viewpint", in Ernst Vand den Boogaart (ed.), A *Humanist Prince in Europe And Brazil*, Haia, 1979.

_____, *Olinda, 2º guia prático, histórico e sentimental de cidade brasileira*, 3ª ed., Rio de Janeiro, 1960.

_____, *Sobrados e mocambos*, 3ª ed., 2 vols., Rio de Janeiro, 1975.

_____, *Tempo morto e outros tempos*, Rio de Janeiro, 1975.

GALLOWAY, J. H., "Nordeste do Brasil, 1700-1750: reexame de uma crise", *Revista Brasileira de Geografia* 36/2 (1976).

_____, *Pernambuco, 1770-1920: an Historical Geography*, tese apresentada à Universidade de Londres, 1965.

GALVÃO, Sebastião de Vasconcelos, *Dicionário corográfico, histórico e estatístico de Pernambuco*, 4 vols., Rio de Janeiro 1908-1927.

GAMA, José Bernardo Fernandes, *Memórias históricas da província de Pernambuco*, 4 vols., Recife, 1844-1847.

GAMA, padre Miguel do Sacramento Lopes, O *Carapuceiro histórico e estatístico de Pernambuco*, 4 vols., Rio de Janeiro 1908-1927.

GARCIA, Rodolfo (ed.), "Representação de Jerônimo de Mendonça Furtado a Sua Majestade", ABN 57 (1939).

GAUTIER, Théophile, *Voyage em Espagne*, Paris, 1981.

GERBI, Antonello, *La disputa del Nuevo Mundo* (trad.), 2ª ed., México 1982.

GINZBURG, Carlo, *Le Fromage et le vers* (trad.), Paris, 1980.

GODINHO, Vitorino Magalhães, *Estrutura da antiga sociedade portuguesa*, 3ª ed., Lisboa, 1977.

GOMBRICH, Ernst H., *Historia del Arte* (trad.), 3ª ed., Madri, 1981.

GRAHAMM, Maria, *Diário de uma viagem ao Brasil* (trad.), São Paulo, 1956.

A gratidão pernambucana ao seu benfeitos, o Exmo. Ermo. Senhor D. José Joaquim da Cunha de Azevedo Coutinho, bispo de Elvas, Lisboa, 1808.

GUENNÉE, Bernard, *Histoire et culture historique dans l'Occident médiéval*, Paris, 1980.

"Guerra civil ou sedições de Pernambuco", *RIHGB* 16 (1853).

GUIMARÃES, Aprígio, "Discurso", *RIAP* 12 (1866).

_____, "João F. Vieira", *RIAP* 39 (1891).

HADFIELD, William, *Brazil and the River Plate*, Londres 1854; 2ª ed Londres 1877.

HANDELMANN, Heinrich, *História do Brasil* (trad.), Rio de Janeiro, 1931.

HENDERSON, James, *A History of the Brazil*, Londres, 1821.

HOFFNAGEL, Marc Jay, *From Monarchy to Republic in Northeastern Brazil the case of Pernambuco*, 1868 – 1895, University Microfilms International, Ann Arbor, 1975.

HOLANDA, Sérgio Buarque de, *Visão do Paraíso*, 2ª ed., São Paulo, 1969.

HUPPERT, George, *L'Idée de l'histoire parfaite* (trad.), Paris, 1973.

"Idéia da população da capitania de Pernambuco e de suas anexas" (1778), *ABN* 40 (1923).

Instituto do Açúcar e do Álcool, *Documentos para a história do açúcar*, 3 vols., Rio de Janeiro, 1954-1963.

Inventário das armas e apetrechos bélicos que os holandeses deixaram na província de Pernambuco quando foram obrigados a evacuá-la em 1654, Recife, 1839.

JABOATÃO, Frei Antônio de Santa Maria, "Catálogo genealógico das principais famílias que procederam de Albuquerques e Cavalcantis em Pernambuco e Caramuru na Bahia", *RIHGB* 23 (1860).

_____, *Novo orbe seráfico brasílico*, 3ª ed., 3 vols., Recife, 1979-1980.

_____, "Sermão da restauração de Pernambuco", *RIHGB* 23 (1860).

JESUS, frei Rafael de, *Castrioto lusitano, parte 1*, Enterpresa e restauração de Pernambuco, Lisboa, 1679; 2ª ed., Paris, 1844.

JOPPIEN, Rudiger, "The Dutch Vision of Brazil", in Ernst van den Boogaart (ed.), *Johan Maurits van Nassau-Siegen (1604-1679), A Humanist Prince in Europe and Brazil*, Haia, 1979.

Jornal do Recife, 17.VI.1871, 17.II.1874 e 18.I.1877.

KANTOROWICZ, Ernst Hartwig, *Los Cuerpos del Rey. Un estudio de teologia política medieval*, Madrid, 1985.

KIDDER, Daniel Parist, *Reminiscências de viagens e permanência no Brasil (províncias do Norte)* (trad.), São Paulo, 1972.

KOSTER, Henry, *Travels in Brazil*, Londres, 1816.

LAET, Johan de, *Primeiro livro da história ou anais dos feitos*, Recife, 1874.

LAMBERT, Moritz, *Brasilien, Land und Leute*, Leipzig, 1899.

LANGE, Francisco Curt, "Documentação musical pernambucana", RIAP 51 (1979).

LEAL, Antônio Henriques, *Lucubrações*, São Luís, 1874.

LEAL JÚNIOR, J. da Silva Mendes, *Calabar. História brasileira do século XVII*, Rio de Janeiro, 1863.

LEÃO FILHO, Joaquim de Souza. *O Barão de Vila Bela*, Rio de Janeiro, 1874.

_____, *Engenho Morenos*, Rio de Janeiro, 1959.

_____, *Frans Post, 1612-1680*, Amsterdã, 1973.

_____, "Palácio das Torres", *RSPHAN* 10 (1946).

LE GOFF, Jacques, *La Naissance du purgatoire*, Paris, 1981.

LEITE, Serafim Soares, *História da companhia de Jesus no Brasil*, 10 vols., Rio de Janeiro-Lisboa, 1938-1950.

LIMA SOBRINHO, José Alexandre Barbosa, *O centenário da chegada de Nassau e o sentido das comemorações pernambucanas*, Recife, 1936.

"Santo Antônio, padroeiro de Pernambuco", *RIAP* 38 (1943).

LIMA, José Inácio de Abreu e, *Compêndio da história do Brasil*, 2 vols., Rio de Janeiro 1843; 2ª ed., Rio de Janeiro, 1852.

_____, *Sinopse ou dedução cronológica dos fatos mais notáveis da história do Brasil*. 2ª ed., Recife, 1983.

_____, *O socialismo*, 2ª ed. Rio de Janeiro, 1979.

LIMA, Manuel de Oliveira, "Discurso de (...) na sessão em que foi sagrado benemérito no Instituto Arqueológico", *RIAP* 16 (1911-1914).

_____, *Formation historique de la nationalité bresiliénne*, Paris, 1911.

_____, *Pernambuco, seu desenvolvimento histórico*, Leipzig, 1895.

LISBOA, João Francisco, *Obras de (...)*, 4 vols., São Luís, 1864-1865.

"Livro das confissões e reconciliações" (1618), *AMP* 17 (1963).

"Livro de denunciações do Santo Ofício na Bahia" (1618), *ABN*, 49 1927.

Livro do tombo do mosteiro de São Bento de Olinda, Recife, 1948.

LUBAMBO, Manoel, *Contra Nassau*, Recife, 1944.

LUNA, padre Lino do Monte Carmelo, *Memória histórica e biográfica do clero pernambucano*, 2ª ed., Recife, 1976.

_____, "Memória sobre o monte das Tabocas e a igreja de Nossa Senhora da Luz", *RIAP* 1/6 (1865).

_____, "Memória sobre os montes Guararapes e a igrja de Nossa Senhora dos Prazeres", *RIAP* 2/17 (1867).

_____, "Memória dobre a verificação do lugar chamado Boqueirão nos montes Guararapes", *RIAP* 2/15 (1867).

MACHADO, Maximiano Lopes, "Discurso lido pelo Sr. Dr. (...) na sessão do Instituto de 20 do corrente em refutação ao Sr. Dr. Francisco Augusto Pereira da Costa", *Jornal do Recife*, 22.VII. 1876

_____, *História da província da Paraíba*, Paraíba, 1912.

"Os Manuscritos do Botânico Freire Alemão", ABN 81 (1961).

MARCGRAVE, Jorge. *História natural do Brasil* (trad.), São Paulo, 1942.

MARIA, Agostinho de Santa, *Santuário Mariano*, 10 vols., Lisboa 1707-1723.

MARIS, Francisco Soares, *Instituições canônico-pátrias*, Rio de Janeiro, 1822.

MARQUES, João Francisco, *A Perenética Portuguesa e a Dominação Filipina*, Porto, 1986.

_____. *A Perenética Portuguesa e a Restauração, 1640-1668*, 2 vols. Porto, 1989.

_____. "A tutela do sagrado: a proteção sobrenatural dos santos padroeiros no período da restauração", Francisco Bethencourt e Diogo Ramada Curto (eds.), *A Memória da Nação*, Lisboa, 1991, pp. 281-6.

MARTINS, padre Joaquim Dias, *Os mártires pernambucanos*, Recife, 1853.

MARTINS JÚNIOR, José Izidoro, *História do Direito Nacional*, 4ª ed., Recife, 1966.

MARTINS, Wilson, *História da inteligência brasileira*, 7 vols., São Paulo, 1961.

MASCARENHAS (ed.), Nelson Lage, *Um jornalista do império (Firmino Rodrigues Silva)*, São Paulo, 1961.

MATOS, Gastão de Melo de, "Notas sobre Santo Antônio militar", Boletim do Arquivo Militar Português, 10 (1940).

MAXWELL. Kenneth R., "The Generation of the 1790's and the Idea of the Luso-Brazilian Empire", in Dauril Alden (ed.). *Colonial Roots of Modern Brazil*, Los Angeles 1973.

MAZZARINO, Santo, *La fin du monde antique* (trad.), Paris, 1973.

MELO, Afonso de Albuquerque, A *liberdade no Brasil*, Recife, 1864.

MELO, D. Francisco Manoel de, *Epanáforas de vária história portuguesa* (ed. Edgar Prestage), Coimbra, 1931.

MELO, Henrique Capitulino Pereira de, *Pernambucanas ilustres*, Recife, 1879.

MELO, Mario, *A Guerra dos Mascates como afirmação nacionalista*, Recife, 1941.

_____, "Rebelião de frades no século XVII, *RIAP* 42 (1948-1949).

MELLO, Antônio Joaquim de, *Biografia de João do Rego Barros*, Recife, 1896.

_____, *Biografia de alguns poetas e homens ilustres da província de Pernambuco*, 3 vols., Recife, 1856-1859.

MELLO, Evaldo Cabral de, *Olinda restaurada: guerra e açúcar no Nordeste, 1630-1654,* Rio de Janeiro, 1975.

_____, *O Nome e o Sangue,* São Paulo, 1989.

_____, *A Fronda dos Mazombos,* São Paulo, 1995.

MELLO, Jerônimo Martiniano Figueira de, *Ensaio sobre a estatística civil e política da província de Pernambuco,* 2ª ed., Recife, 1979.

MELLO, José Antônio Gonsalves de, "O chamado Foral de Olinda, de 1537", *RAPP* 11-18 (1957-1974).

_____, *D. Antônio Filipe Camarão,* Recife, 1960.

_____, *O Diário de Pernambuco e a história do Nordeste,* 2 vols., Recife 1975.

_____, *Estudos Pernambucanos,* Recife, 1954.

_____, "A finta para o casamento da Grã-Bretanha e paz da Holanda (1664-1666)", *RIAP* 54 (1981).

_____, *Fontes para a história do Brasil holandês, I: A economia,* Recife, 1981.

_____, *Frei Manoel Calado do Salvador,* Recife, 1954.

_____, "O historiador", *Ensaios universitários sobre frei Joaquim dos Anjos Divino Caneca,* Recife, 1975.

_____, *Henrique Dias,* Recife, 1956.

_____, "A 'Istória' de frei Santa Teresa", Estudos Universitários 6 (1966).

_____, *A igreja dos Guararapes,* Recife, 1971.

_____, *João Fernandes Vieira,* 2 vols., Recife, 1956.

_____, *Um mascate e o Recife,* 2ª ed., Recife, 1981.

_____, "Nobres e mascates na Camara do Recife, 1713-1738", *RIAP* 53 (1981).

_____, *A rendição dos holandeses no Recife (1654),* Recife, 1979.

_____, *Tempo dos flamengos,* 2ª ed., Recife, 1978.

_____, *Testamento do general Francisco Barreto de Menezes,* Recife, 1956.

_____, "Vincent Joaquim Soler in Deutch Brazil", in Ernst Van den Boogaart (ed.), *Johan Maurits van Nassau-Siegen (1604-1679), A humanist Prince in Europe and Brazil,* Haia, 1979.

MELLO, Mario Lacerda de, *As migrações para o Recife, 1: Estudo geográfico,* Recife, 1861.

MELLO, Ulysses Pernambucano de, "Artilharia do século XVII em Pernambuco", *RIAP* 49 (1977).

_____, "O cabo de Santo Agostinho e a baía de Suape: arqueologia e história". *RIAP* 53 (1981).

_____, *O Forte das Cinco Pontas*, Recife, 1983.

_____, "O fumo no Nordeste, 1500-1654", *RIAP* 49 (1977).

Memorial do procurador dos homens nobres da capitania de Pernambuco (1704), Arquivo Histórico Ultramarino (Lisboa), Pernambuco, papéis avulsos, caixa 11.

Memórias da viagem de Suas Majestades Imperiais às províncias da Bahia, Pernambuco, Alagoas, Sergipe e Espírito Santo, 2 vols., Rio de Janeiro, 1861-1862.

MENEZES, Agrário de Souza, O *Calabar (drama em verso e cinco atos)*, Salvador, 1868.

MENEZES, J. L. Mota, "Igreja de Nossa Senhora da Conceição dos Militares", *RIAP 50* (1978).

_____, "Notas sobre a evolução da igreja de Nossa Senhora dos Prazeres dos montes Guararapes", *RIAP* 49 (1977).

MIRALES, José de, "História militar do Brasil", *ABN* 22 (1900).

MOMIGLIANO, Arnaldo, *Problèmes d'historiographie, ancienne et moderne* (trad.), Paris, 1983.

O monitor das famílias (edição comemorativa da visita de D. Pedro II), 2ª ed., Recife, 1985.

MOONEN, Francisco José, *Gaspar van der Ley no Brasil,* Recife 1967.

MORAES, Rubens Borba de, *Bibliografia brasiliana,* 1ª ed., 2 vols., Amsterdã-Rio, 1958; 2ª ed., 2 vols., Rio de Janeiro, 1979.

_____, *Livros e bibliotecas no Brasil colonial,* Rio de Janeiro, 1979.

MORÃO, Simão Pinheiro, *Queixas repetidas em ecos dos arrecifes de Pernambuco,* Lisboa, 1965.

MOREAU, Pierre, *História das últimas lutas no Brasil entre holandeses e portugueses* (trad.), Rio de Janeiro, 1979.

MORENO, Diogo de Campos, "Relação das praças fortes, povoações e coisas de importância que Sua Majestade tem na costa do Brasil" (1609), *RIAP* 57 (1984).

MOTA, Fernando (ed.), *Naufrágio e prosopopéia,* Recife, 1969.

MUELLER, frei Bonifácio, *Convento de Santo Antônio do Recife, 1606-1956,* Recife, 1956.

MULVEY, Patrícia A., *The Black Lay Brotherhoods of Colonial Brazil,* University Microfilms International, Ann Arbor, 1976.

"O Museu do Instituto Arqueológico", *RIAP 57* (1984).

NABUCO, Joaquim, O *abolicionismo,* 3ª ed., São Paulo, 1949.

_____, *Um estadista do império,* 3 vols., Rio de Janeiro- Paris, s/d.

NEME, Mário, *Fórmula políticas no Brasil holandês,* São Paulo, 1971.

NIEUHOF, Johan, *Memorável viagem marítima e terrestre ao Brasil (trad.),* 2ª. ed., São Paulo, 1951.

"Notícia que dão os padres da Congregação de Pernambuco acerca da sua Congregação desde a sua ereção", *RIAP* 57 (1984).

OLIVEIRA, Ernesto Veiga de, e GALHANO, Fernando, *Casas Esguias do Porto e Sobrado do Recife,* Recife, 1985.

OLIVEIRA, João Alfredo Correia de, "O Barão de Goiana e sua época genealógica" *RIAP* 37 (1925-1926).

OLIVEIRA, Manuel Antônio Vital de, *Roteiro da costa do Brasil do rio Mossoró ao rio de São Francisco do Norte,* Rio de Janeiro, 1964.

ORLANDO, Arthur, *Ensaios de crítica,* Recife 1904.,

_____, *Porto e cidade do Recife,* Recife, 1908.

ORTIGÃO, Ramalho, *A Holanda,* 8ª. ed. Lisboa. 1935.

OSSOWSKI, Stanislaw, *Class Structure in the Social Conciousness,* Londres, 1963.

PAPAIOANNOU, Kostas, *De Marx et du marxisme,* Paris, 1983.

D. PEDRO II, "Viagem a Pernambuco em 1859" (ed. Guilherme Auler), *RAPP,* 7-8 (1950-1951).

PEREIRA, J. H. Duarte, "Relatório", *RIAP* 30 (1886).

PERES, Damião (ed.), *História de Portugal,* 8 vols., Barcelos, 1929-1935.

Pernambuco no movimento da Independência , Recife, 1973.

PINHEIRO, T. C. Fernandes, *Estudos históricos.* 2ª. ed., Rio, 1980.

PINHO, J. Wanderley, *Cotegipe e seu tempo,* São Paulo, 1937.

PINTO, Irineu Ferreira, *Datas e notas para a história de Paraíba,* 2ª ed., 2 vols., João Pessoa, 1977.

PIO, Fernando, "Cinco documentos para a história dos engenhos de Pernambuco", *Revista do Museu do Açúcar* 2 (1969).

PITA, Sebastião de Rocha, *História da América Portuguesa,* Rio de Janeiro s/d.

POSTHUMUS, N. W., *An Enquiry into the History of Princes in Holland*, 2 vols., Leiden, 1946-1965.

POUPARD (ed.), Paul, *Dictionnaire des réligions*, Paris, 1984.

Primeira visitação do Santo Ofício às partes do Brasil 1591-1595, Confissões da Bahia, 2ª ed., Rio de Janeiro 1935; *Confissões e denunciações de Pernambuco*, 2ª ed., Recife 1984; *Denunciações da Bahia*, São Paulo, 1925.

O Progresso, revista social, literária e científica (1846-1847), (ed. Amaro Quintas), Recife, 1950.

Proteção e revitalização do patrimônio cultural no Brasil: uma trajetória, Brasília, 1980.

Publicações do Arquivo Nacional, 22 (1924).

PUDSEY, Cuthbert, *Journal of a Residence in Brazil*, Biblioteca Nacional do Rio de Janeiro, 12-3-7.

QUIRINO, Tarcísio do Rego, *Os habitantes do Brasil no fim do século XVI*, Recife, 1966.

"Ratcliff", "Ao Senhor Alípio Augusto Ferreira", *Jornal do Recife*, 25.VI.1876.

"Razones que no se debe imprimir la história que trata de las guerras de Pernambuco", *Documentação Ultramarina Portuguesa*, 1, Lisboa, 1960.

REGO, José Lins do, *Meus Verdes Anos. Ficção Completa*, 2 vols., Rio de Janeiro, 1987.

"Relação inédita de Francisco de Brito Freyre sobre a capitulação do Recife", Brasília 9 (1954).

"Relação do levante de Pernambuco em 1710", Brasília 6 (1951).

Revista Instituto Arqueológico e Geográfico Pernambucano, vols. I (1863) – 3 (1869-1870).

Revista do Instituto Histórico de Goiania, I (1871)

"Revoluções do Brasil", *RIAP* 29 (1883).

RIBEIRO, René, "O negro em Pernambuco: retrospecto de suas práticas religiosas" *RAPP* 7-8 (1950-1951).

ROESER, D. Pedro, "A religião dos índios e dos negros de Pernambuco", *RIAP* 24 (1922).

RODRIGUES, José Honório, "Índice anotado da *Revista do Instituto Arqueológico e Geográfico Pernambucano*", *RIAP* 44 (1954-1959).

_____, *História da História do Brasil*, 1ª parte, *Historiografia colonial*, 2ª ed., São Paulo, 1979.

_____, *Historiografia e bibliografia do domínio holandês no Brasil*. Rio de Janeiro, 1949.

"Rol da finta que se fez na freguesia do Cabo" (1665), Manuscrito da coleção José Mindlin (São Paulo).

ROUSSIN, Barão de, *Le Pacote du Brésil*, Paris, 1927.

SALDANHA, José da Natividade, *Da Confederação do Equador à Grã-Colômbia*, Brasília, 1983.

_____, *Poesias de* (...), Recife, 1875.

SALVADOR, frei Manoel Calado do, *O valeroso Licideno e triunfo da liberdade*, 2ª ed., 2 vols., Recife, 1942.

SALVADOR, frei Vicente do, *História do Brasil*, 4ª ed., São Paulo, 1954.

SANTIAGO, Diogo Lopes de, *História da guerra de Pernambuco*, 2ª ed., Recife, 1984.

[SANTOS, Manoel dos], "Narração histórica das calamidades de Pernambuco", *RIHGB* 53/2 (1891).

SAY, Horace, *Histoire de relations commerciales entre la France et le Brésil*, Paris, 1839.

SCARANO, Junita, *Devoção e escravidão*, São Paulo, 1976.

SCHALKWIJK, Frans Leonard, *Igreja e Estado no Brasil Holandês, 1630-1654*, Recife, 1986.

SCHNEIDER, Jurgen, *Hendel uns Undernehmer in Franzosischen Brasiliengeschaft (1815-1848)*, Colônia, 1975.

SCHWARTZ, Stuart, "Free Labor in a Slave Economy: the Lavradores de Cana of Colonial Brazil", in Dauril Alden (ed.), *Colonial Roots of Modern Brazil*, Los Angeles, 1973.

SERRÃO, Joaquim Veríssimo, *História de Portugal, 5 vols., Lisboa, 1977-1980*.

SERRÃO (ed.), Joel, *Dicionário de história de Portugal*, 4 vols., Lisboa, 1961-1971.

SILVA, Antônio Diniz da Cruz e, *Odes pindáricas de (...)* Londres, 1820.

SILVA, Antônio de Morais, *Dicionário da língua portuguesa*, 2 vols., Lisboa, 1789.

SIQUEIRA, Sônia A., *A Inquisição portuguesa e a sociedade colonial*, São Paulo, 1978.

SMITH, David Grant, e FLORY, Rae, "Bahian merchants and planters in the Seventeenth and early Eighteenth Centuries", *HAHR* 58 (1978).

SMITH, David Grant, *The Mercantile Class of Portugal and Brazil in the Seventeenth Century: socioeconomic study of the merchants of Lisbon and Bahia,* University Microfilms International, Ann Arbor, 1975.

SMITH, Herbert H., *Brazil, the Amazons and the Coast,* New York, s/d.

SMITH, Robert C., *Igrejas, casas e móveis,* Recife, 1979.

SOARES, José Carlos de Macedo. *Santo Antônio de Lisboa, militar no Brasil.* Rio de Janeiro 1942.

SOUTHEY, Robert, *História do Brasil* (trad), 3 vols., São Paulo, 1977.

SPIX, Johann Baptiste von, e MARTIUS, Karl Friedrich Philipp von, *Viagem pelo Brasil,* 2ª ed., São Paulo 1977.

SOUZA, Antônio Cândido de Mello e, *Formação da literatura brasileira (Momentos decisivos),* 4ª ed., 2 vols., São Paulo, 1971.

SOUZA, Antônio da Silva e, "Relação sobre a rebelião de Pernambuco, *ABN* 57 (1935).

SOUZA, Gabriel Soares de, *Tratado descritivo do Brasil em 1587,* 4ª ed., São Paulo, 1971.

STOLS, Eddy, *De Spaanse Brabanders of de Handelsbetrekkingen der Zuidelijke Nerderlanden met de Ibericj Wereld, 1598-1648,* 2 vols., Bruxelas, 1971.

SUZANNET, Conde de, *Souvenirs de voyages,* Paris, 1846.

TAVARES, Francico Muniz, *História da revolução de Pernambuco em 1817,* 3ª ed., Recife, 1969.

TERWEN, J. J., "The Buildings of Johan Maurits van Nassau", in E. van den Boogart (ed.) *lohan Mauritz van Nassau-Siegen (1604-1679): a Humanist Prince im Europe and Brazil,* Haia, 1979.

TOLLENARE, Louis-François de, *Notas Dominicais tomadas durante uma viagem em Portugal e no Brasil nos anos de 1816, 1817 e 1818 (parte relativa a Pernambuco)* (trad.), Recife, 1905.

_____, *Notes dominicales (ed. Léon Bourdon), 3 vols., Paris, 1971-1973.*

VALLADARES, Clarival do Prado, *Nordeste histórico e monumental,* 3 vols., s/l, 1982-1983.

VARNHAGEN, Francisco Adolfo de, *Correspondência ativa,* Rio de Janeiro, 1961.

_____, *História geral do Brasil,* 8ª ed., 5 vols., São Paulo, 1975.

_____, *Historia das lutas com os holandeses no Brasil,* Viena, 1871.

VASCONCELOS, José de, *Datas célebres e fatos notáveis da história do Brasil desde a descoberta até 1870*, Recife, 1872.

VASCONCELOS SOBRINHO, José de, *As regiões naturais de Pernambuco, o meio e a civilização*, Rio de Janeiro, 1947.

VASCONCELOS, padre Simão de. *Crônica da Companhia de Jesus*, 3ª ed., 2 vols., Petrópolis 1977.

VAUTHIER, Louis Léger, "Casas de residência no Brasil", in Gilberto Freyre, Um engenheiro francês no Brasil, 2ª ed., 2 vols., Rio de Janeiro, 1960.

_____, "Diário íntimo de (....)", ibidem.

VIEIRA, padre Antônio , *Cartas do (...)* (ed. João Lúcio de Azevedo), 2 vols., Coimbra, 1925-1928.

_____, *Sermões*, 5 tomos. Porto, 1959.

VILHENA, Luís dos Santos, *Recopilação de notícias soteropolitanas e brasílicas*, 2 vols., Salvador, 1921.

Índice onomástico

A

Abreu, Ambrósio de – 138

Abreu, Gregório Lopes de – 138

Abreu, João Capistrano de – 78, 109, 128, 142, 282

Acióli, João Batista – 151

D. Afonso vi – 73, 93, 113

Africano, Cipião – 189

Aillaud, J. P. – 67

Albuquerque ,Catarina de– 138

Albuquerque, Antônio de Sá e – 165

Albuquerque, Brites de– 129, 131, 171, 172

Albuquerque, Cristóvão de – 147

Albuquerque, Felipe de – 139

Albuquerque, Fernão Fragoso de – 165

Albuquerque, Francisco de Brito Bezerra Cavalcanti de – 106

Albuquerque, Jerônimo de – 128, 130, 131, 132, 139, 166, 171, 172, 177, 180

Albuquerque, José de Sá e – 165, 166, 167

Albuquerque, Luís de Almeida Correia de – 165

Albuquerque, Matias de – 41, 43, 46, 50, 70, 72, 79, 108, 117, 134, 171, 185, 213, 228, 240, 260, 261

Albuquerque, Salvador Henrique de – 47, 205, 287

Alemão, Francisco Freire – 249, 307

Almeida, Francisco Manuel Raposo de – 38, 83, 288, 332

Almeida, Jerônimo de– 138

Almeida, João de – 254

Amaral, Francisco do – 138

Amaral, Francisco Pacífico do – 55

Andrade, Francisco Berenguer de – 138, 140, 159, 169, 197
Andrade, Gilberto Osório de – 85, 130, 263, 304, 306
Andrade, Manuel de Carvalho Pais de – 94, 210
Andrade, Pedro da Cunha de – 138
André, Marcos – 140
Anunciação, Luís da – 261
Anunciação, Miguel Arcanjo da – 84, 214, 236, 247, 307
Aranha, Antônio Spangler – 52
Araújo, Amador de – 46, 197
Arouche, José Inácio de – 101
Auler, Guilherme – 67
Avé-Lallemant, Robert – 322, 323
Azevedo, Jerônimo Pais de – 138, 139
Azevedo, João Lúcio de – 254
Azevedo, José Soares de – 29

B

Bacelar, Antônio Barbosa – 82
Bagnuolo, Conde de – 50, 81
Bandeira, Antônio Torres – 56
Bandeira, Marquês de Sá da – 308, 310
Barbalho, Luís – 95
Barbosa, Antônio da Silva – 138
Barbosa, Clemente da Rocha – 151
Barbosa, Felipe Benício – 53
Barbosa, José de Oliveira – 48
Bardwell, Ross L. – 110
Barleus, Gaspar – 51, 65, 67, 74, 83, 84, 85, 292, 294, 295, 299, 300, 332, 335
Barreto, Álvaro Velho – 133, 138
Barreto, Francisco – 37, 45, 46, 47, 50, 103, 109, 110, 117, 186, 189, 198, 200, 201, 225, 266, 271
Barreto, Francisco Ferreira – 316, 317
Barreto, Francisco Pais – 115
Barreto, Luís do Rego – 57, 306, 316
Barreto, o moço, João Pais – 141, 147
Barreto, o velho, João Pais – 131, 141
Barreto, Tobias – 345, 346
Barros, Francisco do Rego – 33, 34, 112, 140, 164, 168, 188, 196, 308
Barrucco, Donato – 270
Bazin, Germain – 238

Bellavia, Antônio – 55, 261
Béringer, Emile – 30
Bezerra, Francisco Monteiro – 138
Bezerra, Luís Barbalho – 82, 185, 199, 200, 207
Bezerra, Luís Braz – 39
Bezerra, Paulo – 139
Biondo, Flavio – 230
Blaer, Johan – 263
Bluteau, Rafael – 85
Botelho, Baltazar de Almeida – 140
Boxer, Charles R. – 123, 144
Bracciolini, Poggio – 230
Bragança, D. Catarina de– 92, 120, 225
Brandão, Ambrósio Fernandes – 16, 142, 148, 282
Brito, Diogo Jorge de – 311
Brito, Francisco de– 34, 63, 72, 110
Broeck, Matheus van den – 86
Bulhões, Antônio de – 138
Bulhões, Fernando de – 274, 281
Burke, Edmund – 331

C
Calabar, Domingos Fernandes – 77, 80, 205, 206, 239, 311, 348, 349, 350, 351, 352, 353
Calaça, Francisco José Gomes – 349
Caldas, Sebastião de Castro e – 101, 281
Câmara, Manuel Arruda da – 43, 85, 183, 303
Camarão, Antônio Felipe – 42, 43, 213
Camarão, Clara – 46, 211
Camelo, Jorge – 138
Camelo, Nuno – 151
Caminha, Antônio de Andrade – 138
Campos, Joaquim Pinto de – 333
Campos, Martinho – 328
Caneca, Joaquim do Amor Divino – 45, 53, 116, 173, 176, 177, 180, 184, 193, 195, 208, 209, 210
Cantel, Raymond – 221
Cardoso, Antônio Dias – 185, 191
Cardozo, Joaquim – 7, 32, 271
Carlos I – 27, 95

Carvalho, Alfredo de – 13, 14, 17, 28, 29, 50, 55, 67, 83, 85, 115, 249, 291, 305, 306, 308, 335, 340, 345

Carvalho, Ambrósio Machado de – 138

Carvalho, Goetz de – 349, 353

Carvalho, Isabel – 138

Carvalho, Sebastião de – 77, 188, 258

Cascudo, Luís da Câmara – 29, 284

Castoriadis, Cornelius – 14

Castro, Aires de Souza de – 247

Castro, Américo – 297

Castro, Bernardino Freire de Figueiredo Abreu e – 56

Cavalcanti, Antônio – 77, 150, 159, 187, 188, 189, 197

Cavalcanti, Antônio de Siqueira – 343

Cavalcanti, Cristóvão de Holanda – 68

Cavalcanti, Felipe – 130, 132, 133, 139, 140, 174

Cavalcanti, Paulo – 338

César, Maria – 30, 41, 265, 352

Chacon, Vamireh – 311

Coelho, Duarte – 128, 129, 134, 157, 158, 169, 170, 171, 172, 173, 281

Coelho, Duarte de Albuquerque – 63, 65, 66, 72, 73, 77, 78, 79, 80, 81, 147, 211, 219, 245, 247, 350

Coelho, Jorge de Albuquerque – 80

Comte, Augusto – 346, 347

Correia, João de Barros – 138

Correia, Luís – 93, 108, 308

Corte, Juan de la – 49

Cortesão, Jaime – 280

Costa, Antônio Rodrigues da – 96, 107

Costa, Francisco Augusto Pereira da – 29, 32, 33, 34, 35, 40, 41, 43, 44, 45, 47, 48, 49, 50, 51, 52, 55, 65, 86, 96, 105, 115, 117, 120, 121, 122, 124, 137, 173, 197, 200, 203, 204, 205, 210, 215, 237, 248, 249, 268, 270, 280, 281, 292, 300, 308, 315, 333, 335, 336, 338, 339, 340, 341, 342, 347, 348

Coutinho, Antônio Luís Gonçalves da Câmara – 30

Coutinho, Francisco de Sousa – 295

Coutinho, José Joaquim da Cunha de Azeredo – 52, 53, 303, 316

Couto, Domingo do Loreto – 17, 26, 28, 42, 49, 52, 64, 69, 74, 77, 81, 82, 84, 96, 98, 99, 100, 101, 102, 117, 165, 166, 172, 176, 179, 189, 193, 203, 205, 206, 207, 209, 211, 212, 214, 234, 235, 236, 238, 240, 244, 245, 246, 260, 264, 267, 271, 285, 299, 300, 348

Cunha, Antônio Luís Pereira da – 105

Cunha, Euclides da – 349

Curtius, Ernst Robert – 206

D

Delumeau, Jean – 221, 264
Denis, Ferdinand – 30, 86, 205
Dias, Henrique – 37, 40, 41, 42, 43, 46, 47, 49, 50, 53, 54, 183, 184, 185, 186, 191, 199, 202, 204, 206, 207, 215
Diogo Gomes Carneiro – 170
Dourado, Feliciano – 223
Drago, Carlos Francisco – 138
Duby, Georges – 91
Duro, Pedro Afonso – 138
Dussen, Adriaen van der– 273
Dutra, Francis A. – 108, 146

E

Eckhout, Albert – 50
Encarnação, João Álvares da – 215
Estrela, Francisco Lopes – 39
Eysens, Ippo – 263

F

Falcão, Aníbal – 345, 346, 347
Falcão, João Osório de Castro Souza – 114
Feitosa, Nascimento – 185
Felipe IV – 49, 227
Ferreira, Alípio Augusto – 339, 340
Ferreira, Francisco – 229
Ferreira, Gaspar Dias – 293, 297, 345
Ferreira, Gervásio Pires – 194, 211
Ferreira, José Mamede Alves – 306
Ferreira, Júlio Pires – 345
Ferro, Ambrósio – 284
Fialho, José – 285
Figueiredo, Antônio Pedro de – 33, 38, 51, 56, 84, 196
Figueiroa, Bento Luís de – 138
Figueiroa, Francisco de – 185, 186
Finden, Edward – 32
Fiúza, Luís Barbalho Muniz – 95
Flory, Rae – 153

Fonseca, Antônio José V. Borges da – 42, 52, 55, 64, 65, 69, 70, 71, 73, 74, 77, 81, 82, 84, 96, 100, 112, 124, 130, 151, 165, 167, 168, 169, 172, 173, 174, 175, 176, 178, 179, 188, 190, 193, 246, 322

Fonseca, Aquino – 84, 86

Fonseca, Cosmo Dias da – 139

Fonseca, João Batista da – 208

Fonseca, Joaquim d'Aquino – 84

Fonseca, Pero Dias da – 138, 139, 140

Fragoso, Gaspar – 133

França, Eduardo de Oliveira – 135

Freire, Henrique Luís Pereira – 26, 96

Freire, João Noronha – 82

Freyre, Francisco de Brito – 26, 34, 35, 43, 63, 64, 65, 66, 70, 72, 73, 74, 75, 78, 83, 110, 111, 158, 170, 207, 219, 233, 234, 244, 245, 246, 298, 299, 300, 313

Freyre, Gilberto – 28, 29, 31, 32, 173, 175, 180, 195, 205, 236, 248, 315

Furtado, Jerônimo de Mendonça – 105, 109, 110

G

Galvão, José da Fonseca – 48

Galvão, Sebastião de Vasconcelos – 40

Gama, José Basílio da – 53

Gama, José Bernardo Fernandes – 26, 36, 39, 64, 68, 71, 72, 74, 75, 78, 79, 81, 83, 84, 93, 94, 104, 112, 116, 121, 145, 162, 171, 172, 186, 192, 196, 197, 198, 199, 200, 202, 205, 206, 208, 212, 239, 240, 241, 246, 286, 287, 292, 301, 313, 314, 315, 324, 333, 335, 336, 348, 349, 352

Gama, Miguel do Sacramento Lopes – 175, 177, 180, 184, 274

Garcia, Rodolfo – 110, 128

Garro, Lopo Curado – 284

Garstman, Georg – 284

Gautier, Théophile – 29

Ginzburg, Carlo – 14

Godinho, Vitorino Magalhães – 133, 158, 247

Goeldi, Emílio – 32

Gonçalves, Diogo – 138, 139

Gonçalves, Madalena – 138

Gouveia, Francisco Velasco de – 108

Graham, Maria – 301, 302, 306

Guenée, Bernard – 7, 219

Guimarães, Aprígio – 57, 185, 199, 333, 334

H

Hadfield, William – 323
Henderson, James – 305
Henriques, Afonso – 113, 288
Henriques, D. Afonso – 113
Henriques, Duarte Dias – 138
Herculano, Alexandre – 288
Hoces, D. Lope de – 49
Holanda, Agostinho de – 133
Holanda, Arnau de – 132, 138
Holanda, Sérgio Buarque de – 242

I

Inojosa, Jerônimo de – 151

J

Jaboatão, Antônio de Santa Maria – 26, 28, 64, 65, 68, 70, 71, 74, 77, 80, 81, 82, 84, 96, 97, 100, 137, 138, 174, 175, 178, 179, 191, 192, 193, 199, 201, 202, 206, 211, 212, 213, 215, 216, 224, 225, 235, 236, 237, 244, 246, 247, 254, 261, 262, 263, 270, 272, 273, 274, 278, 281, 282, 285, 286

Jansen, D. Bonifácio – 214

Jesus, Rafael de – 26, 63, 64, 65, 66, 67, 68, 69, 70, 71, 74, 77, 78, 79, 82, 83, 97, 102, 103, 170, 186, 187, 192, 200, 201, 202, 207, 213, 219, 222, 231, 232, 234, 236, 246, 255, 256, 257, 258, 259, 260, 262, 265, 266, 267, 268, 276, 277, 278, 279, 285, 287, 294, 295, 348

D. João IV – 35, 76, 79, 92, 94, 95, 101, 106, 108, 112, 113, 120, 123, 160, 221, 222, 224, 253, 260, 264, 296, 298

D. João V – 44, 47, 68, 104, 122, 123, 124, 301

D. João VI – 107

Júnio, Mendes Leal – 349, 352

Júnior, Martins – 345

K

Koster, Henry – 27, 66

L

Lacerda, Antônio Ribeiro de – 139
Lacerda, Francisco de Barros Falcão de – 301
Laet, Johan de – 85, 336
Lambert, Moritz – 31

Leal, Antônio Henriques – 327

Leitão, Antônio Gonçalves – 98, 100, 112, 171

Leitão, Miguel – 80

Leite, Serafim – 55, 130, 229, 261, 270

Ley, Gaspar van der – 174, 175

Lima Sobrinho, Alexandre José Barbosa – 281, 292, 348

Lima, Alexandre José Barbosa – 52, 347, 348

Lima, José Inácio de Abreu e – 38, 74, 81, 83, 84, 116, 176, 204, 205, 311, 312, 313, 324, 333, 348, 349

Lima, Manuel de Oliveira – 13, 25, 28, 50, 57, 85, 335

Lins, João – 139

Lira, Gonçalo Novo de – 139, 165, 188

Lisboa, João Francisco – 199, 260, 266, 325, 326, 327, 328, 329

Lopes, Fernão – 76

Lopes, Maria – 138

Luna, Lino do Monte Carmelo – 38, 45, 46, 213, 214, 241, 242, 268, 269, 271, 272, 286, 299

M

Machado, Diogo Barbosa – 81

Machado, Maximiliano Lopes – 57, 189, 339, 340

Magalhães, Manuel de Souza – 52, 316

Maia, Antônio de Sá da – 138, 139, 140, 143

Maior, Pedro Souto – 13, 85, 86

Maranhão, Jerônimo de Albuquerque – 46, 167

Mariz, Francisco Soares – 81

Markgraf, Georg – 51, 65, 83, 85, 292, 312

Martins, Joaquim Dias – 100, 114, 164, 211

Martins, Joaquim Pedro de Oliveira – 344

Martius, Karl Friedrich Philipp von – 302

Matos, Antônio Fernandes de – 306

Matos, Gastão de Melo de – 276, 281

Mello, Antônio Joaquim de – 194

Mello, José Antônio Gonsalves de – 5, 27, 28, 30, 33, 34, 35, 37, 41, 42, 43, 45, 48, 49, 50, 51, 55, 56, 57, 65, 66, 69, 70, 72, 73, 75, 76, 77, 78, 81, 82, 83, 84, 87, 93, 100, 105, 110, 112, 121, 128, 131, 136, 137, 140, 141, 142, 143, 144, 148, 149, 151, 168, 170, 178, 179, 187, 189, 195, 197, 202, 205, 206, 215, 224, 225, 234, 237, 246, 248, 264, 265, 268, 292, 295, 299, 300, 306, 310, 329, 335

Melo, Afonso de Albuquerque – 15, 118, 315, 321, 334

Melo, Antônio Feijó de – 165

Melo, Bernardo Vieira de – 301

Melo, D. Felipa de – 132, 178

Melo, D. Francisco Manuel de– 35, 63, 75, 82, 83, 207, 233, 297, 298
Melo, Francisco José de – 204
Melo, Jerônimo César de – 43, 48, 52, 169
Melo, João Gomes de – 139
Melo, Urbano Sabino Pessoa de – 322
Mendonça, Gaspar de – 138
Mendonça, João de – 138
Mendonça, Manuel Saraiva de – 138
Menezes, Agrário de Souza – 349, 351, 352
Menezes, Francisco Barreto de – 27, 41, 102, 150, 151, 185
Menezes, Francisco Correia Teles de – 249
Menezes, José César de – 48, 52, 96, 190, 246, 248
Menezes, Manuel Jácome Bezerra de – 52
Mindlin, José – 143
Mirales, José de – 64
Momigliano, Arnaldo – 220
Monteiro, Brasia – 133
Monteiro, Jácome – 130
Moraes, Rubens Borba de – 66, 67, 81
Morais, João Bernardes de – 304
Morais, Manuel de – 213
Morão, Simão Pinheiro – 85, 304
Moreno, Baltazar Gonçalves – 138
Moreno, Diogo de Campos – 137
Moura, Alexandre de – 139
Moura, Caetano de – 67
Moura, D. Felipe de – 130, 132
Moura, Francisco de– 130
Moura, Manuel Rolim de – 44, 122
Moura, Martim Vaz de – 138

N

Nabuco, Joaquim – 95, 177, 315, 329, 342, 343, 344
Nassau, João Maurício, Conde de – 25, 33, 34, 38, 40, 50, 51, 63, 75, 76, 78, 79, 83, 84, 117, 161, 174, 208, 209, 224, 237, 275, 292, 293, 294, 295, 296, 297, 298, 299, 305, 312, 313, 314, 315, 317, 325, 329, 330, 331, 332, 341, 342, 345, 347, 348
Negreiros, André Vidal de – 37, 41, 42, 43, 44, 46, 49, 53, 95, 102, 109, 110, 117, 151, 183, 184, 185, 186, 187, 188, 189, 190, 191, 193, 194, 199, 201, 202, 256, 267, 272, 278
Negreiros, Matias Vidal de – 43
Neme, Mário – 292, 347
Netscher, Pieter Marinus – 64, 86

Nunes, Antônio – 138
Nunes, Luísa – 138

O

Olivares, Conde-duque de – 79, 117
Oliveira, Vital de – 306
Oquendo, D. Antônio de – 49
Orlando, Arthur – 302
Ortigão, Ramalho – 280, 338

P

Pais, Ana – 40, 46, 138
Paz, Felipe Diniz da – 138
D. Pedro i – 184, 194, 317
D. Pedro ii (Imperador do Brasil) – 27, 36, 38, 39, 41, 42, 43, 46, 51, 56, 67, 117, 204, 308, 338
D. Pedro ii (Rei de Portugal) – 93, 103, 119, 124, 119, 124,
Pena Filho, Carlos – 260
Pereira, Henrique Afonso – 138
Pereira, Isabel – 138
Pereira, José Higino Duarte – 13, 65, 85, 291, 292, 336, 344
Pereira, Leonardo – 138
Pessoa, Antônio Fernandes – 39, 138
Pessoa, Fernão Martins – 138
Pimentel, Gaspar José de Matos – 56
Pimentel, Rodrigo de Barros – 139
Pinheiro, Joaquim Caetano Fernandes – 57, 199, 329, 330, 350, 352
Pires, João – 138, 139
Piso, Willem – 51, 65, 83, 85, 292, 303, 304, 312
Pita, Sebastião da Rocha – 75, 100, 171, 227, 233, 246
Portugal, Bernardo Luís Ferreira – 113
Post, Frans – 50, 223
Prado, João Fernando de Almeida – 129
Pudsey , Cuthbert – 227
Puga, Gregório Alves de – 138

R

Rabe, Jacob – 284
Ranke, Leopold van – 14
Rebelo, Francisco – 53, 185, 199
Rego, José Lins do – 189, 307

Ressurreição, João da – 116, 213
Ribeiro, João – 43, 64, 115, 183
Rocha, Justiniano José da – 321
Rodrigues, José Honório – 78, 349
Rojas y Borja, Luís de – 71, 200
Rosa, João Ferreira da – 85, 304
Rosado, Antônio – 226, 239
Rosário, Francisco do – 254

S

Sá, Antônio de – 165, 167
Sá, Duarte de – 133, 138, 139, 140, 166
Sá, Felipa de – 138
Sá, José de – 168
Sá, Luís José Correia de – 28, 44, 100, 122, 123, 308
Saldanha, José da Natividade – 53, 54, 67, 207, 210, 213
Sales, Francisco José de – 52
Salvador, Manuel Calado do – 63, 69, 72, 75
Salvador, Vicente do – 16, 130, 137, 170, 212, 246
Santa Maria, Agostinho de – 37, 266, 267, 269, 271
Santa Teresa, Giovanni Giuseppe di – 51, 66, 69, 82, 83, 122
Santiago, Diogo Lopes de – 35, 47, 63, 82, 94, 101, 103, 150, 158, 159, 161, 187, 192, 201, 219, 222, 226, 228, 230, 231, 237, 242, 243, 244, 253, 256, 257, 258, 259, 261, 263, 264, 265, 266, 276, 277, 278, 279, 280, 282, 283, 284, 294, 296, 298, 348
Santo , D. Maria do Espírito – 177, 178
Santo Mazzarino – 221, 230, 239
Santo, Maria do Espírito – 177, 178
Santos, Manuel dos – 95, 96, 100, 127, 163, 164, 179, 233
Say, Horace – 272, 273
Schwartz, Stuart – 136, 143, 144
Sepúlveda, Antônio de – 49
Siegen, João Ernesto de Nassau – 79
Silva, Antônio Álvares da – 352
Silva, Antônio Diniz da Cruz e – 53, 316
Silva, Antônio Morais – 106
Silva, Antônio Teles da – 297
Silva, Firmino Rodrigues – 321, 322
Silva, João Manuel Pereira da – 57
Silveira, Domingos da – 169
Silveira, Duarte Gomes da – 140

Smith, David Grant – 153
Smith, Herbert H. – 31, 32, 323
Soares, Fernão – 40, 138
Southey, Robert – 64, 66, 93, 301, 330
Souza, Antônio Cândido de Mello e – 53
Souza, Antônio da Silva e – 227
Souza, D. João de – 38, 110, 111
Souza, D. Luís de – 147
Souza, D. Maria de – 41, 46, 211
Souza, Gabriel Soares de – 16, 170, 171
Souza, João Batista de – 52
Soveral, André do – 283
Spix, Johann Baptiste von – 302
Stachouwer, Jacob – 149

T

Taunay, Afonso de E. – 85
Tavares, Francisco – 138
Tavares, Francisco Muniz – 45, 57, 58, 94, 95, 106, 117, 118, 211, 271, 332
Távora, Franklin – 29
Teixeira, Bento– 131, 170, 178
Teodósio, D. – 76, 253
Tevês, Jacinto de – 255
Théberge, Pedro – 43, 78
Thérèse, princesa da Baviera – 32
Tollenare, Louis-François de – 34

U

Uréia, Manuel de Novalhas e – 139

V

Valladares, Clarival do Prado – 48, 96, 97, 98, 262, 370
Vale, Fernão do – 138, 188
Vareiro, Dionísio de Ávila – 45
Varnhagen, Francisco Adolfo de – 37, 38, 56, 57, 64, 67, 68, 73, 78, 86, 117, 197, 199, 200, 207, 322, 323, 324, 325, 330, 332, 346, 349, 350, 352
Vasconcelos, Brites Mendes de – 138
Vasconcelos, José de – 66, 83, 84, 85, 86
Vasconcelos, Simão de – 85, 228, 229, 245
Vassalo, Fernão Rodrigues – 138

Vauthier, Louis Léger – 32, 307, 308
Vaz, Antônio – 299
Vaz, Manuel – 138
Vera, Pero Lopes de – 139
Verdonck, Adriaen – 131
Viçoso, Antônio Jacó – 308
Vieira, Amaro Gomes Coutinho – 193
Vieira, Antônio – 85, 221, 228, 229, 230, 244, 254, 259, 273, 274, 275, 295, 326, 327
Vieira, João Fernandes – 35, 37, 39, 41, 42, 43, 46, 47, 49, 50, 52, 53, 54, 59, 63, 66, 69, 70, 71, 75, 77, 78, 79, 82, 95, 97, 101, 102, 110, 118, 149, 150, 151, 159, 160, 161, 169, 183, 184, 185, 186, 187, 188, 189, 190, 191, 192, 193, 194, 196, 197, 198, 199, 200, 201, 202, 204, 205, 222, 225, 254, 256, 258, 259, 262, 264, 265, 267, 268, 269, 272, 274, 276, 277, 278, 279, 280, 282, 298, 316, 328, 335, 352
Vilhena, Francisco de – 247
Vilhena, Luís dos Santos – 84, 304

W

Wagener, Zacharias – 32
Wanderley, João Maurício – 322

ESTE LIVRO FOI IMPRESSO EM SÃO PAULO PELA GRÁFICA VIDA & CONSCIÊNCIA NO VERÃO DE 2008. NO TEXTO DA OBRA FOI UTILIZADA A FONTE MINION, EM CORPO 10,5 , COM ENTRELINHA DE 16,2 PONTOS.